Die Insight Guides erhielten 1980 und 1982
den *Special Award for Excellence*
von der Pacific Area Travel Association

© Alleinrechte für die deutschsprachige
Ausgabe:
Nelles Verlag GmbH, D-8000 München 45, 1985
Dritte überarbeitete Auflage, 1985
ISBN 3-88618-978-3

Satz: AdLitteras, Gauting
Druck: Printed in Singapore
by Singapore National Printers Pte Ltd.

philippinen

Entwurf und künstlerische Gestaltung:
Hans Höfer

Autoren:
Sylvia Mayuga und Alfred Yuson

Mit Beiträgen von
Elizabeth Reyes
Marcus Brooke
Tony Wheeler
Theon Banos Cross

Ins Deutsche übersetzt und redigiert
von Susanne Range

NELLES VERLAG
1985

Vorwort

Künstlerische Neugier brachte Hans Höfer, Fotograf und Designer mit Bauhauserfahrung, 1968 zum ersten Mal nach Asien, wo eine Reihe von schicksalhaften Ereignissen zur Gründung von Apa Productions führte. Sein Ziel war, ein kleines qualitätsbewußtes Verlagshaus aufzubauen, das bewegliche, schöpferische Individuen anziehen würde, als Ideenbörse dienen könnte und Bücher publizieren sollte, deren Tenor dem Reichtum an Kultur, Tradition und Brauchtum dieser Region gerecht werden würde.

Insight Guides, die gern als Kombination aus *Rolling Stone* und *National Geographic* bezeichnet werden, sind das Ergebnis dieses Urbildes. Sie bieten mehr als herkömmliche Reiseführer; diese Serie informiert über die wesentlichen geschichtlichen Begebenheiten eines Reiseziels und zeichnet ein detailliertes Porträt von Land und Leuten.

Der Geburt der Insight Guides gehen mehrere Jahre fruchtbarer, vielfältiger Arbeiten voraus: es wird recherchiert, fotografiert, geschrieben und nicht zuletzt gereist. Jedes Buch hat eine individuelle Entstehungsgeschichte. Drei Jahre lang wurde an den *Philippinen* gearbeitet. Einheimische und internationale Talente widmeten sich dieser Aufgabe.

Hans Höfer besuchte die Philippinen zum ersten Mal 1976. Mit einem Auftrag der Philippine Airlines hatte er die Möglichkeit, dieses Land intensiv zu bereisen. Bei dieser Gelegenheit ergründete er die rätselhafte Inselwelt, hielt ihre Menschen und Landschaften auf Film fest, ließ die tropische Bilderwelt und die Kontraste einer aufstrebenden Nation auf sich einwirken.

Die bisherigen Veröffentlichungen des Apa-Verlages, Bali-, Singapore-, Malaysia-, Java- und Thailandführer, die bereits mit Auszeichnungen bedacht worden waren, wiesen den Weg: ein Führer durch die Philippinen würde das asiatisch-pazifische Programm abrunden.

Da der Großteil der Bevölkerung des Landes englischsprechend ist, bot es sich an, gebürtige Filipinos als Autoren für das neue Buch zu verpflichten und von ihrer Kenntnis der international gefärbten Traditionen des Archipels zu profitieren. Im Jahre 1976 hörte Hans Höfer von einem Filipino-Paar, das mit kenntnisreichen Veröffentlichungen über sein Heimatland zu hohem Ansehen gelangt war. Erste Kontakte und Diskussionen erwiesen, daß die geeigneten Persönlichkeiten gefunden waren, und Alfred A. Yuson und Sylvia L. Mayuga begannen ihre Arbeit für Apa Productions.

Sowohl Yuson als auch Mayuga waren als Chefredakteure für *Ermita* tätig gewesen, eine kurzlebige, aber sehr beliebte Manila-Zeitschrift der 70er Jahre.

Der Hauptteil der *Philippinen* stammt aus der Feder von Yuson und Mayuga, die nicht nur auf ihre vergangenen Arbeiten zurückgriffen, sondern zwölf Monate lang mit ihrem Sohn Aya den Archipel bereisten, um vorhandenes Verständnis zu vertiefen.

In Manila geboren, hatte sich Yuson als Söldner diverser Herren im Medienbereich verdingt: er war als Sportreporter, Drehbuchautor für Film und Fernsehen, als Ghostwriter in Regierungsdiensten, als Filmemacher im Dokumentationssektor, als Kino- und Musikkritiker einer Tageszeitung in Manila, Buchdesigner und Herausgeber literarischer Werke tätig. Zu den zahlreichen

Höfer   *Yuson*   *Mayuga*   *Reye.*

Auszeichnungen, die er für seine Gedichte und Arbeiten in Prosa erhielt, gehören erste Preise, die jährlich von angesehenen Institutionen vergeben werden (Philippines Free Press, Cultural Center of the Philippines, Palanca Memorial Awards). Sein Name wurde 1977 in den KLM Golden Quill Awards für Reisejournalisten ehrenvoll erwähnt. Außerdem war ihm 1978 ein Universitätsstipendium für Iowa gewährt worden. An einem ähnlichen Schriftsteller-Programm nahm er 1979 in Honolulu teil, wo er der East-West Center Poetry Conference beiwohnte. Sein erster Gedichtband, „Sea Serpent", erschien 1979; gegenwärtig arbeitet er an seinem ersten Roman, das Cultural Center of the Philippines vergab dazu ein Stipendium. Er ist freier Mitarbeiter und Filmkritiker des *Observer* in Manila und Mitglied der Jury für den experimentellen Film der Philippinen. Außerdem war Yuson der verantwortliche Redakteur für die Neuauflage dieses Bandes.

In vier verschiedenen Klosterschulen Manilas hat Sylvia L. Mayuga 14 Jahre ihres Lebens verbracht. Dann begann sie, Features für fast alle Zeitschriften zu schreiben, die in Manila vor der Verhängung des Ausnahmezustands existierten. 1966 wurde Ms. Mayuga ein Stipendium an der Columbia School of Journalism in New York City verliehen. Seit 17 Jahren weisen ihre Essays sie als aufmerksame Beobachterin der philippinischen Szene aus. Gegenwärtig ist ihr Hauptaugenmerk auf Manila gerichtet, denn sie ist als Medienberaterin für die Filipinas Foundation, Inc., tätig.

Eine weitere begabte Filipina ist Elizabeth v. Reyes, die mit Essays über philippinische Minoritäten und kulinarische Spezialitäten zu diesem Band beitrug. Geboren wurde sie in den Vereinigten Staaten, doch Ms. Reyes wuchs in Manila auf und besuchte später die Syracus University in New York und betätigte sich als Reisende in Sachen Journalismus. Sie hat für verschiedene Publikationsorgane in Manila gearbeitet: *Readers' Digest Asia,*

Wheeler   *Brooke*   *Cross*

Pace Magazine, Ermita, Sunburst und hat in vielen asiatischen Zeitschriften Reiseartikel und kulturelle Beobachtungen veröffentlicht. Kürzlich schrieb sie einen Führer für das *Museo ng Buhay Filipino,* eine Privatstiftung in Manila, und betreute die Beschaffung des Bildmaterials für den *Almanac for Manileños* von Nick Joaquin. Seit April 1979 ist Ms. Reyes Chefredakteurin von *Signature Magazine,* einer monatlich erscheinenden Publikation des Diners Club in Singapur und Malaysia.

Westliche Perspektiven und die Reisebeschreibungen über Luzons südöstliche Halbinsel, Bicolandia, sind Tony Wheelers Beiträge zu den *Philippinen*. Wheeler, ein Engländer, brach seine Karriere als Auto-Designer und Ingenieur ab, um sich dem Reisejournalismus zu widmen und seinen australischen Verlag Lonely Planet Publications zu betreuen, der Reiseführer veröffentlicht. Im Laufe der Jahre hat Tony viele Meilen in Asien zurückgelegt und Material für seine eigenen Reiseführer gesammelt sowie für Apa geschrieben.

Marcus Brooke, der das gesamte Mindanao-Kapitel verfaßt hat und Fotografien der Inselwelt zur Verfügung stellte, stammt aus Glasgow in Schottland. Ursprünglich Landwirt, Bakteriologe, Biochemiker und Immunologe an der Fakultät der Harvard University und dem Massachusetts Institute of Technology, verließ Brook die Hallen der Gelehrsamkeit vor 15 Jahren, um aus seinen Nebenbeschäftigungen, Ärchäologie und Anthropologie, ein Hauptgeschäft zu machen. Er hat sich auf ausgedehnte Reisen begeben, als produktiver Schriftsteller und Fotograf zahlreiche Beiträge in Zeitungen und Magazinen in aller Welt veröffentlicht — die *New York Times* und *National Geographic* zählen dazu.

Theon Banos Cross hat die *Philippinen* redigiert und den Essay über Kunst und Kultur des Archipels verfaßt. Sie stammt aus Boston, wo sie auch ihre Ausbildung beschloß. Sieben Jahre lang arbeitete sie als Editorin für Random House in New York City. 1971 verließ sie die USA. Seitdem hat Ms. Cross Auftragsarbeiten in Afrika und Asien ausgeführt, als Werbetexterin in Athen und Tokio gearbeitet und verschiedene Spezialpublikationen in Tokio und Singapur betreut.

Das ausführliche Bildmaterial der Philippinen enthält unter anderem Aufnahmen von Laslo Legelza, Alain Evrard, Max Lawrence, Leonard Lueras, Alfred Yuson, Frederic Lontcho, Noli Yamsuan jr., Roberto Yniguez, Dr. Christian Adler, Marcus Brooke, Neal Oshima und Pierre Alain-Petit.

Besondere Anerkennung sei Peter Hutton ausgesprochen, der half, dieses Buch ins Leben zu rufen, Leonard Lueras und Nedra Chung, die Unermeßliches während der entscheidenden Phasen des Publikationsprozesses leisteten.

Besonderer Dank sei Personen und Institutionen ausgesprochen, die auf ihre Weise zur Entstehung der Philippinen beitrugen: Ricky José, Marita Manuel, Mayie Cuenco, Doreen Fernandez, Tony Khoo, Chita Gatbonton, Leo Haks, Barbara Beßlich, das Lopez Museum, das National Historical Institute, das Ayala Museum, die American Historical Collection Library, die United States Embassy, Manila, die United States International Communicatons Agency, das Manila Hotel, die Philippine Airlines.

Apa Productions

INHALTSVERZEICHNIS

INHALTSVERZEICHNIS

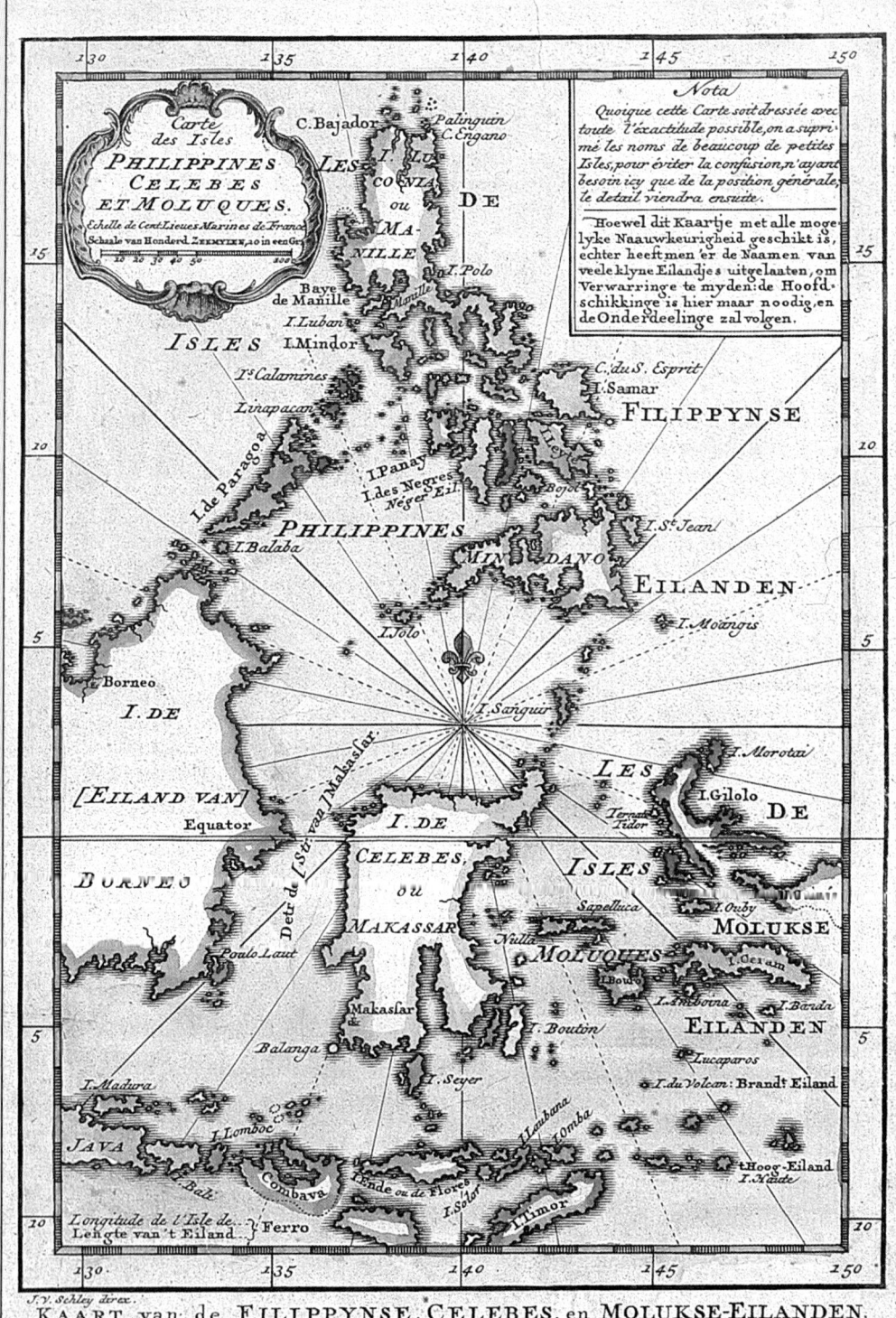

Carte
des Isles
PHILIPPINES
CELEBES
ET MOLUQUES.

Echelle de Cent Lieues Marines de France.
Schale van Honderd ZEEMYLEN, 20 in een Graad

Nota
Quoique cette Carte soit dressée avec
toute l'exactitude possible, on a suprimé les noms de beaucoup de petites
Isles, pour éviter la confusion, n'ayant
besoin icy que de la position générale,
le detail viendra ensuite.

Hoewel dit Kaartje met alle mogelyke Naauwkeurigheid geschikt is,
echter heeft men 'er de Naamen van
veele klyne Eilandjes uitgelaaten, om
Verwarringe te myden: de Hoofdschikkinge is hier maar noodig, en
de Onderdeelinge zal volgen.

C. Bajador
Palinquin
C. Engano
LES
I. LU
CONIA
ou
MA-
NILLE
DE
I. Polo
Baye
de Manille
I. Luban
I. Mindor
ISLES
Is. Calamines
Linapacan
C. du S. Esprit
I. Samar
FILIPPYNSE
I. de Paragoa
I. Panay
I. des Negres
Neger Eil.
Bojol
PHILIPPINES
I. St. Jean
I. Balaba
MIN   DANO
EILANDEN
I. Borneo
I. Jolo
I. Moangis
I. DE
I. Sanguir
I. Morotai
[EILAND VAN]
LES
Equator
I. Gilolo
DE
Ternate
Tidor
BORNEO
I. DE
ISLES
CELEBES,
ou
Sapelluca
I. Ouby
MOLUKSE
MAKASSAR
Nilla
MOLUQUES
I. Ceram
Poulo Laut
I. Bouro
I. Amboina
I. Banda
Makaslar
I. Boutin
EILANDEN
Balanga
Lucaparos
I. Madura
I. Seyer
I. du Volcan: Brandt Eiland
JAVA
I. Lomboc
Laubana
Omba
Hoog-Eiland
I. Bali
Combava
Ende ou de Flores
I. Hade
Longitude de l'Isle de...
I. Solor
Timor
Lengte van 't Eiland. } Ferro

J. V. Schley direx.
KAART van de FILIPPYNSE, CELEBES, en MOLUKSE-EILANDEN.

14

Unter falscher Flagge

Den Besucher, der die Philippinen das erste Mal bereist, erwartet eine Überraschung. Die typischen Wahrzeichen der Nachbarländer, Hindutempel mit kunstvoll geschnitzten „Göttertürmen", güldene Buddhastatuen und hochaufragende *Dagobas,* sucht er vergebens; und nur im moslemischen Süden des Landes sind Moscheen und schlanke Minarette zu finden. Statt dessen trifft der Reisende von Nordluzon bis zu den Süd-Visayas auf Tausende von Kirchen, Gotteshäuser, deren verspieltes Barock den Formenreichtum der tropischen Umgebung spiegelt. Die Philippinen sind das einzige katholische Land in Südostasien, und es ist nicht verwunderlich, daß man an andere Landschaften erinnert wird, an Teile Mittelamerikas vielleicht.

Eine gewisse Inkongruenz scheint den 7107 Inseln zu eigen, und selbst in bezug auf die philippinische Kost wird der Erwartungshorizont des Reisenden durchbrochen: keine scharfen Curries und keine stark gewürzten Satays. Vielmehr bietet die einheimische Küche eine ungewöhnlich milde, eher asketische Inseldiät mit konservativem spanischem Einschlag und einer Portion chinesischen Einfallsreichtums. Natürlich kommt man nicht ganz ohne Chillies aus!

Zwischen dem 21. und dem 5. Breitengrad, am äußeren Rand des Pazifischen Ozeans gelegen, bestehen die Philippine eigentlich aus einer Reihe von halbversunkenen Gebirgsketten, die Teil einer großen *Cordillera* sind, die sich von Indonesien bis nach Japan zieht. In Nordsüdrichtung erstreckt sich das Land über 1840 km, während die größte Entfernung zwischen seinen äußeren östlichen und westlichen Punkten 1104 km beträgt. Y'ami in den Batangas liegt 241 km südlich von Taiwan, Saluag, eine Insel der Tawi-Tawi-Gruppe, ist nur 48 km von Borneo entfernt, und etwa 1000 km weiter westlich stößt man an Chinas Grenze.

96 % der 300 780 qkm großen Landfläche werden von 11 großen Inseln eingenommen. Nicht mal eine von zehn philippinischen Inseln ist bewohnt. Die beiden größten Inseln, Luzon und Mindanao, umfassen 65 % der Gesamtfläche und beherbergen 60 % der 47 Millionen Köpfe zählenden Bevölkerung. Die Landmasse des Archipels entspricht unge-

Vorausgehende Seiten: Ein Muschel- und Korallensammler aus Zamboanga mit seinem Auslegerboot. Links: Aus westlicher Perspektive gesehen — diese Landkarte aus dem 17. Jahrhundert ist eine französisch-holländische Coproduktion.

fähr der Italiens, ist etwas kleiner als die Japans und wenig größer als die Englands. Was den Küstenumfang anbelangt, so übertreffen die Philippineninseln, dank ihrer großen Anzahl, denjenigen der Vereinigten Staaten.

„Vierhundert Jahre Kloster und fünfzig Jahre Hollywood"

Die herausfordernde Kombination von Meer und Gebirge hat sicherlich dazu beigetragen, daß das Inselreich keine wesentliche Rolle in der Geschichte Asiens spielte. Im Verlaufe von Tausenden von Jahren sahen China, Indonesien, Indien und Indochina (das heutige Vietnam, Kambodscha und Laos) den Aufstieg und Fall großer Dynastien und mächtiger Reiche. Von diesen folgenreichen historischen Ereignissen blieb der Archipel in geographischer und politischer Hinsicht unberührt. Er erlebte weder aufstrebende Königreiche, noch suchten ihn ehrgeizige Feldherren an der Spitze eroberungswütiger Armeen heim. Sogar nachdem der Islam auf den Südinseln Fuß gefaßt hatte, was nicht einmal 1000 Jahre her ist, waren die Auswirkungen örtlich begrenzt. Die Inseln waren alles andere als eine Nation.

Als die Spanier, auf der Suche nach Gewürzen, im Jahre 1521 zufällig auf die Inseln stießen, fanden sie eine Ansammlung kleiner Sultanate und Königreiche vor, aber keine Zentralmacht. Die Eingeborenen waren Nachkommen der Völker, die im Laufe von 4000 Jahren eingewandert waren. Von malaiisch-polynesischem Ursprung, zu isolierten Familien- und Verwandtschaftsverbänden zusammengeschlossen, machte die Bevölkerungsstruktur es den Spaniern leicht, den Archipel zu kolonialisieren. Obwohl die Macht des Schwertes und kastilischen Kreuzes einen gewissen Grad an Einheit herstellte, blieben Differenzen zwischen stolzen Lokalgruppen bis heute bestehen, Streitereien, an denen weder das spanische Empire noch die Vereinigten Staaten etwas ändern konnten. Das Land ist von der Kolonialherrschaft tief geprägt worden, doch diese Zeit, „vierhundert Jahre Kloster, gefolgt von 50 Jahren Hollywood", konnte das charakteristisch Philippinische nicht zerstören.

Die malaiisch-polynesische Sprachfamilie

Letzten Zählungen zufolge gibt es 111 kulturell und linguistisch voneinander verschiedene Volksgruppen auf den Philippinen. Die

Nationalsprache, Pilipino oder *Tagalog,* ist der Dialekt der Tagalog aus Manila und Südluzon. Darüber hinaus werden 70 weitere Sprachen und Dialekte der malaiisch-polynesischen Sprachfamilie im Lande gesprochen.

Da das Englische jedoch 70 Jahre lang Hauptsprache war, kann man sich heute in ländlichen Gebieten leichter mit den Einheimischen verständigen, als irgendwo sonst in Asien.

Der Filipino ist zwar ein enger Verwandter der Malaien und Polynesier und entfernter Verwandter der meisten südostasiatischen und pazifischen Völker, doch rinnt in seinen Adern ein Blut, dem auch ein paar indische, arabische, chinesische und spanische Tropfen beigemischt sind.

Ein ganz unorientalischer Orientale

Es ist durchaus möglich, Eigenschaften und Züge des Filipino zu entdecken, die er mit dem Mexikaner, Argentinier oder *Indio* gemein hat, die ebenfalls unter *Madre Españas* Regiment gefallen waren. Hinterlassenschaft der 400 Jahre währenden Hispanisierung sind ein Hauch von *Mañana*-Mentalität, Wankelmütigkeit, Eigensinn, ein Flair für Rhetorik und Stil, eine Vorliebe für Mode- und andere Torheiten und eine Musikalität, die philippinische Bands zu Top-Entertainern in asiatischen Nachtclubs macht.

Kein Wunder, daß dieses Geschöpf, ein aus der Art geschlagener Orientale, selbst im eigenen Lande maßvoller Kritik ausgesetzt ist. Die Chinesen halten ihn für zu „amerikanisiert", um ihrem Mandarin-Geschmack zu entsprechen, Inder bestaunen die burleske Spielart des von ihm gesprochenen Standard-Englischs, und Malaien schütteln vor Verwunderung die Köpfe, wenn sie einen Malaien treffen, der so aussieht und spricht wie sie, aber kein Moslem ist.

Widerborstigkeit und Inkonsequenz erschweren ein Urteil über den Pinoy (so bezeichnen sich die Filipinos umgangssprachlich). Er vereint in sich malaysische Herzenswärme und Großzügigkeit, lateinamerikanisches Temperament, Gemütsschwankungen, die ihn plötzlich aus den blauen Wolken des Optimismus in schwermütige Verdrießlichkeit fallenlassen, Dreistigkeit und Anmut.

Higantes, Riesen aus Pappmaché, die an einem Festtag durch die Straßen der Stadt Angono paradieren, erinnern, ebenso wie die respektlosen Knaben in Chorhemden, die sie begleiten, an das mexikanische Erbe. Galeonen hielten fast 200 Jahre lang den Handel zwischen Manila und Acapulco aufrecht.

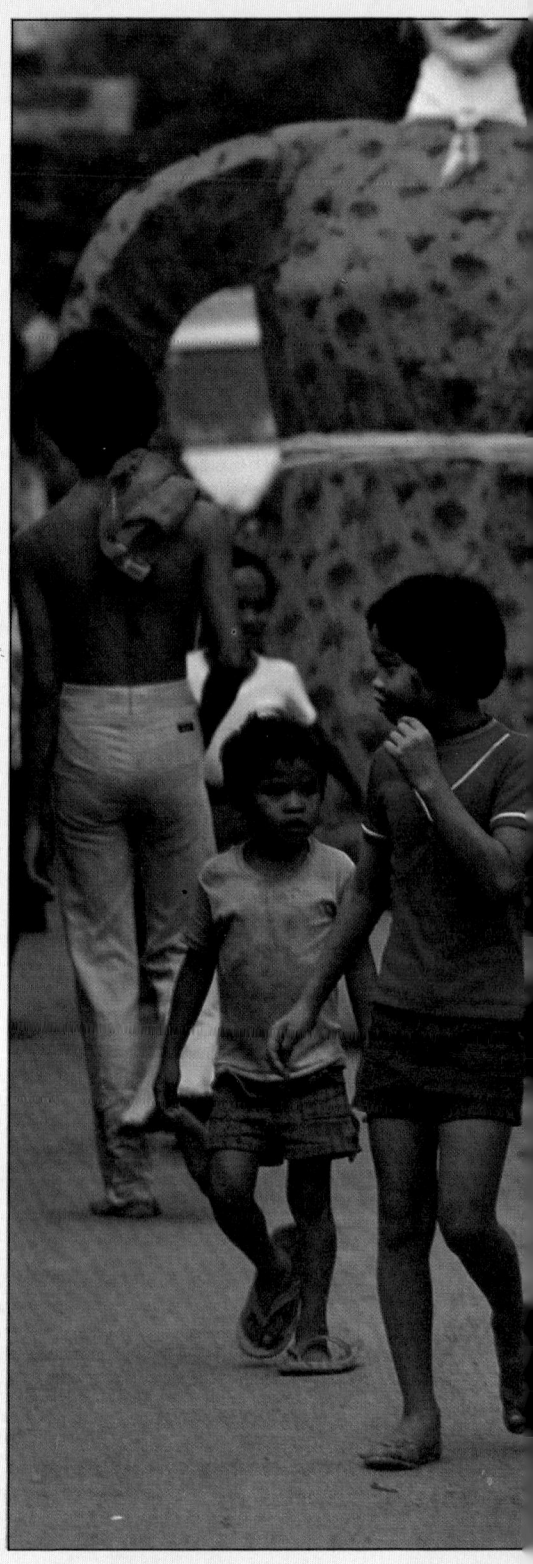

Aus Feuer und Wasser geboren

Am Anfang waren nur das ursprüngliche Wasser und ein Himmel, der zu tief hinunterhing. Für den Menschen gab es noch keinen Platz in dem Chaos der Ursuppe, da alle Grundstoffe des Lebens ineinanderflossen. Mit dem Reifen der Zeit setzte sich der Grund eines uralten Ozeans in Bewegung und spie Erdstücke aus. Zaghaft begannen Inseln auf dem Wasser zu treiben, auf allen Seiten gefährdet durch hohe Wellen. Es bestand die Notwendigkeit, die tanzenden Wogen zu zähmen, um dem Leben eine Chance zu geben.

In den Schöpfungsmythen der urtümlichen Stämme der Philippinen vernimmt man heute noch das Echo des wiederkehrenden Motivs vom unbeständigen Land. Eine ganze Anzahl der 7107 Inseln des Archipels (Inselchen, Felsen und Sandbänke mitgezählt) „wachsen" weiterhin oder sind bei Flut unter Wasser. Jedes Jahr bringt die Monsunzeit mit Taifunen, steigendem Wasserspiegel in Seen und Flüssen die Erinnerung zurück, daß es eine Zeit gab, in der der überwiegende Teil der Landmassen versunken war.

Geologisch muß sich die Geburt der Philippinen in ähnlicher Weise abgespielt haben. Begonnen hatte alles mit gewaltigen, buchstäblich erdbewegenden Erschütterungen der asiatischen Landmassen gegen Ende der Eiszeit, die die Ränder der kontinentalen Plattform niederdrückten, zerstückelten und eine große Inselgruppe vor Asiens Südostseite den Wellen preisgab, von denen die Philippinen nur ein Teil sind. Durch Veränderungen in der Erdkruste hoben und senkten sich während einer Million von Jahren die Meeresspiegel beständig. Im majestätischen Rhythmus von Tausenden und aber Tausenden von Erdenjahren versanken Bergspitzen, verwandelten sich in Seen, hoben sich langsam wieder und wurden zu Bergen mit Ablagerungen von fossilen Meereslebewesen. Kleine Koralleninseln verbanden sich zu größeren, von massiven Inseln spalteten sich kleinere ab. Dramatisch und langwierig waren die Ereignisse, die die Flüsse, Täler, Plateaus und Halbinseln der asiatischen und pazifischen Inselwelt schufen.

Die höchsten Erhebungen der Philippinen sind Vulkangipfel. Zwölf der Vulkane sind noch aktiv. Viele andere sind erloschen oder ruhen nur, was darauf hinweist, daß sie einst zur „Feuerkette" am Rande des Pazifiks gehörten, die sich von den Aleuten über Tierra del Fuego nach Neuseeland, Indonesien und Japan erstreckte. Intensive Eruptionen müssen diese Inselgruppe im Laufe der ersten Million von Jahren erschüttert haben, wie die Bruchzone zeigt, die durch die gesamte Länge der Philippinen verläuft. Entlang dieser Verwerfungen liegt auch der Mindanao Through (östlich der Insel Mindanao), mit 10 670 m der zweittiefste Graben der Welt.

Das fehlende Glied der Kette

In Java kursiert sie noch, die Geschichte, die davon erzählt, daß der asiatische Kontinent einst in neun Teile gespalten wurde. „Wenn die Zeit verstrichen ist, die 3000 Regenzeiten umfaßt, werden die Ostinseln wiedervereint sein ..." Daß die Inselgruppen vor langer Zeit einmal zusammenhingen, ist an Naturphänomenen ablesbar und seit geraumer Zeit im Zentrum wissenschaftlichen Interesses.

Als die Meeresspiegel sanken, was etwa 30 000 bis 500 000 Jahre her ist, bildeten sich zwischen Palawan (im Südwesten der Philippinen) und Borneo und zwischen Mindanao und Celebes einige Landengen, die nur von flachen Gewässern unterbrochen wurden. Wie die Arme eines unförmigen Tintenfisches stellten sie eine komplexe Einheit her, die einer gemeinsamen Tier- und Pflanzenwelt Aufschwung gab, deren Mutationen, die sich entwickelten, nachdem das Land wieder sank, Naturforscher nach wie vor faszinieren.

Insgesamt 60 Spezies von Pflanzen, die typisch für Borneo sind, sind auch auf den im Süden gelegenen Inseln Mindoro, Palawan und Mindanao zu finden. Celebes- und Molukken-Flora wie Farne und Orchideen sind in den Philippinen weit verbreitet. Auch eine Baumart, *Dipterocarp,* die im Primärwald des Landes wächst, ebenso wie in Thailand, Indochina und Indonesien, gibt es dort.

In der Wildnis von Palawan und Calamianes leben dieselben Moschustier-, Wiesel-, Mungo-, Stachelschwein-, Stinktier-, Ameisenbären- und Otterarten wie im Innern Borneos. Bestimmte Spitzmäuse aus Palawan und eine seltene Fledermaus aus Mindanao haben enge Verwandte in Celebes.

Die Fische in den Wassern von Ostsumatra und Westborneo sind denen des Südwestens der Philippinen sehr ähnlich, ebenso wie die

Fische im Gebiet zwischen Ostmindanao und Neuguinea. Viele Vögel aus Malaysia und Borneo sind auch auf Palawan zu Hause.

Außerdem gibt es Anzeichen dafür, daß eine Landbrücke, die sogar noch älter ist als die beiden südlichen, den Norden der Philippinen mit Taiwan verband, als die Insel selbst noch mit dem asiatischen Festland zusammenhing. Überreste des *Stegodon,* eines Zwergelefanten, sind sowohl auf Taiwan als auch in verschiedenen Teilen der Philippinen ausgegraben worden. Schlangen und Ratten, die es in Taiwan und den kälteren Klimazonen Nordasiens gibt, existieren ebenso in den Wäldern Nordluzons,

Die Frage der Vorfahren

Lange Zeit glaubte man, daß der Negrito, ein kraushaariger Zwergnegride, der heute noch im Inland der Philippinen, Indonesiens, Malaysias und der Andamanen lebt, zusammen mit *Stegodon* und *Elephas* (einer weiteren Elefanten-Urform) vom asiatischen Festland über die Borneo-Palawan-Landbrücke gewandert ist und der erste menschliche Bewohner der Philippinen war. Archäologische Untersuchungen der letzten zwanzig Jahre geben Anlaß, an dieser etablierten Theorie zu zweifeln.

Laufende Ausgrabungen in Cagayan Valley haben fossile Reste von Tieren ans Licht gebracht, von denen man annimmt, daß sie zu Nahrungszwecken geschlachtet wurden. Menschliche Werkzeuge, die in der Umgebung der getöteten Tiere gefunden wurden, deuten darauf hin. Dies könnte bedeuten, daß der *Homo erectus,* wahrscheinlich aus der Zeit des Java- und Peking-Menschen, lange vor dem Negrito Cagayan Valley bewohnte.

Knochenreste eines Cagayan-Menschen hat man bisher allerdings noch nicht gefunden. Die ältesten menschlichen Gebeine des Landes wurden 1962 in der Tabon-Höhle gefunden. Hoch oben auf einer dem Südchinesischen Meer zugewandten Klippe in Nordpalawan wurden die versteinerte Schädeldecke einer Tabon-Frau, menschliche Knochen, Schälwerkzeuge und die Knochen von Fledermäusen und Vögeln gefunden. Nach der Radiokarbonmethode auf 22 000 v. Chr. datiert, hat man die Tabon-Frau und ihre Höhlenmitbewohner vorläufig als Australoiden identifiziert.

Sollte sich diese Klassifizierung bestätigen, könnten sich die Spekulationen bewahrheiten, daß der Frühmensch der Philippinen von faszinierender Abstammung war. Sein Stammbaum umfaßte an den Wurzeln die prähistorischen Vorfahren der chinesischen und aller asiatischen Rassen. Dieser Theorie zufolge entwickelte sich der Filipino aus derselben Linie wie die Vorfahren der Bewohner der pazifischen Inseln und Australiens.

Diese Frühmenschen werden heute Austronesier genannt, als ihr Ursprungsort das asiatische Festland bezeichnet. Nachdem sie begonnen hatten, Auslegerboote zu bauen und Seereisen zu unternehmen, siedelten sie auf Papua-Neuguinea, den Salomoninseln, Indonesien, den Philippinen, Hawaii, Mikronesien und den Hunderten von Atollen in den tiefblauen Weiten des Ostpazifiks. Anzeichen sprechen dafür, daß sie von Taifunen und starker Strömung auch nach Taiwan, Japan und Nordkorea getrieben wurden.

„Die Leistung dieser Seefahrer ist ohne Beispiel", sagt Jesus Peralta, der Kurator des Philippinischen Nationalmuseums. „Diese Leute haben Bravourstücke auf dem Navigationssektor vollbracht, als sie von Ostasien bis in den Pazifik vordrangen." Es ist erstaunlich, was für ein Wissen über Astronomie, Winde und Strömungen diese neolithischen Menschen gehabt haben müssen. Es steht außer Frage, als primitiv kann man diese Leute wahrlich nicht bezeichnen, die bereits zwischen 6000 und 2000 v. Chr. das größte Wassergebiet der Welt bereisten.

Eine interessante Fortführung der Austronesier-Hypothese existiert, die eine neue Variante darstellt. Bestimmte Beweisstücke — besonders versteinerte Reiskörner, die in Non Nak Tha, Thailand, gefunden wurden, und polierte Steinwerkzeuge und Keramik aus Hoa Binh in Vietnam — lassen Wissenschaftler vermuten, daß die austronesische Zivilisation älter als die indische oder chinesische sein könnte und daß Südostasien ihre Wiege war.

Die Philippinen traten ungefähr im dritten Jahrtausend v. Chr. auf den Plan, als die Austronesier mit ihren Auslegerbooten ankamen und Keramik, Holzschnitzereien, Borkenstoff und die Kunst des Tätowierens mitbrachten. Die Muster der Tätowierungen waren von komplexer geometrischer Art. Heute finden diese geometrischen Dekorationen noch in den Bastmatten und -hüten, bei der Herstellung von Waffen, Schmuck, Gefäßen und Bekleidung von kulturellen Minderheiten Verwendung, die an den Rändern der christlichen Zivilisationen des Landes leben.

Bei der Stadt Bislig, im Norden des Archipels, rauschen die Borboanon-Fälle über Kaskaden in die Tiefe. Mindanaos dichter Dschungel, der einen großen Teil der Insel einnimmt, ist reich an Wasserfällen, Bergseen und Schwefelquellen.

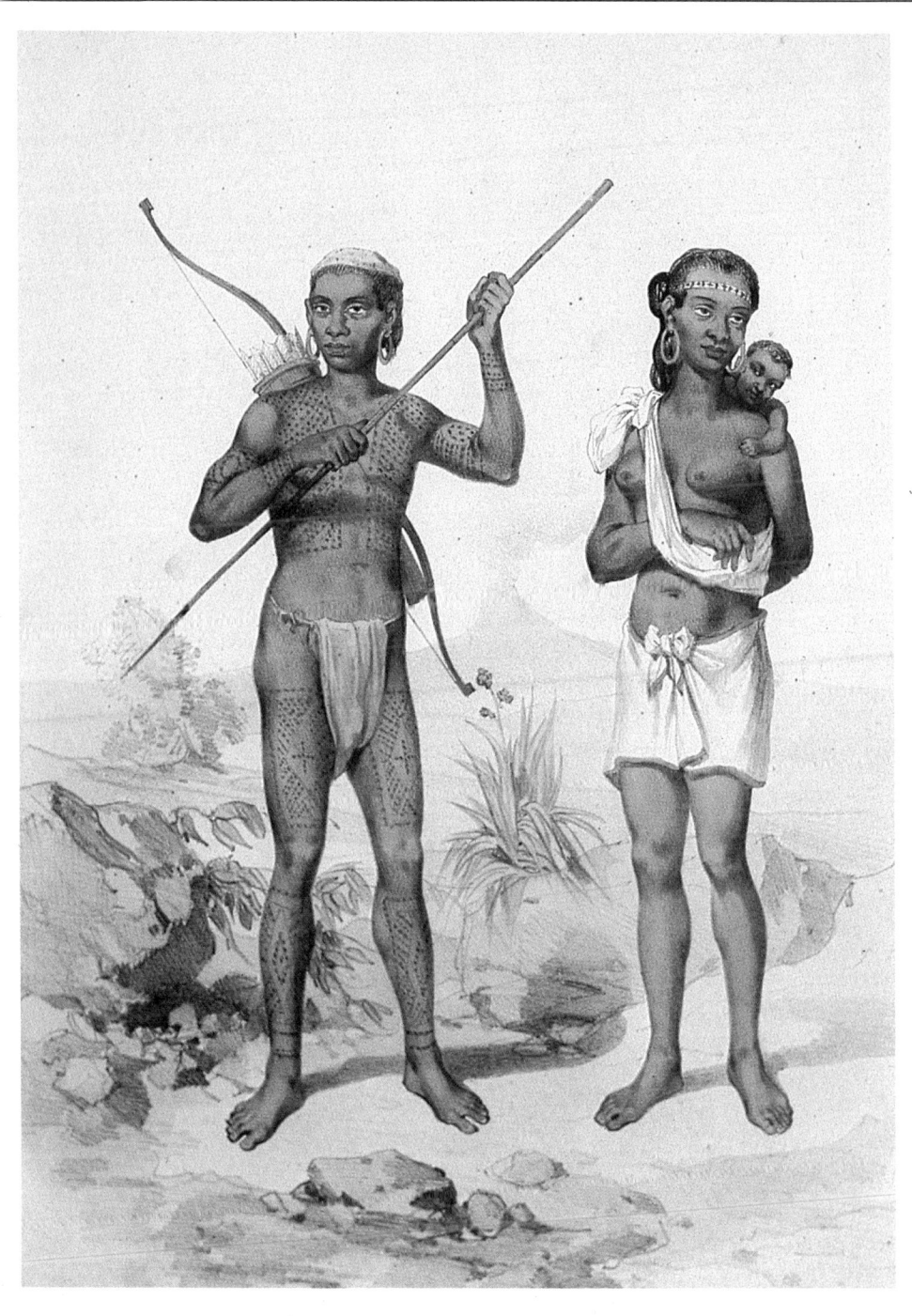

Philippinische Minoritäten

Vom völkerkundlichen Standpunkt aus gesehen, ist der Stoff, aus dem die philippinische Kultur gewebt ist, ein verblüffend farbiges Gebilde. Über drei Dutzend Volksgruppen leben in isolierten Gebieten des Inselreiches, haben ein individuelles Plätzchen am Webstuhl der Zeit und folgen einem eigenen Sozialmuster.

10 % der etwa 42 Millionen Filipinos werden als kulturelle Minderheiten bezeichnet. Die Millionen Leute, die sich am Rande der kulturellen Majorität — philippinische Christen aus dem Flachland — durchschlagen, gehören zum exotischen Teil der Bevölkerung des Landes. 60 % dieser Randgruppe sind moslemische Filipinos, größtenteils auf den Südinseln Mindanao und der Sulu-Gruppe lebend. Die restlichen Leute — Eingeborene, die animistischen Religionen folgen — sind Farbtupfer in den unzugänglichen Provinzen von Nord- und Zentralluzon, leben zurückgezogen auf Hochebenen, in Regenwäldern und an den einsamen Küsten Mindanaos und Palawans.

PANAMIN

Die Minoritäten waren bis vor nicht allzulanger Zeit eine große, von der Öffentlichkeit vernachlässigte Gruppe. Im Jahre 1967 rief die Regierung eine Stiftung mit dem Namen Presidential Assistance on National Minorities (PANAMIN) ins Leben, dessen Direktor das Kabinettsmitglied Manuel Elizalde jr. ist. PANAMIN hat sich seitdem um die ethnischen Minderheiten gekümmert, sich mit ihren kulturellen Problemen befaßt, hat den am wenigsten entwickelten Gruppen Direkthilfe erteilt — Medizin und Ratschläge —, arbeitet daran, bestimmte Gruppen in die moderne Gesellschaft zu integrieren und bemüht sich, den ursprünglichen Lebensstil anderer Gruppen zu bewahren.

Repräsentiert ist das breite Spektrum philippinischer Volkskunst in dem Nayong Pilipino des PANAMIN in Pasay City. Dort befinden sich Kunst und Kunsterzeugnisse der drei Dutzend Minoritätsgruppen, die Urquellen der Filipiniana. Die Museumsexponate sind Andenken aus den exotischen Kulturzonen: von den primitiven „Steinzeitwerkzeugen" der Tasaday aus den Regenwäldern Cotabatos bis zu den anspruchsvollen, klassenspezifischen Textilien der Maranao-Muslime aus dem Hochland Lanaos oder aus Mindanao.

Die Tasaday

Vielleicht der berühmteste und primitivste Volksstamm sind die Tasaday, ein freundlicher Clan aus Sammlern und Höhlenbewohnern, an denen die Zeit vorübergegangen zu sein scheint, die ihre Steinzeitkultur bewahrt haben. Als sie 1971 in einer isolierten Bergfeste in Südcotabato auf Mindanao entdeckt wurden, zählten sie nur noch 27 Personen, die ihre Blößen mit Borken und Blattwerk bedeckten. Der Manobo-Blit-Jäger Dafal hatte sie entdeckt, und nachdem sie von PANAMIN in die moderne Welt eingeführt worden waren, machten die blumenessenden Stammesmitglieder als ethnologische Kuriosität international Schlagzeilen.

Die Tasaday ernähren sich von wilden Yamwurzeln, wildwachsenden Bananen, Flußfischen, Kaulquappen und Fröschen und essen pfundweise Betelnüsse. Sie leben noch heute in einem großen Familienverband zusammen in einer hochgelegenen Berghöhle. In zeitlosen Regenwäldern, fernab von jeglicher Zivilisation, spielen sie, vermehren sich (sie sind strikte Anhänger der Monogamie) und gehen unter Leitung des alten Vaters des Clan auf die Jagd. Mehr erfahren über die PANAMIN-Stiftung und ihre primitiven Schützlinge kann man in John Nances Buch *Tasaday*.

Die Mangyan

Sie leben in Hütten, ernähren sich von süßen Kartoffeln und sind unter dem Sammelnamen Mangyans bekannt: die Iraya, Tagaydan, Tatagnon, Buid, Alangan und Hanunoo. „Halbwilde" nennen die Tagalog und Visayan ihre Nachbarn, mit denen sie in den Städten zusammentreffen und handeln. Da das kulturelle Niveau der Mangyan niedrig ist — sie sind einfache, unterwürfige Leute —, werden sie häufig von Bewohnern des Tieflandes ausgenutzt. Sehr ungewöhnlich ist die musikalische und poetische Tradition der Hanunoo. Sie ritzen alte, überlieferte Lieder und Texte in Silbenschrift in Bambusröhren und spielen lustige Musikstücke auf kleinen hölzernen Violinen mit Namen *Git-Git,* deren Saiten aus Menschenhaar bestehen.

Mindoros Nachbarinsel Palawan beherbergt den Tagbanua-Stamm. Diese erdverbundenen Leute bilden eine weitere interessante Gruppe, die fremden Eindringlingen zwar Zugang zu ihren Küsten gewährt haben, ihre animistische Kultur jedoch unverändert bewahrt haben. Die Tagbanua sind spärlich bekleidet und Anhänger einer Religion, die aufs engste mit der Natur verknüpft ist. Sie folgen ebenso der Tradition, Bambusröhren mit alter Hinduschrift zu versehen.

Die Negrito-Stämme

Aeta, Ati, Ita, Eta — es gibt viele Namen für die Negrito-Stämme des Inselreiches. Etwa 40 000 an der Zahl, in isolierten, verschieden strukturierten Gruppen lebend, droht kulturelle Verwässerung den kleinen, kraushaarigen Leuten, deren dunkle Hautfarbe an Ruß erinnert. Die Aeta leben in abgeschlossenen Landstrichen, in den dschungelbedeckten Bergen von Negros, Samar und Leyte, in der hügeligen Landschaft Nueva Ecijas auf Luzon und an den ursprünglichen Küstenstreifen der Nordprovinzen. Für einen Teil der Negritos ist der Speer wichtigstes Besitztum, wie zum Beispiel für die Aeta-Krieger aus Cagayan, und ihre Sprache kennt bestimmt hundert verschiedene Ausdrücke, diese Waffe, dieses Instrument zu bezeichnen. Oder sie sind furchtsame, primitive Scharen, wie die Batak auf Palawan, die sich mit Blumen schmücken.

Die dunkelhäutigen Ati auf der Insel Panay sind wahrscheinlich die am besten bekannten philippinischen Negritos, da sie diejenigen Eingeborenen waren, denen nachgesagt wird, sie hätten im 14. Jahrhundert eine Gruppe von malaiischen *Datu* aus Borneo empfangen. Dieses geschichtliche Ereignis wird jährlich mit dem *Ati-Atihan* gefeiert, mit Lustbarkeiten und Festivitäten in der Aklan-Provinz.

Die Bergvölker

Im Hochland von Nordluzon gibt es fünf verschiedene große Volksgruppen: die verwegenen, Lendenschurze tragenden Männer der Cordillera: die Benguet-, Bontoc-, Ifugao-, Kalinga- und Apayao-Stämme. Dies sind die unbezwungenen Filipinos, die Menschen des philippinischen Nordens, deren derbe, ursprüngliche Zivilisation, deren traditionelle Beständigkeit unberührt ist von der Kolonialgeschichte der Niederungen. Die Bergvölker sind seßhaft, da ihre ökonomische Basis die Landwirtschaft ist. Sie betreiben Ahnenkult und verehren die Vorväter ihrer Stämme, ebenso wie Naturgötter. Verweichlichte „Eindringlinge" aus dem philippinischen Flachland betrachten sie mit heftigem Mißtrauen.

Die Benguet-Stämme der West- und Südcordillera sprechen Ibaloy und Kankanay, bauen Reis, Kaffee und Gemüse auf ihren Terrassen an, halten Vieh und fördern edles Gold und Kupfer im Hochland von Lepanto. Man sieht häufig Mitglieder des Benguet-Stammes, die ihre Erzeugnisse zum Markt von Baguio, der Hauptstadt in den Bergen, tragen. Wird ein *Cañao* gefeiert, ein Fest, bei dem es um das Ansehen der Gemeinde geht, so kann man sie, angetan mit feierlichen Decken, um ein Tieropfer tanzen sehen.

Die Bontoc der erhabenen Nordwestcordillera, die die Lehren amerikanischer Missionare in ihren Ahnenkult integriert haben, sind wahrscheinlich die bekanntesten der Bergbewohner. Sie sind ein Stamm mit besonderen kulturellen Eigenarten. Ihr Gemeinschaftsleben ist streng organisiert, die Dorfältesten halten ihre Versammlungen im *Ato* ab, in dem auch die heranwachsenden Jungen übernachten. Im *Ulog* schlafen alle jungen Mädchen und unverheirateten jungen Frauen. Hauptgottheit der Bontoc ist *Lumawig,* der Spender des Feuers und aller Tiere. Kunsthandwerkliche Geschicklichkeit ist ein weiteres Merkmal dieser ethnischen Gruppe. Bemerkenswert sind ihre leuchtenden handgewebten Textilien, ihre feinen Keramikarbeiten, die Holzstatuen ihrer Naturgötter. Ungewöhnlich ist ferner ihre uralte Sitte, die Särge der Verstorbenen in Höhlen und Felsenklippen aufzuhängen.

Die Ifugao, Bewohner der Ost- und Zentralcordillera, sind Meisterarchitekten. Davon zeugen ihre berühmten Reisterrassen, die Besucher gewöhnlich von einem 2000 Fuß hohen Aussichtspunkt in Banawe betrachten. Die eindrucksvollen Ifugao-Reisterrassen — vor etwa 2000 bis 3000 Jahren gebaut — erstrecken sich über eine Fläche von 100 Quadratmeilen: grüngoldene Himmelstreppen, deren Stufen, aneinandergereiht, den Globus mehrere Male umspannen würden.

Mystik und Ritual spielen eine große Rolle im Leben der Ifugao, da ihre Religion polytheistisch ist und Ahnenverehrung einschließt. Würdevolles Zeremoniell, Tieropfer

Die Beute des Tages trägt ein Pugot-Jäger davon. Pugoten gehören zur Urbevölkerung des Landes und sind Nomaden. Auf ihre Existenz ist man erst vor relativ kurzer Zeit wieder aufmerksam geworden.

und Konsultationen der Geisterwelt charakterisieren ihre Welt. Ihre Vorväter sind stets bei der Hand; die Nachfahren haben die Knochen der Verstorbenen mit Stoffstücken gebündelt. Als Künstler sind die Ifugao in der Bergwelt unübertroffen. Sie stellen großartige primitive Skulpturen aus Holz her, die den Reisgott abbilden und *Bulol* heißen. Außerdem weben sie Decken mit komplizierten Mustern, die zuvor mit Naturfarben in Kett- oder Schußfäden eingefärbt wurden. Ihre Pfahlbauten sind reich verziert, und ihre vielfältigen Korbwaren gehören zum Feinsten der Flechtkunst.

Die Kalinga der Nordwestcordillera sind große, hübsche Menschen. Vor ein bis zwei Generationen gingen sie noch der Kopfjägerei nach, einer Beschäftigung, die jahrhundertelang Grundlage des Ansehens eines Mannes war. Heutzutage haben sich die wackeren Krieger auf Friedensverträge spezialisiert. Dekorationen und Ornamente, lebhafte Tänze, großzügige Gastfreundschaft, prozenthaltiger Zuckerrohrwein und hohe Selbstachtung sind typisch für die Kalinga.

Von allen Minoritäten leben die Apayao am weitesten nördlich im Gebirge. Über sie ist am wenigsten bekannt. Ihre Pfeil-und-Bogen-Kultur ist den Negritos abgeschaut, ihre Religion denen der anderen Bergvölker ähnlich. Man weiß über die Apayao, daß sie von der modernen Welt zunehmend in die Isolation getrieben werden, daß sie heiße Musik und schnelle Tänze lieben und ihre Körper tätowieren.

In den Bergtälern der Cordilleras leben die Tingguianesen, eine schöne Rasse, deren Menschen mit den frühen Einwanderern aus Polynesien verwandt sind. Diese heidnische Gruppierung hat sich durch Kontakte mit den Ilocanos des Flachlandes kulturell angepaßt. Besonderes Talent besitzt diese Gemeinschaft für handgewebte Decken aus Baumwolle.

Den größten Teil der kulturellen Minoritäten der Philippinen machen die Muslime, Moslems oder Moros aus. Sie machen den Anspruch geltend, Mindanao und die Sulu-Inseln weiter im Süden seien ihr „Heiliges Land" und kämpfen auch heute noch um geographische und politische Autonomie

von der Nationalregierung hoch im Norden. Leidenschaftlich unabhängig und außerordentlich kampflustig, setzen sich Filipino-Muslime aus fünf Hauptgruppen zusammen: Tausug, Maranao, Maguindanao, Samal und Badjao.

Der Sulu-Archipel besteht aus 448 Inseln und Inselchen, die eine zierliche Stufenleiter zwischen Mindanao und Borneo bilden. Hier, auf der Hauptinsel Jolo und in der Umgebung des Hafens von Zamboanga, wohnen die Tausug, eines der größeren Völker des Südens, Leute, die „mit dem Strom schwimmen". Die Tausug fühlen sich den anderen Muslimvölkern weit überlegen. Sie waren die erste Gemeinde, die zum Islam bekehrt wurde und gehörten, historisch gesehen, zu der herrschenden Klasse des uralten Sultanates Jolo. Immer kampfbereit, führen die Mitglieder dieser Minoritätengruppen ein sehr „maskulin" orientiertes Leben, in dem Gewalt anerkannter Bestandteil sozialer Prozesse ist. Die Tausug sind Händler, Fischer, Schmuggler und Handwerker, die feine moslemische Textilien und gefährliche Metallwaffen herstellen.

Die anmutigen Maranao sind die „Leute vom See"; sie wohnen am Nordrand des atemberaubend schönen Lanao-Sees, der 2300 Fuß hoch über dem Meeresspiegel liegt. Dort oben, in kühler Zurückgezogenheit, herrscht immer noch eine komplizierte, aber lebenstähige Plutokratie unter den Sultanen. Mindanaos am spätesten zum Islam bekehrte Gruppierung ist die am stärksten zerstrittene Muslimgemeinschaft, deren hervorstechende Gemeinsamkeit über Generationen gepflegte Blutrache zu sein scheint. Die Maranao gehören zu den geschicktesten Künstlern des Landes, besonders begabt für das Verzieren von Kunstgegenständen, die im zeremoniellen Bereich Verwendung finden. Auch Gegenstände des täglichen Bedarfs schmücken sie mit schwungvollen *Okir*-Motiven und farbigen *Nagas* (Schlangen). Bündelweise eingefärbtes Garn, in den königlichen Maranao-Farben Violett, Grün und Gold, weben sie zu schlauchförmigen Röcken, *Malongs*. Aus ihren Messingfabriken stammen prachtige Kannen und Urnen.

Das Volk der Maguindanao bewohnt die weniger anziehenden Ebenen der Cotabato-Provinz, die regelmäßig von anschwellenden Flüssen überflutet werden. Dies ist die größte Muslimgruppe, deren robuste Menschen sich von Landwirtschaft und Fischerei ernähren und Körbe und Matten flechten.

Die Samalen — die ärmste und am wenigsten unabhängige der großen Muslimgruppen — sind „loyale Untertanen" in der Hierar-

Einheimisches Schilf wurde zum Flechten dieser Korbwaren verwendet, die ein Mitglied des Bontoc-Stammes auf dem Rücken transportiert. Korbmacher haben viel zu tun, denn nicht nur Innenausstatter haben das Potential dieser soliden, handgearbeiteten Artikel erkannt, sondern Exporteure und Händler aus Manila ebenfalls.

chie der Völker. Ihr Leben wird vom Meer bestimmt, da sie auf Booten oder in verwinkelten Dörfern aus Pfahlbauten in Küstennähe leben. Seit alter Zeit flechten die Sulu-Samalen Matten in leuchtenden Farben mit auffälligen geomctrischen Mustern.

Die Badjao sind See-Zigeuner, deren Heimat die Sulu-See ist. Sie werden auf dem Wasser geboren, verbringen ihr Leben auf winzigen Booten und gehen nur an Land, um zu sterben. Nur 20 000 Mitglieder zählt dieser primitive, den seßhaften Samalen verwandte Stamm. Die gelbbraunen Menschen mit strohblondem Haar sind nur oberflächlich dem Islam zugehörig.

Ebenfalls interessant und ungewöhnlich sind die Yakenen, die auf der Insel Basilan, Teil der Sulu-Gruppe, leben und den Islam mit Zügen ihrer animistischen Religion kombinieren. Ein freundliches Volk, dessen Ursprünge sich in die polynesische Region verfolgen lassen. Sie gelten als beste Weber der Südinsel.

Die Bergvölker Mindanaos

Die Volksstämme Mindanaos, die nicht islamisiert sind, gehören zu den philippinischen Minoritäten, deren Kultur am wenig-

sten erforscht und deren typische Bekleidung außerordentlich farbenprächtig ist.

Relativ isoliert ist ein Bergvolk im Südwesten Mindanaos. Die malaiischen Tiruray sind Reiter. Obwohl ihre Kultur den Einflüssen der christlichen Welt ausgesetzt ist, halten die Tiruray an ihrer traditionellen Lebensform fest: Polygamie und Gemeinschaftshaushalte. Ihr überlieferter Moral- und Rechtskodex ist hochentwickelt. Bekannt ist dieser Stamm für seine Korbflechter, die zweifarbige Körbe von großer Schönheit herstellen.

Den T'boli-Stamm vom Cibu-See in Cotabato kennen sogar Außenstehende, da seine Mitglieder mit großer Kunstfertigkeit begabt sind, kunstvolle Stammestrachten tragen und lebhafte Tänze lieben. Die T'boli produzieren einen ungewöhnlichen Stoff mit Namen *T'nalak* aus Hanf, der für Decken und zeremonielle Gewänder benötigt wird. Zeitraubend ist der Prozeß des Einfärbens der Fasern mit aus Blättern, Rinde und Früchten gewonnenen Farben. Primitive Webrahmen werden benutzt, um aus den präparierten Kett- und Schußfäden feine Muster zu kreieren. Bemerkenswert sind auch die Messingwaren dieses Volkes: schwere Glockengürtel, Ketten, moderne Skulpturen und klimpernde Beinringe, die von den perlengeschmückten T'boli-Frauen getragen werden.

In ähnlicher Weise schmücken sich auch die Bagobo, die an der Ostseite des Golfes von Davao wohnen. Sie ahmen die künstlerischen Metallarbeiten des Moro (Muslimkrieger) nach und produzieren reichverzierte Waffen und Metallkassetten, die mit Einlegearbeiten und Glöckchen versehen sind. Außerdem stellen die Bagobo Stoffe aus Abaka her.

Es gibt noch weitere Bergvölker, deren Mitglieder keine Moslems sind: die Subanon in Westlanao, Flußbewohner, deren volkstümliche Tonwaren eine lange Tradition haben, oder die Bukidnonon in Ostlanao, ein 50 000 Mitglieder starker wilder, unabhängiger Hochlandstamm, die Mandaya, die Manobo, die *B'laan*. Sie alle haben außergewöhnliche Bekleidung und künstlerisches Talent aufzuweisen.

Links: Blasrohre, die von den Einheimischen mit großer Geschicklichkeit gehandhabt werden, machen den Wildschweinen auf Palawan das Leben schwer. Exotische Flora und Fauna charakterisieren diese Insel. Rechts: Ein älteres Mitglied des Bagobo-Stammes im Hochland Davaos führt einen Kriegstanz auf, der zum *Ginum* gehört, einem viertägigen Festival, das mit Tanz, Gesang und Umtrunk diverse Geister besänftigt.

Historisches Mosaik

Vor tausend Jahren — und vielleicht vier- oder fünftausend Jahre davor — waren die Inseln, die später den Namen Philippinen (nach König Philipp II. von Spanien) erhalten sollten, nur dünn besiedelt mit Volksstämmen, die zum überwiegenden Teil zur malaiischen Rasse gerechnet werden. Die meisten Leute lebten in kleinen, über die Insel verstreuten Dörfern in der Nähe von Flußmündungen. Ihre Bambushäuser mit Palmblattdächern waren Pfahlbauten; sie betrieben Reisanbau und Fischerei. Andere, primitivere Völker wohnten in den Bergen

Reis, getrocknete Fische und einige kunsthandwerkliche Gegenstände mit zurücknahmen. Mit diesen fremden Besuchern hielten erstmals auch Kultur und Zivilisation ihren Einzug. Etwa im 12. Jahrhundert hatten sich die Chinesen endgültig im Lande niedergelassen. Politisch war ihr Einfluß gering, wirtschaftlich dafür um so größer. Sie beschafften bestimmte Prestigeartikel, die später zeremonielle Bedeutsamkeit erlangten, Tonwaren und Metallgegenstände, die heute in uralten Gräbern gefunden werden.

Zu Beginn des 14. Jahrhunderts führten

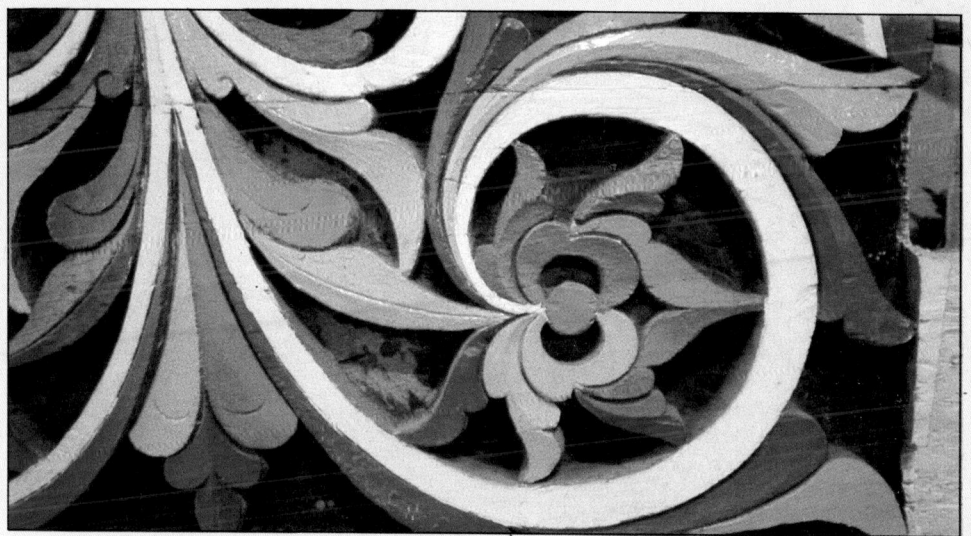

des Landesinneren. Sie waren gewöhnlich Sammler und Jäger.

Bis zum Jahre 1000 n. Chr. waren die Kontakte mit der Außenwelt minimal, aber in den folgenden Jahrhunderten nahmen die Besuche chinesischer, indischer, arabischer und indonesischer Kaufleute kontinuierlich zu. Diese Händler brachten Töpferwaren, Textilien, Eisenwaffen, Werkzeug, Schmuck und Tand zu den Inseln, angeblich, um sie gegen Perlen, Korallen und Gold einzutauschen; doch wahrscheinlicher ist, daß sie

andere Händler den Islam ein, der sich im Nu über die Sulu-Inseln ausbreitete und nach Norden vordrang. Der neue Glaube einte und stärkte die kleinen Sultanate, die sich später energisch den Spaniern und Amerikanern widersetzten.

Ferdinand Magellan

Mit der Ankunft Ferdinand Magellans auf der Insel Samar (am 16. März 1521) begann die Neuzeit in den Philippinen. Magellan hatte sich im Auftrag des Königs von Spanien aufgemacht, einen Seeweg zu finden, der westwärts über den Pazifik führte, um von den Reichtümern Indiens zu profitieren, da die östliche Route am Kap der Guten Hoffnung vorbei von den Portugiesen blockiert wurde. Mit Hilfe der Priester, die seine Expedition begleiteten, bekehrte Magellan die Anführer auf Samar und Cebu zum christlichen Glauben, ließ ihre Familien und Gefolgsleute taufen und Treue zu Spanien schwören.

Nach diesem vielversprechenden Beginn, aus spanischer Sicht, wurde Magellan in ein Scharmützel mit dem Stammesführer Lapulapu von Mactan verwickelt und getötet. Die Expedition setzte ihren Weg fort. Schließlich — drei Jahre, nachdem es Spanien verlassen hatte — vollendete ein herrenloses Schiff mit 22 ausgemergelten Männern an Bord, vier von ihnen Inder, die erste Weltumsegelung. Das Unternehmen hatte vier Schiffe und 252 Mann verloren, doch die Überlebenden hatten eine wertvolle Ladung mitgebracht, Gewürze von den Molukken, die die Ausgaben für die Expedition wettmachten.

Norden vor und besiegten letztlich den Muslimführer Sulayman. Sie nahmen sein von Palisaden umgebenes Fort Maynilad an der Mündung des Pasig-Flußes ein, dessen großartiger geschützter Hafen später als Manila Bay bekannt wurde. Dort gründete Legazpi im Juni 1571 eine von Mauern geschützte Stadt im spanischen Stil: Manila.

Scharen von *Conquistadores* trafen aus Mexiko in Manila ein und schwärmten aus, Luzon und die Visayas zu erobern. Sie begegneten anhaltendem, aber nicht überwältigendem Widerstand, und es dauerte nicht lange, bis sie sich in großen Anwesen einquartiert hatten, die von philippinischen Tagelöhnern bewirtschaftet wurden, und sich als Gebieter aufspielten. Die Mönche, die die *Conquista-*

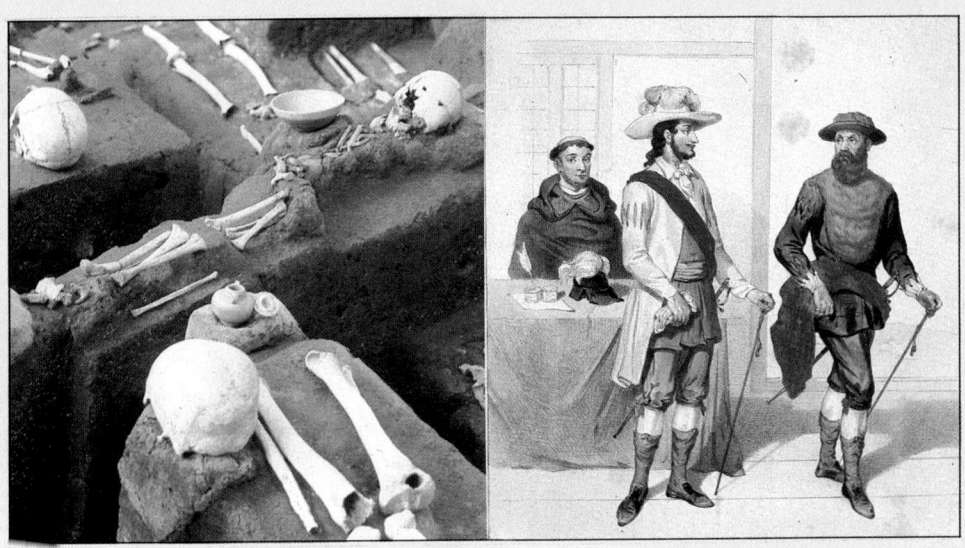

Die Conquistadores

Vier weitere spanische Expeditionen zu den Philippinen verliefen recht erfolglos. Erst 1565 gelang es Miguel Lopez de Legazpi, der aus Mexiko (oder Neuspanien, wie es damals hieß) angesegelt kam, auf Cebu Fuß zu fassen. Er erhob im Namen König Philipps II. von Spanien Anspruch auf die Inseln des Archipels. Im Verlaufe der nächsten paar Jahre stießen die Spanier hartnäckig gen

dores begleiteten, bekehrten die Bevölkerung in Windeseile zum Katholizismus, errichteten Kirchen, Schulen, Dörfer, bauten Straßen und Brücken und häuften unermeßlichen Grundbesitz im Namen der Kirche an. Die verschiedenen geistlichen Orden wetteiferten miteinander und mit den Beamten und dem Militär um Macht, Ansehen, Privilegien und Reichtümer.

Ein spanischer Generalgouverneur, der dem Vizekönig von Mexiko verantwortlich war, führte die Aufsicht über Intramuros (die Festungsstadt Manila) und die rivalisierenden zivilen, kirchlichen und militärischen Hierarchien auf den Inseln. Intramuros, in dem während der ersten Jahrzehnte nicht mehr als 1000 Europäer, Soldaten eingeschlossen, wohnten, wurde von Anfang an bedroht. Nicht von Filipinos, sondern von anderen Feinden. Der chinesische Pirat Li-

Oben links: Archäologische Ausgrabungen bei der Santa-Ana-Kirche in Manila haben eine Grabstätte aus dem 13. Jahrhundert aufgedeckt, die chinesische Exportkeramik enthielt. Oben rechts: Ein alter Stich zeigt ein fiktives Zusammentreffen der drei Expeditionsführer Villalobos, Legazpi und Magellan.

mahong griff es im Jahre 1574 an, eine japanische Expeditionseinheit bedrohte es 1583 und vier holländische Flotten aus Batavia (Jakarta) verübten zwischen 1600 und 1647 Überfälle auf die Stadt. Die stärkste Herausforderung stellte jedoch die chinesische Gemeinde dar, die unmittelbar vor den Mauern angesiedelt war. Ihre fünf- bis zehntausend Mitglieder zettelten wiederholt (1602, 1639, 1662, 1772) Aufstände an.

Der Acapulco-Handel

Die Chinesen waren für den Wohlstand Manilas unentbehrlich. Jedes Jahr lief eine Flotte chinesischer Dschunken den Hafen der Stadt an, beladen mit Porzellan, Seide, Lack-

Britisches Intermezzo

Gegen Ende des Jahres 1762 wurde Manila von dem Brigadegeneral William Draper an der Spitze einer Expeditionseinheit von 13 Schiffen und 2000 Männern aus Britisch-Indien eingenommen, eine Episode des Siebenjährigen Krieges gegen Spanien. General Draper forderte 4 Mio. Pesos (einen Großteil dieser Summe erhielt er auch) für das Versprechen, die Stadt nicht einzureißen und niederzubrennen. Trotzdem plünderten seine Truppen ausgiebig. Selbst der englische Zivilgouverneur Dawson Drake vergriff sich an der Ausstattung des Gouverneurspalastes und sandte seine Beute nach England in Kisten, auf denen „Reis für Drake" stand. Die

und Emailwaren, Gemälden, Mobiliar und diversen Exotika aus Persien, Indien, Siam und Indonesien.

Die spanische Bevölkerung kaufte diese Waren begierig auf, um sie nach Mexiko zu reexportieren. Die berühmte „Manila Galleon" (Galeone) transportierte die Ladungen und brachte als „Bezahlung" mexikanisches Silber zurück. Mit Schätzen angefüllt — die mehrere Millionen Peso wert waren — segelte das erste 2000-Tonnen-Schiff, der Traum eines jeden englischen Freibeuters, jährlich (1572—1815) zwischen Manila und Acapulco hin und her. Die Manila-Galeone legte den Grundstock zu Reichtum und Macht der Stadt, ermöglichte ein angenehmes Leben in Luxus, war aber auch der Grund dafür, daß die Spanier die restlichen Handelsbeziehungen, Landwirtschaft und Industrie vernachlässigten.

Zeit britischer Besatzung war kurz; sie endete zu Beginn des Jahres 1764.

Wachsendes Nationalbewußtsein

Gegen Ende des 18. und zu Anfang des 19.

Oben: Stammesführer Lapulapu und seine leicht bewaffneten und bekleideten Krieger besiegen die mit Rüstungen beschwerten Truppen Ferdinand Magellans. Eine Schlachtszene, die jedes Jahr in den flachen Küstengewässern vor der Insel Mactan aufgeführt wird. Einst schrieb der Italiener Pigafetta, Chronist der Expedition: „Sie verursachten den Sturz des Kapitäns, und als er mit dem Gesicht nach unten darniederlag, fielen sie mit Eisen- und Bambusspeeren über ihn her und mit ihren Entermessern, bis sie unser Vorbild, unsere Sonne, unseren Tröster, unseren Führer getötet hatten."

Jahrhunderts leiteten die Spanier wichtige Reformen auf dem politischen, ökonomischen und sozialen Sektor ein. Sie erlaubten den Einheimischen, gewisse Regierungsfunktionen wahrzunehmen, führten den profitablen Anbau von Zuckerrohr, Tabak, Indigofera und Hanf ein und beendeten die Vorrangstellung des Manila-Acapulco-Handels. Doch die Reformen kamen zu spät. Es gab bereits eine Nationalbewegung, die von liberalen Geistlichen und Geschäftsleuten und einer Studentengruppe in Spanien angeführt wurde.

Eine unbedeutende Rebellion in Cavite im Jahre 1872 versetzte die spanische Obrigkeit in Panik und ließ sie drastische Maßnahmen

wortete) und der ersten Proklamation der Philippinischen Republik (am 12. Juni 1898).

Die Katipunan organisierte 1896 eine größere Revolte. Viele Revolutionäre wurden ergriffen und hingerichtet. Auch Rizal wurde gefangengenommen und, obwohl er ein Befürworter der Gewaltlosigkeit war, für schuldig befunden, Miturheber der Revolte gewesen zu sein. Er wurde auf dem Luneta erschossen und gilt heute als Nationalheld der Philippinen. Rivalisierende Revolutionsgruppen zwangen Bonifacio ins Exil. Aguinaldo wurde von den Spaniern dafür bezahlt, nach Hongkong ins Exil zugehen, kehrte aber zurück, um am 23. Januar 1899 das Amt des ersten Präsidenten der Philippinischen Republik zu übernehmen.

ergreifen. Nachdem man sie aufgrund von Scheinbeweisen der aktiven Subversion überführt hatte, wurden drei wohlbekannte Filipino-Priester öffentlich durch Erdrosseln hingerichtet, was sie zu Märtyrern für den Nationalismus machte.

Ihr Tod beschleunigte die Entwicklung einheimischer Nationalbewegungen und revolutionärer Gruppen. José Rizal, Andres Bonifacio und Emilio Aguinaldo waren die Führerpersönlichkeiten des ,,Propaganda Movement'' (das Gleichstellung mit den Spaniern forderte), der Katipunan (eines Geheimbundes, der den bewaffneten Aufstand befür-

Oben: Etwa um die Jahrhundertwende wurde dieses Foto aufgenommen. Amerikanische Truppen schiffen sich auf dem Pasig-Fluß in Manila ein. Die philippinische Revolution gegen die Spanier war in ,,Empörung'' über die neue Kolonialmacht umgeschlagen.

Amerikanische Besatzung

In der Zwischenzeit hatte sich über die Kuba-Frage ein Krieg zwischen Spanien und den Vereinigten Staaten von Amerika entzündet. Am 1. Mai 1898 segelte Admiral George Dewey mit einem Geschwader von sieben Schiffen in die Bucht von Manila und zerstörte in einer drei Stunden währenden Schlacht die 12 Schiffe der Spanier. Im August belagerten amerikanische Truppen Intramuros, dessen spanischer Kommandeur die Stadt nach kurzfristigem Scheinwiderstand übergab. Am Ende des spanisch-amerikanischen Konfliktes überließ Spanien die Philippinen, Puerto Rico und Guam für US-$ 20 Mio. den USA.

Filipino-Guerilleros hatten sich mit den Amerikanern gegen die Spanier verbündet, waren aber äußerst verärgert, daß sie statt

Unabhängigkeit eine neue Kolonialregierung erhielten. Sie zettelten im Jahre 1900 eine verwegene Rebellion an, und erst zu Beginn des Jahres 1902 gelang es, die Inseln zu befrieden.

Die Amerikaner sahen sich in der Funktion eines Treuhänders oder Sachverwalters und förderten die Beschleunigung politischer, wirtschaftlicher und sozialer Entwicklungen. Am 15. November 1935 wurden die Philippinen zum Staat ernannt, mit der Aussicht auf Unabhängigkeit im Jahre 1945. Doch der Zweite Weltkrieg kam dazwischen.

,,Ich werde zurückkehren''

Am 10. Dezember 1941 brachten die Japaner einen Expeditionsverband an Land, der

ung, die großen Sachschaden angerichtet und sehr vielen Filipinos das Leben gekostet hatte, wurde dennoch mit großem Jubel begrüßt.

In der Nachkriegszeit widmeten sich die amerikanischen Behörden als erstes der Linderung der größten Not, begannen dann mit den Vorbereitungen zur Erklärung der Unabhängigkeit (4. Juli 1946) und steckten schließlich Milliarden von Dollars in den Wiederaufbau. Philippinisch-amerikanische Beziehungen blieben jedoch nicht ungetrübt. Bestimmte Privilegien amerikanischer Geschäftsleute und die großen militärischen Einrichtungen der ,,Befreier'' veranlaßten die Filipinos zu glauben, die ,,Helfer'' aus den USA wollten ihre Wirtschaft dominieren und die Politik ihres Landes manipulieren.

sich bis zur Halbinsel Bataan durchkämpfte (trotz des heldenhaften Widerstandes der amerikanischen und philippinischen Truppen General MacArthurs), die Festungsinsel Corregidor erstürmte, Manila besetzte und den gesamten Archipel überrannte. Auf der Flucht von dem belagerten Corregidor am 6. Mai 1942 gelobte General MacArthur: ,,Ich werde zurückkehren.'' Was er am 20. Oktober 1944, zusammen mit einer mächtigen amerikanischen Invasionsmacht, auch tat. Mit der äußerst wirkungsvollen Unterstützung philippinisch amerikanischer Streitkräfte erkämpften die Amerikaner sich ihren Weg zurück, nach Manila hinein. Die Befrei-

Oben: Nahezu wertlos war die von den Japanern ausgegebene Währung, die während der Besetzung das Land überschwemmte. Filipinos nannten die Banknoten ,,Kenkoy-Geld'', nach einer beliebten, aber nutzlosen Comic-Figur.

Gegenwartsprobleme

Nachfolgende philippinische Regierungen haben verblüffend monotone, sich wiederholende Probleme zu spüren bekommen. Präsident Ferdinand Marcos, der seit 1965 im Amt ist (und 1972 den Ausnahmezustand verhängte), mußte sich mit weitverbreiteter Korruption, Amtsmißbrauch, Gewalttätigkeit, Obstruktionspolitik, Leichtfertigkeit, Verbrechen, Tumulten, Aufruhr und den moslemischen Sezessionisten im Süden auseinandersetzen. Es gab noch andere Schwierigkeiten: Die landwirtschaftliche Entwicklung und der wirtschaftliche Aufschwung ließen zu wünschen übrig, es gibt nicht genügend Arbeit für die wachsende, zunehmend ausgebildete Bevölkerung.

43

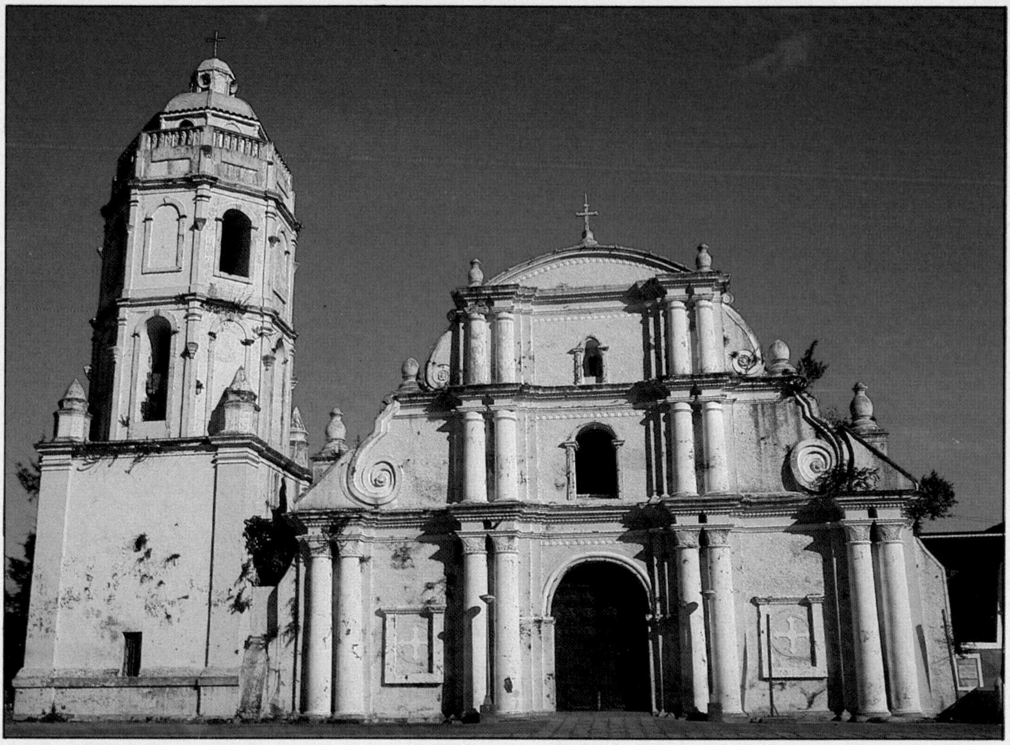

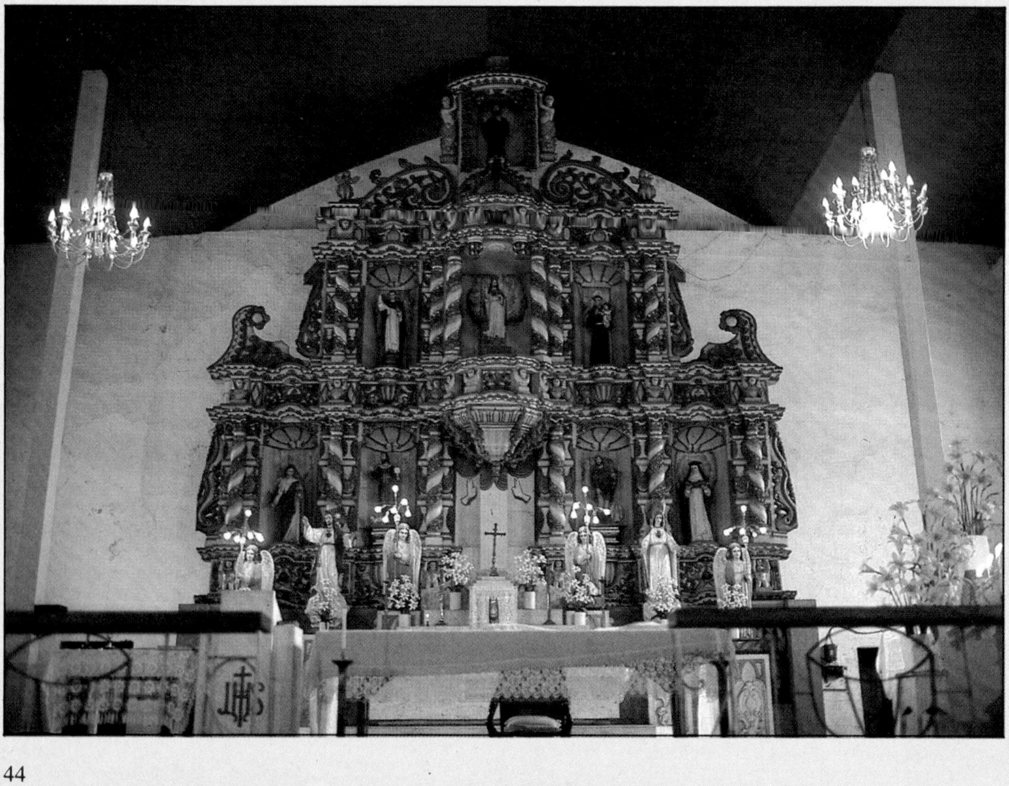

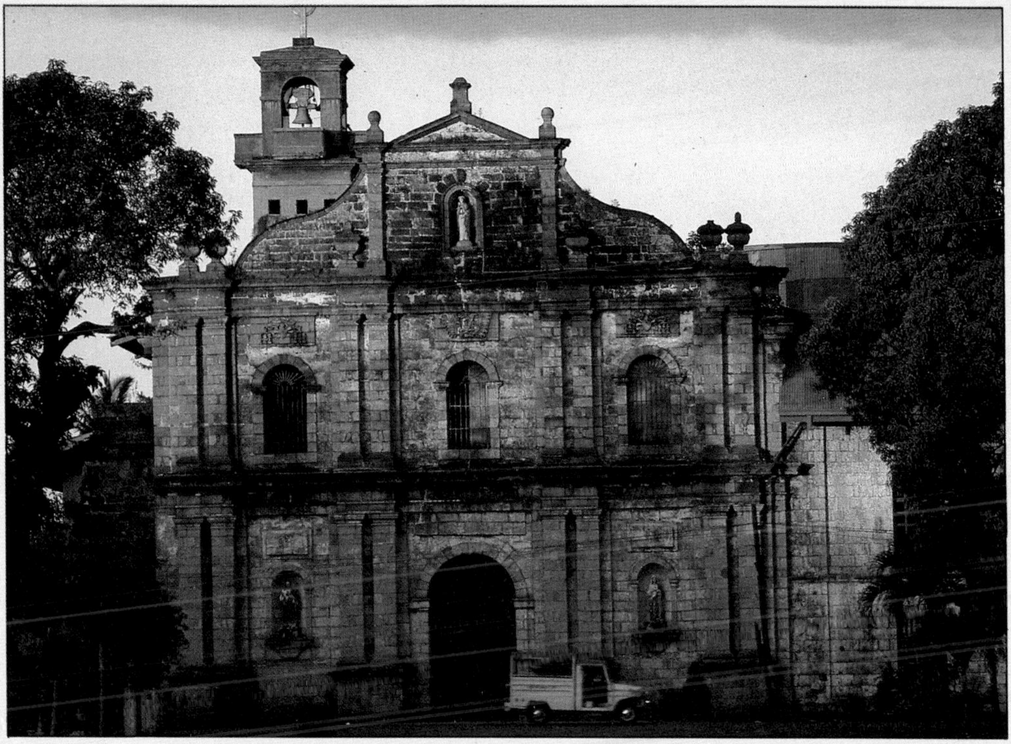

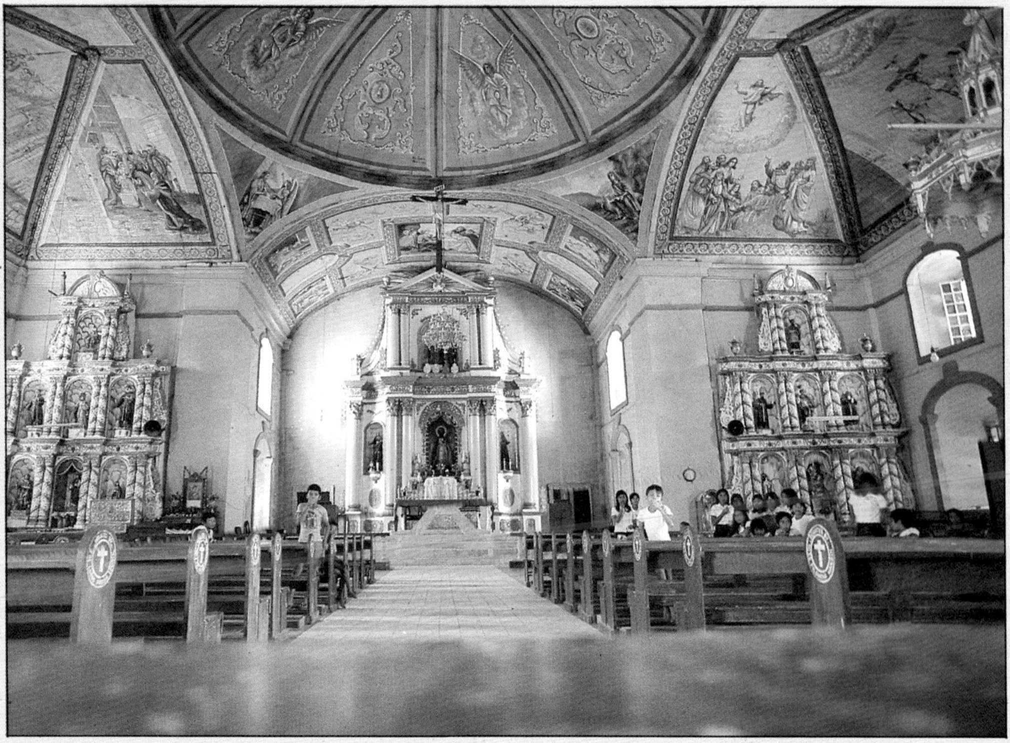

Die Jungfrau und das Kind

Es wird erzählt, daß, nachdem Magellan in dem aufstrebenden Königreich Cebu gelandet war, weder sein eindrucksvoll klingendes Versprechen der Freundschaft eines weißen Königs noch der Glanz spanischer Kanonen, noch das Symbol des Kreuzes den Erfolg der *Conquistadores* herbeigeführt hatten. Es war vielmehr die Statue des Christuskindes, die das Herz der einheimischen Königin gewann. Das „Götzenbild" schien außerordentlich fremdländisch, doch mit glänzenden Augen erlebten die Kastilier, daß die Krone, das Szepter und die winzigen Händchen, die ihren Stempel bereits einem großen Teil der damals bekannten Welt aufgedrückt hatten, die Königin eines kinderlieben Reiches zur Annahme des neuen Glaubens bewog.

Bei der nachfolgenden Massentaufe erhielt die Königin (der der christliche Name Juana gegeben wurde, während ihr Mann, Rajah Humabon, in Carlos umgetauft wurde) das Heiligenbildnis von Pigafetta, dem Historiker der Expedition, zum Geschenk. Künftig, versprach die Königin, sollte der Kleine, Santo Niño, die Stelle der *Anitos* (Götzen) ihres Volkes einnehmen.

Dieser Beschluß wurde nicht lange eingehalten, denn aus Aufzeichnungen geht hervor, daß sich die Rückkehr zum Animismus sehr schnell vollzog, nachdem die *Conquistadores* abgezogen waren. Doch im Laufe der nächsten 300 Jahre verfeinerten die Mönche die psychologischen Methoden ihrer Bekehrungsstrategien erheblich. Blutsverwandtschaft war der Kitt, der primitive Gesellschaften zusammenhielt, und schon bald entthronte eine christliche Großfamilie die Seelen der verstorbenen Vorfahren, die Naturgeister und mythischen Ungeheuer. Gott spielte natürlich den strengen Vater, diverse Heilige hielten als freundliche Onkel und Tanten her, die Jungfrau Maria war die barmherzige Mutter und ihr Kind der mächtige Liebling der Familie.

Nachdem das harte Geschäft der Unterjochung bewerkstelligt war, die Familienoberhäupter ihren Tribut entrichteten, setzte man bei Frauen und Kindern an, um das Land zu befrieden. Jahrhundertelang hatte man es den Frauen eingehämmert, bis sie schließlich überzeugt davon waren, daß wahre Weiblichkeit Unterwerfung, Keuschheit und Gehorsam bedeutete. Kindern brachte man Vertrauen in den Vater bei.

Da keine sichtbaren Götter diese Tugenden akzeptieren konnten, waren die Mönche gern bereit, hier stellvertretend zu wirken.

Je nach Temperament und kultureller Eigenheit einer Siedlung wurde der Akzent auf die Mutter oder das Kind gelegt. In den Schreinen und Kirchen Luzons — dort hatte seit alter Zeit Gleichberechtigung zwischen Männern und Frauen geherrscht, die Priesterinnen hatten hohe Machtstellungen eingenommen — war Maria Symbolfigur des Katholizismus. In den Visayas der Königin Juana, wo Kindern heute noch eine verlängerte Kindheit gegönnt wird, war Santo Niño König. Diesen Unterschied kann man an den ältesten Kirchen des Landes feststellen, besonders gut in den Tagalog-Provinzen, Cagayan, Ilocos, Cebu und auf Panay.

Propaganda war ein wesentlicher Bestandteil der Missionsarbeit. Die Mönche sorgten dafür, daß jedes wichtige Ereignis im Gemeindeleben auf göttliche Intervention zurückgeführt wurde. Auf diese Weise wurden Maria und ihr Sohn zu Institutionen, die in der Lage waren, Feuer zu verhüten, Erdbeben abzuwenden (besonders von Kirchengebäuden), Gegenzauber zu initiieren bei Einfällen fremder Mächte (holländischer, britischer, moslemischer, portugiesischer und chinesischer) und dienten ebenso als Regen- und Fruchtbarkeitsgötter.

Wundertätige Heiligenbilder

Geheimnisvoll, rätselhaft ist, welche Mechanismen Gebet und Andacht in Bewegung setzen können; es scheint, als hätten sich viele Herzenswünsche und dringende Bitten tatsächlich erfüllt. Immer wieder hört man Berichte über Ernten, die ermöglicht wurden, weil Heuschreckenplagen oder Dürre abgewendet wurden, über Fluten, die umgeleitet, oder Banditen, vor denen man dank himmlischer Mächte geschützt wurde. Mindestens 50 Heiligenbilder gibt es auf den Philippinen, die Maria oder das Jesuskind darstellen und angeblich in irgendeiner Form Wunder gewirkt haben. Einige von ihnen sind von der katholischen Kirche kanonisch als echte „Wundertäter" anerkannt worden.

Die Batangueño aus Taal erzählen heute noch, daß sich ihre Jungfrau von Casaysay den Ort ihres gegenwärtigen Schreins selbst ausgesucht habe, indem sie ständig von ihrem früheren Standort verschwand und in einer Baumkrone in der Nähe auftauchte. Die Cota-Jungfrau aus Cagayan de Oro (Mindanao) ist das einzige von mehreren anderen Marienbildnissen, das angeblich völlig unversehrt aus einer zerbombten Kirche geborgen worden ist. Die Rosenkranz-Madonna, La Naval de Manila, hatte den zweiten Teil ihres Namens erhalten, nachdem unter ihrem Schutz fünf erfolgreiche Schlachten gegen die Holländer geführt worden waren. Die Heilige Jungfrau von Antipolo hat auf den zehn Überfahrten nach Acapulco und zurück die Galeone auf wunderbare Weise vor „Freibeutern, Meuterei und Navigationsfehlern" bewahrt.

Fast ebenso viele Geschichten umgeben Santo Niño, der gleichfalls viele Wunder vollbrachte. Auch er verschwindet aus seinem Schrein, taucht auf mysteriöse Weise wieder auf, heilt die Kranken, tröstet die Armen, beschützt die Schwachen.

Praktisch alle großen christlichen Städte haben ihre eigenen besonderen Abbilder von Mutter und Kind, seien sie aus poliertem Elfenbein, geformt von den Händen europäischer Schnitzer aus dem Mittelalter, aus dunklem Ebenholz, von mexikanischen Künstlern gefertigt, aus weichem Holz, dessen feine Linien von chinesischen Bildhauern geschaffen oder von einheimischen Handwerkern produziert wurden. Ein Großteil der Heiligenbilder ist von klassischer Schönheit. Manche von ihnen bestehen aus einem langen Holzpflock, an dem Kopf und Arme befestigt sind und der mit kegelförmigen Gewändern aus güldenem Damast bedeckt ist. Ihre Kronen sind bedeckt mit Edelsteinen, die von reichen Katholiken gespendet wurden.

Und überall sind Schreine

Kaum ein katholisches Heim, das keinen Schrein mit Maria und Jesus besitzt. In manchen Fällen sind diese Heiligenbilder mehrere hundert Jahre alt. Häufig von rotscheinenden Nachtlämpchen bewacht, sind sie von Generation zu Generation vererbt worden. Vor diesen Bildnissen knien die Familienmitglieder zum Abendgebet nieder oder um die Gesundung eines Kranken zu erflehen. Auch Brautsträuße werden dort niedergelegt oder neugeborene Kinder, um Ehrenbezeugung auszudrücken. In den Häusern junger Leute finden Heiligenbilder aus alten Kirchen auf dem Lande heute einen Platz als dekorative Antiquitäten.

Auf dem Lande weit verbreitet sind Gartenschreine für die Jungfrau, Grotten, die ihre bezeugte Erscheinung in Fatima, Lourdes oder Carmel nachahmen. Meistens wählt man als Standort eine Anhöhe, einen aufgeschütteten Erdhügel oder einen Berg, auf den sich Hunderte von schmalen Stufen hinaufwinden.

Es ist noch nicht einmal ein Menschenalter her, da war es gang und gäbe, die Namen „Maria" und „Jesus Maria" den Namen philippinischer Kinder hinzuzufügen. Dieser Brauch stirbt langsam aus. Die Grenze zwischen fröhlichem Götzendienst und tiefreligiösen Gefühlen ist auf den Philippinen fließend. Doch selbst die Generation moderner Filipinos läßt ihre Kinder sicherheitshalber kirchlich taufen.

Links: Eine Szene aus dem *Cenaculo* oder Passionsspiel zeigt Marias Qual, den Schmerz einer Mutter, der in einer matriarchalisch ausgerichteten Gesellschaft viele Herzen anrührt. Rechts: Katholische Heiligenbilder werden auf den Philippinen hoch verehrt. Diese Ehrfurcht vor der Heiligen Familie ist in allen Bereichen des täglichen Lebens spürbar, die Zeit, die in öffentlichen Verkehrsmitteln verbracht wird, eingeschlossen. Verkehrsteilnehmer bekreuzigen sich automatisch, wenn sie eine Kirche passieren.

49

51

La Fiesta: zwei Seelen in einer Brust

Zwei Uhr nachmittags: Ein Meer aus braunen Körpern wogt in breiten Wellen vorwärts, in Richtung auf die *Carroza* (ein mit Schnitzwerk reich verzierter hölzerner Karren), die sich auf uralten Rädern Zoll für Zoll vorwärts bewegt. Zuoberst taucht Nuestro Padre Señor Nazareno — eine lebensgroße Skulptur des kreuztragenden Christus — aus dem Innenhof einer Kirche auf. Dies ist Quiapo, einer der ältesten *Arrabales* (Distrikte) Manilas, und die jährlich zu Ehren des Nazareners stattfindende Prozession hat gerade begonnen.

Die Christusfigur, Quiapos Schutzheiliger, ist von auffällig brauner Farbe. Es wird behauptet, ein mexikanischer Konvertit habe sie vor 400 Jahren bemalt. Seit die Statue in Manila eintraf, zu Beginn der Eroberung, haben die wohlriechenden Trankopfer der Eingeborenen ihre Tönung noch dunkler gefärbt.

An diesem frühen Nachmittag im Januar befindet sich der Nazarener nur unter Gleichgesinnten. Dem Leiden hingegeben — aufgemalte Blutstropfen rinnen über seine Wangen —, mit dem Purpurgewand des Königs angetan, wird Christus von über hunderttausend Menschen umringt, die wie Schlafwandler der Verherrlichung der christlichen Doktrin, durch das Sterben erlange man ewiges Leben, huldigen.

Männliche Gläubige, *Hijos*, die identische T-Shirts mit dem Abbild des heiligen Mannes tragen, bilden 2 lange Ketten und ziehen die *Carroza* an dicken Seilen vorwärts. Andere *Hijos* formen eine Phalanx und teilen die Massen der Gläubigen. Jedermann versucht, so nahe wie möglich an den Nazarener heranzukommen. Am Rande der *Carroza* streckt sich ein Knäuel von Armen und Händen hin zum Heiligenbildnis, aus dem Taschentücher und Handtücher herausragen, die, wenn sie die Figur berührt haben, Heilkräfte erlangen.

Am besten kann man das Geschehen von einem hohen Gebäude aus beobachten: all die Köpfe und Arme, emporschnellend, sich wiegend, wie ein großer Polyp, der sich im Strom des Glaubens schaukelt. Stundenlang staut sich der Verkehr in der Stadt, wenn die Prozession sich wie eine Lawine vergrößert

Vorausgehende Seiten: Sommer-Festlichkeiten in Bulacan. Carabaos gehen vor der Kirche auf die Knie, um ihren jährlichen Segen zu empfangen. Geschmeidige Tänzerinnen aus Leyte bringen Schwung in eine örtliche Fiesta. Links: Ein Ati-Atihan-Teilnehmer pausiert.

und in der Dämmerung unzählige Kerzenflammen aufleuchten, deren Weg vorbei an den Neonreklamen von Quiapos Kinos, chinesischen *Panciterias* (Restaurants), Bäckereien und Kneipen verfolgt werden kann.

Das Ati-Atihan

10.00 Uhr morgens auf der Insel Panay in den Visayas. Die ganze Stadt ist auf den Beinen, ergänzt durch Schiffs- und Flugzeugladungen von Besuchern. Sie alle haben ihre Gesichter mit Ruß geschwärzt. Alkoholdunst erfüllt die Straßen. Trommelklänge lassen die milde Morgenluft vibrieren. *HALA BIRA!* Krach — bumm. *PUERA PASMA!* Krach — bumm. *HALA BIRA!* Krach — bumm.

Mit dem Tempo eines Nonsensverses steigert sich die Aufregung in der Morgenhitze. Kongolesische Krieger liefern sich ein Scheingefecht mit spanischen *Caballeros*. Cowgirls tanzen eine *Salsa* mit King-Kong. Ein japanischer Löwentänzer schüttelt seine Mähne, während der Spiegelmann eine beschwipste, possierliche Königin in Verlegenheit bringt. Capiz-Muscheln rasseln, Hupen dröhnen, *Tuba* (Kokosnußwein) rinnt durch die Kehlen, und man schluckt Gin in großen Zügen. Unermüdlich erschallt das hypnotisierende *HALA BIRA!*

HALA BIRA! Schädel und Skelette kreuzen auf. *HALA BIRA!* Ältere Damen drücken kleine Santo Niños an die Brust. *HALA BIRA!* Ein Jeepney knattert vorüber, auf den ein riesiges Plakat montiert ist, das verkündet, das Jüngste Gericht sei nahe, da zuviel Politik im Lande betrieben werde. *HALA BIRA!* Mädchen in *Sarongs* walzen wie ambulanter Kopkospalmenhain durch die Stadt. Ist die Stadt verrückt geworden? Ja und nein. Das Ati-Atihan ist ausgebrochen: eine rußgeschwärzte Orgie, in der sich die Bilder überschlagen, Mythos und Revue, Spektakel und Narretei, Gruselpanorama und die katholische Kirche. In den Straßen von Kalibo, Aklan, herrscht Waschtag, das philippinische Unterbewußtsein wird gereinigt.

Die dritte Januarwoche ist im Festtagskalender des Landes rot angestrichen. Eine rituelle Katharsis wird geboten, die mehr und mehr Städter anlockt. Das eine ist ein Landhandel. Im 13. Jahrhundert flohen 12 *Datu* vor einem Tyrannen aus Borneo und erwarben im Tauschhandel Land auf Panay. Nachdem sie ihr anfängliches Mißtrauen überwunden hatten, tauschten die Eingeborenen, *Ati* (Negritos), Teile des flachen Landes ihrer Vorväter gegen goldene Gegenstände ein: einen Kopfschmuck, eine Halskette und eine Schüssel. Voller Begeisterung gaben die Leute aus Borneo ein lustiges Fest für ihre neuen Nachbarn. Sie schwärzten ihre Gesichter mit Ruß, um sich den Pygmäen anzupassen.

Vier oder fünf Jahrhunderte später lebte ein christianisiertes Panay in ständiger Furcht vor den beutehungrigen Piraten und Sklavenjägern aus Mindanao. Im Getümmel eines Überfalles soll das Christuskind erschienen sein und die Marodeure vertrieben haben. Ein typisches Mönchsmärchen, veranlaßte es jedoch die Einwohner von Kalibo, ihr Erntefest mit einer Feier zu Ehren Santo Niños zusammenzulegen.

Ein janusköpfiges Fest: Saufgelage und Pietismus zur gleichen Zeit, hat sich das Ati-Atihan zur Raserei entwickelt, zur tanzenden Walpurga. Am dritten Tag des großen Rausches stolpern schwarzgesichtige Zelebranten mit einer Reihe ansehnlicher Kater im Schlepp zur Kirche, um am *Patapak* teilzunehmen, einem Ritual, bei dem ein Priester all ihre Körperteile mit dem Niño-Bildnis berührt, was auf magische Weise Leib und Seele heilen soll.

Wenn die Kirchenglocken im Rhythmus des *HALA BIRA!* schallen, stolpert die Gemeinde geläuterter Schwelger zurück in die Straßen, um den Höhepunkt des Ati-Atihan zu erleben, die lange Prozession, in der Räuber, Greifer und Diebe Schulter an Schulter mit Schulmädchen und alten Damen marschieren, die mit tränenschwerer Stimme Kirchenlieder singen. Obwohl Medien und Tourismusindustrie das Festfieber zusätzlich anheizen, steht im Mittelpunkt nach wie vor der Filipino, in dessen Brust zwei Seelen wohnen.

Animismus kontra Christentum — ein Vermächtnis

Als sich die Spanier im 16. Jahrhundert in die Gewässer der Inselwelt, die sie später Felipinas taufen sollten, einschifften, drangen sie auch auf geistiges Neuland vor. Kein Bindeglied intellektueller Art, Philosophie, Theorie oder Überbau, rechtfertigte diese Beziehung. Der braunhäutige Mann war ergebener

Masken, die während der Heiligen Woche im Moriones-Festival in Marinduque verwendet werden, sind gewöhnlich aus weichem einheimischen Holz geschnitzt. Die grimmigen Mienen römischer Zenturionen sind manchmal von tropischer Pracht umrahmt.

Pantheist, dessen Welt überquoll von Geistern der Felsen, Ströme, Berge und Wasserfälle. Es gab heilige Bäume und bestimmte Stellen, die aufgrund besonderer Taten der Vorfahren geheiligt waren. Das Universum wurde von einer Geisterhierarchie beherrscht. Dem Menschen oblag es, die Bösen zu besänftigen, die Hilfe des Wohlgesonnenen zu erflehen. Ein simpler Glaube, eine einfache Order.

Das Erscheinen des weißen Mannes brachte das ökologische Gleichgewicht ins Wanken. Mit Feuerkraft unterstrich er die Notwendigkeit, den Willen einer höchsten Gottheit mit Namen Gott zu verstehen. Während der Schamane als Mittler zwischen seinem Stamm und Spezialgöttern tätig war, fungierte der spanische Missionar als Sprachrohr Gottes, *Dios,* des Herrschers über die Natur und die Seelen der Ahnen. Daß der weiße Mann den Eingeborenen freundlich zwang, in ein persönliches Verhältnis zu einem Gott zu treten, machte die Sache nicht leichter, schuf psychologische Barrieren.

Ganze Stämme flohen vor diesem Druck, und so stark war die ursprüngliche Weltsicht, daß diejenigen, die blieben und christianisiert wurden, bis heute nicht dem Pantheismus abgeschworen haben. Wie ein Zweig, der auf einen fremden Lebensbaum gepfropft wurde, wuchs und gedieh der philippinische Glaube, ohne seine Ursprünge zu verleugnen. Man betrachtete die Heiligen als übernatürliche Wesen, die dieselbe Macht hatten wie die Naturgeister, die *Engkanto.* Heiliges Wasser besaß Zauberkräfte.

Die heutige Form der Filipino-Fiestas erinnert an die Weisheit der alten Priester, hat allerdings Züge des auferlegten Christentums integriert. Wenn Naturkatastrophen oder verfeindete Stämme die christlichen Siedlungen bedrohten, wurde jedermann zur Kirche zitiert, um ein Wunder herbeizubeten. Wohlwollende Geister, die zur Erntezeit angerufen wurden, ließ man nach und nach durch christliche Heilige ersetzen, und wenn die Hitze des Sommers das Blut in Wallung brachte, wenn uralte Fruchtbarkeitsgesänge erklangen, trachteten die Mönche eifrig danach, spanische Lieder, Tänze und Folklore zu beleben und die Jungfrau Maria populär zu machen.

Nicht einmal zu Allerseelen erlahmt die Feststimmung — in Scharen ziehen Angehörige zum Friedhof, um Nachtwache zu halten. An den Gräbern werden Gebete gesprochen, Blumenkränze niedergelegt, Kerzen entzündet, Picknicks abgehalten, Bingo und Mahjong gespielt.

Im Frühling: die Heilige Woche

Zwischen März und April, wenn die bewegliche Karwoche beginnt, verwandeln sich die Philippinen in ein durch und durch katholisches Land. Die Leiden Christi, sein Tod, seine Auferstehung stellen, ebenso wie die letzten Stadien Buddhas auf dem Wege ins Nirwana, einen Archetypus dar. Den *Indios* war sie lange Jahre hindurch eingehämmert worden, die christliche Doktrin; eingepaukt wie der Katechismus und christliche Moralität. Nun läßt man die letzten blutbefleckten Erdentage Christi auf dem gesamten Archipel wiederaufleben.

Grüne Palmblätter rauschen während der Messe zum Palmsonntag. In entlegenen Gegenden werden diese Blätter später getrocknet, gemahlen, verbrannt, mit heiligem Wasser gemischt und zusammen mit medizinisch wertvollen Wurzeln getrunken, um Magenschmerzen und Menstruationskrämpfe zu lindern. Am Montag der Heiligen Woche wiederholt sich der Purpur der Priestergewänder zur Fastenzeit in den Stoffstreifen, mit denen die *Santos* dekoriert werden. *Manangs* — alte Frauen, die zur ersten Morgenmesse Kerzen entzünden und niederkniend verharren — holen ihre abgegriffenen Gebetbücher für die *Pabasa* (die „Lesung") hervor. Im klagenden Ton und Dialekt ihrer Region tragen sie die Geschichte der Karwoche vor.

Am Donnerstag der Heiligen Woche ist der schwüle Nachmittag erfüllt von Kirchengesängen, die bis weit nach Mitternacht zu hören sind. Am Karfreitag beherrscht das Todesthema die Städte und Gemeinden: der *Cenaculo,* die tropische Variante europäischer Passionspiele, wird auf dem Dorfplatz aufgeführt. Die letzten sieben Worte Christi tropfen schmeichelnd von den Kanzeln (was für Manileños, die daheim geblieben sind, im Fernsehen übertragen wird). *Flagellantes* erscheinen auf den Straßen der Provinzen Cavite, Pampanga und Nueva Ecija. Sie tragen, um nicht erkannt zu werden, *Kapirosas,* weiße Baumwollkapuzen, die von Weinranken gekrönt sind. Eine ausgesuchte Person bringt den Geißelbrüdern die ersten Wunden bei. Blut tropft aus den Rißwunden ihrer nackten Rücken, auf die sie kontinuierlich mit Leder-

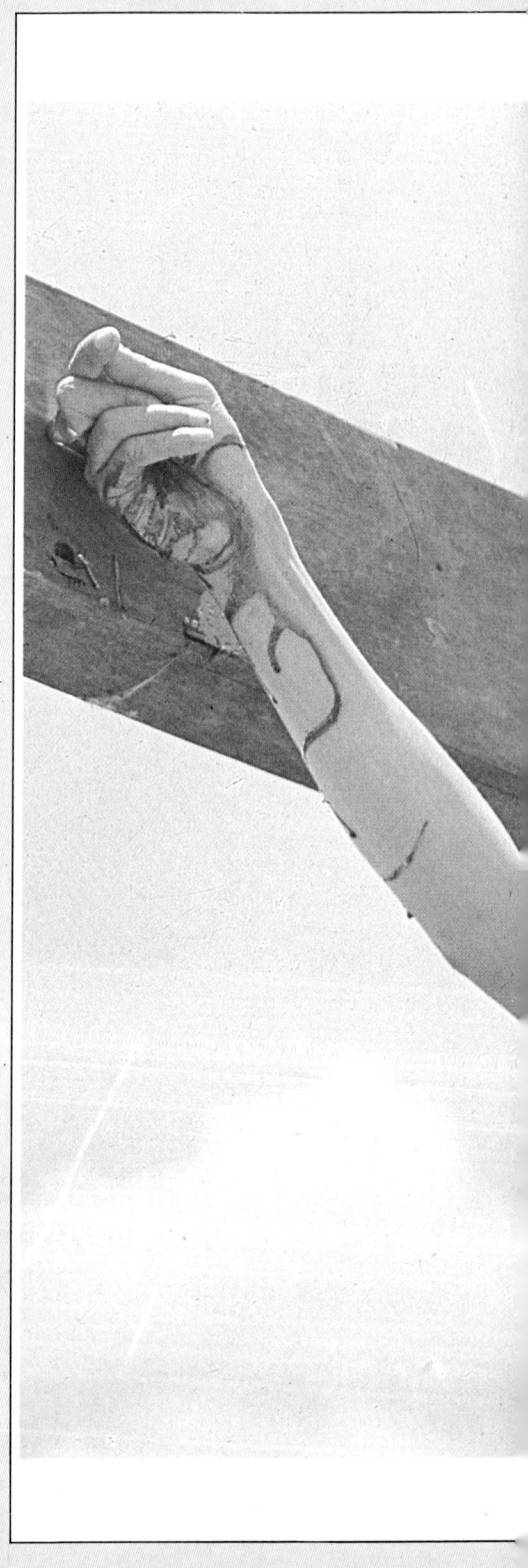

Flagellantes begeben sich am Karfreitag auf die Straßen und schlagen sich mit glasbesetzten Lederpeitschen Blutstriemen auf die Rücken. In einer Stadt in Pampanga lassen sich jedes Jahr Gläubige ans Kreuz schlagen, um ihre Gelübde zu erfüllen.

peitschen einschlagen, die mit Glassplittern versehen sind. In Pampanga und Nueva Ecija haben sich Gläubige extremen Qualen unterzogen, um ihre Gelübde zu erfüllen. Manche ließen sich wie Christus ans Kreuz schlagen.

Wer die Philippinen während dieser Zeit besucht, könnte den Eindruck gewinnen, die Filipinos seien verrückte Masochisten. Das stimmt nicht ganz. Für einen Lebenskünstler, der verstehen will, was Unsterblichkeit bedeutet, mag es notwendig scheinen, einen Vorgeschmack des Todes zu kosten. Wenn die Stille des Ostersamstags am Ostersonntag mit dem Scheppern riesiger Bronzeglocken vertrieben wird, steht die Macht des bis in alle Ewigkeit sterbenden und wiederaufstehenden Gottes außer Frage. Außer der Geburt Christi wird kein philippinisches Fest so fröhlich begangen wie dieses. Während der Mitternachtsmesse werden die Heiligen feierlich ihrer Trauerkleider entledigt; die Priester tragen leuchtendes Gelb. Der traditionelle Festschmaus nach der Messe ist üppig.

Am Morgen des Ostersonntags finden überall auf den Inseln die *Salubong*-Riten statt, die das Treffen des Auferstandenen mit seiner Mutter nachvollziehen. In den Innenhöfen der reicheren Kirchen des Landes sind besonders präparierte Bögen installiert, aus denen *ex machina* ein Engel herniederschwebt, Christus und Maria mit Feuerwerksbegleitung und Glockenklang zu vereinen. Dann beginnt eine Prozession, bei der die lieblichsten Mädchen von den *Carrozas* von Mutter und Sohn einhertanzen.

Sommer-Fiestas

Triebe, die sich im März und April zaghaft regen, brechen im Mai zur vollen Blüte auf. Mitte des Monats werden die Carabaos von Pulilan in Bulacan für ihren jährlichen Parademarsch zur Kirche mit Hibiskus und Plumeria geschmückt. Vor der Kirche auf die Knie gezwungen, erhalten die Rindviecher den Segen der Priester für ein weiteres arbeitsreiches Jahr bei bester Gesundheit. Einen Tag später präsentieren sich die alten Franziskanerstädte Sariaya und Lucban auf Quezon in leuchtender Farbenpracht: Türen und Fenster sind mit Gaben der Obst- und

Zu Ehren des Schutzheiligen der Bauern, San Isidro Labrador, findet in Quezon ein Erntefest statt. Farbenprächtiger Schmuck aus Reisoblaten, Früchten und Gemüsen ziert die Häuser. Musikkapellen versuchen, sich an diesem Tage gegenseitig zu übertrumpfen.

Gemüseernten des Sommers und durchsichtigen Reiseoblaten behängt. Es sind Dankesfeste, *Pahiyas,* zu Ehren des Schutzheiligen der Bauern, San Isidro Labrador.

Drei Tage lang, ebenfalls Mitte Mai, summt die Stadt Obando in Bulacan den Fandango, wenn tanzende Glaubensanhänger San Pascual Baylon um eine Frau bitten, Santa Clara de Assisi um einen Mann und die *Virgen de Salambao* um ein Kind. Man vermutet, daß es sich hierbei nur um eine Tarnung uralter Fruchtbarkeitsriten handelt, die nur ganz selten noch einmal durchscheinen, in einem unzüchtigen Lied über Santa Clara zum Beispiel. Die Prozession endet mit Tänzen am Altar, in die Kirchendiener, Vertreter des Tourismusministeriums und protestierende Fotografen einbezogen werden.

Spitzenstar des Monats Mai ist jedoch die Jungfrau Maria, zu deren Ehren viele Prozessionen und Wallfahrten abgehalten werden. Die *Flores de Mayo* müssen die Idee eines einfallsreichen Mönchs gewesen sein. Einen Monat lang bringen die schönsten und frömmsten Mädchen der Jungfrau Blumenopfer dar. Hinzu kommt eine Prozession, die von *Sagalas,* weiblichen Gestalten aus verschiedenen Perioden des biblischen Mythos, begleitet werden. Gewidmet ist diese Veranstaltung Santa Helena, der Mutter Konstantins, des legendären Streiters für den wahren Glauben.

Wie eine Formation exotischer Schmetterlinge nimmt sich die *Santacruzan* im Zwielicht eines Barrios oder einer Metropole aus, wenn sich die Prozession der Frauen mit Maria im Mittelpunkt unter Blumenbögen fortbewegt, beleuchtet vom Flackern unzähliger Kerzen und Laternen. In letzter Zeit haben profane urbane Einflüsse die Oberhand gewonnen. Das Preisen der Jungfrau geht unter im Gedränge um die im Scheinwerferlicht schwitzenden Filmstars in funkelnden Tiaras und hochmodischen *Ternos* (traditionelle philippinische Kleider mit Trompetenärmeln). Das Spektakel gilt heute weniger denn je der züchtigen Jungfrau.

Von Ende Mai bis August ehren die Fischer ihre diversen einheimischen Schutzgöt-

ter. *Caracol* werden Flußprozessionen genannt, deren geschmückte Boote die Nebenflüsse Luzons entlanggleiten. Eine stufenförmige, in Tuch gehüllte und mit Papierblumen und Goldplättchen verzierte Skulptur steht im Zentrum der Prozession: eine Pagode, die zweifellos unbekannten chinesischen Ursprungs ist. Sie ist oben auf dem Hauptboot befestigt, das außerdem den zu Verehrenden der Veranstaltung trägt — San Vincente in Bacool, Cavites *Caracol,* San Andres in Parañaque, Apo Iro (St. Peter) in Apalit in Pampanga, Santa Marta in Pateros, das Heilige Kreuz in Bocaue, Bulacan. All diese Heiligenfiguren sind von einem Netz wunderbarer Legenden umwoben.

Weihnachten auf den Inseln

Sind der Oktober und ein weiteres Erntefest vorüber, nähert sich das Weihnachtsfest in dem einzigen katholischen Land Asiens. Es stimmt schon: Automatische Weihnachtsmänner, Plastikspielzeug und Aluminiumbäume mit Flittersternen haben die einheimischen Bräuche mit einer dicken Kruste überzogen, aber in den kleinen Läden außerhalb der Stadtgrenzen kann man noch Traditionelles finden.

Kommt der Dezember, so beginnt weihnachtliche Geschäftigkeit in Klassenzimmern, formen Schulkinder Hügel und Höhlen aus Pappmaché, schnitzen Holztiere und bauen Bambusställe und Krippen für das Jesuskind.

Neun Morgenmessen, die *Misa de Gallo* (Hahnenmesse), werden ab Mitte Dezember unter dem strahlendsten Himmel des philippinischen Jahres abgehalten. Sängergruppen formieren sich, um mit Weihnachtsliedvorträgen ein wenig Geld für wohltätige Zwecke zu erbitten. *Farols* (Weihnachtslaternen) schimmern mit den allgegenwärtigen Lichterketten an Weihnachtsbäumen, über Türen und Fenstern um die Wette. Wie irrlichternde Ufos flimmern sie in stillen Nächten.

Das Weihnachtsfest ist für jedermann, aber zu keinem anderen Zeitpunkt erinnert sich der christliche Filipino so deutlich der Ursprünge seiner Fiesta, wie in dieser Jahreszeit. Je niedriger sein wirtschaftlicher Status, je weiter er von der Stadt entfernt wohnt, desto stärker fühlt er dann, daß seine Vorväter Recht daran taten, den Gott des weißen Mannes in ihr Pantheon aufzunehmen. Zu Weihnachten, dem großartigsten aller Feste, wird er betteln, borgen oder stehlen, um jemandem ein Geschenk machen zu können.

Aus Bambusstreifen, Draht, Silberfolie und farbigem japanischen Papier, *Papel de Hapon,* bestehen die Weihnachtslaternen oder *Parols.* Zu Beginn des Monats Dezember werden die *Parols* an Türen und Fenstern befestigt, um den Beginn der Weihnachtszeit anzuzeigen, die offiziell neun Tage vor dem ersten Weihnachtstag beginnt und bis zum Dreikönigsfest in der ersten Januarwoche dauert.

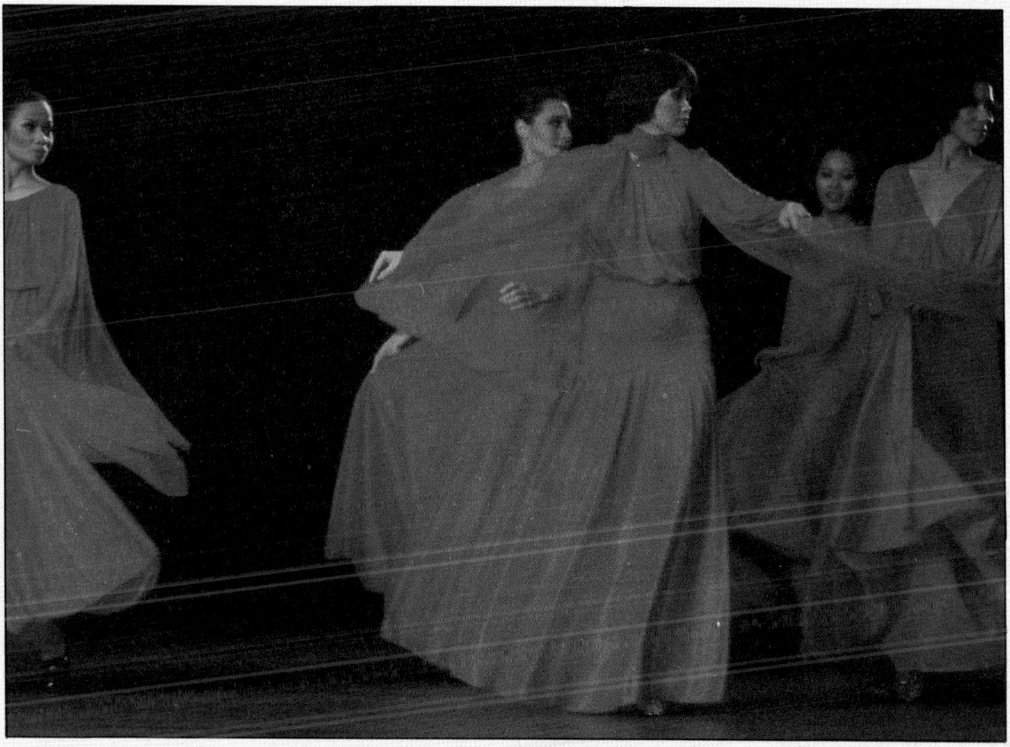

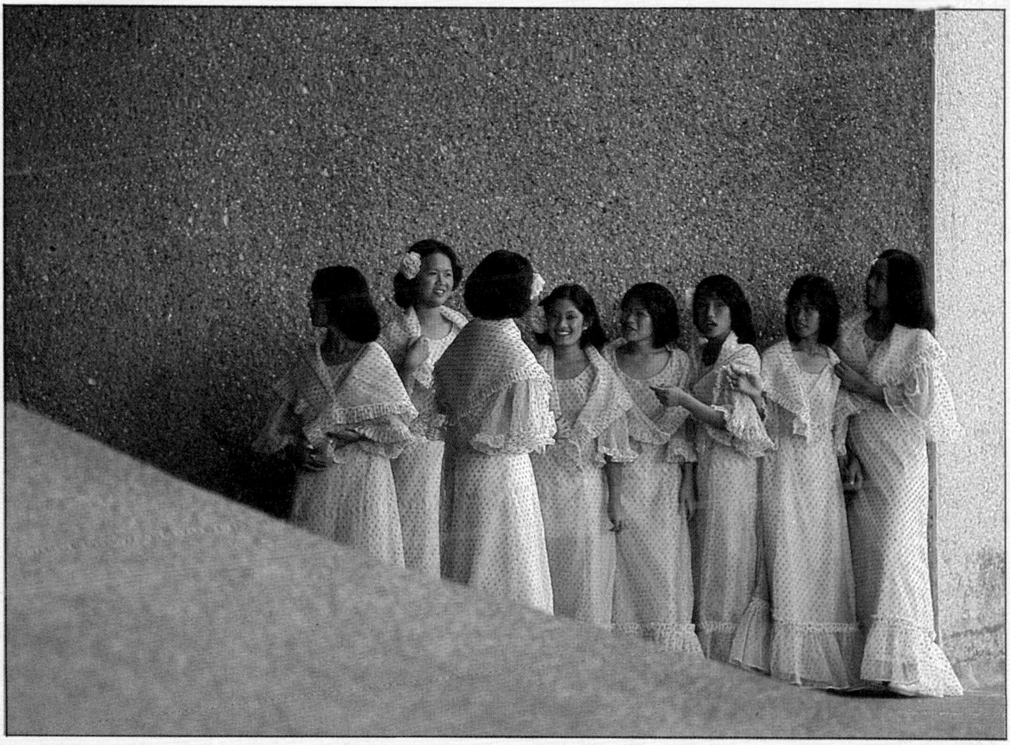

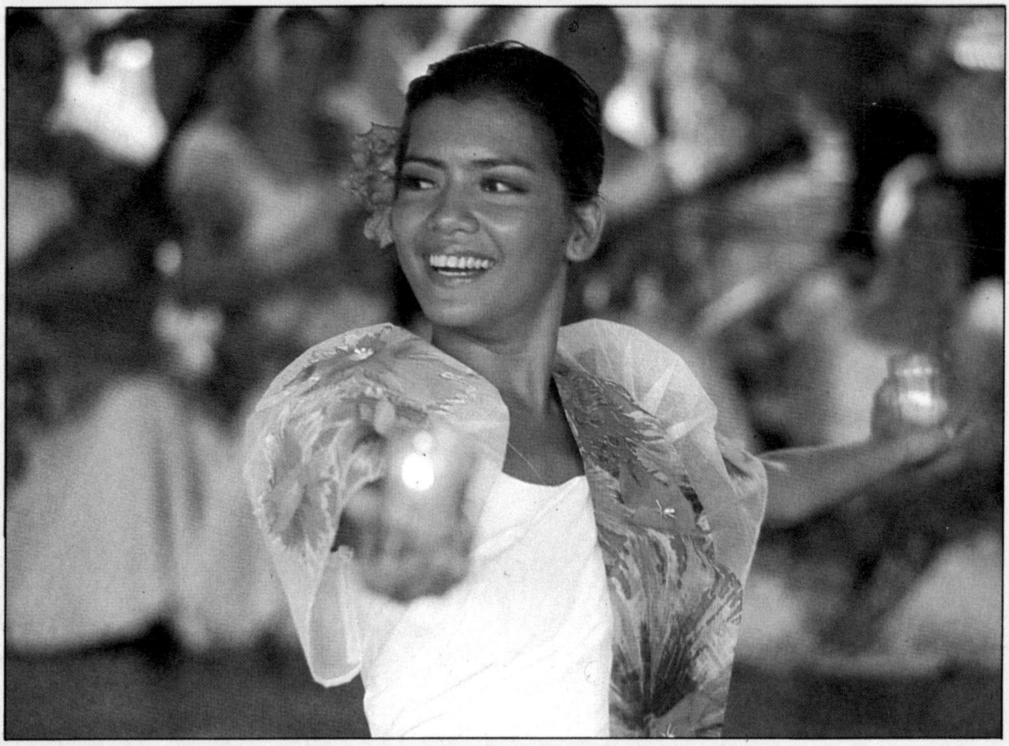

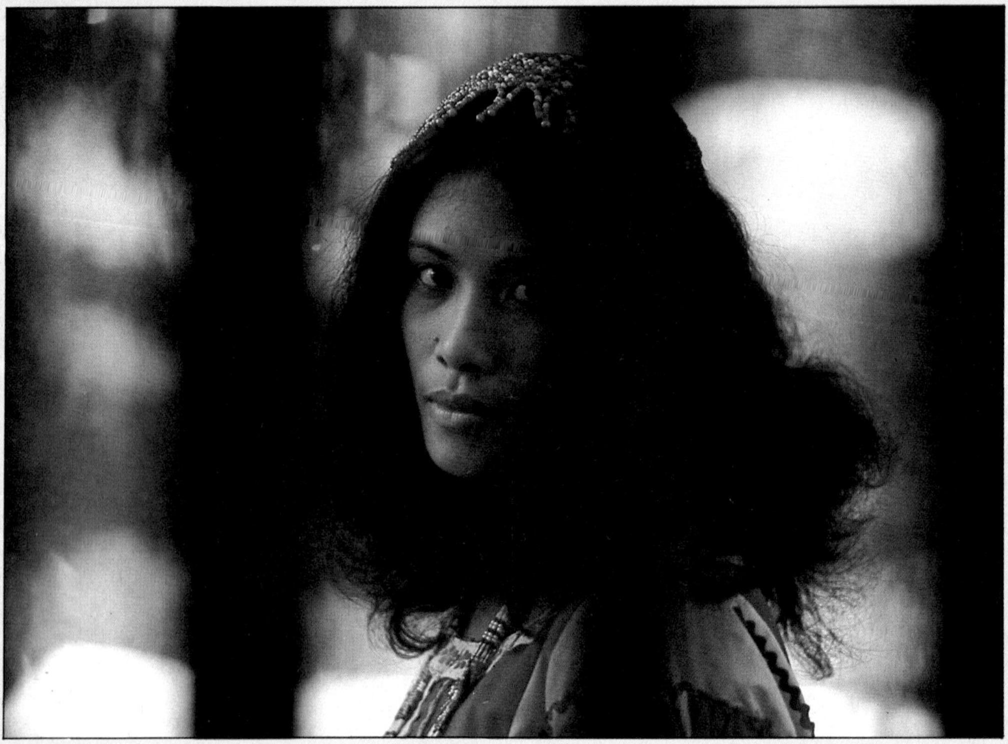

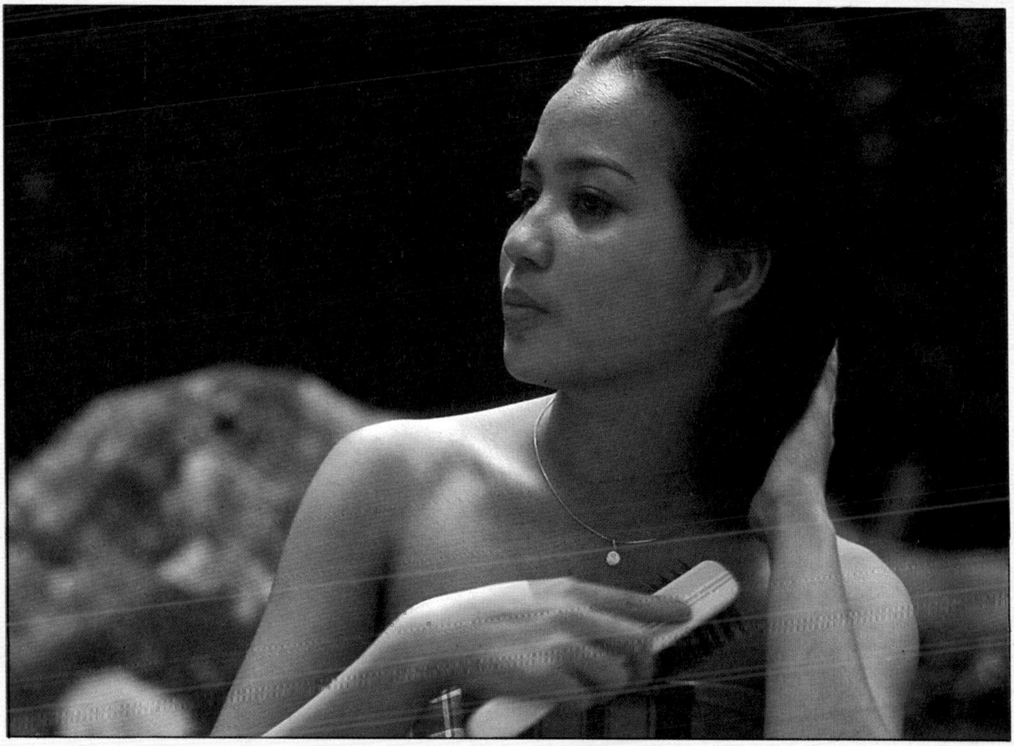

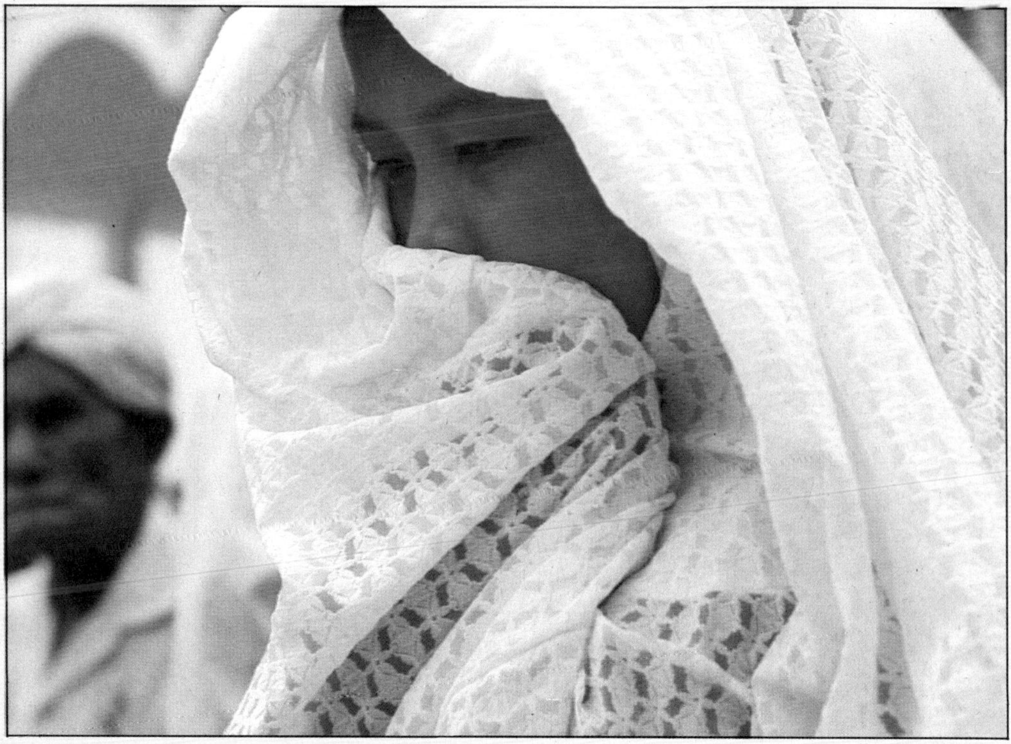

Die philippinische Frau: Niedergang einer Priesterin

An die Vergangenheit der grazilen modernen Filipina mag sich niemand mehr so recht erinnern. Der Krankenschwester, Studentin, Karrierefrau, Sängerin, Botschafterin oder Schönheitskönigin von heute sieht man nicht an, daß ihre legendären Vorfahrinnen mächtige Priesterinnen waren.

Es ist in Vergessenheit geraten, daß bei den Urvölkern der Philippinen Frauen die sakralen Riten vollzogen. Als *Catalonan* der Tagalog, **Baliana** der Bicolaños, *Managanito* der Pangasinesen und *Babaylan* der Bissaya fungierte die Priesterin als Ärztin, des Heilens mit Kräutern kundig, als Teufelsaustreiberin und Medium, das in Trance mit der Geisterwelt in Verbindung trat und die wichtigsten Entscheidungen über das Schicksal des Stammes traf.

Manchmal übernahm ein Mann ihre Rolle. Dann mußte er jedoch in die Kleider der Priesterin schlüpfen und weibliche Stimmlage und Gestus nachahmen, so als seien die Götter nur mit Tricks dazu zu bewegen, zu Männern zu sprechen.

Kein Wunder also, daß sich Frauen wütend gegen den Weißen Mann wehrten. Die Priesterinnen von Cagayan, Pangasinan und den Visayas erkannten, daß das Zentrum des Stammeslebens in Gefahr war und suchten, in ihrer Verzweiflung, die Eroberer mit Zaubersprüchen zu beschwören. Nachdem die katholischen Missionare sie als Teufelsweiber verflucht hatten, stifteten die Priesterinnen ihre Völker an, die kapuzentragenden Fremden zu vergiften, ihre Altäre zu verbrennen und, sollte alles fehlschlagen, in die Berge und dichten Wälder des Landes zu fliehen.

Nachfolger dieser Flüchtlinge, Pangasinesen, Itaven aus Cagayan und Bukidnonon von Mindanao, leben heute noch in isolierten Gegenden der Inselwelt. Sie entkamen der Konvertierung zum Christentum und halten immer noch, kraft der Gaben einer weisen alten Frau, Zwiesprache mit der Überwelt.

Die Filipina, die christianisiert wurde, erwies sich, zur hellen Freude der Kolonialherren, als äußerst anpassungsfähiges Geschöpf. Sie handelte und verhandelte mit dem weißen Mann, ja half ihm sogar kriegerische Nach-

barstämme zu befrieden. So begann sich eine besondere Beziehung zwischen Frater und Filipina zu entwickeln.

Einst Tochter und Gemahlin stolzer, freier Männer, wurde sie zum Adoptivkind, zu Wachs in den Händen des Kastiliers. Der Mönch, Vaterfigur ganzer Dörfer, liebte sie als naives Kind, dem er aus reiner Weichherzigkeit sein Alphabet beibrachte. Er unterwies sie nur bis zu einem gewissen Grade, denn sie sollte fromm und dienend bleiben, machte ihr das höhere Schulwesen erst im 19. Jahrhundert zugänglich.

Die Inbrunst, mit der sie einst den Natur- und Ahnengeistern huldigte, erhielt ein neues Ziel: christliche Pietät. Sie betete endlose Rosenkränze, dekorierte Altäre mit Blumen und sang das Lied der Jungfrau, wenn sie — eine heilige Fruchtbarkeitskönigin — an Maiprozessionen teilnahm. Außerdem war sie freudebringendes Zubehör in den Häusern der gottesfürchtigen Männer: sie bestickte Kirchengewänder, kochte und putzte für ihren Mönch/Vater.

Gebunden, ihrer Lebensfreude und Vitalität beraubt, wurde das würdevolle junge Wesen, das sich nun um seine Keuschheit sorgte, zu einem verlockenden Leckerbissen. Wieder und wieder — welch traumatische Erfahrungen — wurde die Filipina von ihrem guten Vater verführt: in der Sakristei, im Beichtstuhl, während der Mittagsruhe in den düsteren Quartieren der Geistlichen, hinter steinernen Klostermauern. Dies läßt sich nicht durch Statistiken belegen, aber unter der heutigen, dritten Generation nach den Spaniern befinden sich viele Großeltern, die *Mestizo Anak Pare* („Mönchsbastarde") sind.

Diese Taktlosigkeiten bewirkten einen feinen Bruch im Stammesleben. Mönchskinder genossen, obwohl sie uneheliche Nachkommen waren, einen etwas höheren Status als andere Kinder. Ihre Mütter verehrten Heilige mit Blondhaar, blauen oder grünen Augen und sandten manch heimliches Gebet zum Himmel, mit der Bitte um weiße Hautfarbe für ihre Schützlinge. Die *Anak Pare* schufen ein neues Schönheitsideal. Ihre Töchter mit einem reichen, schönen Spanier zu verheiraten, war der Traum vieler Mütter, die die Mädchen züchtigten, wenn sie zu lange draußen in der Sonne spielten. Sonnengebräunte Haut gilt übrigens heute noch als unfein.

Für den Filipino-Mann ergaben sich daraus verheerende Folgen. Verbraucht durch Zwangsarbeit, ausgelaugt durch maßlose Steuern, empfand er seine Lage als unerträglich, wenn einflußreiche Spanier seine Frau und Töchter vergewaltigten. Es gab keinen Ausweg, nur der Alkohol bot Zuflucht. Häufig litt die Filipina, die sich nach einem besseren Leben sehnte, unter der Bitterkeit ihres Vaters, dessen Ehrgefühl tief verletzt war.

Die Revolution bot die Chance, auf die Freiheit zu wetten. In tödlicher Umarmung versuchten *Indio* und *India* die tyrannische Herrschaft zu zerstören. Er kämpfte, sie versteckte seine Waffen, übermittelte Geheimdokumente, pflegte seine Wunden, half ihm bei der Flucht. Tapfere Witwen, Gabriela Silang an der Spitze, nahmen den Platz ihrer getöteten Männer auf dem Schlachtfeld ein und führten männliche Truppen zum Angriff auf Festungen.

Getragen von demselben Eifer, mit dem sie einst ihren Katechismus memorierte, verschrieb die Filipina sich nun ihrem neuen Ziel, der Schulbildung. Auf den Fittichen der neuen Sprache trat sie langsam heraus aus dem spanischen Schatten, ließ affektierte Sitte und stupide Hausarbeit hinter sich und arbeitete sich Stück für Stück ins harte Berufsleben vor. An Universitäten und Colleges waren Frauen bald zahlenmäßig überlegen. Die Filipina studierte Jura, Medizin und Pharmazie und wagte vorsichtig den ersten Schritt ins Leben.

Die eher auf soziale Gleichheit ausgerichtete amerikanische Rollenverteilung initiierte schwindelerregende Erlebnisse — die Filipina wählte zum ersten Mal, sie legte die *Saya* (einen langen Rock) ab und probierte Tennisshorts an; sie stutzte ihre langen Haare, lernte, ein Auto zu fahren und ihre Meinung zu sagen. Filipinos hatten sich schon früher in Paris und Madrid vergnügt. Nun hatte auch sie den Wunsch, ins Ausland zu gehen, zu studieren, ihre Unabhängigkeit und männliche Privilegien zu erlangen.

Höhnisch, doch ein wenig ängstlich, spielte Filipino den Zuschauer dieser Entwicklung. Ebenso wie sie war er tiefgehend hispanisiert worden und betrachtete das Siegel der Jungfräulichkeit als wichtigstes Gut seiner Braut. Nun, da sie mit den freizügigen, schnellsprechenden *Kano* (Amerikanern) verkehrte, betrachtete er Filipina als ,,Ware zweiter Hand''. Nachdem die ,,Befreier-GIs'' sich auf den Inseln breitgemacht und Fil-Am-Bastarde zu Hunderten das Licht der Welt erblickt hatten, hieß die Parole — Aufhänger unzähliger Soap-Operas — *Hanggang pier ka lang!* (,,Er wird dich vergessen, sobald er sein Schiff besteigt!'')

Sich politisch unabhängig zu erklären, war relativ einfach, schwieriger war es, die koloniale Mentalität zu überwinden. Unter zweierlei Fremdherrschaft war das Verhältnis zwischen den Geschlechtern arg gestört, was sowohl Tragödien als auch Komödien zur Folge hatte. Nicht nur oberflächliche Betrachter der philippinischen Szene haben eingesehen, daß die Filipina ,,die Männer an die Wand spielt''. Vielleicht hat sich die Erkenntnis durchgesetzt, daß sie diejenige ist, die sich schneller vom kolonialen Trauma erholt hat.

Europäischer Charme war bei den Spaniern gefragt. Die Amerikaner lehrten sie den Erfolg schneller Entscheidungen — eine Flamme, die sich weiterhin nährt. Heutzutage trifft man Filipina in vielen Berufen; sie setzt alles daran, ein öffentliches Amt oder die Leitung einer modernen Firma zu übernehmen. Diese Bestrebungen gingen nicht zu Lasten ihrer Anmut.

In letzter Zeit ist ihr Ego nicht gerade vernachlässigt worden. Bei internationalen Schönheitswettbewerben wußte man die subtile Mischung aus dunkelhäutigen Malaien, hellhäutigen Spaniern und einem Hauch von China sehr wohl zu schätzen. Der Tourismus brachte reiche und berühmte Fremde ins Land, die ihren Reizen erlagen. Die Medien sind nicht gerade zurückhaltend.

Davon abgesehen, erinnern die Gesetze ihres Landes die Filipina stets an ihre Vergangenheit als Mönchsschützling. Bis heute ist ihr nicht gestattet, Verträge ohne die Zustimmung ihres Mannes abzuschließen; ihre Untreue wird wesentlich strenger geahndet als seine; ihre Steuervorteile sind keineswegs mit denen ihres Mannes vergleichbar, sobald sie geschieden sind.

Diese Ungleichheiten schwären fort, und der philippinischen Frau, die heute eine Scheidung oder Abtreibung wünscht oder Dinge, die die Freiheit der Frau betreffen, in Angriff nimmt, wird erklärt, sie genösse bereits volle Gleichberechtigung. Kleine Revolutionen finden in aller Stille statt, doch ab und zu schaut Filipina reuevoll auf ihre Ursprünge zurück.

Zeichen und Wunder: charismatische Talente

„Das, was ich vollbringe, kannst auch du tun.“

Das von Wind und Wetter gezeichnete Gesicht leuchtet wie eine frischgeröstete Kastanie in der grellen Nachmittagssonne. Rufino S. Magliba, dessen scharfes Profil sich von den freundlichen Farben der philippinischen-Fahne, rot, weiß und tiefblau, die sein Priestergewand zieren, abhebt, blickt hinüber zur schimmernden Küstenlandschaft von San Fabian in West-Pangasinan. Seine lebhaften Augen, er ist siebzig, schweifen über Reihen von Kokospalmen, Grünflächen und die silbrigen Fische, die säuberlich am Strand zum Trocknen ausgelegt sind. Glanz tanzt auf seiner Bischofsmütze.

Supreme Pontiff, Divine Healer (Hohepriester, göttlicher Heiler) steht auf der Visitenkarte des ehemaligen Fischers Magliba, doch 3 Mio. Filipinos aus 16 Provinzen kennen ihn als *Apo* (Vater) *Ruping*. Die 2-Mio.-Peso-Kirche (in US-$ eine halbe Million), auf deren Dach er steht, wurde von den freiwillig gezahlten Beiträgen seiner Anhänger gebaut, und dies mit demselben Eifer, der einst den Bau der ersten katholischen Kathedralen beschleunigte.

Die Crusaders (Kreuzfahrer) of the Divine Church of Christ sind jedoch nicht irgendeine christliche Sekte. Es handelt sich vielmehr um eine Schule, die Wissen über Heilkräfte vermittelt und allen offensteht, die vorurteilsfrei über die „wahre Natur des Menschen“ denken. Magliba ist Dekan der Institution, seine Söhne und Töchter sind Kern der Fakultät. Die Magliba-Familie lebt zusammen mit ihren Seminaristen in einem in sich geschlossenen Dorf rund um die Kirche, wo sie sich mit Theorie und Praxis des „Heilens durch Magnetismus“ befassen.

Nun steht Magliba im Schatten zweier gigantischer Wandbilder von Peter und Paul, die stilistisch als Früh-Pop oder Spät-Camp durchgehen würden. Er führt uns durch den langen Gang des Kirchenschiffs mit Altar, dem sich eine kreisförmige Sakristei anschließt. Ein Deckengemälde, das einen würdigen alten Mann in fließenden Gewändern, mit beachtlichem Bart und freundlichen Augen darstellt, zieht sich über die gesamte Länge. Eine Riesenwaage baumelt von seiner

San Fabians Apo Ruping, Hohepriester der Crusaders of the Divine Church of Christ, betrachtet die Küstenlandschaft von Pangasinan. Der charismatische Mann steht auf dem Dach seiner Schule für Heilmagnetiseure.

rechten Schulter, eine Taube steigt von der linken Schulter auf. Dies, erklärt Magliba, sei sein *Panginoon,* sein „Gebieter“.

„Das, was ich vollbringe, kannst auch du tun“, versprach Jesus den Fischern von Nazareth, die vor über 2000 Jahren erstarrt verfolgten, wie er Kranke heilte und Tote zum Leben erweckte. Auf dieses Versprechen hat Apo Ruping seine Organisation aufgebaut, deren Anfänge die Qualität biblischer Geschichten besitzen. Er erläutert:

„Ich war zwölf Jahre alt, eine Waise in Asingan. Es war 1924. Ich hütete ein paar Kühe für meine Pflegeeltern an dem Tag und schlief unter einem Baum ein. Plötzlich weckte mich ein alter Mann. Es war der, dessen Bild in der Kirche ist. Er sagte, er sei gekommen, mir etwas zu geben, was anderen Leuten helfen würde. Es war umsonst. ‚Ama‘, sagte ich, ‚wo kommst du her?‘ — ‚Vom Himmel‘, sagte er. ‚Warum bist du hier?‘ — ‚Um mit dir zu reden. Du bist ein guter Junge, du arbeitest hart. Dein Leben ist tadellos. Wenn du das, was ich dir gebe, annimmst, wird man dich eines Tages Vater nennen.‘

Ich vergaß die Sache völlig, 15 Jahre lang. Ich arbeitete als *Pescador* (Fischer) für Don Marcelo Vidal. In dem Jahr tauchte der alte Mann wieder auf.

Er sagte: ‚Mein Sohn, du kannst die anderen *Pescadores* lehren, wie man ein besserer Fischer wird.‘ Danach kannte ich die Bewegungen der Strömungen im Wasser und die Stellen mit den meisten Fischen. Meine Freunde und ich konnten so viele fangen wie wir nur wollten.

Später heiratete ich und wurde Bauer. Ich arbeitete hart. Der Vater erschien wieder. Er sagte: ‚Mein Sohn, du mußt beten. Du bist ein Evangelist.‘ — ‚Aber Vater‘, sagte ich, ‚ich bin nicht zur Schule gegangen!‘ ‚Keiner meiner Jünger ging zur Schule. Du wirst zum Oberhaupt einer Kirche werden.‘ Seitdem hat er mich nie wieder verlassen. Er steht neben mir, wenn ich heile.“

Eine Kräuterapotheke

Manong Paul Bastawang wohnt in einer kleinen Hütte auf einem niedrigen Hügel zwischen den Nadelbäumen Baguios. Sein handtuchgroßer Hof ist vollgestopft mit alten Benzinbehältern, Gummireifen und gigantischen Farnstrünken, eingepflanzt in Töpfe, Tiegel und Kannen.

Er verschwindet in einem winzigen Schlafzimmer und kehrt mit einem Armvoll Flaschen zurück, die mit getrockneten Samen, Blättern und Rinde gefüllt und im Igoroten-Dialekt säuberlich beschriftet sind. Er stellt sie auf den Holztisch und erklärt den Einsatz des Flascheninhalts: es sind Heilmittel gegen Krebs, Malaria, Schlangenbisse, Rheumatismus, Asthma und andere Krankheiten. Die Ur-Apotheke.

Es ist kalt im Haus, und Manong Paul bietet Kräutertee an, der gegen Magenschmerzen vorbeugen soll — ein bitteres Zeug, nur mit braunem Zucker zu genießen. Beim Teetrinken fallen uns zwei fliegende Untertassen auf, die wie glühende Augen von einer anschließenden Wand herabschauen; die eine ist in Wasserfarben aufgemalt, die andere ein Zeitungsausschnitt.

„Hast du sie gesehen, Manong Paul?"

„Ja", sagte er leise. „Sie schweben mit Vorliebe direkt über Kirchen." Es gibt tatsächlich eine ungewöhnliche Konzentration von Kirchen in Baguio. „Warum wohl?" Wir sind uns bewußt, daß wir schon beinahe klingen wie der unglaublich naive Carlos Castaneda.

„Vielleicht laden sie ihre Batterien auf", lautet seine verführerische Antwort. „Das Aquarell zeigt, was ich neulich abends gesehen habe. Seht ihr die Helligkeit, die es umgibt? Genauso wie das Licht, das ich um Pflanzen herum wahrnehme, die Medizin liefern.

Ich bete jeden Tag. Wenn es soweit ist, sagt meine ,Stimme' mir, ich soll in den Wald gehen. Weiße Blumen, die Freunde der Heilpflanzen, leiten mich. Ich folge einfach ihrer Spur und werde zu den brauchbaren Pflanzen geführt. Sie sind wunderschön und leuchten in verschiedenen Farben wie der Glorienschein der Heiligen."

Rückkehr der Helden

Es ist 4 Uhr nachmittags, ein Sonntag im Gebets- und Versammlungssaal der *Watawat ng Lahi* („Fahne des Volkes"), einer Organisation, deren zentrale Doktrin besagt, José Rizal sei eine Wiederverkörperung Christi gewesen und würde deshalb eines Tages wiedererscheinen. Das Hauptquartier liegt auf der Spitze eines Hügels, der im Volksmund *Burol na Ginto* („Hügel aus Gold") genannt wird und in der Nähe von Calamba, Rizals Geburtsort, in Laguna liegt.

An diesem Nachmittag haben sich die Mitglieder versammelt, um die ältesten und angesehensten *Watawat*-Bundesgenossen zu treffen, 16 tote Filipinos, die heute als Nationalhelden gelten. Durch ein Medium in Trance werden einige von ihnen an diesem Nachmittag in der heiligen Stimme der Prophetie sprechen.

Es herrscht tiefes Schweigen, während volltönende Laute im Saal widerhallen. Der Tag, sagt die Stimme, da sich ein neues Zeitalter der Philippinen ankündigen wird, mit dem Bau einer goldenen Kirche, eines goldenen Palastes und dem Wehen einer goldenen Fahne, sei nicht mehr fern.

Die Feuerprobe

Karfreitag in den saftiggrünen Hügeln der Stadt Tanay in Rizal. Es geht auf 12.00 Uhr mittags zu. Eine Gruppe von Männern, hohläugig vom Fasten und nächtlicher Meditation, scharrt mit den Füßen im Innenhof einer alten Kirche. Quietschend und stöhnend rollt eine mit Blumen geschmückte *Carroza* aus dem düsteren Kircheninneren. Sie trägt *Santo Sepulcro,* eine Statue des toten Christus. Im Nu ist das Bildnis umdrängt. Jedermann versucht, merkwürdige Gegenstände in den Falten des Gottesgewandes unterzubringen, unter die Füße oder in die hohlen Hände zu drücken.

Die Skulptur — nun beladen mit Taschentüchern, Bronzeplaketten, Papierstückchen, mit lateinischen Sätzen beschriftet, Bildnissen von Jesus und Maria, Kieselsteinen, Knochen, Gebetbüchern, Kreuzen und Katzenwelsaugen — ist umrahmt von Gläubigen, die sich die Hände reichen. Die Prozession hat begonnen.

Kurz darauf — die erbarmungslose Sonne dieses reglosen Nachmittags drückt auf die Stille — treffen sich dieselben Männer wieder in einem nahegelegenen Seafood-Restaurant. Sie nehmen eine Mahlzeit ein, lachen, scherzen. Dann, wie auf ein Zeichen hin, werden sie wieder ruhig. Schweigend holen sie die *Anting-Antings* hervor, die Gegenstände, die durch *Santo Sepulcros* Einfluß zum Talisman gegen physische Schaden und Tod geworden sind. Es ist Zeit, ihre Wirksamkeit im *Subok* zu testen.

Ein etwa 45 Jahre alter Mann tritt vor. Nach den Schwielen an Daumen und Zeigefinger zu urteilen, ist er ein Fischer. Mit bedächtigen Bewegungen schärft er einen langen *Bolo*. Da das Instrument scharf genug ist, setzt er sich an einen Tisch und streckt seinen linken Arm aus. Seine Faust umschließt ein *Anting-Anting*. Er hebt den rechten Arm mit dem *Bolo* und beginnt, auf seinen linken Arm einzuhauen. Keine Schnittwunden, kein Blut. Wieder schlägt er zu. Nicht die kleinste Schramme. Die versammelten Männer drücken schweigend ihre Anerkennung aus. Einer von ihnen berührt das *Anting-Anting* in seiner geöffneten Hand. Er behauptet, es sei so heiß wie ein Kessel mit kochendem Wasser. Zwischen Daumen und Zeigefinger gehalten, dreht sich die Bronzemedaille durch eigenen Impuls.

Jetzt treten die anderen vor. Gefährliche Waffen werden herumgereicht — Roßhaar-Geißeln, Revolver, *Bolos*. Des Rest des Nachmittags des Karfreitags und während des ganzen nächsten Tages wird jeder von ihnen die Wirksamkeit seines Glücksbringers testen — sie lassen auf sich schießen, lassen sich peitschen und auf sich einstechen. Manche werden verwundet, andere verlassen das *Subok* ohne einen Kratzer, würdevoll.

Der Magbabarang

Auf der Insel Siquijor, der Insel Negros vorgelagert, wohnt ein *Magbabarang*. Er sammelt bestimmte Bienen, Käfer und Tausendfüßler (Sammelname *Barang*), die eine Gemeinsamkeit haben: ein Extrabein. Der *Magbabarang* bewahrt die Insekten in einer Bambusröhre auf, die von ständiger Benutzung glattgescheuert ist. Freitags vollzieht er das Ritual, von dem sein Name herrührt. Er schreibt Namen und Adressen von einer Liste auf separate Papierstückchen und steckt sie in das Bambusrohr. Nach einer Weile öffnet er die Röhre. Wenn die Papierstücke in Fetzen gerissen sind, sind die Insekten bereit, die Träger der Namen anzugreifen.

Der *Magbabarang* bindet dann weiße Fädchen an das überzählige Bein seiner „Assistenten". Daraufhin gibt er ihnen die Anordnung, sich in den Körpern ihrer Opfer festzusetzen, ihre inneren Organe zu zerfressen, ihren Organismus zu zerstören, bis sie sterben, und läßt die Tiere frei. Wenn sie zurück zu ihrem Meister kommen und ihre Fäden blutrot sind, war der Zauber erfolgreich. Ist ein Faden sauber geblieben, war das Opfer unschuldig und konnte der Magie widerstehen. Dann muß der *Magbaharang* die Dinge auf sich beruhen lassen.

Der Bolobolo

Eine Frau sucht das Haus eines *Bolobolo* auf. Sie klagt über heftige Brustschmerzen. Der *Bolobolo* stellt seine Diagnose und zieht eine kleine Bambusröhre aus der Tasche. Ein Assistent reicht ihm ein Glas, halb voll mit Wasser, in das er vorsichtig einen Mondstein fallen läßt.

Der *Bolobola* nimmt einen Schluck von dem Wasser, gurgelt und spuckt es zum Fenster hinaus. Er öffnet seinen Mund weit, um zu zeigen, daß er leer ist. Nachdem er ein Gebet gemurmelt hat, taucht er das eine Ende der Bambusröhre in das Glas, nimmt deren anderes Ende in den Mund und beginnt hineinzublasen.

Das Wasser verdunkelt sich, wird schmutzfarben. Unverzüglich winden sich Würmer im Glas. „Du bist geheilt", teilt der *Bolobolo* der Frau mit. Das Ritual hat drei Minuten gedauert. In drei Stunden, sagt der *Bolobolo*, kann sich die Frau wieder normal bewegen. Sie schickt sich an, zu bezahlen. Der *Bolobolo* lehnt ab. Das, sagt er, wäre das Ende seiner von Gott empfangenen Fähigkeiten.

Das geistige Auge

In dem kleinen Barrio der Stadt Villasis in Pangasinan steht eine Kapelle mit irdenem Fußboden, umgeben von mehreren Hütten. Ein grelles handgemaltes Schild zeigt von der Straße aus auf die Kapelle: *Divino Verbo, Union Espiritista Cristiana de Filipinas*. Bei unserer Ankunft sinkt die Sonne über einer öden, düsteren Landschaft.

Soledad und Benjamin Motea stehen an der Schmalseite der Kirche. Soledad ist schlank, dunkel und würdevoll. Obwohl sie ihre winzige Heimatstadt kaum verlassen hat, spricht sie fließend Tagalog. Er ist hager, wortkarg, fast abweisend Fremden gegenüber; seine Augen sind leer. Soledad lädt uns zur abendlichen Gebetsversammlung ein, bei der, wie sie sagt, ihr Team von Heilern anwesend sein wird.

Um 19.30 Uhr ist die Kapelle bereits von Gesang erfüllt. Die Sprache Pangasinans klingt schrill, sogar mit Musikbegleitung. Soledad, das *Medium parlante* (sprechende Medium), tritt ein und schreitet zum Altar. Ben, der *Operador* (Chirurg), folgt ihr. Sie sitzt zur Rechten eines langen Tisches, ein Holzrad vor sich. Das Rad hat einen verrosteten Zeiger und trägt die Buchstaben des römischen Alphabets, sowie die Zahlen 1 bis 10 auf seinem Rand. Ein uraltes Requisit der Kirchen mit spiritistischer Tradition, ein Ouija-Brett (franz. *oui* = ja).

Links von Soledad steht jetzt Ben mit geschlossenen Augen. Das *Medium evangelista* (predigendes Medium) vor ihm wartet auf das Zeichen vom *Medium autografo* (Medium, das unwillkürlich schreibt), das nun mit geschlossenen Augen auf ein Stück Papier kritzelt. Das Singen ebbt ab zu einem Summen, schwillt wieder an und stoppt schließlich. Die Schreibende, ein junges Mädchen, keine 18 Jahre alt, gibt jetzt das Papier zum *Evangelista*, einem ernsten jungen Mann. Er liest das Geschriebene, schlägt eine Pangasinan-Bibel auf und liest ein Kapitel aus Johannes vor. Während seine Worte durch das Halbdunkel hämmern, wandern unsere Augen zu den beiden Fahnen links vom Altar — die philippinische und die Expiritista-Fahne. Eine zarte Brise bewegt die Falten der Stoffe in roten, weißen, blauen und gelben Farben.

Es sind keine Worte mehr zu hören. Soledad beginnt das Rad zu drehen. Sie stöhnt und schrillt schleppende Silben mit hoher Stimme. Eine alte Frau verläßt ihren Kirchensitz und nähert sich Ben, der bewegungslos dasteht. Sie steht ihm gegenüber. Er hebt langsam seine Hand, berührt ihren Kopf, die linke Schulter, rechte Schulter, rechte Brust, linke Brust, dreht sie herum, berührt den linken Teil ihres Rückens, den rechten. Er hält inne, öffnet seine Augen und gibt ihr zu verstehen, daß sie gehen soll. Der Gesang setzt wieder ein.

Die Sitzung ist vorüber, und Soledad kommt zu unserer Kirchenbank. Sie sagt uns, daß die Frau große Probleme mit ihrem Rücken gehabt habe. Es sei aber alles in Ordnung jetzt. Es fällt uns schwer, das Gefühl zu überwinden, wir befänden uns in einem Zeitlupentraum. Soledad sagt: ,,Wenn ihr könnt, kommt übermorgen abend wieder. Dann sind wir vollzählig, mit dem *Vidiente* (Hellseher) und dem *Auditivo* (Alleshörer).''

Kurz bevor wir gehen, sagt Soledad noch: ,,Auf eurem Weg werdet ihr noch mehr Wunder erleben, besonders hier in Pangasinan. Vergeßt nicht, daß es zwei verschiedene Richtungen der Heilkunde gibt. Die materialistische Schule muß greifbare Beweise vor ungläubigen Augen produzieren. Was ihr gerade gesehen habt, ist die andere Schule, die spirituelle, in der man mit dem geistigen Auge sieht.''

Liegt die Wahrheit irgendwo dazwischen?

Was soll man davon halten? Könnten diese zum Großteil ungebildeten Filipinos tatsächlich mit einer Macht im Einklang stehen, die Menschen seit Jahrhunderten als göttlich definieren? Könnten sie nicht andererseits auch eine Gruppe von Schwindler, Hypnotiseure und Taschenspieler sein, die mit der Dummheit der Leute Geschäfte machen? Oder liegt die Wahrheit irgendwo dazwischen?

Das meiste von dem, was man heute im Westen über die Grauzonen des Okkultismus der Philippinen weiß, ob positiv oder negativ, stammt aus amerikanischen Quellen, die in den 40er Jahren die spirituellen Operationen in Pangasinan ,,entdeckten''. Bekannt ist, daß ein paar Kranke auf wunderbare Weise geheilt wurden, was selbst den gebilde-

ten Filipinos unerklärlich war, die, obwohl sie sich dunkel an ähnliche Praktiken in den Barrios ihrer Kindheit erinnerten, an den (westlichen) Schulen so viel Rationalität eingeatmet hatten, daß sie diese Dinge als Aberglauben abtaten.

Den ersten ernstzunehmenden Heiler, den die Amerikaner antrafen, Eleuterio Terte, sahen Mitglieder der *Union Espiritista* als großen alten Mann der übersinnlichen Chirurgie an. Terte, fast 80 heute, begann als Wunderheiler. Seine Methode war das Handauflegen, das sowohl in Brasilien, im traditionellen Hawaii und England sowie auch in den USA praktiziert wurde. Es wird jedoch berichtet, daß Terte kurz nach dem Zweiten Weltkrieg realisierte, daß sich Körper automatisch unter seinen Händen öffneten.

Zu diesem Zeitpunkt begann, zumindest für die Gebildeten, des Englischen mächtigen Leute, die Geschichte übersinnlicher medizinischer Gschehnisse auf den Philippinen. Zu der Zeit, da Harold Sherman, ein amerikanischer Forscher, dazukam, die ,,Wunder der Psycho-Chirurgie'' Mitte der 60er Jahre zu dokumentieren, hatte Terte bereits 14 der etwa 30 heute als philippinische Wunderheiler bekannten Chirurgen ausgebildet. Sie sind umstrittene Individuen, verachtet oder verehrt von den Zeitgenossen eines sensationshungrigen Zeitalters.

Was hat es mit den ,,Wundern'' auf sich?

Aus dem, was schriftlich oder auf Film festgehalten wurde, aus Berichten von Patienten, Augenzeugen, Wissenschaftlern, Hellsehern, Abenteurern und anderen gehen einige Grundtatsachen hervor. Alle Heilkundigen behaupten, die Urquelle ihrer Kräfte sei etwas Geistiges, Sie manipulieren Materie in einer Weise, die Naturwissenschaftlern unverständlich ist. Die drei wichtigsten Heilmethoden sind das Handauflegen, die Psycho-Chirurgie und telepathische Übertragung.

Psycho-Chirurgie war bisher natürlich für westlichen Geschmack das eindrucksvollste Beispiel spiritueller Heilkräfte. Die Diagnose wird durch Meditation erstellt. Körper öffnen sich, ohne daß ein Schnitt getan wird; nur ein Finger vollzieht, in einem Abstand von einem halben Meter zum erkrankten Körperteil, arrogante Stichbewegungen. Dann wird operiert. Jemand tastet, zieht, dreht und zerrt das angebliche Organ heraus: einen Augapfel. Ein mit Alkohol getränkter Wattebausch wird schnell auf die blutigen Stellen gedrückt, und die ,,aufgeschnittene'' Körperstelle wird geschlossen. Wenn die Teile, die entfernt wurden, nicht in einen Kübel mit anderem organischen Material geworfen werden, bewahrt man sie in mit Alkohol gefüllten Flaschen auf, die bei Wissenschaftlern und interessierten Besuchern sehr gefragt sind.

Meistens werden diese Flaschen jedoch nicht herausgegeben. Von denen, die eine der Flaschen erwerben konnten, hört man sicherlich eine der drei Standarderklärungen: die erste ist, im Labor sei festgestellt worden, daß es sich um echte Organe oder Gewebe von verstorbenen Menschen handele; die zweite, daß der Flascheninhalt aus Teilen von Tieren bestand; und die dritte, daß die Gegenstände aus den Flaschen verschwinden, verdunsten, gestohlen werden oder, wie auch behauptet wird, durch Entmaterialisierung in ihren ursprünglichen, ätherischen Zustand zurückkehrten.

Was diese ganze Angelegenheit noch erstaunlicher macht, ist, daß aus den Körpern der Patienten manchmal nicht nur Schweine- oder Hühnerteile „hervorgezogen" werden, sondern auch körperfremdes Material: getrocknetes Wachs, Schnurstücke, verrostete Rasierklingen, Kokosnußschalen und alte Münzen.

Mit wissenschaftlichen Erfahrungen sind diese Frechheiten nicht mehr zu vereinbaren. Der Intellekt verweigert die Anerkennung des Gesehenen, und Verbindungen zu einer anderen Sphäre drängen sich auf. Könnte hier eine Ähnlichkeit zum Woodookult bestehen? Die Heilkundigen, die mit sachlicher Miene derartige Objekte aus Menschenkörpern herausholen, nennen es Hexerei. Letztlich hat man gewisse, gar nicht so unwahrcheinliche Parallelen zu südamerikanischen Erfahrugen gezogen.

Doch Glaubensphänomene können sich nicht ständig der Überprüfung durch empirische Methoden entziehen. Ebenso wie die Fakire Indiens sind auch philippinische Wunderheiler von japanischen, deutschen, schweizer und amerikanischen Wissenschaftlern in Laboratorien geschleppt worden. Ihre Lebensgeschichten wurden detailliert erforscht. Sie wurden veranlaßt, ihre Heilkräfte zu aktivieren, wenn sie an alle möglichen Meßinstrumente angeschlossen waren. Im Falle Antonio Agpaoas, des wahrscheinlich umstrittensten Pinoy-Heilers, versagten die Geräte des Hiroshi Motoyama im Labor in Tokyo einfach. Dr. Motoyama sagt in seinem Buch *Psychic Surgery in the Philippines* nüchtern, die wichtigste Voraussetzung für diese ungewöhnlichen Heilkräfte sei, daß die betreffende Person „einem Gott begegne". Außerdem seien Fasten, Gebete und eine feierliche Einführung in die „Mission" notwendig. Und schließlich, daß der Kontakt mit dem Gott aufrechterhaltenwerden müsse.

Kahuna-Vorfahren

Eine kürzlich formulierte Theorie besagt, philippinische Wunderheiler seien Nachfahren der Kahuna, eines ausgestorbenen Stammes, dessen Mitglieder Heiler im altväterlichen Hawaii waren. Von ihren Schamanen wird behauptet, sie wären in der Lage gewesen, durch Verbindungen zum Über-Ich, Ich und Es, Gewebe und Knochen zu entmaterialisieren und sie in makelloster Form wiedererscheinen zu lassen.

Mit der Ankunft des Christentums verschwanden die Kahuna. Ihr Verschwinden hatte Ähnlichkeit mit der Flucht ganzer Stämme unter Leitung ihrer Schamanen in der frühspanischen Periode der Philippinen. Ein Unterschied besteht jedoch. Die alten philippinischen Stämme praktizieren einen Zauberkult noch heute. Wer sich mit Mut und Geduld wappnet, dem kann es gelingen, an entlegenen Stellen der Inselwelt auf einen dieser Stämme zu treffen. Dort, wo sich das Christentum durchgesetzt hatte, das alte Glaubenssystem aber tief verwurzelt war, erlangte das Kreuz höchste Macht. Viele der alten Mysterien, die der Animismus verdrängt hatte, ließen sich mit christlichen Glaubenssätzen vereinbaren. So wurden Gebete zu Zaubersprüchen, ein ganzer Satz weißer Heiliger wurde zu Schutzgeistern. Diese Synthese bildete wahrscheinlich den Nährboden für den Ausbruch psychischer Kräfte und Phänomene auf den Philippinen heute, die Quelle göttlicher Talente.

Das Augenmerk der Außenwelt auf den Archipel gerichtet, hat sich einiges abgeklärt. Das Stöhnen der Kranken wird vom Surren der Kameras und Tonbändern begleitet, von Kugelschreibern, die gierig über Papier gleiten. Es gibt Charterflüge, Pressemeldungen, den Austausch von Visitenkarten. Hellseher kommen zu Besuch, um im Verein mit Journalisten der Sensationspresse Betügereien aufzudecken. Wissenschaftler hüllen sich in pompöse Terminologie: Bioplasma, Psychokinese, Unipolarisation, Antimaterie, Energiefelder, elektromagnetische Strahlungen ...

Und dann sind da noch die Heiler. Diejenigen, die längst ihre Verdienste erworben haben, betrachten sich einfach als Teil eines Universums, das von jeher Wunder bereithielt und angefüllt ist mit namenlosen Mächten.

Philippinische Spielleidenschaft

„Maß für Maß die besten Basketballspieler der Welt"

Zweifellos kommt dieses Urteil philippinischer Selbsteinschätzung ziemlich nahe. Filipinos haben eine ans Lächerliche grenzende Schwäche für diesen Sport des „großen Mannes". Um die Qualifizierung ins rechte Licht zu rücken, lohnt sich ein Blick auf die Tradition. Während der Olympischen Spiele von 1932 belegte das philippinische Basketballteam den 5. Platz. Seit vier Jahrzehnten trägt es regelmäßig den Sieg bei asiatischen Wettbewerben davon. Außerdem sind die Philippinen das einzige Land Asiens, in dem Basketball auf professioneller Ebene gewinnbringend ist.

An jeder Ecke der Stadt flitzen Kinder um Behelfstore herum, die, genauso wie die Wäscheleinen mit der Tageswäsche, nirgendwo fehlen. Die Ausstattungen der Plazas in den meisten Städten des Inselreiches ähneln einander: eine Tribüne für politische Versammlungen und Schönheitswettbewerbe, eine Rizal-Statue und ein Basketballplatz.

Es werden immer wieder Stimmen laut, die die Vernachlässigung anderer Sportarten beklagen und die Überbetonung des Basketballs tadeln. Doch obwohl es das ganze Jahr hindurch eine Flut von Amateurturnieren, Schulwettbewerben, Provinzbegegnungen gibt und professionelle und internationale Kämpfe stattfinden, werden die Kritiker überstimmt. Die Begeisterung für diesen Sport kennt keine Grenzen. Da andere Mannschaftsspiele mit großen Ausgaben verbunden sind und umfangreiche Spielfelder benötigen, wird das Basketballspielen kaum an Popularität verlieren.

So ist das Basketballspiel mit geringstem Aufwand organisiert. Ein Blumentopfhalter läßt sich mit einem Stück Strumpf schnell in ein Tor verwandeln. Kokospalmenstämme dienen als Torständer, und individueller Einfallsreichtum, kombiniert mit einheimischem Schönheitssinn, tun ein übriges.

Beim Straßenbasketball spielen die Burschen den Ball nicht einfach ab, sondern führen dramatische Soli auf, was die Treffsicherheit beeinträchtigt und garantiert zu einer Balgerei führt. Sie meistern gediegene Täuschungsmanöver, und, obwohl spieltechnisch dilettantisch, sind diese Vorführungen höchst effektvoll.

Irgendwann versucht sich jeder männliche Filipino einmal in diesem Spiel. Er braucht weder einen Partner noch einen Gegner, um zu trainieren, schon eine Hauswand genügt. Hauptsache, der Ball landet beim temperamentvollen Dribbeln nicht im Suppentopf einer Küche im Freien.

Höchstwahrscheinlich wird er es nie schaffen, im Arneta-Stadion zu spielen und dicke Beträge zu kassieren oder die Begeisterung seiner Kameraden durch einen Fernsehauftritt als Professional zu schüren. In seinen Träumen kann er seiner Phantasie freien Lauf lassen, das entscheidende Tor durch einen eleganten hohen Wurf erzielen. In der Realität wird er fanatischer Amateur bleiben. Stärkere ausländische Mannschaften mögen seinen Basketballhelden ab und zu eine Niederlage beibringen, beim Straßenspiel mag ihm das eine oder andere Mißgeschick widerfahren — der Filipino bleibt seinem Lieblingssport treu.

Kriegsherrn auf dem Scheunenhof

Fast ebenso heilig wie das Basketballspiel ist dem Filipino der Hahnenkampf. Zum Image des männlichen Landbewohners gehört ein Kampfhahn, der, in die Armbeuge geschmiegt, wie ein Heiligenbild gehätschelt und gestreichelt wird, so, als besäße das Tier magische Kräfte, die es zu erhalten gilt.

Zu den Liebhabern dieser Wettkämpfe zählen Charaktere aus verschiedenen Bevölkerungsschichten, sowohl der reiche Importeur amerikanischer Red-Husley-Hähne (dessen Stall von berufsmäßigen Züchtern geführt wird) als auch der weniger bemittelte Laie, der in einem Barrio wohnt und im Morgengrauen beginnt, seinen einheimischen „Krieger" zu massieren und in Zigarettenrauch zu hüllen, bevor das Übungsprogramm des Tages anfängt.

Jede anständige Stadt besitzt einen Hahnenkampfplatz. Häufig handelt es sich dabei um eine 2 qm große, unbefestigte Arena, überdacht und von doppelreihigen Holzplanken umringt, die als Sitzplätze dienen. Städtische Kampfplätze — vor allem die *Galerias* in den Visayas — sind mit klimatisierten Abteilungen für die ersten Ränge versehen: die sind für betuchte Gönner reserviert.

Am Sonntag bei der *Tupada* (Hahnenkampf) trifft sich eine rauhe, erregt debattierende Gemeinschaft, um ihren Spieltrieb auszuleben. Das Ritual reinigt und beschwichtigt den Filipino für die kommende Woche, entschädigt für Arbeit und Schweiß.

Die Augen Dritter prüfen Beinlängen, forschen nach Metall im Gefieder, schauen nach verräterischen Zeichen aus. Mit der Entscheidung für den *Talisayin* (ein Hahn mit grünweißen oder gelbweisen Federn) ist das Schicksal des *Bulik* (ein Hahn mit bunten Federn) besiegelt. Der Gegner ist dem Untergang geweiht.

Programme werden dort nie aufgestellt. In einer Ecke des Hahnenkampfplatzes, *Ulutan* genannt wird, befühlt man das Federvieh und stellt die Paare zusammen. Der *Mananari* oder Aufseher wählt eine Klinge passender Länge und Form aus — beinahe wie ein Caddy, der einen angemessenen Golfschläger empfiehlt — und zeigt sie dem Besitzer. Meistens wird seine Wahl akzeptiert, und er bindet den Sporn an das rechte Bein des Vogels. Die Lederhülle wird wieder aufgeschoben und der Hahn in die Arena gebracht, um seinen Gegner zu „necken". Die Eigentümer schließen ihre Wetten beim *Casador* ab. Wenn die Hähne sich mit aufgestelltem Nackengefieder finster anstarren — sie werden an den Schwanzfedern noch getrennt gehalten —, erreicht der Lärmpegel einen Höhepunkt.

Nun tritt der *Kristo*, zweiter Star der *Tupada*, in Aktion. Er ist derjenige, der dem Ritual die Würze gibt. Er steht mitten auf einer Sitzreihe, ruft Gewinnchancen aus und bestätigt Wetten durch Handzeichen. Dazu streckt er die Arme in einer christusähnlichen Gebärde aus: daher der Name *Kristo*. Von Papier und Bleistift hält er nichts; er erinnert sich genau an jeden Wettabschluß. Auch die Wetter geben ihre Anweisungen per Fingerzeig oder Kopfnicken. Sie brauchen kein Geld zu zeigen. Nach dem Kampf schaut der *Kristo* einen Verlierer nur an, und schon werden die Banknoten, zu einer Rolle gedreht, in seine Richtung geworfen.

Der jeweilige Wettkampf endet, wenn eines der Tiere Reißaus nimmt oder so verstümmelt ist, daß es sich unterwirft. Doch der überlegene Hahn muß seinen Sieg in aller Form anzeigen, indem er zweimal auf den überwundenen Vogel einhackt. Der *Sentenciador* (derjenige, der das Urteil spricht) hebt beide Vögel hoch, und wenn der Gewinner das obligatorische Picken verweigert — den Gnadenstoß —, ist der Sieg verscherzt, gilt der Kampf als unentschieden. Diese Verordnung hat häufig zur Folge, daß ein schwerverwundeter Hahn mit größter Anstrengung einmal auf seinen toten Gegner einhackt und beim zweiten Mal selbst sein Leben aushaucht, ohne den Sieg zu vollbringen. Doch das Wort des *Sentenciador* wird äußerst selten angefochten.

Das stillschweigende Einvernehmen, auf dem die *Tupada* beruht, scheint dem Vorwurf der Barbarei, der dieser Veranstaltung häufig gemacht wird, zu widersprechen. Ritterliches Verhalten und offensichtliche Brutalität spielen bei diesen Kämpfen, die eine sehr alte Tradition haben, ineinander. Europäische Berichte über den Zustand der Inseln vor 200 Jahren weisen darauf hin, daß Männer kaum ohne ihre favorisierten Kampfvögel unterwegs waren.

Eine gründliche Beschreibung des sonntäglichen Hahnenkampfes wird von einem russischen Reisenden geliefert, der das Spektakel fasziniert verfolgt hatte. Der größte Teil des Berichtes von Iwan Gonscharow ist objektiv, gewandt geschrieben:

„Jedesmal, wenn einer der Hähne seinem Gegner einen harten Streich versetzte, schrien die Zuschauer krampfartig auf, doch als der unterlegene Hahn die Flucht ergriff, begann die Menge wild, wütend und anhaltend zu heulen. Es war eine furchtbare Szene. Alle Leute sprangen auf und schrien. Gesichter waren wutverzerrt. Und das alles wegen eines Hahnenkampfes."

Hirnnahrung

Kein geschickter Übergang bietet sich zu diesem Sport an. Mit einem großen Gedankensprung tauschen wir die rauhe Atmosphäre der Hahnenkampfarena gegen die klinische Stille eines Saales ein, in dem Schach gespielt wird. Alle Augen sind auf den hübschen, jungen Mann gerichtet, der die Steine vor sich mit bewußter Selbstsicherheit betrachtet. Eugene Torre ist philippinischer Schachmeister und Asiens erster Großmeister. Er ist Ende zwanzig und hat seit 1974 Asien in drei Großturnieren mit weltweiter

Pferdekämpfe sind zwar nur etwas für Eingeweihte, aber sie gehören zu den beliebtesten Wettspielen der T'boli, die am Cibu-See in Süd-Mindanao leben. An Markttagen, gewöhnlich sonntags, binden sie eine Stute an, um die dann zwei Deckhengste kämpfen, bis einer von ihnen eine Unterlegenheitsgeste macht oder offensichtlich geschlagen ist. Die Kämpfe dauern ungefähr drei Minuten, führen aber nie zum Tod eines Beteiligten. Pferdefleisch gehört nicht zu den Nahrungsmitteln des Stammes.

Beteiligung und verschiedenen anderen angesehenen Turnieren vertreten. Neben Anatolij Karpow hat er auch andere Schachsuperstars besiegt. Torres Überlegenheit betrachten die unzähligen Schachfanatiker im Lande als Beweis für ein naturgegebenes Spieltalent der Bürger ihrer Nation.

Seit der Nachkriegszeit haben philippinische Schachspieler sich als Asiens beste Vertreter erwiesen. Doch erst, nachdem Torre (dessen Name höchst angemessen „Turm" bedeutet) Großmeister wurde, schien der Ausbruch eines ansteckenden Schachfiebers gerechtfertigt. Spielbegeisterte sind überall zu finden: in Clubs, Eckläden, Friseurläden, unter Mangobäumen...

Die herkömmliche Spieltechnik ist der des Basketballs ähnlich: man zieht taktische Genialität einer soliden, sicheren Strategie vor. Die Absicht ist, anzugreifen und verworrene Situationen zu schaffen, denen phantastische Hieb- und Stoßgefechte folgen. Michail Tahls gefahrvolle, aber unendlich einfallsreiche Spiele verliefen nach diesem Plan. Diese Taktik, kombiniert mit klassischen Zügen und jugendlicher Zielstrebigkeit, verhalf Torre im Alter von 18 Jahren zum Gewinn der nationalen Meisterschaft. Das Organisationstalent Florencio Campomanes', eines ehemaligen Nationalspielers, unermüdlichen Förderers des Schachspiels und derzeitigen Vizepräsidenten der Welt-Schach-Vereinigung, trug wesentlich zum Erfolg bei.

Landsmann Rosendo Balinas ist in Torres Fußstapfen getreten und gehört heute ebenfalls zur Elite nationaler Großmeister. Mit der Wahl Baguio Citys zum Austragungsort der Weltmeisterschaften im Jahre 1978 wurde die Stellung der Philippinen als Schachzentrum der Region bestätigt.

Es steht außer Frage, daß die originelle typisch philippinische Art Schach zu spielen im Land vorherrschend bleiben wird. Blitzgefechte, bei denen Blut und „Bares" im Spiele sind, finden nach wie vor statt. Professionals, meist Hitzköpfe im Teenageralter, werden sich weiterhin mit kleinen Profiten zufriedengeben, statt sich den strengen Charakterprüfungen zu unterziehen, die Campomanes von jedem fordert, der sich seinen nationalen und internationalen Programmen anschließen will.

Es bestehen keine Nachwuchssorgen. Manch ein Zehnjähriger ist bestimmt schon fest entschlossen, Torre den Lorbeerkranz vom Haupt zu reißen. Auf diesen romantischen Inseln hat das Schachspiel sicherlich eine bleibende Heimat gefunden.

Ich hab' mein Herz an einen Jeepney verloren

Sie stechen ins Auge, ob man sich nun sonderlich für die örtlichen Gegebenheiten interessiert oder nicht. So etwas wie die glänzenden öffentlichen Verkehrsmittel der Phillipinen haben Sie sicher noch nicht gesehen: schreiend bunt, kitschig-überladen, Jeepneys, die philippinischen Minibusse.

Jeepneys sind eine unverwechselbare Spezies — mit einem Schuß Dementia. Man nehme einen überschüssigen Jeep der Armee, montiere alles Überflüssige ab, verlängere ihn beträchtlich, überhäufe ihn mit entwicklungsfähigen Extrateilen, versehe ihn mit Scheinwerfern aller Größen, bekleckse die Seiten mit einem Spritzer Mythologie, füge eine Quaste hier, ein Schutzblech dort hinzu, schraube einen Nickelhengst auf die Motorhaube, umgebe ihn mit Antennen, schmücke diese mit Plastikwimpeln, klebe ein Porträt der Jungfrau Maria auf das Amaturenbrett, hänge Girlanden aus *Sampaguita*-Blumen an den Rückspiegel ad infinitum ...

Genau dies haben die Filipinos getan. Es ist stark anzunehmen, daß sie sich der liebevollen Kleinarbeit des Dekorierens mit großem Gekicher gewidmet haben. Möglicherweise ließen sie sich auf dem Höhepunkt ihrer Emotionen nach der „Befreiung" von 1945 dazu hinreißen, die etwa 1 000 Jeeps, die die Amerikaner zurückgelassen hatten, in Phantasiegebilde umzuwandeln, die ihrer Seele verwandt sind. So wurde aus „Strandgut", das wahrscheinlich zu Schrott geworden wäre, Folk-Art.

Mobile Kunst

Der Jeepney ist ein mobiles Kunstwerk. Zivilisatorische Spurensicherung, wenn man so will. Merkwürdigerweise hat sich dieses barocke Monstrum zum Massentransportmittel entwickelt, dem feurigen Temperament der Filipinos allerdings recht angemessen.

Auf einen Jeep lassen sich zehn oder mehr Passagiere verladen. In den Barrios werden gewöhnlich zusätzlich zu der Fahrgastladung noch einige Hühner und Schweine, Eisblöcke und ein bis zwei Sack Reis transportiert. Zwei Leute sitzen neben dem Fahrer auf dem Vordersitz, während der Rest sich ordentlich auf den zwei Sitzreihen einrichtet, die entlang den Seiten des hinteren Abteils verlaufen und gegeneinander gerichtet sind. Haltestangen sind an der Decke des Wagens befestigt, um zu verhindern, daß die Fahrgäste während der wilden Jagd durcheinanderpurzeln.

Den Fond des Jeepneys besteigt man am hinteren offenen Ende, das mit einer Reihe glänzender Geländer bestückt ist sowie mit Seitenstützen und Haken für all die Dinge, die man von einem Großeinkauf auf dem Markt zurückbringen könnte. Sobald ein Passagier des rückwärtigen Abteils auszusteigen wünscht, was er durch lautes Rufen kundtut, dreht sich der Fahrer um und streckt seine rechte Hand aus, um das Fahrgeld in Empfang zu nehmen. Manchmal beläßt er die Linke derweil am Steuer. Das Geld wird ihm von Hand zu Hand zugereicht, und um die Lücke, die der Ausgestiegene hinterlassen hat, aufzufüllen, rückt jedermann in Richtung auf das Wagenende hin auf. Auf diese Weise arbeitet man sich zum Ausstieg vor.

Der beste Platz

Die Wahl des Spitzenplatzes in einem leeren Jeepney sagt allerlei über den Charakter des Mitfahrers aus. Die meisten Leute bevorzugen das offene Heck, damit sie sich gemütlich in die Eckpolsterung lehnen oder hinaus auf den dichten Verkehr in ihrem Kielwasser schauen können. Diejenigen, die mit ihrem Bestimmungsort nicht recht vertraut sind, halten sich lieber in Fahrernähe auf, so daß

Vorausgehende Seiten und links: „Verrückt und filigran" — treffender kann man den Jeepney nicht charakterisieren. Ein fröhliches Selbstporträt des Filipino-Sammlers aus Chrom, Plastik und Glas. Rechts: Ersatzrad, Armstütze, Eigenwerbung.

sie sich zusammenkauern und durch die Windschutzscheibe hinausschauen können, was dadurch erschwert wird, daß das Glas häufig mit allen möglichen Aufklebern und Aphorismen bedeckt ist. Auch die verbissenen, nervösen Typen lieben diesen Platz, weil sie den Fahrer dann wegen seiner wilden Manöver ermahnen können. Dann gibt es noch die gewöhnliche Mitte. Man fühlt sich wohl, umrahmt von Mitreisenden des anderen Geschlechts.

Der beste Platz ist vorn, am offenen Seiteneinstieg. Von hier aus läßt sich die haarsträubende Fahrt am sichersten verfolgen, da die Möglichkeit besteht, in kritischen Momenten abzuspringen. Um dieses Privileg wird gekämpft. Es steht eine Menge auf dem Spiel, denn wenn man unterliegt, muß man mit dem Platz direkt neben dem Fahrer vorliebnehmen, die unbequemste Alternative. Der Gangschaltungshebel drückt auf die Hüfte, das Fahrgeld wird über die Schulter gereicht, die vertrockneten *Sampaguita*-Girlanden baumeln vor der Nase. Indem man die heilige Maria anstarrt, hofft man, der Nachbar möge bald aussteigen. Läßt die Jungfrau ihn im Stich, muß sich der bedrängte Passagier mit dröhnender Beatles-Musik begnügen und beginnt, die Graffiti vor sich zu studieren: ,,Eine Frau ohne Liebhaber ist wie ein Jeepney ohne Fahrer'', ,,Gott ist mein Co-Pilot'', ,,Setzt euch gesittet hin, Mädchen, damit der Fahrer seine Augen auf die Straße richten kann'', ,,Füge anderen nicht zu, was Du selbst erledigen kannst'', ,,Allzeit bereit, Schatz''.

Der Fahrer, links im Fond sitzend, genießt eine besondere Vergünstigung. Er kann seinen linken Arm auf den Ersatzreifen ruhen lassen, der die linke offene Seite schützt, wenn er Eindruck machen will. Er ist durchaus berechtigt, den starken Mann zu spielen, denn wie ein Kunstflieger kennt er die möglichen Gefahrenzonen auf der Fahrt, seiner routinemäßigen Glanzleistung.

Er trägt große Verantwortung. Und er weiß es. Jeden Tag aufs neue schließt er einen Pakt mit dem Schicksal. Nachdem er sich bekreuzigt hat, steuert er seine Karosse mit Zuversicht durch den chaotischen Verkehr.

Verglichen mit der Innenwelt dieser prächtigen Karosse scheint die Außenwelt fade und langweilig.

Fest der Musen

In diesem am weitesten westlich gelegenen Land Asiens, ist die Kunst am Leben — über die Form ihrer Äußerungen, Jeepneys und Nasenflöten eingeschlossen, mag man sich streiten. In kultureller Hinsicht hat die 400 Jahre währende Anpassung der Philippinen an spanischen Gusto Vor- und Nachteile gebracht. Für die goldene Hochzeit mit den Amerikanern gilt dasselbe. Doch die meisten Filipinos würden darauf bestehen, daß die Spanier die ursprüngliche philippinische Kultur nicht verdrängt hätten und daß amerikanischer Einfluß ihnen hülfe, einheimische Begabungen zu fördern.

Der Filipino hat einen spanischen Namen, ein ausgeprägt asiatisches Gesicht und ein amerikanisches Vokabular. Auch seine Kunst, die feine und die folkloristische, reflektiert ihn als Akkumulator, stets fremden Einflüssen zugänglich, dennoch unvergleichlich philippinisch.

Tanz: traditionelle Beweglichkeit

Eine junge Frau bewegt sich langsam und selbstsicher vorwärts. Sie trägt ihren Kopf erhoben, nach fürstlicher Art. In den Armen hält sie zwei große Fächer. An ihrem prächtigen Kleid läßt sich ablesen, daß sie reich und privilegiert ist — eine Prinzessin. Eine Dienerin hält einen mit Quasten besetzten Sonnenschirm über ihren Kopf, folgt jedem ihrer Schritte. Vier Begleiter bringen zwei Bambusstangen herein, legen sie kreuzweise auf den Boden, über- und untereinander, und beginnen, sie in einem rhythmischen Fünfertakt gegeneinanderzuschlagen. Die Edelfrau beginnt mit großer Anmut und Gelassenheit zwischen den in Bewegung befindlichen Stangen zu tanzen. Schneller und lauter wird das Schlagen der Stangen. Mit gewandten Schritten folgt sie dem Tempo, ohne an Grazie zu verlieren und gelassen wie zuvor.

Dieser Tanz, der moslemische *Singkil*, wird häufig von halbprofessionellen College-Volkstanzgruppen aufgeführt. Eine dieser Truppen, die sich *Bayanihan* nennt, ist zu internationalem Ansehen gelangt. Ihr Ziel ist die Erhaltung und Popularisierung traditioneller philippinischer Tänze. Geschliffen und theaterreif sind die Vorstellungen der *Bayanihan*, die in der ganzen Welt Begeisterung hervorrufen.

Frühmalaiische, moslemische und spanische Kulturen haben ihren Niederschlag in den Tänzen der Philippinen gefunden. Die uralten Tänze der Eingeborenen stellen häufig die Natur dar. Im Reihertanz aus Leyte, dem *Tinikling*, wird der Vogelflug versinnbildlicht. Auch volkstümliches Ritual gelangt zum Ausdruck, wie zum Beispiel ein Krieg zwischen Ifugao-Kopfjägern oder Beerdigungszeremonien.

Magellan und seine Männer wurden angeblich nach ihrer Ankunft im 16. Jahrhundert mit *Indio*-Tänzen unterhalten. In diesen alten Ausdruckstänzen manifestierten sich das Verhältnis der Völker zur Umwelt, der Wechsel der Jahreszeiten, traten Vögel und andere Tiere auf. Nicht immer kann man in den Vorführungen von Manila in ihrer ursprünglichen Form bewahrte Tanzformen der einheimischen Völker sehen, doch die begeisterten Darsteller vermitteln zumindest den Eindruck von ihren Sitten, ihrer Kultur.

Modernes und klassisches, von Filipinos kreiertes Ballet ist ebenfalls in Manila zu sehen. Die National Ballet Federation (Dachverband) bemüht sich mit ihren talentierten Interpreten um klassisches und erzählendes Ballet im westlichen Stil, während die Cultural Center Modern Dance Group amerikanisch beeinflußten Filipino-Bühnentanz entwickelt.

Musik: eine Nation von Virtuosen

Als Soul-Brüder Asiens genießen die Filipinos einen einschlägigen Ruf. Ein philippinischer Entertainer gilt automatisch als gehobener Musiker, sein Sound als neuartige Mischung westlicher Tradition und philippinischer Originalität. Klassische *Kundiman* erinnert an deutsche Lieder, die alten *Zarzuela* werden auf die italienische Oper zurückgeführt, während moderne Helden der Musikszene, Vertreter des beliebten „Pinoy Sound", mit internationalen Rockstars verglichen werden.

In den letzten Jahren sind einige philippinische Komponisten aufgetaucht, die sich um eine eigenständige philippinische Musik bemühen. Das wurde vom Publikum begeistert aufgenommen, und vielleicht kommt bald der Tag, da die eigene Musik den sturen Adaptionen der westlichen Popmusik den Rang abläuft. Die Popular Music Founda-

Antonio Austria, Kunstprofessor an der Universität von Santo Tomas, hat mit seinem Gemälde im Stil der „modernen Naiven" eine typische Jeepneyrückseite eingefangen. Es tut sich einiges auf der Kunstszene Metro Manilas. Das Spektrum der Schulen reicht von klassisch bis Avantgarde.

tion of the Philippines hat für Komponisten lukrative Stipendien vergeben; deren Zahl steigt laufend, ebenso wird die Qualität der Musik immer besser.

Auch das Interesse an der traditionellen Musik ist wieder gestiegen. Einheimische Komponisten, die hier sowie im Ausland ihre Ausbildung bekommen haben, komponieren im traditionellen Stil. Und für das breite Publikum sind in Manila eine Reihe von Treffpunkten geschaffen worden, wo die Klassiker-Fans ihre Musik live hören können. Im Rizal Park, dem Paco Park und im Puerta Real Garden vor Intramuros zum Beispiel gibt es an den Wochenenden kostenlos Konzerte. Mandame Imelda Romualdez Marcos läßt über das National Art Center Stipendien für junge Musiker und Sänger vergeben. Der bekannteste unter diesen begabten Nachwuchskräften ist der Pianist Cecile Licad, der bereits eine sehr erfolgreiche Tournee durch die USA absolvieren konnte.

Volkstheateraufführungen kann man in Manila in den Räumen des Cultural Center und im Metropolitan Theater zu sehen bekommen. Repertory Philippines spielt während der ganzen Saison westliche Stücke im FGU-Auditorium in Makati. Experimentelles Filipino-Theater gibt es im Rajah Sulayman Theater in Fort Santiago und im *Bulwagang Gantimpala* des Cultural Center.

So hat die stärkere Hinwendung zu kulturellen Tradition dazu geführt, daß sich neben den populären Formen der Unterhaltungsmusik und des Volkstheaters auch die Klassiker wieder bewähren. Es werden wieder zunehmend Märsche, Suiten, Kammermusik, Choräle und Sonaten komponiert; auch die Experimente mit neuen Formen bekommen von der Tradition viele Anregungen.

Ethnische Musik, ein starker Kontrast zum westlichen musikalischen Erbe, ist Ausdruck der einheimischen und islamischen Religionen. Zu den Instrumenten zählen Moslem-Gongs *(Kulitang)*, die *Hagalong*, ein zweisaitiges lautenähnliches Instrument der T'boli aus dem Norden Mindanaos, eine Geige mit Namen *Git-Git*, deren Saiten aus Menschenhaar bestehen und die von Mangyans und Negritos gespielt wird, und die Maultrommel oder *Kubing*, die überall auf dem Archipel zu hören ist. Eines der interessantesten Volksinstrumente ist die Bambusgitarre der Apayaos der Mountain-Provinzen. Ihre Saiten werden aus der Außenhaut des Bambus hergestellt und gezupft oder mit einem Stab geschlagen. Aus Bambus ist auch die exotische Nasenflöte, die in den Mountain-Provinzen beliebt ist und schwache gespenstische Laute von sich gibt.

Theater: von der Straße zur Bühne

Vielfältig und ereignisreich ist die Theatertradition der Philippinen. Ein unverkennbar westliches Erbe, wurde das Bühnenstück begierig in die einheimische Kultur assimiliert. Spanisch geprägte Passionsspiele waren die Vorreiter. Die Fiesta verwandelte diese Dramen zwangsläufig in Straßentheater. Im Grunde genommen ist die Fiesta optimales Straßentheater, leidenschaftliche Zuschauerbeteiligung und religiöse Inbrunst eingeschlossen.

Philippinisches Theater ist undenkbar ohne Musik und Tanz. Während ethnisches Sprechtheater den allgemeinen Erwartungen entsprechen kann, ist über viele andere Stücke ein Musikteppich gelegt und sind tänzerische Einlagen durchaus gegeben. Zu einer traditionellen Fiesta gehörten oft Aufführungen der *Comedia* oder *Moro-Moro*. Von Musik und Tanz untermalt, berichteten diese Dramen meistens von dem historischen Konflikt zwischen Christen und Ungläubigen.

Im kosmopolitischen Manila erlebt die *Zarzuela*, eine musikalische Komödie, wahrscheinlich der italienischen Oper entlehnt, ab und zu eine Renaissance.

Da sie geborene Schauspieler sind, ist den Filipinos das Theater heilig. Jedes College, jede Universität besitzt eine Bühne. Dramatisches Geschehen überall. Zeitgenössische Autoren produzieren temperamentvolle Komödien und Dramen in Filipino.

Filmkunst: in den Kinderschuhen

Der erste von Filipinos gemachte Film im Jahre 1919 handelte von einem tugendhaften Landmädchen. Damals zeichnete sich die Filmkunst durch Rührseligkeit und übertriebene Darstellungen aus. Seit geraumer Zeit hat das philippinische Kino seinen eigenen Stil gefunden. Gute Filme in Pilipino, die sich mit modernen Themen befassen, haben Zuschauer gewonnen, die früher westliche Importe vorzogen.

Gerry de Leon gilt als der führende Filipino-Regisseur, der dem philippinischen Film zu neuem Ansehen verhalf. Er drehte

Rechts: „Unsere Melodie", *Himig Natin,* hieß die Hit-Single, die Josey „Pepe" Smith in die vordersten Reihen der „Pinoy-Rockmusiker" katapultierte — eine Erfolgsstory. Die Schallplatten einer Reihe von Tagalog-Sängern und -Komponisten finden heute bereits in anderen Hauptstädten Asiens mehr und mehr Abnehmer. Nicht umsonst gelten Filipino-Musiker als die besten der Region.

u.a. *Noli me tangere* und *El Filibuste rismo*, nach zwei Agitationsromanen José Nizals.

Der junge Regisseur Lino Brocks ist in kürzester Zeit auch international bekannt geworden; sogar in Cannes bekam er Auszeichnungen. Mike de Leon, Ishamael Bernal, Eddie Romero und Celso Ad. Castillo heißen weitere interessante Regisseure. Kidlat Tahimik, Vertreter des alternativen Films, hat bei den Berliner Filmfestspielen eine Auszeichnung bekommen.

1982 erlebte Manila das internationale Filmfestival, mit dem zugleich das Manila Film Center im CCP-Komplex eröffnet wurde. Unter der Schirmherrschaft der Präsidententocher Imee Marcos wurde unlängst ein Forum des experimentellen Films der Philippinen gegründet. Es stehen Gelder für neue Filme zur Verfügung, außerdem sollen über steuerliche Anreize wichtige Projekte finanziert werden.

Literatur: leidenschaftliche Worte

Im 16. Jahrhundert erschien das erste gedruckte Buch, *Doctrina Christiana*, in Spanisch. Fast 300 Jahre lang war das gedruckte Wort nahezu ausschließlich spanisch und bezog sich auf religiöse Dinge. Ausnahmen bildeten einige Werke in Tagalog. Zeitgenössische Filipino-Literatur bedient sich der englischen Sprache und des Pilipino, aber Pilipino-Literatur erfreut sich zunehmender Beliebtheit, da sie hilft, ein Nationalbewußtsein zu schaffen.

Aus der Zeit um die Jahrhundertwende, stammen die in Spanisch geschriebenen Werke der frühen philippinischen Patrioten. Vorbildliches für Prosa und Poesie hat der Nationalheld José Rizal mit seinen vorrevolutionären Werken *Noli Me Tangere* und *El Filibuste rismo* geleistet.

Nick Joaquin ist eine prominente Erscheinung in den Literaturzirkeln Manilas. Als Essayist, Poet, Dramatiker, Romancier und Kurzgeschichtenschreiber hat der Literat und Journalist in den vergangenen zwei Jahrzehnten die Ereignisse seines Landes kommentiert. Obwohl Joaquin während der amerikanischen Ära geboren wurde, beschäftigt sich seine elegante Prosa des öfteren mit den letzten hundert Jahren Intramuros', dem spanischen Manila. 1976 wurde er von der Regierung zum ,,Nationalkünstler'' ernannt, eine von vielen Auszeichnungen, die er im Laufe seiner Karriere erhielt.

José Garcia Villa, 1973 zum ,,Nationalkünstler'' ernannt, wird häufig als größter, wenn auch exzentrischer Dichter seines Landes bezeichnet. Er leitet eine Dichterwerkstätte in der New School von Greenwich Village, New York. Der umstrittene Künstler und Ästhet nennt sich ,,Doveglion'', eine Zusammenziehung aus Dove, Eagle und Lion (Taube, Adler und Löwe).

Malerei und Bilhauerei: Klassik contra Pop

Bereits im Jahre 1821 wurde eine philippinische Hochschule für Malerei gegründet. Im 19. Jahrhundert gaben spanische Tendenzen den Ton in der einheimischen Malerei an. Juan Luna und Felix Resureccion Hidalgo wurden weltberühmt, nachdem sie 1884 auf der Ausstellung von Madrid ausgezeichnet worden waren. Luna malte Szenen aus dem Gesellschaftsleben, während Hidalgo für seine neoimpressionistischen Landschaften bekannt ist.

Zeitgenössische Filipino-Künstler haben den Rahmen des sozialen Realismus überschritten und produzieren heute provokative Kunst. Zu den bekannteren Künstlern zählen Hernando Ocampo, Cesar Legaspi, Malang Santos, José Joya und der verstorbene National Artist Vicente Manansala. Bildhauer der Moderne sind u.a. Solomon Saprid, Eduardo Castrillo und Napoleon Abueva.

Einen besonderen Status genießt Guillermo Tolentino, ein Bildhauer, der sich seit 40 Jahren weigert, die moderne Kunst anzuerkennen. Er schuf Bronzedenkmäler, von denen ,,Cry of Balintawak'' (ein Porträt der ersten Revolutionstage mit vielen Figuren) und die ,,Oblation'', ein Freiheitssymbol am Eingang der University of the Philippines, die bekanntesten sind. Letzte Ehren erwies man seinem Namen 1973 mit einem Staatsbegräbnis.

Links: Santiago Bose aus Baguio City schaut über den Rand einer seiner faszinierenden Wolkenlandschaften. Der Maler und Radierer gehört zu den Vorkämpfern der Moderne.

So schmausen die Filipinos

„Anregungen aus verschiedenartigen Kulturkreisen gingen in den philippinischen Speiseplan ein; dennoch, in ihren Ausformungen ist die einheimische Küche landschaftsspezifisch. Malaiische Siedler kochten ihr Süppchen, dem chinesische Kaufleute aromatische Gewürze hinzufügten. Nach 300 Jahren Schmorzeit unter spanischer Herrschaft kneteten die Amerikaner Hamburger aus den Resten. Da die Filipinos die Züge vieler Rassen verkörpern — ein chinesisch-malaiisches Gesicht, ein spanischer Name und ein amerikanischer Spitzname —, beseelten sie die Cuisine mit Gerichten orientalischer Art."
— Monina A. Mercado, *Culinary Culture of the Philippines,* herausgegeben von Gilda Cordero Fernando

In den mit Chillies, Curries und scharfen Satays gesegneten asiatischen Nachbarländern erhält die philippinische Cuisine häufig das Etikett „mild". Vielleicht ist es zutreffend. Geschmackvoll ist das Essen sicherlich, eine Mischung, die eher empfindlichen, feinen Zungen zusagt.

Reis ist das Hauptnahrungsmittel, die Substanz philippinischer Diät, meist in Form von lockeren weißen Häufchen serviert, auf einfachen Zinntellern oder in eleganten Porzellanschalen. Zu jeder Mahlzeit wird Reis aufgetischt, sogar zum Frühstück, wenn der Reis vom Abend zuvor, mit reichlich Knoblauch gewürzt, gereicht wird. Der Snack zur Mittagszeit besteht aus *Meriendas* (Reiskuchen). Reis ist nicht nur der Hauptbestandteil einer Mahlzeit, ein „Füllstoff", sondern auch Kulisse für all die frischen variablen Zutaten der Landküche.

Fische, große und kleine, sind Hauptelemente einfacher Speisen, denn die Ausbeute der Küstengewässer ist unendlich reichhaltig. Filipinos verzehren ihre Fische — Krabben, Muscheln und Garnelen eingeschlossen — so frisch und natürlich wie möglich, den Meeresgeschmack noch spürbar, abgerundet, nicht übertönt von Süßen und Gewürzen. Am liebsten wird Seafood roh genossen — in einer Vinaigrette- oder *Kilawin*-Form der Zubereitung. Auch über Holzkohle geröstet ist es beliebt, als *Ihaw* oder *Inihaw,* oder gefüllt mit Zwiebeln und in Bananenblätter gewickelt oder als Einlage einer säuerlichen

Ein typischer Filipino-Schmaus an Festtagen ist das Spanferkel *(Lechon).* Will man diese Spezialität an einem Wochentag kosten, empfiehlt sich D'Original Mang Tomas gegenüber von La Loma Cockpit.

Suppe mit Namen *Sinigang*. Diese einheimische Bouillabaisse ist typisch für den Filipinogeschmack: kurz gekocht und von zarter Schärfe. Der unaufdringliche Hauch von Säuerlichkeit der *Sinigang* stammt von *Sampaloc* (Tamarinde), *Kamias*, *Guavas* oder *Calamansi*, kleinen Limetten. Die Suppe läßt sich auch mit Huhn, Rindfleisch, Schweinefleisch, Garnelen oder Gemüse zubereiten.

Die Kokosnuß ist ein weiteres robustes Grundelement der Inselkost, das sehr variabel ist: von einer köstlichen Suppe, *Binakol*, bis zum betäubenden geistigen Getränk *Lambanong*. In Kokosmilch gegartes Fleisch und Gemüse gehören zu den malaiischen Gerichten der philippinischen Küche, die *Guinatan* heißen. In der Süd-Tagalog-Region und einigen Bilocandia-Provinzen mischen die Filipinos ihren *Guinatan*-Gerichten ein paar feurige Chillies bei, doch werden Kokosnußzutaten eher wegen ihres milden Aromas geschätzt. Sehr beliebt sind auch die dickflüssige Dessertmarmelade *Macapuno*, das Schmorgericht *Guinatan* und das geraffelte Kokosfleisch, *Niog*, das bei der Herstellung von einheimischen Kuchen und Keksen Verwendung findet.

Philippinisches Gemüse stammt hauptsächlich aus den rauhen Ilocos-Provinzen. Den erfinderischen Köchen des schroffen nördlichen Terrains ist es gelungen, mit gewöhnlichem Blattgemüse und ungewöhnlichem Grünzeug interessante Speisen zu kreieren. *Pinakbet* und *Dinengdang* sind zwei Gemüsegerichte, die aus *Kangkong* (einem grünen Blattgemüse), Auberginen und Squash bestehen und mit *Bagoong* gewürzt sind, einer philippinischen Spezialsoße aus kleinen Fischen oder Krabben.

Und schließlich die Hauptgänge: *Adobo, Dinuguan, Pancit, Lumpia* und *Lechon*. Es gibt nur eine Handvoll von Nationalgerichten, aber speziell zu Fiesta-Zeiten gehören sie zu jeder zünftigen Feier.

Adobo, eine deftige Spezialität, ist angeblich eine entfernte Verwandte des spanischen *Adobado*. Die philippinische Variante ist ein dünner, dunkler Eintopf aus Huhn, Schweinefleisch und Leberstücken, angemacht mit viel Essig, Sojasoße und Knoblauch.

Spanien stand auch bei anderen lokalen Eintopfgerichten Pate: *Pochero, Kari-Kari,* und *Paella*. *Pochero* besteht aus Rind- und Schweinefleischstücken, kräftig gewürzten Bilbao-Würsten und alldem, was der einheimische Gemüsegarten hergibt. Ochsenschwanzstücke, Kutteln, Grünzeug und eine dicke Erdnußsoße gehören zur *Kari-Kari*-Zubereitung. Grundzutaten der *Paella*, die genauso lecker wie ihr andalusisches Vorbild schmeckt, sind Huhn, Schweinefleisch, Garnelen und tomatenfarbiger Reis.

Lechon, ein ganz geröstetes Schwein, ist eine weitere philippinische Spezialität. Im Ganzen serviert, mit knusprigbrauner Haut, wird dem Schwein ein roter Apfel in die Schnauze gesteckt. Dies ist die Krönung der Tafel einer jeden Fiesta oder Familienfeier. Auf einem Bratspieß gesteckt, wird das *Lechon* schon stundenlang vor dem Beginn der Feierlichkeiten über dem Feuer gedreht. Am nächsten Tag wird aus den Resten des Spanferkels ein herzhaftes *Paksiw* zubereitet, ein nach Essig und Zucker schmeckendes Gericht.

Genüßlich sind die philippinischen Süßspeisen. Die Köstlichkeiten aus Pampanga und Bulacan sind am bekanntesten. Einfaches Reismehl, Zucker und Kokosraspeln sind die Grundzutaten. *Puto Bumbong, Malagkit, Bibingka* und *Puto Cuchinta* gibt es in vielen Formen. Ein spanisches Relikt, *Leche Flan*, besteht aus süßem Eierpudding.

Die Philippinen sind ein an Früchten reiches Land, das saisonbedingt verführerisches Obst bereithält: Mangos, Papayas, Bananen, Chicos, Guaven, Rambutans, Durians, Wassermelonen, Jackfruit, Duhat, Lanzones. Und was es nicht in frischer Form gibt, wird in einem hohen Glas mit geschabtem Eis serviert; die bunte, köstliche philippinische Institution *Halo-Halo* ist gemeint. *Halo-Halo* (wörtlich „Mischmasch") ist die symbolische Essenz philippinischer Kost, eine fröhlich-matschige Synthese.

Daß man zum Essen ausgeht, ist ein relativ neues Phänomen des Filipino-Lebensstils. Traditionsgemäß speiste man nur zu speziellen Anlässen außer Haus, an Vaters Geburtstag zum Beispiel, am Hochzeitstag oder zur Konfirmation der Tochter. Der Schauplatz Küche hat an Prestige gewonnen. Besonders populär sind Schnellrestaurants mit Namen *Turo-Turo*. Dort sind zubereitete Speisen im Buffetstil ausgestellt, und der Kunde zeigt auf das, was er zu essen wünscht. Das *Kamayan*-Restaurant ist eine vielversprechende Einrichtung der lokalen Provinzküche: man ißt mit der Hand von einem Bananenblatt.

Spiegel des Gestern — Kind der Zukunft

Ungewöhnlich ist die magnetische Anziehungskraft Manilas. Alles, was von außen kommt, saugt die Stadt in sich auf und mischt es salopp und sorglos unter das Bestehende. Jedermann scheint grenzenloses Vertrauen in sie zu haben, trotz ihrer paradoxen Natur. Selbst jahrhundertelanges Wachstumstraining hat ihre sympathische Verwahrlosung nicht reduziert: wie herrenloses Strandgut verweigert sich Manila niemandem.

El Insigne y Siempre Leal Ciudad nannten die Spanier sie, „die Edle und Treuergebene Stadt". Im Rückblick erweist sich die Loyalität, die in diesem ehrenvollen Titel angesprochen wird, als Treue zur malaiischen Tradition der herzlichen Aufnahme in die Gemeinschaft, Billigung und Anerkennung.

Zu Beginn des Zweiten Weltkrieges in der Pazifik-Region erklärten die Amerikaner Manila zur offenen Stadt. Eine überflüssige Geste, da Manila von jeher eine offene Stadt war, die lagenweise Geschichte in ihre Jahresringe absorbierte.

Will man in die Vergangenheit schauen, muß man die historischen Hüllen entfernen. Schwierig wird diese Aufgabe dadurch, daß sich Geschichte stets im Fluß befindet, das Gestern sich im Heute spiegelt und das Netz der Zeit alle Dinge verbindet.

Chop-Suey-Mentalität

Irgendwo in Chinatown, in einer *Panciteria* (Restaurant), liest sich die Speisekarte recht abwechslungsreich: *See Po Guisantes, Almondigas de Pescado Frito Crisp, Shanghai Rice can Kabuti.* Diese bunte Mischung kulinarischer Pidgin-Ausdrücke aus dem Spanischen, Englischen, Chinesischen und Tagalog bietet einen Vorgeschmack auf das Durcheinander, das die gesamte Stadt charakterisiert.

Ein dilettantischer Manileño mag sich im Nachbarrestaurant auf einer Yamaha-Orgel versuchen und ein kosmopolitisches Medley aus amerikanischen Pop-Songs, klassischen Liedern Europas und einheimischen Melodien vortragen.

Karte Seite 315

Manilas Mentalität läßt sich am besten in metaphorischer Sprache einfangen, die sich auf etwas Zusammengesetztes bezieht. Die Stadt ist barock, eklektisch, eine Collage, ein Ragout, ein Eintopfgericht, Chop Suey, eine Melange, ein Potpourri.

Der Manileño wird die Etikettierung seiner Stadt mit einem Lächeln quittieren und sich seiner typischen Sommer-Erfrischung zuwenden, einem Gemengsel aus Fruchtwürfeln, Bohnen, Jams, Gelatine, Pudding, Eiskrem, Milch und geschabtem Wassereis — dem bereits erwähnten *Halo-Halo*. Schließlich ist seine Abstammung nicht weniger phantasievoll. Seine Ahnenreihe umfaßt Buntgewürfeltes aus Ost und West.

Und ewig mahnt die See

Im Nordwesten Manilas liegt das Zambales-Gebirge, in genau nördlicher Richtung das Central Valley und die Sierra-Madre-Kette im Nordosten, an der Ostküste Luzons.

Stellt man sich eine Riesengabel vor, so bildete sich dort, wo die drei Zinken, die genannten geologischen Formationen, zusammentreffen, über Zehntausende von Jahren hinweg ein umfangreicher See, dessen Verbindungswege zum Meer nach und nach erweiterten. Langsam formten Flußablagerungen ein Delta an der Mündung des Wasserweges. Dieses Schwemmland wurde in Abständen vom Meer wieder herausgefressen, drang jedoch kontinuierlich vor. Land und Meer standen in ständigem Wechselspiel. Noch heute schiebt die Flut Salzwasser aus der Bucht von Manila in den riesigen See, dessen Ausmaße die Spanier veranlaßte, ihn fälschlich als Bucht von Laguna zu bezeichnen.

In dieser Delta-Ebene wuchs Manila heran, nicht nur geologisch unter dem Stern des Zuwachses stehend.

Noch heute gemahnt die See an die Ursprünge der Stadt, wenn Manila während des Monsuns von verheerenden Überschwemmungen heimgesucht wird. Alteingesessene bringen die Fluten nicht mehr aus der Fassung. Philippinischer Einfallsreichtum und Initiative meistern auch dieses Problem.

Junge Burschen nutzen die Gelegenheit, ein paar *Centavo* zu verdienen, indem sie mit Holzbrettern überflutete Bereiche überbrücken und Passanten für diesen Luxus bezahlen lassen.

Teenagergruppen treiben sich in den tiefer liegenden Stadtteilen herum und bieten steckengebliebenen Autofahrern ihre Muskelkraft an. Meist begleitet ein Gitarrenspieler die Truppe, die gegen ein geringes Entgelt mit gemeinsamer Anstrengung die Wagen schnell wieder flottmacht.

Pkw-Besitzer mit mehr Phantasie rüsten die Auspuffrohre ihrer Wagen mit schlangenförmigen Verlängerungen aus, die wie mißglückte Periskope oder langgezogene Tuben aus der Gefahrenzone ragen.

Regenschirme in allen erdenklichen Formen, nicht notwendigerweise rund, und in wilden Farben, um den Regengott zu verhöhnen, wiegen sich wie Feenringe in den stürmischen Straßen. *Bancas* (Auslegerboote), Einbäume und improvisierte Flöße kommen zum Einsatz und transportieren das Vieh in höhere Regionen.

Konkurrenz erhalten diese Verkehrsmittel dann von *Calesas* und *Carretelas,* von Pferden gezogene Kutschen, die sich seit hundert Jahren gegen den aufkommenden modernen Verkehr behauptet haben. Glanzvoll wie in alten Tagen pflügen sie durch knietiefes Wasser, überholen ihre motorisierten Verwandten und schlagen hohe Wellen. Wenn das Wasser zurückgeht, ziehen sich die Pferdewagen in ihre vertraute Kopfsteinpflasterumgebung, die Seitenstraßen des chinesischen Geschäftsviertels, zurück.

Die Flußkultur

Da die meisten Straßen Manilas tiefer als der Meeresspiegel liegen, wird es häufig überflutet. Der Pasig River, der die Stadt zweiteilt, tritt bei Hochwasser über die Ufer und verschärft die Lage zusätzlich.

Seit der Zeit, da sich die ersten Siedler am Fluß niederließen, diente der Pasig, der sich über 16 km von der Laguna Bay bis zum Meer windet, als Nervenzentrum Manilas. Etymologen führen den ursprünglichen Namen *Maynilad* auf die *Nilad*-Pflanze zurück.

Handelsgemeinschaften bildeten sich schon im 5. Jahrhundert zu beiden Seiten der Flußmündung. Während des 12. und 13. Jahrhunderts blühte das Handelszentrum, das jedes Jahr von Kaufleuten aus Arabien, Siam, Borneo, Java, Sumatra, Malacca, Indien, China

und Japan angelaufen wurde. Die halbmondförmige Bucht erwies sich als hervorragender Hafen.

Man tauschte Brokat und Seide, Porzellan, Moschus, farbige Glasperlen, schwarzen Damast, eiserne Weihrauchfässer und Nadeln, Blei, Zinn und andere Exotika gegen Bienenwachs und -honig, Perlen, Schildpatt, Betelnüsse, Jute und Gold ein. Der Fluß machte es Maynilads Zwischenhändlern leicht, sich Güter zu beschaffen, die sie im Inland erwarben.

Muslims, deren königliche Vorfahren aus Borneo kamen, hatten sich in Maynilad festgesetzt und Mitte des 16. Jahrhunderts die Stadt mit Palisaden verschanzt. Die 2000 Bewohner dieses Kleinstaates wurden von dem jungen Krieger Rajah Sulayman und seinen beiden Onkeln Rajah Lakandula und Rajah Matanda regiert.

Miguel Lopez de Legazpi, der spanische *Conquistador,* traf 15/1 ein. Nach zwei heldenhaften Schlachten übernahm er die Ruinen von Sulaymans Bambusfestung. Der Legende nach ließ der Rajah das Fort zerstören, als er seine Niederlage voraussahnte.

Im selben Jahr gründete Legazpi das spanische Manila, indem er mit dem Bau einer im mittelalterlichen Stil befestigten Stadt begann, die Spaniens koloniale Periode lange überdauern sollte. Die Stadt hinter 10 m dicken Mauern, umgeben von einem Stadtgraben und mit Türmen und Geschützstellungen versehen, hieß *Intramuros,* d.h. ,,in den Mauern''.

Zwei Jahrhunderte lang hielten die Spanier fremde Mächte in Schach, und Manila durchlief eine Phase erzwungener Isolation. Nur der kastilischen Oberschicht — Mönchen, Soldaten und Regierungsbeamten — war es gestattet, innerhalb der Stadtmauern zu leben. Handel und Verkehr spielten sich vor der Stadt ab, in den sich schnell ausdehnenden Vororten auf der anderen Seite des Flusses, wo die wachsende chinesische Bevölkerung unter strenger Kontrolle gehalten wurde.

Im Jahre 1762 vertrieben die Engländer die Spanier nach Norden und übernahmen Intramuros für zwei Jahre. Die Stadt hinter Mauern wurde schließlich zurückerobert und verteidigte sich während der nächsten hundert Jahre erfolgreich gegen Engländer, Holländer und Portugiesen.

Einheimische Unbefangenheit und europäischer Charme verbanden sich im Laufe der Zeit und machten das Leben in Manila äußerst erträglich. Die Malaien fügten sich wie freiwillig dem Lebensstil der *Conquistadores,* die dadurch ebenfalls Geduld im Umgang mit den Einheimischen übten. Dies ist keine neue Beobachtung; es ist oft bemerkt worden, daß die spanische Herrschaft über Manila und den Rest der Inseln im Vergleich zu anderen Kolonialmächten von erstaunlicher Milde und Nachgiebigkeit geprägt war.

Vor den Mauern

In den Stadtbezirken vor den Toren Intramuros wohnten die *Indios* (so nannten die Spanier die Einheimischen), die *Mestizos,* Chinesen, Inder, Armenier, Japaner und andere Fremde, unter ihnen eine große Anzahl spanischer Bürger. Die Geschäfte florierten in den Außenbezirken, so daß Einwohnerzahl und Landfläche der Vororte bald diejenigen der inneren Stadt übertrafen.

Die Chinesen, deren große Zahl, Intelligenz und Fleiß den Argwohn der herrschenden Klasse erregten, waren ursprünglich in einem Distrikt mit Namen „der Parian" untergebracht. Dort kauften die Einheimischen ihr Obst, Gemüse und ihre Baumwollstoffe ein, während ihn die Spanier nach ungewöhnlichen Einzelstücken wie Schuhschnallen aus Blei oder versilberten *Retablos* (Altarrückwänden) absuchten.

Im Norden von Intramuros gelegen, wurde der Parian später von Binondo an Bedeutung übertroffen, dem Geschäftsviertel der christianisierten Chinesen auf der anderen Seite der Spanienbrücke, die den Pasig überspannte. Läden aller Art, Zigarrenfabriken, in denen viele einheimische Frauen arbeiteten, und Lagerhäuser für Opium, das nach China geschmuggelt wurde, befanden sich dort.

In Tondo, dem Distrikt neben Binondo, hatten sich Hufschmiede, Kutschenbauer, Zimmerleute, Steinmetzen, Drucker, Buchhändler, Schuhmacher, Schneider sowie Ohren- und Nasenputzer eingerichtet. Weitere gutorganisierte Gemeinden bildeten sich an beiden Seiten des Flusses: Santa Cruz, Quiapo und San Miguel im Norden, die Wohnviertel Dilao, Ermita und Malate im Süden.

Gegen Ende des 18. Jahrhunderts erkannten die Spanier schließlich, daß weder der Galeonenhandel zwischen Manila und Acapulco noch der königliche Unterhaltszuschuß aus Mexiko ausreichten, die örtliche Wirtschaft in

M-15 – Escolta, *Main Street of Manila, Philippin*

Schwung zu bringen. Nicht einmal der Handel zwischen Spanien und den Philippinen in späteren Jahren erwies sich als entwicklungsfähig.

Deshalb gestattete man ausländischen Schiffen, das wachsende Volumen des Asienhandels zu übernehmen, und erlaubte Niederlassungen ausländischer Firmen in Manila. Große Mengen an Reis, Zucker und Hanf wurden ausgeführt. Wichtiger ist jedoch, daß mit den Händlern aus England und Amerika liberales Gedankengut seinen Einzug hielt und das kulturelle Niveau der Stadt auf internationale Ebene erhob.

Jedes Schiff aus dem Ausland wurde von einer Musikkapelle und der Hälfte aller Einwohner begrüßt. Festliche Stimmung durchzog Manila damals ebensooft wie heute, denn Filipinos lassen keine Gelegenheit für eine *Fiesta* aus.

Die Liberalisierung des Handels im 19. Jahrhundert zog unweigerlich das Eindringen neuerer politischer Theorien nach sich, und es war nur noch eine Zeitfrage, bis die Macht des kastilischen Schwertes und Kreuzes schwanden und der Niedergang der „Edlen Stadt" hereinbrach.

Amerika betritt die Bühne

Nachdem sie zwei Jahre lang Guerillakrieg gegen die Spanier geführt hatten, sahen sich die Filipino-*Revolucionarios* geschlagen, als die Amerikaner, die mit Spanien Krieg führten, ihre Hauptstadt besetzt hatten. Weitere vier Jahre lang zogen sich die Kämpfe gegen die neuen Imperialisten hin, dann zwangen die Amerikaner auch die letzten *Insurrectos* (Rebellen) zur Aufgabe.

Von 1902 bis 1946, als die Philippinen offiziell ihre Unabhängigkeit erhielten, lebten die Einwohner Manilas und der anderen Inseln erneut unter kolonialer Herrschaft. Die Regierungszeit der Amerikaner kam den Filipinos in manchen Bereichen zustatten: man übernahm das treffliche Schulsystem der Amerikaner, die demokratische Regierungsform, westliche Sitten und Gebräuche und erhielt technologischen Beistand. Begeistert vom neuen Lebensstil, nannten sich die Filipinos noch Jahre später „braune Amerikaner" oder „kleine braune Brüder".

Es war eine sorgenfreie, glückliche Zeit für die Stadtbewohner, die von „brandneuen Dingen" hingerissen waren, die „echt" aus den „Staaten" ka-

Alte Postkarten mit Manila-Ansichten. Links: die *Tranvia* oder Straßenbahn. Teile ihrer Geleise sind heute noch auf der Recto Avenue in Divisoria zu sehen. Rechts: ein Dampfschiff auf dem Pasig.

M-5 — Pasig River, Manila, Philippines.

men. Man trug Hosen aus Chagrinleder, Jackett und Krawatte, besuchte großartiges Kabarett und lauschte der Musik von Big-Bands. Gamaschen und Tangoschuhe bewegten sich im Boogie-Woogie- und Charlestontakt, Coca-Cola- und Kinoreklamen glitzerten in den Straßen, die Mystery Singers klangen aus Lautsprechern, Batman und Superman standen auf dem Höhepunkt ihrer Popularität.

Endlos waren die Diskussionen über Chancen im Import/Export sowie An- und Verkauf. Eine lose Gruppierung von geschwätzigen, hochnäsigen Träumern, die jungen Männer der Escolta Walking Corporation, benannt nach Manilas Hauptgeschäftsstraße, verbrachte ihre Tage in eleganten Cafés und mit hochfliegenden Plänen.

Der Manileño, in die Geheimnisse der freien Wirtschaft eingeweiht, das große Versprechen der Unabhängigkeit vor Augen, ließ sich dennoch nicht antreiben, da sein Mangel an Zeitgefühl und seine Vorliebe für Rhetorik — ein kastilisches Erbe — Hyperaktivität verhinderten.

Rizal wurde von den Amerikanern offiziell zum Nationalhelden erklärt. Mannschaftsspiele wie Basketball und Baseball wurden eingeführt, da während der spanischen Epoche nur Einzelkämpfe bekannt waren. Die Spanien-Brücke wurde in Jones-Brücke umbenannt. Auch tauschten einige Straßen ihre spanischen gegen amerikanische Namen ein. Das Alte wich dem Neuen doch nur bis zu einem gewissen Grade.

Manila zu Kriegszeiten

Im Dezember 1941 tauchten japanische Bomber am Horizont auf; eine neue imperialistische Macht kündigte sich damit an.

Überzeugt davon, daß die Stadt und ihre beliebten Wahrzeichen um jeden Preis erhalten werden müßten, zogen sich die Amerikaner mit philippinischem Zuspruch zurück und überließen Manila japanischer Besatzung, die drei Jahre dauern sollte. Ironisch, weil im Einklang mit der Mentalität der Stadt, ist das Schicksal der University of Sto. Tomas. Diese alte Institution, von spanischen Dominikanern gegründet, um die Indios zu unterweisen, wurde von den Japanern in ein riesiges Konzentrationslager für Amerikaner verwandelt.

Manche Familien verließen die Stadt und zogen sich aufs Land zurück. Ihre Söhne verbündeten sich mit den Amerikanern. Wie außerordentlich tapfer diese jungen Männer den „Kampf für Demokratie" ausfochten, zeigen die verlorenen Schlachten von Corregidor und Bataan. In Anerkennung dieser Verdienste gaben die Amerikaner dem Inselreich die Freiheit, kaum ein Jahr, nachdem sie es zurückerobert hatten.

General Douglas MacArthur, dessen Vater ein Menschenalter vorher gegen philippinische Insurrectos gekämpft hatte, hielt sein Versprechen, im Jahre 1944 wiederzukehren. Genauso wie 1898 marschierten die Amerikaner in Manila ein, um es von Fremdherrschaft zu „befreien".

Doch dieses Mal trafen sie auf stärkeren Widerstand als damals, da die Spanier nur Resistance entgegensetzten, um den Schein zu wahren. Von Süden kommend, mußten sie die Stadt Block für Block erkämpfen. In Stadtteilen, die sie aufgaben, zerstörten die Japaner vorher Brücken und machten Häuser dem Erdboden gleich. Ähnlichkeiten mit Rajah Sulaymans höhnischer Geste, als er sein Königreich den Spaniern überlassen mußte, sind nicht zufällig.

Das Ergebnis: Manila war nach Warschau die am stärksten zerstörte Stadt. Trotz allem — die Stadtbevölkerung jubelte und verehrte die Amerikaner, die mit Ehrfurcht einflößenden Panzern durch die Stadt fuhren, wie Halbgötter.

„Victory Joe!" rufende Kinder säumten die Straßen und schnappten Kaugummi und Schokolade auf, die von den Helden herabgeworfen wurden. Pfiffige junge Männer überredeten ihre Frauen dazu, japanische Fahnen zu nähen, die sie den souvenirhungrigen Truppen verkauften oder dort gegen Rationen eintauschten.

Mit Ausnahme einiger Monumente und öffentlicher Gebäude war Manila dem Erdboden gleich. Wieder einmal machten sich Amerikaner und Filipinos gemeinsam an die Arbeit, retteten aus den Ruinen, was zu retten war, und begannen mit dem Wiederaufbau.

Am Morgen des 4. Juli 1946 versammelten sich Tausende von Manileños und Repräsentanten der Provinzen auf dem Luneta. Das Feld, auf dem 50 Jahre zuvor Rizal hingerichtet worden war, sah nun das Einholen der amerikanischen und Hissen der philippinischen

Fahne. Den Leuten, die ihre Augen aufwärts wandten, zu dem am blauen Himmel flatternden Symbol, schien es, als erlebten sie das Ende eines Traumes und den Beginn eines neuen.

Die Übergangszeit

Sechsundzwanzig Jahre lang blieb Manila Sitz einer Regierung, die sich größte Mühe gab, das politische Erbe der Amerikaner zu verwalten. Stolz bezeichnete man sich als ,,Paradefall der Demokratie in Asien".

Unmittelbar nach den Studentenunruhen und Bombenexplosionen von 1972 wurde der Ausnahmezustand ausgerufen, und sofort wurden Stimmen laut, die den Tod des manchmal anarchischen Freigeistes Manilas beklagten. Doch außer einer Ausgangssperre von Mitternacht bis zum Morgengrauen, die sich hauptsächlich auf Manilas Nachtleben auswirkte, schien es vermessen, zu erwarten, die Stadt würde ihre leichtsinnige Ausgelassenheit verlieren.

Das Szenarium blieb unverändert: das Hieb- und Stoßfechten frühreifer Autofahrer, das, begleitet von endlosen Hupkonzerten, zu gewaltigen Verkehrs-stauungen in Stoßzeiten führte, Pendler, die mit Raubtier-Geschmeidigkeit auf fahrende Busse sprangen, Jeepneys, ihre Stereo-Kassettenrecorder voll aufgedreht, schlängelten sich durch die verstopften Straßen, Fußgänger und Zigarettenverkäufer flitzten über verkehrsreiche Avenuen, Bettler bettelten, Gassenbuben spotteten, fliegende Händler verstellten die Gehwege mit ihren sperrigen Karren, die in Sekundenschnelle beweglich werden, sobald sich Polizei im Anmarsch befindet, die Lizenzen zu kontrollieren ...

Auch in den stilleren Vierteln der Stadt ging das Leben seinen gewohnten Gang. Auf Promenaden und in Parks liebten sich die Liebenden, spielten Kinder, träumten die Alten ihren besseren Jahren nach. Auf dem halbmondförmigen Roxas Boulevard hielten Leute Siesta unter Palmen. Spaziergänger genossen die Seeluft und erfreuten sich am Feuerball der untergehenden Sonne.

Manilas vertrautes Entwicklungsmuster blieb unangetastet: mochte sich

Auch ohne Sonnenuntergang ist der Hafen von Manila in der Manila Bay einer der schönsten der Welt.

auch der äußere Anstrich x-mal ändern, Kern der Anpassungsfähigkeit dieser Stadt ist die Idee der Einheit in der Vielfalt.

Pulsierendes Metro Manila

Ein Erlaß des Präsidenten schloß im Jahre 1976 dreizehn Vororte und Städte an den alten Kern Manilas an, um die Stadt Metro Manila zu bilden. Die derzeitige Gouverneurin der Stadt, Madame Imelda Marcos, läßt modernste Methoden anwenden, um die sich ständig vergrößernde Stadt kartographisch darstellen zu lassen.

Es wird erwartet, daß sich die Metropole bis zum Ende des Jahrhunderts über die ganze Breite der Insel ausgedehnt haben wird und sich von der Manila Bay bis nach Infanta, einer Stadt an der Ostküste, erstrecken wird.

Etwa sieben Millionen Menschen leben heute in Manila, das als überdimensionales Herz der Philippinen viel mehr Anreiz bietet als andere Landesteile. Wie ein massiges, pulsierendes Nervenzentrum war die Stadt von jeher ein Indikator der Schwächen und Stärken des Landes.

Gegenwärtig triumphiert Manila; die Tourismusindustrie und der wachsende Außenhandel versprechen Prosperität. Vierzehn neue, erstklassige Hotels haben mit glanzvollen Gebäuden das Bild der Stadt bereichert.

Folk-, Pop- und Rocksänger beherbergt die Stadt in so reicher Zahl, daß ein großer Prozentsatz von ihnen in andere Städte Asiens abwandert und damit den Mythos philippinischer Musikalität verewigt.

Über hundert Kinos konkurrieren für einen lächerlich niedrigen Eintrittspreis von US-$ 0.60 mit Standard-Hollywoodschinken und Spaghetti-Western, Kung-Fu-Filmen und einheimischen Schnulzen um die Gunst des Publikums. In eleganten Auditorien und Hörsälen finden Sondervorführungen statt, die mit ernsthafter Filmkunst eine populäre Alternative zum kommerziellen Kino darstellen.

Manilas Medien-Konzentration läßt sich ablesen an drei englischsprachigen Tageszeitungen, zahllosen Illustrierten und Zeitschriften, Comics in Englisch und Tagalog, fünf Fernseh- und 42 Radiostationen. Jeden Abend findet eine Vernissage in einer der vielen Galerien statt. Lokale Tanz- und Theatergruppen messen sich mit auswärtigen Ensembles, die auf Einladung des Kulturzentrums oder anderer Gönner nach Manila kommen. Das kulturelle Angebot Manilas ist sicherlich das abwechslungsreichste aller Städte in Südostasien.

Erstaunlich mannigfaltig sind die Rollen, in denen sich der Manileño heute zurechtfindet.

Er ist der hochbegabte junge Börsenmakler, der nach Beendigung eines hektischen Tages seinen Anzug an den Nagel hängt und es sich mit einer Dylan-LP gemütlich macht. Er ist der ,,Berater'' im *Barong Polo* (Polohemd), der Geheimtips verkauft und genau weiß, welches bürokratische Rädchen es mit welchem Betrag zu schmieren gilt. Sie ist die Klosterschülerin, *Colegiala,* die ihre moderne Denkweise scheu hinter spröder Fassade versteckt.

Er ist der zynische, käufliche Medienexperte, stets auf der Lauer, sollte sich ein lohnenswertes Projekt ergeben, oder der allwissende Taxifahrer, um dessen weltpolitische Gesamteinschätzung kein harmloser Passagier herumkommt. Er ist Advokat alternativer Lebensformen auf dem Lande, holt sich jedoch sein Theoriematerial in der Stadt. Sie ist die Emanze mit mystischen Neigungen, die nierenförmige chinesische Glückssteine befragt, warum sie kein Geld mehr hat oder warum ihre letzte ,,Errungenschaft'' durchgebrannt ist.

Er ist der Barbier, der als kostenlose Zugabe philosophische Untersuchungen liefert. Sie ist die junge Masseuse, die ihre Trinkgelder für Spezialleistungen spart, um ihrer Familie zu helfen. Er ist der Bohemien, der auf Ausstellungseröffnungen kostenlos Cocktails und Kanapees schnorrt, oder der Politiker, der mit Biertischatheisten seine Popularitätskurve diskutiert. Er ist der Händler vom Lande, der sich lieber in der Metropole abstrampelt, als in die Provinz zurückzukehren.

Sie alle sind Kinder Manilas, die wahllos Trends und Nuancen in ihre Welt einpassen, so als herrschte Ausverkauf. Das alles spielt sich bei ihnen in der festen Überzeugung ab, daß alles, was kommt, ,,wahr, gut und schön'' sein muß.

Die eindrucksvolle Gestalt eines Verkehrspolizisten auf einer Kreuzung der Ayala Avenue bringt sogar Metro Manila zum Stillstand.

Entdecken Sie Manila!

Stadtplan
Seite 316

Man kann Manila nicht mit den Philippinen gleichsetzen. Der Reisende, der Südostasien in drei Wochen erleben will, ist an den Stundenplan seiner Pauschalreise gebunden. Dem strengen Regiment „übereifriger" Fremdenführer ausgeliefert, nimmt er die Einsicht mit nach Hause, die Philippinen seien einfach ein weiteres Paradebeispiel für die gelungene Mischung von Östlichem und Westlichem, mit starker Betonung des westlichen Elements.

Die Zeit der meisten Besucher der Philippinen ist knapp bemessen. Wenn sie Glück haben, können sie außer an den üblichen Ausflügen nach Corregidor und Bataan, Tagaytay und zu den Küstenstädten Lagunas teilzunehmen, eine Fahrt gen Norden mitmachen, nach Baguio City oder sogar bis zu den Reisterrassen von Banawe. Diese kurzen Ausflüge bieten tatsächlich Einblicke in eine Landschaft, die mit dem kosmopolitischen Flair der Hauptstadt nichts mehr gemein hat.

Altmanila, das neue Manila, Manila Proper, Manila und die Vororte und Metro Manila — wo beginnen? Wie an Jahresringen läßt sich Manilas enormes Wachstum ablesen an den Furchen und Kerben, die die Zeit im Gesicht der Stadt hinterlassen hat.

Intramuros: die Stadt hinter Mauern

Innerhalb des **Santiago-Forts** kann man gemütlich durch ein stattliches Haus spazieren, das die Memorabilien des Nationalhelden Dr. José Rizal birgt. Am anderen Ende des Vierecks befindet sich Rizals Zelle, in der er seine letzten Gedichte schrieb, sein Vermächtnis an das philippinische Volk. Der Innenhof direkt daneben beherbergt heute das **Rajah-Sulayman-Theater,** dessen aktive Schauspielertruppe ein kritisches Publikum mit Stücken in Englisch und Tagalog und experimentellem Theater in Bann hält.

Nachdem man die guterhaltenen Ruinen des inneren Vierecks verlassen hat, gelangt man in einen großzügig angelegten Innenhof. Eine alte Lokomotive, antiquierte Autos und andere Merkwür-

digkeiten sind entlang einer Längsseite aufgebaut.

Seitdem das Santiago-Fort neu hergerichtet wurde, Mitte der 60er Jahre, ist es ein beliebter Treffpunkt von Künstlern und Liebespaaren, trotz seiner relativ ungünstigen Lage. Von Ermita aus, dem Touristenviertel, in dem die meisten Hotels liegen, ist es leicht zu erreichen. Wenn man mit dem Jeepney oder Bus fahren will, muß man sich zur Endhaltestelle in Quiapo, im Norden des Pasig-Flusses begeben.

Vom Santiago-Fort kann man zu **Manilas Kathedrale** hinübergehen, einem eindrucksvollen romanischen Bauwerk aus ungebrannten philippinischen Ziegeln. Eine Plakette an der Außenwand gibt Auskunft über das Auf und Ab ihrer Entstehungsgeschichte, die der der meisten alten Kirchen des Landes ähnelt: seit 1571 Bau, Wiederaufbau und Ausbesserungsarbeiten an der Struktur, die ständig von Kriegen, Erdbeben und Taifunen erschüttert wurde. Italienische Künstler schufen die Statuen besonders beliebter Heiliger, die die Kirchenfassade zieren: St. Andrew, von Manileños angebetet, da während einer Feier zu seinen Ehren, im Novem-

ber 1574, die Spanier chinesische Invasoren zurückschlugen; der Abt St. Anthony, Begründer des Mönchtums im Orient; St. Polycarp, Bischof von Smyrna; St. Francis Xavier, der Apostel Indiens; Sta. Rose von Lima, Schutzpatronin der Philippinen; und St. James der Große oder Santiago Matamoros, Schutzpatron Spaniens und der Philippinen, dessen Name Schlachtruf der *Conquistadores* war während ihrer zahlreichen Kämpfe gegen die Moslems.

Das achtteilige Flachrelief der bronzenen Eingangstür, ebenfalls von italienischen Bildhauern geschaffen, zeigt die Entstehungsgeschichte der Kathedrale. Im Innern des riesigen Bauwerks, unter dem Hauptaltar, befindet sich eine Krypta mit den Gebeinen des Erzbischofs von Manila. Exquisite Beispiele religiöser Kunst kann man an einigen Altären der Seitenschiffe bewundern. Zeitgenössische europäische Künstler sind für ihre Reliefs und Mosaiken verantwortlich. Die eindrucksvollste künstlerische Leistung stellen zweifellos die farbigen Kirchenfenster dar.

Gegenüber der Kathedrale liegt ein viereckiger Platz, der 1961 in **Plaza Romana** umgetauft wurde, zur gleichen Zeit, als Rom einen seiner Plätze in Piazzale Manila umbenannte, zu Ehren des Erzbischofs von Manila, Hochwürden Rufino J. Santos, der als erster Filipino in den Kardinalsstand erhoben wurde. Ursprünglich hieß dieser Platz Plaza de Armas, und im 18. Jahrhundert zeigten spanische Stierkämpfer dort ihre Künste.

Stellen Sie sich das alte Intramuros im Aufriß vor. Von der Rückseite der Kathedrale aus gesehen, gleicht der Grundriß einem unregelmäßigen Fünfeck, das beinahe Dreiecksform hat. An die westliche Mauer, zur Seeseite hin (bevor die Neulandgewinnung begann), grenzt der Bonifacio Drive, der südwärts zum Roxas Boulevard führt. (Dort droht die Neulandgewinnung die Schönheit des berühmten Sonnenuntergangs in der

Links: Zeuge der abwechslungsreichen Geschichte des Santiago Forts ist sein inneres Tor. Unten: Eine spanische Karte zeigt die ursprüngliche Anlage Intramuros. Bis auf die Umbenennung einiger Straßen hat sich bis heute nicht viel verändert. Restaurierungsarbeiten sollen Abhilfe schaffen.

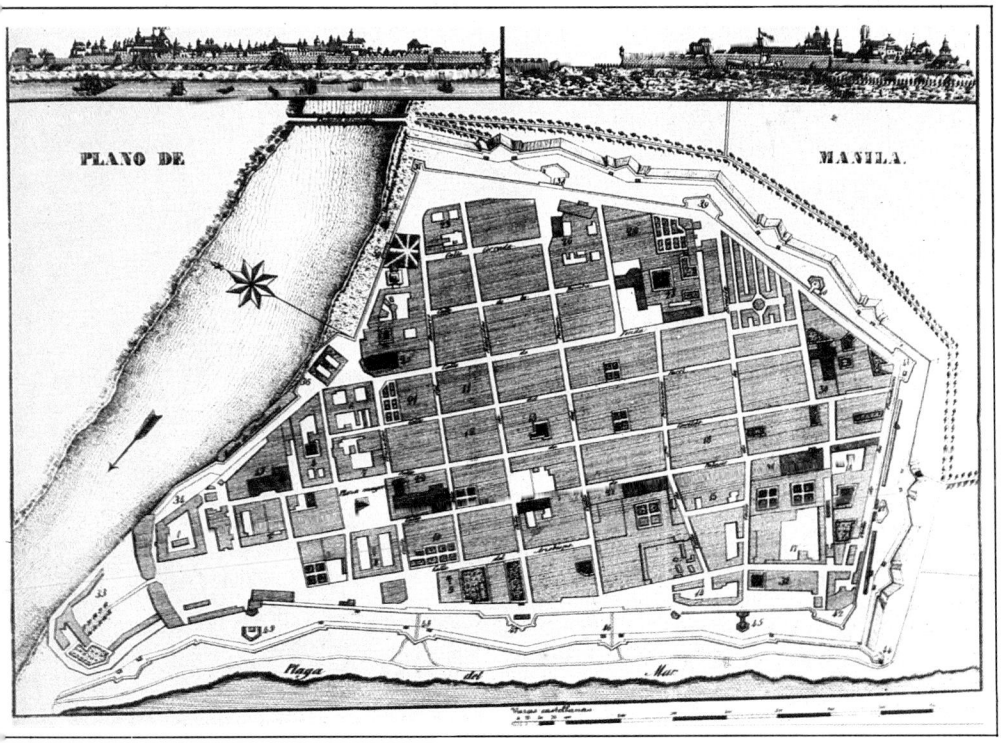

PLANO DE MANILA.

Manila Bay zu beeinträchtigen.) Die größte Seitenlänge des Intramuros-Fünfecks hat die westliche Mauer. Sie bildet zusammen mit der am Pasig-Fluß gelegenen Wand des Santiago-Forts einen spitzen Winkel, dessen Seiten die Lage der ehemaligen Deltamündung des Flusses markieren. Hinter den drei Außenmauern im Osten, Südosten und Süden lagen früher die Dörfer der „gemeinen" chinesischen und philippinischen Bevölkerung.

Der Mauerumfang Intramuros beträgt ungefähr vier Kilometer. Legazpis Entwurf folgend, ließen nachfolgende spanische Gouverneure achtzehn Kirchen, mehrere Kapellen, Klöster und Schulen errichten, sowie ein Krankenhaus, eine Druckerei, eine Universität (schon 1611), Paläste für den Generalgouverneur und den Erzbischof, Kasernen für die Soldaten und Häuser für die „ehrenwerten" Bürger. Die gesamte Anlage Intramuros war so konstruiert, daß Straßen sich rechtwinklig kreuzten und 64 Häuserblocks entstanden. Sieben Tore machten die fünfeckige Stadtbefestigung zugänglich. Liebhaber magischer Zahlenspiele könnten behaupten, die merkwürdige Aufteilung der alten Stadt hätte einen gewissen Einfluß gehabt auf die Intensität und Farbigkeit des Lebens, das sich in historischer Spanne in ihren Wänden abspielte. Über 400 Jahre lang war Intramuros das deformierte Schachbrett, auf dem Kronos seine Figuren tanzen ließ: ein illustres Aufgebot an Vizekönigen, Erzbischöfen, Gräfinnen, Glücksrittern, Sultanen, Piraten, Spionen und Händlern. *Das* war Intramuros.

Heute ist von ihm nur noch ein Wirrwarr zerrütteter Gebäude übrig: das, was die schmerzvolle Agonie des Zweiten Weltkrieges überstanden hat. Mit Sperrholzplatten und Blechen haben sich kleine Händler und wohnsitzlose Familien in den Ruinen häuslich eingerichtet. Ab und zu stellen irgendwelche Beamte Räumungsbefehle aus, ein neues Bauwerk wächst aus der Stadt hinter Mauern hervor, und der Charme des alten Viertels geht langsam verloren. Es gibt schon Pläne, eventuell die gesamte Anlage zu restaurieren. Man hofft auch auf technische und finanzielle Unterstützung aus Spanien. Wahrscheinlich wird die Triebkraft des wachsenden Tourismus diesen Prozeß beschleunigen. Es bleibt jedoch zu wünschen, daß

die Arbeiten professioneller ausfallen werden als die Restaurierung der historischen Tore, deren Facelift mit Hilfe von Zementklinkern keine ehrwürdige Patina vortäuschen kann.

Das einzige Bauwerk, das den verheerenden amerikanischen Bombenangriff von 1945 unbeschadet überstanden hat (durch ein Wunder, sagt man), ist die **St.-Augustin-Kirche** samt **Museum**. Vom Plaza Romana aus geht man, an der Kathedrale vorbei, die General Luna Street entlang, bis man nach vier Blocks die Kreuzung von Gen. Luna und **Calle Real** erreicht. Chinesische Granitlöwen bewachen den Eingang zum Vorhof der Kirche. Sie sind sicherlich das Werk chinesischer Handwerker, die am Bau der Kirche mitgewirkt haben. Solch eine ungewöhnliche Kombination christlicher und unchristlicher Symbole hat noch eine andere beliebte Kirche im Süden Manilas aufzuweisen.

Die Fassade der Kirche ist nicht sonderlich eindrucksvoll. Auffällig an ihr ist das Nebeneinander von dorischen und korinthischen Säulen und das offensichtliche Fehlen des zweiten Turmes, der den Erdbeben von 1863 und 1889 zum Opfer fiel. Bemerkenswert ist auch die Tür des Haupteinganges. Sie besteht aus einer *Molave* genannten philippinischen Hartholzart, und ihre geschnitzte, in vier Felder unterteilte Front zeigt augustinische Symbole und figürliche Darstellungen St. Augustins und seiner Mutter, Sta. Monica.

Die Kirche, die ursprünglich an dieser Stelle stand (gleichzeitig die erste im Intramuros-Bereich), bestand aus Bambus und Nipa. Sie wurde kurz nach dem Sieg Legazpis über Sulayman im Jahre 1571 erbaut und brannte drei Jahre später ab — während eines Überfalles, den der chinesische Pirat Limahong auf die Stadt verübte. Der zweite, hölzerne Bau fiel 1583 einem Flammenmeer zum Opfer, weil eine Kerze, die auf dem Ehrenmal des Generalgouverneurs stand, einen Brand entfachte. Der dritte Bau wurde 1599 begonnen und 1606 vollendet. Er hat bisher allen Naturkatastrophen und Kriegen widerstanden, die einen hohen Tribut von den meisten alten Kirchen Manilas gefordert haben.

Die vierzehn Kapellen im Innern der Kirche sind diversen Heiligen gewidmet. Die meisten ihrer Säulen und Kanzeln tragen den überreichen Schmuck des Barock. In einer der Kapellen, linker

Hand des Hauptaltars, sind die prominenten *Conquistadores* aus den Anfängen der Kolonialzeit begraben: Legazpi, sein Enkel Juan de Salcedo, der *Maestro de Campo*, Martin de Goiti, der aus einem Scharmützel mit Sulayman siegreich hervorgegangen war, bevor Legazpi Sulayman endgültig geschlagen hatte. Zu ihren Gebeinen kamen später die sterblichen Überreste der frühen Gouverneure und Erzbischöfe hinzu. Nachdem die Engländer 1762 die Kirche geplündert und vergeblich nach Schätzen durchwühlt hatten, wurden alle Skelette in einem gemeinsamen Grabgewölbe zusammengeworfen. Auf dieser Grabstätte befindet sich ein Bildnis des liegenden Legazpis, das von einem spanischen Bildhauer entworfen und ausgeführt wurde.

Die Kirche ist ein kreuzförmiger Langhausbau, dessen *Trompe-l'œil*-Deckenbemalung im Jahre 1874 von zwei italienischen Kunstmalern vollendet wurde. Ein Augustinerpriester hat sie kürzlich renoviert. Sechzehn Kronleuchter aus Paris setzen die Deckengemälde ins rechte Licht. Glanzpunkt des erhabenen Chores sind die handgeschnitzten Bänke aus *Molave.*

Das an die Kirche anschließende Kloster-Museum hat immense Schätze an philippinischen Kunstwerken und religiösen Kunstgegenständen aufzuweisen. In der Klostergalerie sind zahlreiche vortreffliche, große Gemälde ausgestellt, die Szenen aus dem Leben St. Augustins darstellen und Porträts von angesehenen Augustinermönchen. Einer von ihnen ist der erstaunliche Fr. Manuel Blanco, der die klassischen *Flora de Filipinas* geschrieben hat. Es handelt sich um eine lange Abhandlung über die Pflanzenwelt des gesamten philippinischen Inselreiches. Das sechsbändige Werk ist mit ausgezeichneten Stichen in Farbe versehen. Als Handbuch der Arzneimittelkunde heute unbrauchbar, sind diese Bände dennoch ein unschätzbarer Beitrag zur philippinischen Kunst.

Auf dem Westflügel des Klosters befindet sich das Pantheon oder der De-profundis-Raum, in dem die sterblichen Überreste berühmter Manileños aus alten Familien aufbewahrt werden.

Triumph des Weitwinkels: Das Innere der St. Augustin-Kirche mit kunstvoll verzierter Decke und tiefhängenden Kronleuchtern.

Von hier aus gelangt man in das ehemalige Refektorium, das heute die **Luis-Araneta-Collection** enthält, eine Sammlung religiöser Kunstgegenstände von den Philippinen. Die *Biblioteca* oder Bücherei, in einer anderen Ecke des Klosters, umfaßt seltene Bücher und auch Manuskripte der Augustinischen Sammlung. Der Bibliothek gegenüber liegt der Eingang zum St.-Augustin-Museum. In seinen Räumen findet eine ständige Ausstellung der Restbestände der enormen Kunstsammlung statt, die die Augustiner während ihrer vierhundertjährigen Tätigkeit auf der Insel angehäuft hatten. Schwer dezimiert wurde diese Sammlung 1762 durch englische Plünderer, 1898 durch amerikanische Souvenirjäger und durch den der japanischen Besetzung folgenden Freiheitskrieg in den 40er Jahren. Was übriggeblieben ist, die feinsten religiösen Gemälde und Skulpturen, bestickten Gewänder, antike handgeschnitzte Teak- und Rosenholztruhen, die vor vielen hundert Jahren aus Canton ins Land gebracht worden sind, Stiche und Fotos, den Wandel Manilas über einen Zeitraum von vierhundert Jahren dokumentierend, ist dennoch bewundernswert.

Rizal Park

Von der St.-Augustin-Kirche aus können Sie sich bei der Calle Real nach rechts bzw. nach Osten wenden und durch Intramuros bummeln, bis Sie Muralla St. erreichen. Entweder geht man nun an den Mauern entlang oder durch eines der restaurierten Tore hindurch. Der Plaza **Liwasang Bonifacio** ist ein geschäftiges Rechteck, auf dem das Standbild des Revolutionärs Andres Bonifacio steht. An die Nordseite des Platzes grenzt das **Postgebäude**. Östlich wird er von den Versunkenen Gärten, **Sining Kayumanggi** (braune Kunst), flankiert, die zur Zeit eine Sammlung ausgestopfter afrikanischer Tiere beherbergen. Nebenan steht das restaurierte **Metropolitan Theatre** mit seiner original Art-deco-Ausstattung.

Zwischen diesen beiden markanten Punkten verlaufen, mit Unter- und Überführungen, Manilas verkehrsreichste Straßen. Die linke Spur führt zur **Jones Bridge**, die mittlere zur **MacArthur Bridge** und die rechte zur **Quezon Bridge**. Diese drei Brücken bilden die Hauptverbindung zur anderen Hälfte

Manilas, als „North of the Pasig" (nördlich des Pasig) bekannt.

Wenn Sie von der St.-Augustin-Kirche aus an der Calle Real links einbiegen, gelangen Sie im Nu zum Bonifacio Drive. Dieser führt im Norden zur **Manuel Roxas Bridge**, die ebenfalls den Pasig überspannt und zu den Bezirken San Nicolas und Tondo führt. In südlicher Richtung gelangt man auf dieser Straße zum Roxas Boulevard. Dies ist ein schöner Spazierweg: zur Linken erheben sich die Mauern von Intramuros. Die ehemaligen Stadtgräben sind ausgefüllt worden und bilden heute Rasenflächen, auf denen auch Golf gespielt wird.

Dort, wo der Bonifacio Drive endet, beginnt der Roxas Boulevard. An dieser Stelle liegt der weitläufige halbmondförmige **Rizal Park**, der früher auch **Luneta** (kleiner Mond) oder „The Field of Bagumbayan" (neue Stadt) genannt wurde. Rizal wurde hier 1896 erschossen. Rechter Hand liegt das große alte Manila Hotel, das vor kurzem renoviert worden ist und heute einen schönen neuen Anbau aufzuweisen hat. Auf der Rückseite dieses legendären Hotels liegen das **Bureau of Quarantine** sowie die Docks des **South Harbor**, die auf der anderen Seite des Flusses zum **North Harbor** werden.

Im mittleren Teil des Rizal Park steht ein Denkmal des Helden, ein Monument, an dem ausländische Würdenträger das ganze Jahr hindurch Kränze niederlegen. Es wird rund um die Uhr bewacht, und die regelmäßigen Exerziermanöver der Wachtposten sind eine Touristenattraktion. An dieser Stelle befindet sich auch der Kilometerstein Nr. 0, Referenzpunkt sämtlicher Entfernungsangaben auf der Insel Luzon.

Hinter dem **Rizal Monument** befinden sich Gedenktafeln mit Rizals spanischem Gedicht „Mi Ultimos Adios" („Mein letzter Abschiedsgruß") und seine diversen Übersetzungen. Eine Marmorplatte markiert die Stätte von Rizals Märtyrertod, ein Obelisk die des Märtyrertodes der Priester Gomez, Burgos und Zamora.

Jenseits des Rizal-Denkmals befindet sich eine kleine, zum Spazierengehen geeignete Anhöhe. In diesem Teil ist der **Quirino Grandstand** (Haupttribüne) aufgebaut, auf dem der Präsident zusammen mit anderen Beamten die Paraden zum Unabhängigkeitstag und andere nationale Feierlichkeiten verfolgt.

Am frühen Morgen tummeln sich hier Sportbegeisterte, Jogger und chinesische Tai-Chi-Anhänger.

Der mittlere Parkteil — mit dem Rizal-Denkmal — ist umschlossen von dem Roxas Boulevard, T.M. Kalaw St., M. Orosa St. und Padre Birgos St. Der **Japanische** und der **Chinesische Garten**, die nur eine geringe Eintrittsgebühr erheben, liegen nahe der Burgosseite, ebenso wie das **City Planetarium**, das zweimal täglich audiovisuelle Shows anbietet.

Wenn Sie Burgos an dieser Stelle überqueren, treffen Sie auf das baufällige, uninteressante **Manila Aquarium**, hinter dem der **Puerta Real Garden** beginnt. Samstag abends wird hier klassische Musik aufgeführt. Über die Gen. Luna St. kommen Sie hinein.

Auf der Kalaw-St.-Seite der mittleren Parkabteilung befindet sich die **National Library** (Nationalbibliothek). Die **Rizal Park Cafeteria**, nahe dem Mittelpunkt des Rizal Park gelegen, wird von Taubstummen geführt. Mit der Serviererin muß man sich zwar per Handzeichen verständigen, aber die Snacks sind preiswert und gut. Bei Kaffee oder Tee gewinnt man von hier aus einen guten Überblick über die Durchschnittsbevölkerung Manilas, da viele Manileños den Park durchqueren.

Im östlichen Teil des Parks, jenseits der Orisa St., dominiert das **Department of Tourism Building** (Zweigstelle des Tourismusbüros), auf der rechten Seite gelegen, wenn man vom Rizal-Denkmal kommt. Reisende können hier Informationsmaterial erhalten sowie Rat und Hilfe in Touristenfragen. Das **National Museum**, in demselben Gebäude untergebracht, besitzt eine interessante Sammlung von Kunsterzeugnissen, deren Exemplare teilweise aus der Altsteinzeit stammen.

Ein Stückchen weiter prangt inmitten einer Lagune die topographische Landkarte des Archipels, eine kitschige Anlage, deren Aussichtsplattformen zu beiden Seiten niemandes Perspektive verbessern. Auf dem **Kinderspielplatz** jenseits der Lagune sind gigantische prähistorische Zementviecher die Stars. An die Ostseite des Parks grenzt die Taft

Die Welt kann vor dem Gebäude des Ministeriums für Tourismus im Rizal-Park durch einen Wasserschleier und illuminiert betrachtet werden.

127

Avenue, die wichtigste Verkehrsader durch den Bereich ,,South of the River" (,,Südlich des Flusses"). Sowohl die Burgos als auch die Kalaw St. münden in die Taft Avenue. Auf Burgos St. kommen Sie am ehemaligen **Legislative Building** (Regierungsgebäude) vorbei, einem weißen Elefanten, dessen Bestimmung noch unklar ist. Das **National Museum** nimmt einen Teil der Räume ein, eine interessante Sammlung von Funden sogar aus dem Paläolithikum. Weiter nördlich kommt man durch das **Maharnilad** (Rathaus) Manilas und hinauf zur Liwasang Bonifacio, von der aus man eine der drei Brücken über den Pasig nehmen kann.

Jai Alai

Der Taft Avenue genau gegenüber, auf der Höhe des Spielplatzes, liegt die **Jai Alai Fronton**, die erste Anlage dieser Art in Asien und eine der wenigen außerhalb Spaniens. Baskische und philippinische Professionals liefern sich hier jeden Abend spannende Wettkämpfe, was von Wett- und Schaulustigen sehr genossen wird. Das Spiel ist etwa mit Squash zu vergleichen, nur benutzen die Spieler statt der Schläger halbmondförmige Weidenkörbe, *Cestas* genannt.

Die Jai-Alai-Spiele oder *Cesta a Punta* beginnen nach Arbeitsschluß, so gegen 17.00 Uhr. Während der ersten 20 Minuten werden die Wetten abgeschlossen. Ein Einzel dauert höchstens 10 Minuten, wobei sich 6 Spieler reihum miteinander messen. 14 dieser kurzen Spiele, mit mindestens 10 Spielern, finden pro Abend statt — ausgenommen sonntags. Zweimal die Woche findet ein Superspiel mit Namen *Ilave* statt, auf welches gegen Ende der Nacht ein weiteres Semisuperspiel folgt. Mit fünf Peso kann man auf den ersten und zweiten Sieger im Einzel setzen. Im ,,Doppel" wettet man zwei Peso darum, welche Paarung zwei aufeinanderfolgende Spiele gewinnt.

Die Gewinnchancen sind manchmal gering, die Profite mager. Ein Glückstreffer kann auf der anderen Seite phantastische Summen einspielen. Ein Gewinn im ,,Doppel" kann von 20 Peso bis zu über 100 Peso bringen; die Gewinnausschüttung der Einzel-Wette liegt sogar manchmal bei mehreren hundert Peso.

Für die unteren Sitze, dem Platz am nächsten, muß man nichts bezahlen. Es lohnt sich fast nicht, einen Logenplatz zu kaufen, da während der Spiele sowieso jedermann aufsteht. Der Skyroom, ein Restaurant mit Bar im obersten Geschoß, galt zeitweise bei gewissen Manileser Kreisen als ,,In-Place". Von dort oben kann man zwar das Können der Spieler nicht im einzelnen würdigen, aber bei einem Bier lassen sich die endlos scheinenden Wettperioden gut überbrücken und die kurzen, ereignisreichen Spiele entspannt verfolgen.

Von diesem Punkt der Taft Ave. aus kann man mit öffentlichen Verkehrsmitteln praktisch jeden beliebigen Teil der Südstadt erreichen. Jeepneys und Busse kommen von der anderen Seite des Flusses und fahren via Taft Ave. bis nach Pasay City und zum Parañaque-Bezirk. Zum renommierten Finanzviertel Makati gelangt man ebenfalls über diese Straße, indem man an der Buendia Avenue nach links einbiegt.

Mit diesem Sektor der Stadt, ,,South of the River", ist man schnell vertraut. Entlang der äußeren Westseite verläuft der Roxas Blvd., der vom Rizal Park bis nach Parañaque, fast bis zum Flughafen, reicht. Parallel dazu — etwas weiter östlich — verläuft die Taft Ave. Sie kreuzt Manilas südwestlichen Teil. Im Gegensatz zum Roxas Blvd., auf dem nur Taxen und Privatfahrzeuge verkehren, bietet sie genügend öffentliche Transportmittel. Zwischen diesen beiden Hauptstraßen liegen die beiden Zwillingsstraßen des **Ermita**-Distrikts, beides Einbahnstraßen. Sie sind die nach Norden führende A. Mabini St. und die nach Süden führende M.H. del Pilar St. (Die letztgenannte geht später in die Harrison St. über und führt auch nach Parañaque.)

Ermita

Rechts der Taft Ave. liegt Ermita, das man von der United Nations Ave. aus, auf der sich das Manila Hilton befindet, erreichen kann. Genausogut kann man die folgenden Seitenstraßen nehmen. Mit Ausnahme des **Paco Parks**, einer kreisförmigen Wandelanlage auf dem Gebiet eines ehemaligen spanischen Friedhofs, hat das Gebiet links der Taft Ave. nicht viel zu bieten. Die Nebenstraßen links der Kalaw St. bringen Sie ebenso in das Touristenviertel. Im Mercury Gebäude auf der Kalaw St. befindet sich das **Museum of Philippine Co-**

stumes (Philippinisches Trachtenmuseum) und auf dem Roxas Blvd. das **Museum of Philippine Contemporary Art** (Museum für zeitgenössische Kunst) in einem alten amerikanischen Kolonialgebäude, das an die **United States Embassy** (Botschaft) angegrenzt.

Ermita hat viele Besonderheiten. Seiner Nähe zum Rizal Park, zum Meer und zu verschiedenen Regierungsgebäuden **(Department of Justice; Department of Foreign Affairs,** Padre Faura St.) verdankt es seinen Ruf als Touristenviertel. Viele Hotels und Pensionen entstanden in dieser Gegend und zogen Restaurants, Nachtclubs, Boutiquen, Kunstgewerbe- und Antiquitätenläden und Reisebüros nach sich.

Als die Spanier ankamen, war Ermita ein kleines Dorf mit Namen Laygo, dessen Einwohner ein aus dunklem Holz geschnitztes weibliches Heiligenbild anbeteten, das auf einem Klotz aus Palmenholz am Ufer stand. Verblüfft und fasziniert von der vorchristlichen Gestaltung der Statuette, gelang es Legazpis Männern doch, die Dorfbewohner davon zu überzeugen, daß ihr Idol *Nuestra Señora de Guia* (die „Madonna des rechten Weges") abbilde und von den

Engeln gebracht worden sei. Sie brachten das Heiligenbild in einer hölzernen Kapelle an, unweit seiner Fundstelle. Achtmal ist die Kapelle seitdem wiederaufgebaut worden. Sie steht nach wie vor auf der del Pilar St., jenseits des **Plaza Nuestra Señora de Guia** (früher Plaza Ferguson). Die Statuette zieren inzwischen Edelsteine, Atlasgewänder, braune Locken und eine Brillantkrone, was ihr ein konventionelleres Aussehen verleiht. Sie trägt noch den goldenen Spazierstock, das Geschenk eines spanischen Galeonenkapitäns, dessen Schiff sie angeblich aus einem Sturm errettete. Am 2. Dezembersonntag wird die „Madonna des rechten Weges" aus ihrer Kapelle geholt, mit Blumengirlanden geschmückt, und Ermita feiert ein traditionelles Fest: *Bota de Flores*.

Der Legende nach soll sich um 1591 herum ein mexikanischer Eremit in das Dorf am Meer zurückgezogen haben. Vier Jahre später soll ein Augustiner dort eine Klause gegründet und *Nuestra*

Der *Pelotari* oder Jai-Alai-Spieler schwingt eine schnelle Kelle. Er fängt die Bälle auch. Die Höhenmeser sind auf die Wand gemalt. *Bomba Oya!*

Señora de Guia geweiht haben. Daher soll sich der Name *Ermita* (Hermitage) ableiten. Zusammen mit dem benachbarten Malate-Distrikt im Süden hatte sich Ermita zu Beginn des 19. Jahrhunderts zu einem aristokratischen Vorort entwickelt. Trotz der starken Kommerzialisierung beider Stadtteile umgeben sich Ermita- und Malate-Leute heute noch mit einem gewissen Hauch von Snob-Appeal. Verarmter Adel auf profanen Wegen: Geht man die del Pilar St. entlang, so scheint dies Urteil nicht ungerechtfertigt, denn die Damen der Nacht, die die Gehsteige bevölkern, glitzern mit den vielen Neonlichtern um die Wette.

Ermita-Auslese

In der Barzone sind meistens Fremde, die übliche seichte Menge, verstärkt durch die schnellwachsende Zahl japanischer Touristen. Gute Nachtklubs, die Folklore-, Rock- und Jazzdarbietungen zeigen, liegen in beiden Stadtteilen verstreut. Dort kann man schon mal einen Blick auf das andere Gesicht Ermitas erhaschen, wenn sich die Boheme trifft: bildende Künstler, Schriftsteller, Musiker, Tänzer, Erzähler und Herumtreiber, Homosexuelle, Groupies und ein Sortiment Freaks.

Eine populäre Stammpinte der Langhaarigen ist das **Hobbit House** auf der Mabini St., Ecke Remedios. Zwerge bedienen Sie hier, und junge Sänger wechseln sich auf dem Podium ab. Wenn die Musik und die ungewöhnlichen Kellner Sie langweilen, spielen Sie doch mal eine Partie Billard im oberen Stockwerk. Bemerkenswert sind zwei weitere informelle Treffpunkte, **El Bodegon** und **My Father's Moustache** auf der del Pilar St. Bekannte Cafés und Piano-Bars sind das **Cafe Adriatico**, das **Palmeras**, die **Zee-Zee-Bar** und die **Penguin Cafe Gallery**, alle an der M. Adriatico St. beim Remedios Circle; dann die **Weinstube** an der Ecke del Pilar St., Remedios St., das **Oarhouse** an der Mabini St. beim Hobbit House und der **San Mig Pub** auf der Padre Faura St.

Diskotheken: Hier sind **Gaiety** und **Compa** zu nennen (del Pilar St. bzw. Padre Faura St.); Bars mit Bühne, auf denen Mädchen im Bikini agieren, gibt es dutzendweise auf der berüchtigten del Pilar St. Strip: **New Bangkok** und **Firehouse** sind noch die besten.

Niemand beachtet die Grenzlinie zwischen den beiden Distrikten Ermita und Malate, der eigentlich die Pedro Gil St. ist, so daß das zugkräftige „Ermita" häufig für beide steht.

Einige gute Restaurants befinden sich in der Umgebung dieser Straße: Das bekannte und teure **Au Bon Vivant**, nahe der United Nations Ave., bietet französische Küche; **The Front Page**, am Plaza Nuestra Señora de Guia, in dem man zu maßvollen Preisen anständige einheimische Gerichte bekommt, unter anderem *Maliputo*, eine Süßwasserfisch-Delikatesse; **India House, Singapore B & B Restaurant** und **Empress Garden** auf der Adriatico St., **Chin Chin** auf del Pilar und **The Palace** auf Mabini mit gutem, preiswertem chinesischem Essen; **Kashmir** auf Padre Faura; das erstklassige Restaurant **Solana** auf Adriatico; **Barrio Fiesta**, auf Bocobo St., bietet kräftige lokale Kost an; und **Aristocrat's** am Malate Plaza. Die beiden letztgenannten sind typisch für Manilas Mittelklasse-Restaurants. In ihren riesigen Eßsälen herrscht immer Hochbetrieb. Gute Konditoreien sind **La Cibeles** auf Mabini, **Dulcinea's** auf del Pilar, **Za's Cafe** auf Bocobo St. und **Taza de Oro** auf dem Roxas Blvd. Japanische Restaurants gibt es leider schon zu Dutzenden in dieser Gegend. Ihre auffallenden Laternen und Ladenschilder gaukeln ein Mini-Ginza vor. Im Ermita-Bezirk empfehlen wir den Solidaridad Bookstore der Padre Faura St. Eine reiche Auswahl an philippinischen Büchern und aktuellen ausländischen Publikationen finden Sie hier. Frankie Jose ist der Besitzer, der neben der Buchhandlung eine Galerie betreibt. Sie ist Treffpunkt der Filipino-Autoren, die im PEN-Zentrum zusammengeschlossen sind.

Ermita hat übrigens auch eine neue Künstlergruppe ins Leben gerufen: die Mabini-Maler, so genannt, weil ihre winzigen Galerien auf dieser Straße miteinander darum konkurrieren, wessen Souvenirs die meisten Kunden anlocken können. Diese Künstler produzieren täglich Hunderte von Landschaften, Porträts, Skizzen und einige Ölgemälde auf Samtuntergrund. Trotzdem gibt es einige echte Talente unter den Künstlern.

Nicht weit von diesen Kunstläden, in der Cortada St., ist ein kleines Moslemviertel entstanden, in dem Messingwaren und Kunsthandwerk von den Süd-philippinen verkauft werden. Weiter unten, auf Mabini und del Pilar St., gibt es Antiquitätenläden, in denen man Keramikwaren, Heiligenbilder, folkloristische Erzeugnisse, alte Flaschen und anderen Trödel erstehen kann, zu restlos überhöhten Preisen. **Junque,** auf del Pilar, und **Lahi,** auf Mabini St., sind bessere Geschäfte. **Tesoro's** neben dem Tower Hotel, auf Mabini St., hat eine gute Auswahl an Kuriositäten und einheimisches Kunsthandwerk. Dort sind sowohl Barong Tagalog (philippinische Oberhemden) als auch lebensgroße Schnitzereien der Kopfjäger aus Nordluzon erhältlich.

In der Nähe großer Hotels trifft man immer fliegende Händler, nur Männer, die ein seltsames Souvenirsortiment feilbieten. Sobald ein Reisebus anhält, tritt diese kunterbunte Gruppe in Aktion: aufgeschnapptes Japanisch plappernd, halten sie den Touristen ihre ausgestopften Schildkröten, Carabao-Hörner, Muschelfiguren, Trockenblumen und Heishi-Ketten unter die Nase. In Ermita hat die Gewerbefreiheit solche Blüten getrieben, daß man sich auch über ausgestopfte Ameisenbären an Straßenecken nicht wundern darf.

Roxas Boulevard

Man sollte sich Zeit nehmen, am Boulevard eine Prise Seeluft zu schnuppern. Die Ufermauer beginnt an der Grenze zum Gebiet der amerikanischen Botschaft. Auf der Malate-Seite liegt, zum Meer hin, in einer Lücke zwischen den Gebäuden, der **Malate Plaza** samt **Malate Church** (Kirche). Die Kirche ist *Nostra Señora de los Remedios* (,,Madonna, die hilft, Mißstände zu beseitigen'') geweiht, deren Bildnis 1624 aus Spanien kam.

Nach der President Quirino Avenue tauchen der **Manila Yacht Club** und das **Philippine Navy Headquarters** auf dem Meer abgewonnenen Neuland auf. Gegenüber, auf der Landseite also, liegt ein staatlicher Gebäudekomplex: das **Ospital ng Muynila** (Manila-Hospital),

Nostra Señora de los Remedios, die hilft, Mißstände zu beseitigen, steht am Malate Plaza vor der gleichnamigen Kirche an der Manila Bay.

das **Metropolitan Museum of Manila** und die **Central Bank of the Philippines**. Zwischen dem Krankenhaus und der Harrison St. liegen der **Manila Zoo** und der **Botanical Gardens**. Kürzlich renoviert worden ist das **Fort San Antonio Abad**, eine unwichtige spanische Festung mit Pulvermagazin. Es steht im umstrittenen Ruf, die Lokalität zu sein, an der die erste amerikanische Flagge des Landes gehißt wurde.

Nach den Philippine Navy Headquarters erhebt sich auf der seewärts gewandten Seite des Roxas Boulevards das majestätische **Cultural Center of the Philippines**, ein Lieblingsprojekt von Madame Imelda Marcos. Unter seinem Dach befinden sich zwei Theater, zwei Galerien, ein Museum und eine Bücherei. Der Komplex umfaßt außerdem das **Folk Arts Theater**, das **Design Center of the Philippines**, das **Philippine Center for Industrial and Trade Exhibits** oder **Philcite** (das Zentrum für Industrie- und Handelsmessen), das **Philippine International Convention Center** bzw. **PICC**, das **Manila Film Center** und das **Philippine Plaza Hotel**, die alle auf Neuland gebaut sind. Orangefarbene Jeepneys gewährleisten den Transport von der Ecke Taft, Vito Cruz St. aus zum Center und zurück.

Die Palette der allmonatlichen Veranstaltungen ist breit: zur gleichen Zeit, da das Bolschoiballett im Haupttheater auftritt, findet zum Beispiel eine Tagalog-Inszenierung des ,,Mittsommernachtstraums'' im kleinen Theater statt, singt Donna Summer im Folk Arts Theater, gibt es eine amerikanische Wildwest-Ausstellung in der Hauptgalerie, eine Exposition der Schmuckgegenstände verschiedener Volksgruppen im Design Center, eine Ausstellung naiver Malerei von jugoslawischen Künstlern, eine Handelsmesse der ASEAN-Länder in der Philcite, einen Buckminster-Fuller-Vortrag, ein schwedisches Filmfestival und diverse internationale Kongresse. Zweifellos unterstützt dies Center Manilas Anspruch, das Kunst-, Kongreß- und Messezentrum Südostasiens zu sein.

Intensive Neulandgewinnung geht weiter südlich vonstatten, wo eine Küstenstraße von Manila nach Cavite gebaut wird und später einmal eine neue Stadt entstehen soll. Roxas Blvd. wird sich dann plötzlich weiter im Landesinneren befinden.

Zur Zeit beherrscht der von Palmen gesäumte Roxas Boulevard noch das Bild der halbmondförmigen Bai und bietet Besuchern auf der Fahrt vom Airport zum Stadtzentrum einen ersten Willkommensgruß. Vom Rizal Park aus kann man mit Doppeldecker-Bussen eine gemächliche Besichtigungsfahrt den gesamten Boulevard hinunter unternehmen. Entlang der Bucht dominieren Hotels, Restaurants und Nachtclubs. Eine Ausnahme bildet das unauffällige **Lopez Museum**, nahe dem **Hyatt Regency Hotel**, das eine Filipiniana-Sammlung enthält, die wissenschaftlichen Untersuchungen über die philippinische Kultur schon gute Dienste geleistet hat.

In Richtung Flughafen

Der Bezirk Manila Proper endet hinter dem Cultural-Center-Komplex auf der Buendia Ave. Links der Buendia Ave. liegt Makati, Manilas Nobelbezirk. Etwas weiter den Boulevard hinunter beginnt Pasay City. Der linke Arm der Redemptorist-Road-Gabel, kurz vor dem Ende des Boulevards, führt nach *Baclaran,* einem Gebiet an der Pasay-Parañaque-Grenze, das berühmt ist für seine *Lechon*-(Spanferkel-)Buden um die **Redemptorist Church**. Mittwochs bricht hier die Hölle los. Die beliebten wöchentlichen Andachten zu Ehren der Jungfrau ziehen Menschenmassen an, die nicht nur des frommen Singens wegen kommen oder um Dankeskerzen zu stiften, sondern auch der Spanferkel wegen und weil es einen Markt hinter der Kirche gibt, der eine hervorragende Auswahl an Kurzwaren bietet. Wenn Sie eine Abneigung gegen das totale Verkehrschaos hegen, meiden Sie diese Gegend nach Möglichkeit mittwochs.

MIA Avenue, am Ende des Boulevards, bringt Sie direkt zu **Manila International Airport** (ebenso zum **Inlandsflughafen**). An der schmalen Quirino Avenue können Sie sich nach rechts wenden, in Richtung auf die historischen Sehenswürdigkeiten der Cavite Province. Von der MIA Avenue aus fährt man knapp eine Stunde bis zum Tagaytay Ridge (Kamm), einem Aussichtspunkt mit Blick auf den Taal Lake (Taal-See) und seine vulkanische Insel. Ein Paar bemerkenswerte Sehenswürdigkeiten liegen auf dem Wege aus der Stadt. In der McDonough Rd., einer kleinen Seitenstraße der Quirino Ave., liegt das **Museo ng Buhay Pilipino** (Museum für philippinische Lebensweise). Kurz hinter Parañaque sieht man schon die **Las Pinas Church,** die zwischen 1792 und 1819 von Fr. Diego Ceva erbaut wurde. Mit dem Bau ihrer historischen Bambusorgel **(Bamboo Organ)** begann Fr. Ceva im Jahre 1816 und vollendete sie 1821. 1850 nahmen während eines Erdbebens sowohl die Kirche als auch die Orgel Schaden. Zwei Jahre später litt die Orgel erneut, diesmal durch einen Taifun. Die Kirche wurde schon 1888 wiederhergestellt. Die Orgel wurde jedoch erst im Jahre 1911 wiederentdeckt. Einige Reparaturarbeiten wurden im Jahre 1932 an ihr durchgeführt, doch 1973 wurde sie zur Totalrestaurierung nach Deutschland gesandt. Seit März 1975 steht die Orgel wieder in der Las-Piñas-Kirche, und es wird wieder regelmäßig auf ihr gespielt.

In Flughafennähe ist ein weiteres beliebtes Touristenziel, das **Nayong Pilipino** (Philippinendorf) neben dem **Philippine Village Hotel.** Alle Regionen des Landes sind hier en miniature repräsentiert, um dem Kurzbesucher einen Überblick über die Attraktionen und diver-

sen Kulturen der Inselwelt zu verschaffen. Auf diesem Gelände befindet sich auch das **Museo ng Mga Minoryang Kultural** (Museum der traditionellen philippinischen Kulturen), in dem Kunst und Kunsthandwerk philippinischer Minoritäten zu bewundern und zu kaufen sind. Jeepneys sorgen für den Transport innerhalb des ,,Dorfes''. Eine gute Einkaufsmöglichkeit für Dinge, die man sonst nur auf ausgedehnten Reisen erstehen könnte. Am frühen Abend werden oft kulturelle Veranstaltungen angeboten.

Makati

Von der MIA Avenue bringt Sie eine kurze Fahrt mit Bus oder Taxi über den Epifanio de los Santos Highway, genannt EDSA, nach **Makati. Ayala Avenue,** Makatis Hauptstraße, wird gern als ,,Wall Street der Philippinen'' bezeichnet, da sie als Mittelpunkt der Finanzwelt Manilas gilt. Für vieles von dem, was Manila heute darstellt — elegante

Die Skyline von Makati mag nicht so eindrucksvoll sein wie die anderer Großstädte, doch sie markiert die Höhen des Geschäftsviertels von Metro Manila.

Hochhäuser, todschicke Wohnsiedlungen für die Oberschicht, moderne Einkaufszentren, erstklassige Restaurants und internationale Hotels — zeichnet die Familie Zobel del Ayalas verantwortlich. Von spanischer Abstammung, genügte es den Familienmitgliedern nicht, sich auf den eitlen Lorbeeren des Adels auszuruhen. Obwohl der sumpfige Landstrich, in dessen Besitz sich die Familie befand, eigentlich wertlos war, erkannte man, daß seine Nähe zum überfüllten Manila zukünftiges Potential bot. Mit Beginn der 50er Jahre ließ die Familie das moorige Land langsam in eine gesuchte Wohngegend verwandeln. Die Ayalas sind heute noch führend auf dem Gebiet urbaner Entwicklungsplanung. Zur Zeit schaffen sie im Südosten Manilas ein modernes integriertes Wohnviertel.

Nicht weit vom **Hotel Intercontinental** auf der Ayala Ave., befindet sich ein Duty-free-Shop. Etwas weiter, auf der Makati Ave., liegt zwischen einer Kette von Restaurants das **Ayala Museum and Aviary** (Voliére). Das Archiv des Museums ist außergewöhnlich gut. Zusätzlich bieten Dioramen einen prima Einblick in wesentliche Epochen philippinischer Geschichte. Es sind auch detaillierte Nachbildungen philippinischer Schiffe ausgestellt. In der Voliére hinter dem Museum kann man philippinische Vögel in ihrer natürlichen Umgebung beobachten.

An der Stelle, wo die Ayala Ave. in den EDSA mündet, kann man über den Highway ins ursprüngliche Makati Village, **Forbes Park**, gehen. Ebenfalls von den Ayalas gebaut, ist es das prestigereichste Wohnviertel der wohlhabenden Bürger Manilas. Die McKinley Rd. in Forbes Park führt zum **Manila Polo Club** und zum **Fort Bonifacio.**

Auf dem **Manila American Memorial Cemetery** (Ehrenfriedhof) markieren Reihen von unbeschrifteten weißen Kreuzen die Gräber von 17 000 Alliierten. Der **Libingan ng Mga Bayani** (Heldenfriedhof) liegt ganz in der Nähe. Auf dem Grab des Unbekannten Soldaten **(Tomb of the Unknown Soldier)** brennt eine ewige Flamme.

Makati endet an der Guadalupe Bridge. Jenseits der Brücke erstrecken sich die Stadtteile Mandaluyong und San Juan, Quezon City und Caloocan City am Ende des Highways. Wenn man vor der Guadalupe-Brücke nach rechts ab-

biegt und der Straße folgt, die sich am Fluß entlangschlängelt, gelangt man zu der Stadt **Pateros,** dem Zentrum der *Balut*-Enteneier-Zucht. Die einmaligen Pateros-Enten finden auf dem Sandboden der Gegend genügend Schnecken, um gut zu wachsen und die *Baluts* zu produzieren. *Baluts,* ein einzigartiger Philippinenschmaus, sind weder Eier noch Enten, sondern ein Zwischending zwischen beiden. Die Brutzeit für Enteneier beträgt 28 Tage, aber ein *Balut* wird nach 18 Tagen gegessen, wenn es eigentlich schon ein Entenembryo ist. Nach Einbruch der Dämmerung verkaufen *Balut*-Händler ihre kurzgekochten Spezialitäten vor Manilas Cafés.

Die Verlängerung des EDSA führt nach Pasay City. Kurz vor Pasay City kreuzt der **South Superhighway** den EDSA, dessen rechter Arm nach Malate zurückführt und zu den überfüllten Wohnvierteln Santa Ana, Paco und Pandacan. Folgt man dem Superhighway nach links, verläßt man bald Metro Manila und kommt nach Laguna Province mit ihren Küstenstädten.

Im Norden des Pasig

Die nördliche Hälfte Manilas, auf der anderen Seite des Flusses, ist für den Fremden nicht so interessant wie die südliche Hälfte — ausgenommen die Gegend in Flußnähe und einige verstreute Wahrzeichen in den Wohnvierteln weiter im Norden.

Intramuros gegenüber liegen die Distrikte **Binondo** und **Tondo,** die zu Rajah Sulaymans Zeiten dörfliche Siedlungen waren. Heute drängen sich hier kleine Läden und übervölkerte Wohnungen aneinander. Den größten Teil Binondos nimmt Manilas **Chinatown** ein, das man, vom Liwasang Bonifacio kommend, über die Jones Bridge erreichen kann. Zu Füßen der Brücke, in der schmalen **Escolta St.,** befand sich früher ein Geschäftszentrum. Einige Banken, eine Ansammlung von Restaurants, Kaufhäusern, Kurzwarenläden, Schuhgeschäften, Schallplattenläden und Premierenkinos sind immer noch dort zu finden.

Escolta St. führt zum **Plaza Sta. Cruz,** dem Mittelpunkt des Geschäftsviertels am nördlichen Ende der McArthur Bridge. Die **Sta. Cruz Church,** zu Ehren der Madonna von Pillar erbaut, dominiert den Platz. Rundherum sieht man Banken, unter ihnen die älteste Sparkasse des Landes, Monte de Piedad, 1842 von einem Franziskaner gegründet. Jede der kleinen Seitenstraßen links von Escolta führt nach Chinatown. Von der Jones-Brücke gelangt man auch über die Quintin Padres St. dorthin. Steht man auf dem Plaza Sta. Cruz, zur Kirche gewandt, kann man jede kleine Straße zur Linken nehmen.

Quintin Padres St. (ursprünglich Rosario St. und den meisten noch als solche bekannt) geht zum **Plaza Calderon de la Barca**, ebenfalls als Plaza Binondo bekannt. Auf diesem Viereck steht die **Binondo Church**, die nach dem Krieg einen Wiederaufbau erfuhr. Dominikaner hatten dies ehrfurchtgebietende Gebäude 1614 zu Ehren von *Nuestra Señora del Rosario* (,,Madonna des Rosenkranzes'') errichtet.

Chinatown

Binondo verdankt es seiner Lage in Flußnähe und seinen vorwiegend chinesischen Einwohnern, daß es auf dem Höhepunkt des Galeonenrennens zwischen Manila und Acapulco zum reichsten Handelsbezirk der Stadt wurde.

Spuren seiner vergangenen Herrlichkeit kann man immer noch an den alten Kolonialhäusern ablesen, die allerdings schon von modernen Betonklötzen eingekreist werden. Trotz des traurig verfallenen Anblicks der meisten Häuser erkennt man die Zeichen früherer Pracht: bogenförmige Holzfenster, kunstvolles schmiedeeisernes Gitterwerk an Balkonen, massive Holztüren und Ziegeldächer, aus deren Ritzen Grasbüschel sprießen, die den Wald aus Fernsehantennen beleben.

Manilas Chinatown gleicht einem Labyrinth. An eine traditionelle chinesische Apotheke, die getrocknete Seepferdchen und Ginseng-Tee verkauft, schmiegt sich ein modernes Bankgebäude mit automatischen Türen und karabinertragenden Wachtposten. Chinesische Restaurants, beliebte Ziele der Manileños, die das Viertel besuchen, korrespondieren mit einer Reihe von Sportgeschäften auf der gegenüberliegenden Seite. Die winzigen Zellen über

Ökumenischer geht's nicht: Tondos Santo-Seng-Kong-Kirche zeugt von Toleranz. Ihre im Halbkreis angeordneten Heiligenbilder repräsentieren die Hauptreligionen der Welt.

135

den Läden werden euphemistisch als Massagekliniken bezeichnet. Die Kombination von Juwelierläden im Erdgeschoß und Karateschulen und Akupunkturkliniken im ersten Stock ist auch nichts Ungewöhnliches. Viele der schmalen verstopften Straßen tragen noch iberische Namen.

Biondo wird im Norden von der **Recto Avenue** (früher Azcarrage Ave.) begrenzt, hinter der Tondo beginnt. Tondos Ruf aus spanischen Zeiten, eine Brutstätte für Revolutionäre zu sein, ist längst verklungen. Dafür gilt es heute als verrufene Slumgegend.

Sicherlich haben sowohl seine Nachbarschaft zu den Landungsstegen als auch seine enorme Bevölkerungsdichte dazu beigetragen, sein derzeitiges Bild zu bestimmen. Tondos Uferland, auf dem sich 2000 Leute pro Hektar herumdrücken, ist Ziel des ersten umfassenden Stadterneuerungsprojektes der Regierung.

In Tondo gelten zwar komplizierte Tätowierungen und Rowdytum als Symbol der Männlichkeit, es gibt jedoch eine tiefreligiöse Seite des Bezirks, die in den verschwenderischen Flußprozessionen am dritten Sonntag eines jeden Januars zum Ausdruck kommt. Der Schutzheilige, *Santo Niño* (Jesuskind), wird auf einer reichverzierten Pagode getragen und von blumengeschmückten Fischerbooten flußaufwärts geleitet. Die Parade beginnt am Nordhafen und wird von vielen enthusiastischen Glaubenseifrigen verfolgt, die rituelle Tänze am Ufer vollführen.

Auf Morga St , nahe Juan Lunas südlichem Ende, liegt die faszinierende ökumenische **Church of Santo Seng Kong**. Hinter dem Altartisch steht Santo Niño, umgeben von 24 weiteren Heiligenbildern diverser anderer Religionen. Jede Figur schaut von einer schmalen runden Säule herab, von der ein Wasserstrom herunterrinnt.

Divisoria — Manilas Ramschladen

Nahe des westlichen Endes der Recto-Ave., die Tondo von San Nicolas trennt, erstreckt sich über mehrere Häuserblocks **Divisoria**, Manilas verrücktes Warenhaus. Divisoria ist ein wahnsinniger Ramschladen, in dem die Proletin und die superreiche Hausfrau um Schnäppchen kämpfen und ihre Abenteuerlust stillen. Mit einfachen Sackleinenkleidern und exklusiven Spitzengewändern, Landesfrüchten und importiertem Obst, Kunst und Eisenwaren wird hier gehandelt. Und zwischen den 1001 Verkaufsständen scheint manische Einkaufswut über räsonierende Vernunft gesiegt zu haben. Ein erregendes Erlebnis, bei dem Sie ihr Portemonnaie gut festhalten sollten.

Begibt man sich auf der Recto Ave. gen Osten, stößt man auf die **Tutuban Railroad Station,** Mittelpunkt der städtischen Linien und Ausgangspunkt der Bahnen nach Norden. Mit dem Management ändern sich häufig auch die Namen — Tutubans offizieller Name ist heute **Philippine National Railway Station** (Nationalbahnhof) oder kurz PNR. PNR-Busse, die die Nordluzon-Routen abfahren, haben ihr Depot hier. Es ist zwar nicht unbedingt empfehlenswert, aber von diesem Bahnhof aus kann man mit dem Zug durch die schäbigeren Viertel der Stadt fahren. Die Schienen verlaufen durch Tondo und Sta. Cruz im Norden, Sampaloc und Pandacan im Osten und im Süden durch Sta. Ana und Makati zum Terminal in Taguig, in der Nähe des Superhighways. Eine bizarre Fahrt, die häufig von Zwischenaufenthalt unterbrochen wird.

Recto Ave. ist eine der wichtigsten und am stärksten befahrenen Durchgangsstraßen der Stadt. Sie durchquert die fünf am dichtesten bevölkerten Distrikte. Ihr Westende liegt zu Füßen der Roxas Bridge in San Nicolas, so daß man zum Divisoria und zur Tutuban gelangen kann, indem man von Ermita aus den Bonifacio Drive entlanggeht und dann die Roxas-Brücke überquert. Die Rizal Avenue oder **Avenida Rizal,** wie die Einheimischen sie nennen, kreuzt die Recto Ave. hinter Tondo und Biondo. Dies ist ein weiterer wichtiger Zubringer, der den Stadtteil Sta. Cruz von Süden her durchläuft und im Norden bis nach Caloocan City führt.

Charakteristisch für diesen südlichen Teil sind die vielen Kinos, Kaufhäuser, Eisenwarenläden, Zeitschriftenstände und Heerscharen von Straßenhändlern, die mit allem Erdenklichen handeln: mit Billigkleidern, Spielwaren, Sonnenbrillen, Uhren, Vorhängeschlössern, Spielkarten und Playboyheften. Es ist schwer festzustellen, wo sich mehr Fußgänger aufhalten, im Bereich der Kreuzung Recto Ave., Avenida Rizal oder um die Quiapo Church herum.

Quiapo

Kennzeichnend für den Abschnitt der Recto Ave., der der Avenida Rizal folgt, sind Reihen von kleinen Buchläden, die neue und gebrauchte Schulbücher verkaufen. Kurz nach der Quezon-Boulevard-Kreuzung beginnt das Universitätsviertel. Folgt man dem Quezon Blvd. zur Linken, so gelangt man zuerst zum **Central Market**, einem auf Textilien spezialisierten Warenhaus, dann zur España, die zum ausgedehnten Wohnviertel Quezon City führt. Wenn man sich, von der Recto Ave. kommend, am Quezon Blvd. nach rechts wendet, geht man auf die **Quiapo Church** am Fuße der Quezon-Brücke zu. Neben der Kirche liegt die Endstation der meisten Nahverkehrsmittel, die die Nord-Süd-Richtung der Metropole versorgen.

Von der Haltestelle aus kann man per Jeepney oder Bus praktisch jeden Punkt der Stadt erreichen. Erkundigen Sie sich nur bei dem allgegenwärtigen fetten Polizisten, der lässig das wahllose Durcheinander, das man Verkehr nennt, dirigiert, welcher Bus in welche Richtung fährt.

Am Rande des Kirchengeländes treiben sich Quiapos sagenhafte Kräuterkrämer herum. Krankheiten aller Art, von Menstruationsbeschwerden bis zur Impotenz, können die Blätter, Zweige, Halme, Samen und pflanzlichen Öle heilen, die hier angeboten werden. Um nicht arbeitslos zu werden, sollte sich der Gesundheitszustand der philippinischen Bevölkerung schlagartig verbessern, haben die Händlerinnen sicherheitshalber noch Amulette, Kerzen, Kalender für die Frommen und Lotterielose im Sortiment. Die Amulette sind Massenanfertigungen und bestehen aus flachen bronzenen Scheiben oder Figurinen, auf denen meistens ein Dreieck mit dem ,,Dritten Auge" auftaucht sowie pseudolateinische Inschriften. Sie eignen sich gut als kleine Geschenke und könnten als Maskottchen auf Ihrem nächsten Flug dienlich sein.

Das Kircheninnere bietet das passende Ambiente für die besondere, etwas schwüle Form philippinischer Gläubigkeit. Es ist dunkel, feucht, und stets voll

Quiapos fliegende Händler führen ein buntes Sortiment: Heilkräuter, Kerzen, Amulette, religiöse Kalender, Lotterielose, Heiligenbilder ...

mit Andächtigen. Auf den Knien rutschen alte Frauen durch den Mittelgang, in innige Gebete vertieft. Männer wischen mit Taschentüchern über die Heiligenbilder, führen die Tücher an die Lippen und drücken sie dann auf die Stirn ihrer Kleinkinder. Im Einvernehmen mit den geistigen Mächten und mit einer Geste würdevoller Zufriedenheit wird das Tuch dann gefaltet und in eine Tasche am wogenden Busen gesteckt.

Die Quiapo-Kirche ist auch Schauplatz der Novenen. Außerdem beherbergt sie den Schrein des **Black Nazarene** (Schwarzer Christus), eine lebensgroße Christusfigur, die auf einer Plattform kniet und ein riesiges Kreuz auf der Schulter trägt. Am neunten Tag des Januars ergießt sich eine Unmenge barfüßiger männlicher Glaubensanhänger in die Seitenstraßen des Viertels. Im Laufe der unbändigen Prozession ziehen die Männer abwechselnd den Wagen mit dem Christusbild, während andere sich leidenschaftlich durch die Menge kämpfen, um den Fuß des Schwarzen Christus zu küssen oder den Saum seines Gewandes zu berühren. Aus sicherer Entfernung läßt sich dieses faszinierende Spektakel gut beobachten: erregte *„Viva Señor!"*-Rufe schallen aus der ungestüm wogenden Masse von Körpern. Kirchenvertreter schätzen die Intensität dieser jährlichen Veranstaltung weniger.

Señor Jesus de Nazareno („Unser Vater, Jesus aus Nazareth") genannt, kam im 17. Jahrhundert aus Mexiko. Angeblich hatten christianisierte Azteken seinerzeit die Figur aus schwarzem Hartholz geschnitzt. Ihre Jünger schwören, sie besäße Heilkräfte. Der *Señor* ist unumstrittener Herr Quiapos, und sogar Taschendiebe huldigen ihm, bevor sie ihrem Geschäft im Getümmel der Prozession nachgehen.

Stehen politische Ereignisse zur Debatte, so entwickelt sich der **Plaza Miranda** vor der Quiapo-Kirche zur Politbörse. Es erinnert etwas an den Hyde Park, wenn Manileños dort grüppchenweise allabendlich Themen aus dem politischen, medizinischen und sexuellen Bereich diskutieren. Ungefähr einmal pro Woche werden musikalische oder rhetorische Darbietungen gezeigt. Das Publikum besteht aus Leuten, die entweder den chaotischen Verkehr zur Rush-hour meiden wollen oder es nicht

sonderlich eilig haben, den häuslichen Realitäten ins Auge zu sehen.

Den Platz der „öffentlichen Meinung" umschließen einige Straßen, die dem Normalverbraucher Nützliches bieten. Die Carriedo St. säumen Schuhgeschäfte. Blumenverkäufer, Fotoläden und Grabsteinbildhauer sind in der Evangelista and Hidalgo St. zu finden. Auf Villalobos, die zum **Quinta Market** führt, gibt es Zinnschmiede und Tuchhändler. Kurz vor dem Markt, direkt unter der Quezon Bridge, unter der Jeepneys mit Vorliebe U-Turns vollführen, stehen improvisierte Verkaufsbuden mit Kunsthandwerk; **Ilalim ng Tulay** („Unter der Brücke") wird diese Einkaufsmöglichkeit genannt.

Carriedo St. führt, ebenso wie Paterno, Ronquillo und Gonzalo Puyat St., zur Avenida Rizal. In der letztgenannten Parallelstraße (auch als Raon bekannt) übertreffen sich Schallplattenläden gegenseitig mit dröhnender Musik. Bis tief in die Nacht hinein konkurrieren sie mit dem Höllenlärm, der dort ohnehin schon herrscht.

Auf dem Quezon Blvd., in Richtung auf die Recto Ave., ballen sich Handels- und Geschäftshäuser: Textilläden, Army-Shops, Pfandhäuser, Fahrradhändler, Restaurants, ambulante Wahrsager, Astrologen, Selbstverteidigungsschulen, zahnärztliche Praxen, Notariate und Kinos.

Rechter Hand der Kreuzung Quezon Blvd./Recto Ave. beginnt das Universitätsviertel, aus dessen Colleges und Universitäten sehr viele Studenten strömen und das Verkehrsproblem der Innenstadt verschärfen. Mehr als 60 000 Studenten sind an der **University of the East** eingeschrieben, die sich deshalb als größte Universität Asiens bezeichnet. Nahe der Stelle, an der die Recto Ave. in die Mendiola St. übergeht, befindet sich die **San Sebastian Church,** die einzige neugotische Kirche der Welt, die aus vorgefertigten Stahlteilen besteht. Die in Belgien fabrizierten Einzelteile wurden Ende des 19. Jahrhunderts in Manila zusammengebaut.

University of Santo Tomas

An einigen privaten Colleges vorbei gelangt man auf der Mendiola St. zum **Malacañang Palace,** dem Regierungssitz philippinischer Präsidenten. Malacañang war ursprünglich der Landsitz eines spanischen Adligen, bevor mit dem Beginn der 50er Jahre des 19. Jahrhunderts spanische Regierungsbeamte dort einzogen. 19 von ihnen regierten von dem Palast aus, gefolgt von 14 amerikanischen Generalgouverneuren. Seit dem Unabhängigkeitstag von 1964 haben neun philippinische Regierende ihr Büro im Präsidentenpalast aufgeschlagen.

Rückwärts gewandt, sollte man an der Nicanor Reyes St. von der Recto Ave. nach links abbiegen. Über die España St. erreicht man dann den Campus der **University of Santo Tomas.** Die Uni ist der ganze Stolz der Filipinos, da sie gut 25 Jahre vor Harvard gegründet wurde. Dominikaner legten 1611 den Grundstein zu dieser ältesten Universität Asiens. Japanische Besatzer machten den Campus zum Internierungslager für Alliierte. Als die amerikanischen Befreier 1945 nach Manila zurückkamen, nahmen sie sich als erstes dieses Lagers an. In einem kleinen Gebäude in einer Ecke des Uni-Geländes ist die Universitätsdruckerei untergebracht, die bereits seit 1529 existiert. An der U.S.T., wie die Universität gewöhnlich genannt wird, rühmt man sich einer Bibliothek, deren Sammlung seltener Manuskripte 12 000 Bände umfaßt. Der Kern des hervorragenden U.S.T.-Museums ist ebenso alt wie die Uni selbst.

España St. führt direkt zur Grenze zwischen Manila Proper und **Quezon City,** das vor seiner Integration in Metro Manila die eigentliche Landeshauptstadt war. Hauptstadt war Quezon City aber früher nur nominell, da sich die wichtigsten staatlichen Institutionen in Manila befanden. Momentan ist man dabei, die Ministerien auf die Capitol Site, ein großes Grundstück in Regierungsbesitz, zu verlegen. Einige Gebäude befinden sich bereits auf diesem Gelände.

Quezon City

Dort, wo die España St. endet, beginnen die beiden Hauptverkehrsstraßen Quezon Citys. Die nach rechts führende Straße ist Rodriguez Avenue, früher unter dem Namen España Extension (Verlängerung) bekannt. Auf ihr liegt **Cu-**

Während einer Prozession zu Ehren des Schwarzen Christus von Quiapo drängen sich die Frommen um das Bildnis, gläubige Taschendiebe eingeschlossen.

bao, Quezon Citys Geschäftszentrum, von manierierten Manileños als geschmackloser, demifeudaler und überfüllter Ladenwald bespöttelt, dessen Supermärkte und Magazine einem Vergleich mit Makati nicht standhalten. Das liebste Kind der Cubao-Anhänger ist jedoch das **Araneta Coliseum** (Stadion), dessen Entwurf als größtes überdachtes Stadion der Welt zu Beginn der 60er Jahre entstand.

Den meisten Filipinos ist wohl das Jahr 1959 in Erinnerung geblieben, als das Stadion, begleitet von großem Reklamerummel, eröffnet wurde. Flash Elorde, ein einheimischer Starboxer, gewann damals die Jugendmeisterschaft im Leichtgewicht und läutete das goldene Zeitalter des Preisboxens ein. Seit jener Einweihung haben sich in dem Kolosseum schon einige Weltmeisterschaften zugetragen. Abgesehen vom Boxen wird dem Publikum unter der Kuppel ein abwechslungsreiches Programm musikalischer und sportlicher Veranstaltungen aus dem In- und Ausland geboten. Profi-Basketballspiele sind äußerst beliebt und finden das ganze Jahr über statt. Manchmal werden auch Filme im klimatisierten Stadion gezeigt. Sogar sonntägliche Frühmessen sind dort schon abgehalten worden.

Man kann sich kaum vorstellen, daß es Einwohner Metro Manilas geben könnte, die das Araneta Coliseum noch nicht besucht haben; dennoch hat Cubaos Image als Mittelklasse-Eldorado auf das Stadion abgefärbt. Während Makati eher der Tummelplatz der Elite ist und Quiapo, die Avenida Rizal und Divisoria den pikanten Charme der Unterschichten verströmen, stellt Cubao einen verlegenen Zwitter dar. Weder Fisch noch Fleisch, fehlen dem mittelmäßigen Cubao die extravaganten Extreme.

Quezon Citys zweite Hauptstraße ist die Quezon Boulevard Extension, die von dem kreisförmigen Empfangsplatz hinauf nach **Diliman** führt, zum weitläufigen Campus der **University of the Philippines**. Kurz vor Diliman liegt **Capitol Site**, auf deren Gelände sich folgende Gebäude befinden: das Rathaus **(Quezon City Hall)**, das **Heart Center for Asia** (Herzzentrum), das **Social Security System** oder **SSS Bldg.** (Sozialversicherung), das **Government Service Insurance System** oder **GSIS Bldg.** (Beamten-versicherung), das **Bureau of Internal Revenue Building** (Finanzamt), das **National Treasury and Mint Office** (Schatzkammer und Münzamt), die **Philippine Coconut Administration**, das **Department of Agriculture and Natural Resources** (Landwirtschaftsministerium) und das **Bureau of Agriculture Extension.**

Auf dem letzten Stück der Quezon Blvd. Extension liegen der **Fr. Aguilar's Zoo** und die **National Parks and Wildlife Grounds.** Innerhalb des umfangreichen Rotundengeländes befindet sich die **Quezon Memorial Hall,** die sowohl die Memorabilien des philippinischen Commonwealth-Präsidenten Manuel Luis Quezon als auch die bescheidenen Anfänge eines geplanten Quezon-City-Museums enthält.

Die University Avenue hinter der Rotunde führt zur University of the Philippines. Die Luft ist kühler dort; eine leichte Brise weht durch die alten Arkaden, und rotblättrige Bäume säumen die Alleen. Rosa- und orangefarbene Blütenteppiche bedecken schattige Plätzchen, die die Studenten benutzen, um ihre Texte zu überlesen oder spontan ein Picknick abzuhalten.

Die allgemein entspannte Atmosphäre kann täuschen. Die Universität ist Mikrokosmos philippinischer Existenz. Sie hat ihre eigenen Konsumläden, Supermärkte, Theater, Postämter und Sportstätten. Die Uni ist ein Ort der Begegnung und Auseinandersetzung miteinander, letztes Stadium der Ausbildung der jungen Leute aus dem ganzen Land und Zwischenstation für die lehrfreudigen unterbezahlten Professoren.

Gegründet wurde die ,,U.P.'' oder ,,Peyups'', wie sie in der Studentensprache heißt, 1901. Wer die strenge Aufnahmeprüfung besteht, gilt als sehr begabt. Kandidaten mit Examina von der U.P. spüren bei der Stellensuche den Vorteil dieser Abschlüsse.

Rechts: Eine Hilfskraft des Straßenfegerbataillons von Metro Manila pausiert vor einem Wandbild auf dem Roxas Boulevard. Im Namen der New Society fegt eine wohlorganisierte Armee die Straßen der Stadt. Die allgegenwärtigen rot-gelben Hüter der Sauberkeit haben nicht nur Einfluß auf die Entwicklung der Mode, sondern auch auf das Benehmen der Manileños gehabt.

Die Umgebung Manilas

Gewöhnlich unternimmt ein Tourist, der sich nur kurzfristig auf den Philippinen aufhält, eine Tagestour von Manila nach Tagaytay, um den Taal-See und Vulkan zu besuchen, einen Ausflug zu den Pagsanjan-Fällen in Laguna, um über die Stromschnellen zu fahren, und eine Bootsfahrt nach Corregidor, der Insel am Eingang zur Manila-Bucht.

Nach Tagaytay fährt man eine gute Stunde in südlicher Richtung auf einem vortrefflichen Highway durch die grüne Landschaft Cavites. Nach einer Zwiesprache mit dem Vulkan sollten Sie noch weiter südlich vorstoßen, zu den beliebten Batangas-Stränden, die eine Stunde Fahrt von der Tagaytay Ridge entfernt sind. BLTB-Busse benötigen für diese Strecke von Manila aus etwa 2 Stunden.

An einer Kreuzung vor Tagaytay führt eine steile, holprige Straße nach Talisay hinab. In dieser Kleinstadt am Taal-See kann man ein Boot zum **Volcano Island** mieten. Es bietet sich an, auf dem Rückweg nach Manila einen kleinen Umweg durch die historischen Städte Cavites zu machen. Auf der Cavite-City-Landzunge liegen einige Badeorte.

Zwei Stunden Fahrzeit südöstlich Manilas liegt **Pagsanjan.** Von Makati aus gelangt man über den South Superhighway zu den südlichen Küstenstädten. Will man die nördliche Route um den See herum benutzen, beginnt man die Fahrt in Marikina oder Pasig.

Um **Los Baños** herum liegen eine Reihe von Badeorten mit heißen Quellen. Auch **Lake Caliraya,** ein künstlicher See, an dessen Küste es einige Badeorte im Country-Club-Stil gibt, liegt nahe genug an Pagsanjan, daß sich ein Besuch lohnt. In San Pablo City, circa 40 km südlich Pagsanjans gelegen, kann man sieben Miniseen bewundern und im benachbarten Alaminos den populären Kurort **Hidden Valley.**

Tragflächenboote und Katamarane setzen regelmäßig von der Landungsbrücke am Nordende des Roxas Boulevards zum **Corregidor Island** über. Veteranen des Zweiten Weltkrieges und Geschichtsinteressierte lieben diese kaulquappenförmige, strategisch günstig gelegene Insel vor der Bucht Manilas.

Eine Inselrundfahrt wird Sie zum **Malinta Tunnel** (Tunnel) bringen, in dem die alliierten Truppen im düsteren Sommer des Jahres 1942 ihre Verzögerungstaktiken entwarfen; zum **Battery Way,** auf dem massive Kanonen verblieben sind, von tropischer Vegetation umgeben; zur **Battery Reyson** (Geschützstellung) nahe dem Suicide Cliff an der Nordwestküste; und schließlich zu den Ruinen der **Topside Barracks,** die auf einem Plateau liegen, von dem aus man einen guten Blick über die Bataanküste jenseits des Kanals hat. In die Kalksteinhöhlen an verschiedenen Orten der Insel zogen sich die Japaner 1945 zurück, als die Alliierten mit der Rückeroberung begannen.

Corregidors wilde Landschaft bietet dem Wanderer viele Schönheiten: hinter dicken Büscheln wilder Blumen verstecken sich verrostete Geschütze, Lichtbündel fallen durch die zerlöcherten Barackenwände, farbenprächtige tropische Fische umspielen die verfaulenden Träger eines alten Anlegestegs, und die Strände sind voll mit glatten Bimssteinen.

Auch geographisch ist Corregidor sehr attraktiv: an hügelige Grasland-

schaften schließen sich felsige Klippen, kristallklares Wasser umspült malerische Buchten mit sonnengebleichten Steinen.

Wenn Sie campen wollen, sollten Sie sich eine Genehmigung von der kleinen Truppenabteilung holen, die auf der Insel stationiert ist. Sie können auch probieren, den Leuchtturmwärter zu überreden, Ihnen eine wärmere Schlafstelle zur Verfügung zu stellen. Nachdem er Ihnen von den Geistern der Insel erzählt hat, werden Sie wahrscheinlich doch davon Abstand nehmen.

Bei Tagesanbruch bietet sich ein wunderschöner Blick vom Leuchtturm. Die Küstenlinie Bataans im Norden scheint greifbar nahe. Gen Süden streift der Blick die schimmernden weißen Buchten Cavites. Schiffe durchgleiten dieses zeitlose Bild, und Möwen schießen pfeilschnell in den neuen Tag.

Zurück zur Realität des Reiseplans. Man kann entweder nach Manila zurückkehren oder nach Mariveles, Bataan, reisen. Von Mariveles aus geht es mit dem Bus 2 1/2 Stunden durch die ausgedehnten Reisfelder Zentralluzons und über den MacArthur Highway wieder nach Manila.

Auf demselben Highway gelangt man auch nach Baguio City, wo man ein wohltuendes Wochenende verbringen kann, nach dem man gestärkt ist für die Reise zu den Reisterrassen Banawes.

Die Straße, die im Südosten Manilas durch die Städte der Laguna Bay geht, führt auch zum Mayon Volcano und zur Halbinsel Bicol.

Südlich der Hauptinsel Luzon liegen die Visayas-Inseln, ein versprengtes Grüppchen, das entdeckenswert wäre. Auf dem exotischen Mindanao, der zweitgrößten Insel des Landes, noch weiter südlich gelegen, weisen Moscheen auf den muslemischen Glauben der Bevölkerung hin — im Gegensatz zum vorwiegend christlichen Archipel.

Die Inselwelt und ihre freundlichen Bewohner erwarten Sie!

Rizal und Laguna: Kinder des Sees

Lange bevor die Spanier Laguna de Bay das erste Mal zu Gesicht bekamen — den größten See derjenigen Inseln, die einmal zu den Philippinen gehören sollten —, lebte an dem herzförmigen See schon ein aufstrebendes Volk. Ein grandioser Platz: Die Wasseroberfläche des Sees erstreckt sich über 90 000 Hektar, und in südöstlicher Richtung ragt die Sierra-Madre-Kette auf, während sich im Süden die Berge Makiling und Banahaw türmen. In den umliegenden fruchtbaren Niederungen bauten die Bauern Reis an, und Fischer zogen reiche Beute aus den Gewässern. Mit Hilfe von schmalen, über das Wasser gleitenden *Bancas* transportierten Händler ihre Waren von Stadt zu Stadt. Regelmäßig fuhren große *Cascos* (Lastkähne) mit Bambusdachern, eine reizende Version der frühen malaiischen Frachter, zu den westlichen Küsten und den Pasig hinauf. Über den 16 km langen Wasserweg, der den See mit der Manila-Bay verbindet, wurden Reis-, Fisch-, Enten- und Gemüseladungen geflößt, bestimmt zum Verkauf an die Taga-ilog.

Die ursprüngliche Bindung zwischen den Küstenbewohnern und den Einwohnern des kultivierteren Maynilad verstärkte sich. Als man von der Ankunft des weißen Mannes hörte, der große Stiefel trug, mit lauter Stimme Befehle gab und die Unterwerfung unter einen fernen König und fremden Gott forderte, waren sowohl die Bewohner der Umgebung des Sees als auch Rajah Sulayman aus Maynilad bereit, den Fremden erbitterten Widerstand zu leisten. Am Vorabend der Schlacht wurde Juan de Salcedo bespöttelt: ,,Wir wollen doch mal sehen, wessen Gott stärker ist." Unglücklicherweise besiegelte Kanonenfeuer das Schicksal der unabhängigen Küstendörfer, die sich nach 1591 sukzessive Spanien ergeben mußten.

Die Spanier nannten den See *Laguna de Bay* (wörtlich ,,See von Bay") der alten Handelsniederlassung an der Südküste, die sogar chinesischen Händlern bekannt war, die dort häufig Zwischenstation machten. Bay wurde zur ersten Hauptstadt der Laguna-Provinz, und an den Ufern des Sees mischten sich langsam koloniale Einflüsse mit ehrwür-digem Lokalkolorit, verband sich spanische Weise mit althergebrachten Traditionen.

Karte Seite 218

Dies war die erste einer langen Reihe von Teilungen aus politisch-ökonomischen Gründen. Ihre Nachbarschaft zu Maynilad, dem Sitz der Nationalregierung, ließ die Dörfer am Seeufer zu Schachfiguren der Territorialherren werden.

Rizal: Chamäleon-Provinz

Die heutige Rizal-Provinz ist eine amerikanische Schöpfung. Im Juni des Jahres 1901 — zwei Jahre nachdem Spanien die Philippinen an Amerika abgetreten hatte — wurden 19 Städte der alten spanischen Manila-Provinz (ohne die eigentliche Stadt) und 14 Städte des ehemaligen Morong-Distrikts, im Nordwesten des Sees gelegen und ursprünglich Teil des alten Laguna, zu Rizal zusammengefaßt.

Philippinische Historiker bestanden nach dem Krieg darauf, daß es ein öffentlichkeitswirksamer Schachzug der Amerikaner war, die beiden Teile der alten spanischen Struktur nach José Rizal zu benennen. Mit der Verbeugung vor dem verehrten Märtyrer suchten die neuen Eroberer die Einwohner der neugegründeten Provinz zu umgarnen, da die besagten Städte in den 90er Jahren des vergangenen Jahrhunderts an der Vorderfront der Rebellion gegen die Spanier gestanden hatten.

Unter amerikanischer Ägide und Manilas Führung entwickelte sich Rizal zur Vorreiterin für Lebensqualität — also für Hygiene, das Erziehungswesen und die Industrialisierung. Nach Abzug der Amerikaner litt der Pasig-Fluß unter der Last industrieller Fabrikabfälle, die ihn schließlich absterben ließen. Reisfelder und Weideland verschwanden im Schlund der Wohnungs- und Gedenkstättenbauer, während ein paar Generationen von Manileños begierig das Rüstzeug erwarben, Finanziers und Spekulanten zu werden. Nach einer Weile verwandelten sich die manilanahen Städte Rizals in Vororte der Metropole.

Dieser Zustand wurde 1976 offiziell anerkannt, als ein Erlaß des Präsidenten 15 Stadtbezirke Rizals an Metro Manila anschloß, wodurch sie unter die Herrschaft der First Lady der Philippinen fielen. Der Rest der Rizal-Provinz besteht aus Städten, in denen sich das Le-

ben in althergebrachten Bahnen abspielt, man fischt, läßt das Vieh grasen
und betreibt Landwirtschaft genauso
wie einst am „Herzen" Lagunas.

Entdecken Sie Rizal

Zwei Wege führen von Manilas Innenstadt aus aufs Land, nach Rizal. Die
nördliche Route geht von Quezon City
aus durch die Stadtteile Pasig oder Marikina, die südliche passiert die salzer-
zeugende Stadt Parañaque. Eine Fahrt
durch diese Stadtteile zeigt deutlich, wie
veraltet die Infrastruktur ist — kaum in
der Lage, das wachsende Verkehrsauf-
kommen zu absorbieren.

20 km von Manila entfernt, auf der
nach Norden führenden Straße, ist eine
Kreuzung. Rechter Hand liegen die
Städte **Cainta** und **Taytay**, die schon
früh von den Spaniern unterjocht worden waren und die heute unter den ersten sind, die der schleichenden Industrialisierung zum Opfer fallen. In Cainta wohnen sogenannte „Sepoy", Ab-
kömmlinge einiger Soldaten, die unter
britischer Fahne in der Uferregion gekämpft hatten (nach der Invasion von
1762) und kurzerhand geblieben waren.

Die Sepoy erkennt man an ihrer deutlich
bronzefarbenen Haut.

Von Cainta aus gibt es zwei Möglichkeiten der Weiterfahrt. **Angono**, ein
ausgebautes Fischerdorf, 7 km weiter,
hat letztlich maßvolle Berühmtheit erlangt: Haus und Alterssitz des verstorbenen Malers Carlos Francisco befinden
sich hier. Obwohl die Wandmalerei sein
eigentliches Gebiet war, hatte Francisco
ebenso große Ölbilder produziert, dicht
bemalt mit Szenen und Personen seiner
Heimatstadt, die heute in distinguierten
Gebäuden Manilas hängen.

5 km nordwestlich Taytays erheben
sich die Hügel **Antipolos**, Heimat eines
Heiligenbildes, der Madonna des Frie-
dens und Schutzpatronin der Reisenden,
der in Liedern und Legenden wunderbare Kräfte nachgesagt werden. Von
einem mexikanischen Künstler geschnitzt und 1632 von einer spanischen

Vorausgehende Seiten: Für Rizal und Laguna hat Wasser schon immer eine große
Rolle gespielt. Hier tummeln sich die „Kinder des Sees" während eines Wasserfesti-
vals. Unten: Der Künstler José Blanco aus
Angono hat in diesem Wandgemälde festgehalten, was sich in seiner Heimatstadt
abspielt.

Galeone sicher über den aufgewühlten Pazifik gebracht, nannten die Reisenden das Madonnenbild *Virgen de la Paz y Buen Viaje*. Franziskaner hatten ihm den ersten Schrein erbaut, aber Jesuiten transferierten es 1632 zu seinem derzeitigen Schrein in den Hugeln.

Seit dieser Zeit ist Antipolo Wallfahrtsstätte, zu der jedes Jahr im Mai Pilgerfahrten unternommen wurden, während der die weiblichen Teilnehmer in Hängematten getragen wurden. Diese Tradition ist erhalten geblieben. Zur Sommerzeit strömen Horden von Glaubensanhängern dort zusammen, um den Schleier des dunklen Madonnenbildes zu küssen oder ein Taschentuch gegen seine Wange zu drücken: Gesten, in denen sich volkstümlicher Animismus und tiefe Religiosität im christlichen Sinne ausdrücken.

Auf dem welligen Terrain Antipolos, ein paar Kilometer näher an Manila, wächst eine neue Stadt heran, durch die der noch im Bau befindliche Highway nach Infanta in Quezon verlaufen wird. In ordentlichen Reihen, wie ein vielschichtiger Geburtstagskuchen, klettern die Häuser den Hügel hinauf.

Cardona, etwa 15 km südlich von Antipolo, hat sich zum Zentrum einer wohlorganisierten Milchfisch-Industrie entwickelt, die 3890 Hektar des Sees einnimmt. Obwohl die meisten der Fischfarmen nicht den Einheimischen gehören, ist Cardona eine reiche Stadt, da Boote und Netze in großem Umfang benötigt werden und diese Geschäftszweige blühen. Der Reisende kann sich an den Hütten am Ufer erfreuen, deren Balkone über den Wellen schweben. An der Küste werden auch die frischgefangenen Fische gesäubert, mit Tamarinde gewürzt, gebraten und zusammen mit frischem Gemüse zu schmackhaften Leckerbissen verarbeitet.

Etwa einen Kilometer weiter als die Kreuzung hinter Cardona liegt die ehemalige spanische Hochburg **Morong**, deren Kirchenkuppel und Glockenturm aus einem Meer von grünen Feldern herausragen. Die Kirche, die Hauptattraktion Morongs, hat eine exquisite geschnitzte Fassade in philippinischem Barockstil. Einflüsse des europäischen Barock waren auch in den Kolonien sichtbar. Übereifrige Kleriker machten sich auf den Philippinen daran, einfache Strukturen zu ,,verschönern''. Ein reicher Bürger aus Paete, der Stadt der Holzschnitzer, renovierte einst die Kirche, die heute eines der besten Beispiele tropischer Barockkunst darstellt.

Rund 7 km südöstlich der Kreuzung bei Morong liegt **Tanay**, eine größere Stadt, die wegen ihrer beiden schönen Wasserfälle im ganzen Lande wohlbekannt ist. An der Peripherie erwarten den Besucher die entzückenden, 14 m hohen Fälle und ihr schillerndes natürliches Becken. ,,Daramak'' heißen die schmalen Kaskaden, die zwischen gigantischen Baumwurzeln plätschern und gurgeln. Daran, daß die Landschaftsszenen vieler berühmter Filme hier gedreht worden sind, kann man den Grad der Isoliertheit der Sierra-Madre-Feste ablesen.

Danach kann man eine weniger bekannte Sehenswürdigkeit Tanays erkunden: **Sampaloc**, ein kleines Barrio, etwa 14 km entfernt. Während des Zweiten Weltkrieges hielten sich philippinische Guerilleros dort drei Jahre lang verborgen und ernährten sich von Feldfrüchten, die sie auf dem tonhaltigen Boden heranzogen. Heute bildet derselbe Mann, der damals die Partisanen anführte, Dschungelkämpfer in dem versteckten Camp aus.

In dieser Gegend und in der Umgebung von **Pililla**, 4 km von Tanay-Stadt entfernt, zeigt die Rizal-Provinz ihr bergiges Antlitz. Von der kurvenreichen Bergstraße aus, die sich durch Pililla zieht, sieht man den Laguna-See in der Tiefe bläulich funkeln, während am Horizont feine Nebel die Umrisse Makilings und Banahaws am anderen Ufer verschleiern. Ein schöner Abschied von Rizal und ein Übergang in die nächste Provinz, Laguna.

Laguna: die Mutter

Was Rizal und Manila heute fehlt, ist in dieser ehrwürdigen Provinz noch sehr lebendig; höfliche Anrede- und Grußformen, Süßigkeiten auf dem Tisch, ornamentierte Geländer und überquellende Blumenschalen in jedem zweiten Fenster, nicht zu vergessen, antike Kirchen an jeder Ecke, sind Spuren der erfolgreichen Integration der *Conquista* in die isolierten malaiischen Siedlungen.

Fruchtbarer Boden, geschützte Täler und eine ständige Feuchtigkeit, die die Temperatur etwas niedriger hält als in Manila, sind die Gründe dafür, daß Laguna häufig mit dem Attribut ,,mütterlich" belegt wird. Sogar die Bergketten im Süden und Südwesten des Sees scheinen das Leben dort vor den mächtigen Taifunen, die die Niederungen so stark verwüsten können, zu schützen.

Das Leben in Laguna wird bestimmt von den Makiling- und Banahaw-Gebirgen. Am Rande dieser beiden erloschenen Vulkane entspringen kraftvolle Schwefelquellen. In den Mythen und Legenden der Völker, die in den Vorgebirgen leben, spielen die Vulkane die Hauptrolle.

Mount Makiling, sagen die Einheimischen, ist die Residenz der Göttin Maria, der schönen Hüterin des Waldes. Mount Banahaw, das männliche Gegenstück, ist die Stätte, die Unerschrockene aufsuchen sollten, um Weisheit und Stärke zu erlangen. Verschiedene Geheimsekten leben auf Mount Banahaw und frönen dort anscheinend einer selbstgebrauten Mischung aus Kabbala und ägyptischer Mythologie. Woher die Leute kamen, ist den Anthropologen ein Rätsel. In bezug auf diesen Berg gibt es mehr Fragen als Antworten, denn auch die Amuletthersteller, Wunderheiler und Wahrsager der Städte und am

Mount Banahaw behaupten, der mysteriöse Berg beflügele ihre Kräfte.

Nüchtern betrachtet, besitzt Laguna Vorzüge, die das einheimische Gewerbe wohl zu nutzen weiß, fruchtbaren Boden und ein Netz von Flüssen. Auch die Niederschläge helfen.

Reis, Mais, Kokosnüsse und Zuckerrohr bilden die Basis des Lebensunterhalts, obwohl auch traditionelles Handwerk seinen Teil dazu beiträgt: man stellt Buntal-Hüte, Pandan-Matten, Rattan-Möbel, Holzschnitzereien, Keramik, weißen Käse, Reiskuchen und Kokosnußwein her. Die Tagalog führen ein anmutiges Leben in den Ebenen.

Erkunden Sie Laguna

An der nordöstlichen Grenze führt die Straße abwärts und nähert sich dem Seeufer, wenn man die ersten Städte in Laguna erreicht, Mabitac und Siniloan, die sich an die Ausläufer des Sierra-Madre-Gebirges schmiegen. **Mabitac**

In althergebrachter Weise gehen die Fischer auf schlanken *Bancas* ihrer zeitlosen Beschäftigung nach. Dichte Vegetation ragt in Laguna in den See hinein.

hat eine großartige Kirche aus dem 17. Jahrhundert, die hoch genug auf einem Hügel steht, um unbehelligt von Überflutungen zu bleiben. Die **National Botanical Gardens** (Botanischer Garten) von **Siniloan** sind der tropischen Natur eng verwandt. In ihrer Wildnis wachsen 700 verschiedene Orchideenarten und etwa 200 Farnspezies.

Pangil, Pakil und **Paete**, als nächste auf dem Wege, sind typische Beispiele spanischen Stils und kolonialer Maßstäbe. Nähert man sich den Städten über den Highway (eine Umgehungsstraße befindet sich im Bau), so wirken ihre schmalen Straßen und winzigen Häuser mit geschnitzten Brüstungen und verschnörkelten Dachrinnen so, als stünden sie im Land der Zwerge. Vielleicht können Sie auch kleine braunhäutige Männer mit Strohhüten sehen, Zuckerrohr schwingend, die spanisch mit dem lieblichen Akzent Lagunas parlieren.

Die herausragende der drei kleinen exquisiten Kirchen ist die in Paete. Ihrer Fassade sieht man die lange Tradition der philippinischen Holzkunst, überschwenglich und üppig, an. Im Innern reitet St. James, der Schutzpatron der Stadt, in den Krieg gegen die Mauren. Diese Darstellung ist umgeben von barocken Palmen- und Blütenmotiven.

Paete ist für seine Holzschnitzereien bekannt; Pakil hingegen, weiter nördlich gelegen, für seine Filigranarbeiten in Holz. In Manilas neuen Hotels sind sie zu finden, die feinen Zahnstocher aus Pakil, deren Endstücke zu ausgefächerten Pfauenfedern geschnitten sind (und manchmal zu Schmetterlingen oder Bäumchen zusammengeklebt werden). Gerüchten zufolge verarbeitet man in Pakil Holzabfälle aus Paete.

Südlich von Paete, an der Stadt Kalayaan vorbei, führt eine aufsteigende Straße zu zwei Badeorten, die an einem künstlich angelegten See liegen, der während der amerikanischen Präsenz ausgehoben wurde, um Wasserkraft für ein Elektrizitätswerk zu gewinnen. Der erste Ort, **Lake Caliraya Country Club**, ist in Manila wegen seiner Seminarveranstaltungen zu Themenkreisen wie Yoga, Parapsychologie und Makrobiologie bekannt. **Sierra Lakes**, weiter unten an der Straße gelegen, ist ein eher ruhiger Ort, den Präsident Marcos regelmäßig zum Wasserskilaufen besucht.

Eine Fahrt über Stromschnellen

Zurück auf der Hauptstraße, liegt kurz hinter der Kurve die Stadt **Pagsanjan**, ein Badeort mit Tradition, dessen Name sich von *Sanga* (= Zweig) herleitet, weil die Stadt an dem Arm einer Flußgabel liegt. Von Pagsanjan aus kann man über die elf Stromschnellen des Pagsanjan River fahren. Zu Beginn treibt die *Banca* gemächlich die stillen braunen Wasser des Flusses hinab. Dann navigieren zwei Schiffer das Boot mit geschickten Stößen durch die großen und kleinen Felsen der gurgelnden Stromschnellen. Faszinierend! Der Navigator am Ende gibt dem Piloten an der Spitze Anweisungen, in welche Richtung er seine Beine schwingen muß, um das Fahrzeug von den Felsen abzustoßen.

Diese Route ist letztlich um eine Attraktion reicher geworden — um Kulissenreste aus dem Film *Apocalypse Now* von Francis F. Coppola. Der buddhistische Film-Tempel, am Ende durch eine Explosion zerstört, und eine Bambushütte, die an einem Felsvorsprung klebt, sehen so aus, als hätten sie schon immer dort gestanden.

Bevor man das Ziel der Reise, die beiden Wasserfälle, erreicht, gleitet die *Banca* durch eine malerische Schlucht mit fast 100 m hohen, mit Moos und Flechten bewachsenen Wänden. Beim zweiten Wasserfall angekommen, steigt man auf Flöße um, die an langen Seilen vom Ufer in den Schlund einer Höhle hinter dem Wasserfall geführt werden. Ein abenteuerlicher Ausflug durch eine eiskalte Wasserwand.

Abgetrocknet und wieder startklar, geht es zum nächsten Bestimmungsort, **Santa Cruz**, der Provinzhauptstadt. Ebenso wie Pagsanjan ist diese alte Stadt großzügiger angelegt als die kleinen Siedlungen am See. Nach Bay und Pagsanjan wurde der Sitz der Provinzhauptstadt im Jahre 1858 wieder in das aufstrebende Santa Cruz verlegt.

In dieser Stadt wird nicht nur hervorragender weißer Käse hergestellt, sondern sie hat offenbar auch ein Monopol für antike chinesische Exportkeramik, die in den umliegenden Kokosnußplantagen und um Morong ausgegraben wird.

Es ist nicht überraschend, daß die meiste Keramik im Zusammenhang mit Grabstätten entdeckt wurde, was den

Wert, den die alten Malaien diesen Gegenständen beimaßen, deutlich macht. Sie wurden wahrscheinlich von Chinesen erworben, die in der gesamten Seeregion Handel trieben. Eine Euphorie, von Sammlern aus Manila entfacht, hat Straßenstände auf den Plan gebracht, die Antiquitäten verkaufen.

Für diejenigen, die Genaueres über diese Fundstücke erfahren wollen, gibt es ein kleines Museum in **Pila**, südlich von Santa Cruz, wo sie ordnungsgemäß ausgestellt sind.

Lagunas ruhiges Herz

Eine kurze, uneingeschränkt empfehlenswerte Extratour führt von Santa Cruz aus zum südlichen Kernstück der Provinz — dorthin, wo der Reisende sich in ein anderes Jahrhundert versetzt fühlt, in eine Welt, in der Selbstbeherrschung und Ernsthaftigkeit zählen und „mehr" noch nicht „besser" ist. Etwas unbehaglich ist den Einheimischen das Interesse der Touristen, und oft hört man die Frage: „Was wollen Sie denn hier?"

Um dorthin zu gelangen, reist man durch Pagsanjans Hintertür, jenseits der von Reisegruppen ausgetretenen Pfade gen Süden, in Richtung **Cavinti**. Hinter **Pinagsangahan** wird die Straße felsiger und wirkt ungepflegter, ein sicheres Zeichen für weniger besuchtes Terrain. Durch die letzten Strahlen des Sonnenuntergangs erscheint die Landstraße rötlich, wenn sie den Anhöhen folgt, die einen ersten Blick auf Mount Banahaw mit seinem Zwillingsgipfel Cristobal erlauben. Diese Bergspitzen scheinen fast in Augenhöhe zu liegen und begleiten den Reisenden auf diesem Ausflug.

Die Vegetation verdichtet sich — diese Landstraße ist natürlich —, und im Randbezirk der nächsten Stadt, **Luisiana**, beginnen Pandanuspalmen die Straße zu säumen, die im morastigen Boden gedeihen. Beim Eintritt in die Stadt passiert man den Friedhof und Reihen von riesengroßen Pandanusblättern, die entlang der Straße zum Trocknen aufge-

Es soll ein Tourist gesagt haben, er verstünde nicht, warum, um alles in der Welt, jemand über die Stromschnellen des Pagsanjan-Flusses fahren wolle. Er hatte sicherlich kein Vertrauen in die geschickten Navigatoren und ihre schnellen *Bancas*.

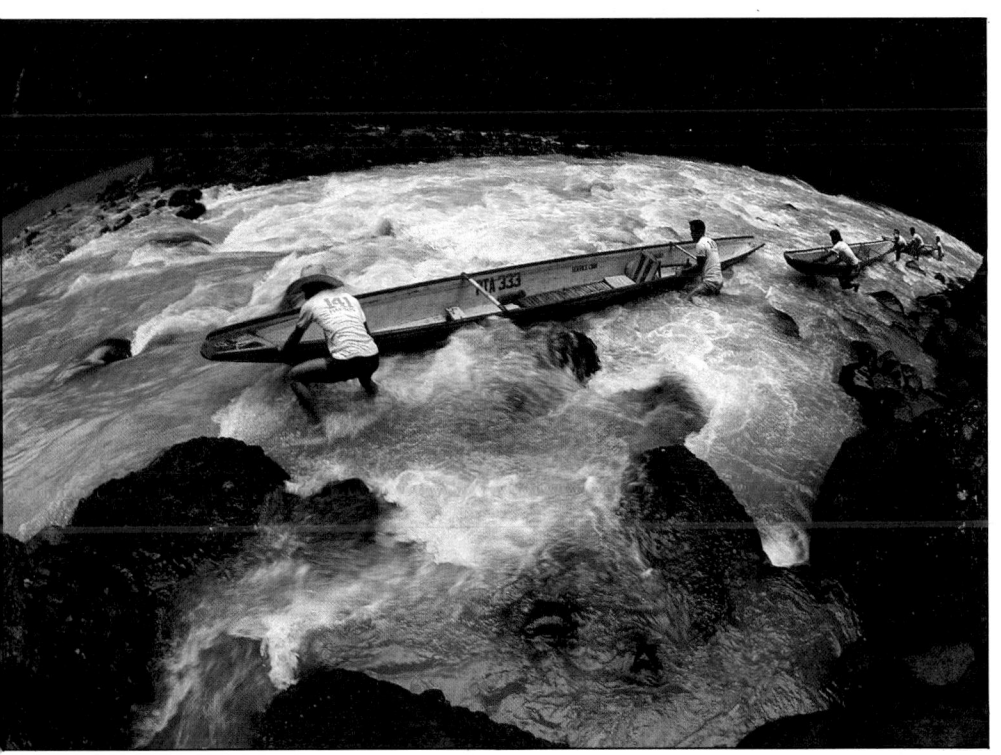

hängt sind. Dort, wo die kurze Haupt-
straße endet, stehen Lagerhütten für
Pandan-Matten und -Taschen, die in
Luisiana hergestellt werden.

Hinter Luisiana neigt sich die Straße
südwärts. Zu **Majayjay**, der ältesten
Siedlung dieser Gegend, gehörten einst
auch Luisiana und Magdalena. Über eine kleine Hügelkette winden sich
schmale Landstraßen, die nach jeder
Kurve einen neuen Schatz aus der Kolonialzeit enthüllen. Mount Banahaw ist
in Sichtweite. Weißhaarige Großmütter
sitzen auf dem Boden ihrer Steinhütten
und bestaunen die Reisenden, die auf
dem Dorfplatz spielenden Kinder unter-
brechen ihr Tun und starren die Fremden unverwandt an.

Wie überall auf den Philippinen,
dreht sich auch hier alles um die Kirche
im Ortsmittelpunkt, doch Majayjays er-
habenes Bauwerk hat eine besonders
dramatische Geschichte: seine drei Lagen starken Mauern wurden zweimal erbaut und dreimal restauriert. Die Kirche
bewahrt das schriftlich und mündlich
überlieferte Vermächtnis der bewegten
Vergangenheit Majayjays. Missionare
des Franziskanerordens zwangen die
Eingeborenen jahrelang dazu, die Bau-
und Reparaturarbeiten der Kirche aus-
zuführen, so daß viele Einheimische in
die Felder außerhalb der Stadtgrenze
flohen, um ihre Hütten zu bauen. Um
Arbeitskräfte zu finden, die ihre Infrastruktur aufrechterhielten, brannten die
Mönche diese Hütten nieder. Der Haß,
den die Bevölkerung empfand, schlug
sich schließlich in ihrer Beteiligung an
der 1896er Revolution nieder.

Es fällt schwer, die Ambitionen der
frühen Missionare zu verurteilen, wenn
man durch die Ortschaften der Hügellandschaft fährt, die in dunkles, saftiges
Grün gebettet sind. Eine Brücke, die eine tiefe Schlucht an der Peripherie der
Stadt überspannt, führt zu zwei gewaltigen Wasserfällen, von denen der größere beinahe die Ausmaße des Pagsanjan-
Falles hat. Als Ferienort, den Staatsbe-
amte aus Manila und gekrönte Häupter
aus Europa besuchten, war Majayjay
schon zu Zeiten der Franziskaner beliebt. Gouverneur Taft ließ später sogar
eine Straße von der Stadt zu den Fällen
von Botocan bauen.

Liliw, die nächste Station, besitzt eine
bemerkenswerte Kirche. Sie liegt am
Ende der Straße, die direkt auf Mount
Banahaw zuzulaufen scheint. Bekannt

ist diese Stadt für Qualitätsschuhwerk,
das hier seit Menschengedenken von
einheimischen Handwerkern in Handar-
beit hergestellt wird. Auch diese Stadt
grenzt an einen Fluß, an dem Frauen
den Waschtag zum geselligen Ereignis
machen. Unglücklicherweise wird Majayjays Unberührtheit langsam untergraben, da die Stadt zusammen mit In-
vestoren aus Manila ein geschmackloses
Ferienzentrum gebaut hat — auf eines
der schönsten Grundstücke am Fluß.

Westlich von Liliw liegt **Nagcarlan**,
die letzte der Städte im südlichen Lagu-
na, die dieser kleine Ausflug einschließt.
Geschichtlich interessant sind seine Kirche und ein unterirdischer Friedhof.
Derselbe Franziskaner, der die Grund-
mauern verschiedener Städte in Rizal,
Laguna und Quezon legen ließ, Fray
Juan de Plasencia, ließ auch die Funda-
mente Nagcarlans bauen. Kirche und
Friedhof erhielten ihren besonderen
Reiz jedoch erst durch die Renovierung,
die Father Vincente Velloc Mitte dieses
Jahrhunderts ausführen ließ. Barocke
Ringel und maurischer ebenso wie javanischer Stil geben den beiden Bauwer-
ken etwas Geheimnisvolles. Glasierte
blaue Kacheln schmücken Teile der Kirche und eine Wand der unterirdischen
Krypta des Friedhofs. Schwungvolle
Ornamente zieren die Wände des kreisförmigen Friedhofes. Klopfen Sie an die
Tür des Hauses links der Friedhofsmauern, wenn Sie die Krypta besichtigen
wollen, dort wohnt der Hausmeister.

Eine spanische, teilweise unleserliche
Inschrift am Treppenabsatz, der zu den
unterirdischen Gräbern führt, gibt den
Legenden um Father Velloc und seine
Gruft Nahrung. Der Priester hatte einen
unterirdischen Gang bauen lassen, der
nicht nur zu fünf Untergrundkapellen
führte, sondern bis zum Mount Banahaw hinüber. Die Inschrift scheint, was
heute nicht mehr zu überprüfen ist, zu
dem zu passen, was 1896 über die Lokalität ruchbar wurde: Die Gruft war
heimlicher Treffpunkt von *Katipune-
ros,* einem Geheimbund, der an der Revolution beteiligt war.

Nach Nordwesten: Los Baños

Nehmen Sie nach Beendigung des
Abstechers die südwestliche Route nach
San Pablo City hinein. Wichtige Ver-
bindungsstraßen zwischen Bicol, Quezon und Manila treffen sich in dieser

Stadt, einem Durchgangspunkt des Handels.

Am **Sampaloc-** und **Bunot-See** liegen Restaurants, die frische gebratene Lungenfische und Milchner servieren, die aus den Fischteichen stammen. Januar ist die beste Zeit, um hier zu speisen, da die Fische dann in Massen nahe dem Ufer schwimmen, um dem hohen Schwefelgehalt des Wassers zu entgehen, für den, wie Wissenschaftler sagen, die erloschenen Vulkane verantwortlich sind.

In San Pablo hat man die Wahl, nach **Alaminos** im Westen oder nach **Los Baños** im Nordwesten zu reisen. Alaminos bietet sich als Zwischenstation auf dem Wege zu den **Hidden Valley Springs** (Quelle) an. Die Stadtbewohner nennen das Hidden Valley *Ilalim,* was „Unter" bedeutet — eine treffende Beschreibung des 44 Hektar großen und 90 m tiefen Kraters mit dichter Bewaldung. Forschungsarbeiten über das „Versteckte Tal" haben ergeben, daß ein plötzlicher Einbruch der Erdoberfläche diesen Krater entstehen ließ, wobei eine mächtige vulkanische Ader im Untergrund getroffen wurde, die Hunderte von warmen und kalten Quellen hervordrückte. Es gibt dort Mineralwasserquellen, natürliche Whirlpools und einen Wasserfall, in dessen Nähe schmale Pfade verlaufen, die einst von chinesischen Händlern benutzt wurden.

Der andere Weg führt von San Pablo aus nordwestlich über Bay nach Los Baños zurück zum Seeufer. Los Baños ist ebenso wie **Pansol** in den Ausläufern des Mount Makiling gelegen. Zu beiden Städten gehören eine Anzahl von Kurorten, deren Schwefelquellen schon zu Zeiten der Spanier von arthritischen Städtern hoch geschätzt wurden. Der fruchtbare vulkanische Boden der Gegend ermutigte zu zahlreichen landwirtschaftlichen Experimenten, da sich außerdem in Los Baños das **International Rice Research Institute** (Institut für Reisforschung) und das **University of the Philippines Agricultural College** (Landwirtschaftliches College der Universität) befinden.

Hinter dem College liegen das **National Arts Center** (Kunstzentrum), erbaut von der First Lady, das **Camp September 21th Movement,** wo Kabataang-Baranggay-Anführer „politischen Nachhilfeunterricht" erhalten, und **Pook Marian Mailing,** ein halbstaatliches Erholungsgelände mit einem Wettkampf-Schwimmbecken und Wohnkabinen.

José Rizals Geburtsort

Calamba, die nächste Stadt nach Los Baños, ist der Geburtsort José Rizals. Das alte Rizal-Haus auf der Hauptstraße ist heute ein Nationalheiligtum. Sein wohlgestalteter Garten enthält die verschiedenen Obstbäume des philippinischen Tieflandes sowie andere asiatische Sorten. Die Räumlichkeiten sind typisch für ein Haus des Landadels von Laguna, in dem der Reis aus eigener Ernte in riesigen Getreidekörben aufbewahrt wurde, wo man Kaffee in der eigenen Küche mahlte und beim Licht von Gaslampen zu lesen pflegte.

Statuen des Nationalhelden José Rizal findet man an prominenten Stellen im ganzen Land. Der Held wird in verschiedenen Posen dargestellt, und manchmal haben übereifrige Kunstfreunde unpassende Accessoires hinzugefügt. Die Kerosinlampe mit einer Glühbirne aus einem anderen Jahrhundert beleuchtet in diesem Falle zweierlei.

Quezon — Aurora: die längste Provinz

Das lange schmale Quezon, nach dem philippinischen Commonwealth-Präsidenten Manuel L. Quezon und seiner First Lady benannt, erstreckt sich zusammen mit seiner Unterprovinz Aurora über ein Drittel der Ostküste Luzons. Die längste und wohl auch größte Provinz Luzons grenzt im Norden an das bergige Nueva Vizcaya und Isabela und im Süden an die Bergbaugebiete Bicols, die Provinzen Camarines. Die gewaltigen `Basaltmassen der Sierra-Madre-Kette, die sich von der nördlichsten Spitze des Archipels durch die gesamte Länge Quezons und Auroras zieht, dämpfen die Macht der Taifune, die jedes Jahr die wildromantische Küste am Pazifik verheeren.

Geographische Bedingungen haben von jeher das Siedlungsmuster Quezons bestimmt. Die Bevölkerung konzentriert sich auf die Küstenebenen an der geschützten Westseite des Gebirges und auf die isolierten Täler im Landesinneren. Außerdem hat immer schon eine Nord-Süd-Teilung der Provinz existiert. Das kleine, relativ ebene Gebiet im Süden ist durch Straßen gut erschlossen, im Gegensatz zu den übrigen gebirgigen vier Fünfteln der nördlichen Provinz, die auf dem Landwege kaum zugänglich sind. Nur Holzfäller und Nomaden durchstreifen diese bewaldete *Terra incognita*. Östlich des Sierra-Madre-Gebirges, auf einem eher flachen Küstenstrich (an einigen Stellen fallen jedoch Klippen 30 m tief zum Meer ab), liegen einzelne Fischerdörfer, die vom Reichtum der Küstengewässer leben.

Obwohl Quezon nur zweieinhalb bis drei Stunden von Manila entfernt liegt, hat es bisher seinen jungfräulichen Charakter bewahrt. Da die Stadtbevölkerung Quezons zahlenmäßig geometrisch zunimmt, ist es nötig, neue Nahrungsmittelquellen zu erschließen. Aus diesem Grunde plant die Regierung für 1980 die Fertigstellung eines 103 km langen Highways, der von Marikina, Rizal, aus durch die schöne Berglandschaft der Sierra Madre führt und bald Metro Manila mit Infanta, der nordöstlichen Küstenstadt der Provinz, verbinden soll.

Es existiert ein Gesamtplan, das überfüllte Manila zu entlasten, dessen Entwurf vorsieht, in der Wildnis um Infanta Parks und Wildgehege anzulegen und Fischteiche in den Mangrovensümpfen, die große Teile der Küste bedecken.

Karte
Seite 320

Es ist ebenso geplant, einen internationalen Hafen in Infanta zu bauen, um Manilas uralten Hafen zu entlasten, der aus allen Nähten platzt. Nicht zufällig ist Infanta auch Mittelpunkt eines Programmes, das sich mit rationeller Abholzung und Aufforstung beschäftigt, ein älteres Projekt, das von der Marcos-Regierung besonders gefördert wird.

Erkunden Sie Quezon

Der südliche, besser bekannte Teil Quezons wirkt wie eine Verlängerung Lagunas. Einen Unterschied macht allerdings das Vorhandensein von Kokosnußindustrie, der die Provinz 75 % ihrer Einkünfte aus der Landwirtschaft verdankt. Die spanienfreundliche Oberschicht der Vergangheit — berittener Landadel, finanziell gesichert durch den Besitz von Kokosnußplantagen — hat deutlich sichtbare Spuren entlang der südwärts führenden Straße von **Tiaong** zur Camarines-Provinz hinterlassen.

An einem linden Morgen um 8.00 Uhr wärmen die Sonnenstrahlen das erste Kunsterzeugnis der Aristokratie: das Grenzzeichen der Provinz, einen Triumphbogen mit zwei Art-deco-Posaunenengeln, die, etwas pompös, zum Eintritt in die Quezon-Provinz blasen. Willkommen denn zur Fahrt über eine weitere elegant philippinische Straße, erinnerungswert ob ihrer Verkaufsstände mit gelben *Lanzones* im Herbst.

Knapp einen Kilometer hinter der Grenze liegt **Villa Escudero**, eine Kokosnußplantage aus alter Zeit mit 800 Hektar Land. Sie steht im Rufe, eine der bestgeführten Plantagen des Landes zu sein, und wird von einer unabhängigen Gemeinschaft aus 300 Familien betrieben.

Viele Besucher der Villa interessieren sich nicht unbedingt für den wirtschaftlichen Aspekt, sondern bestaunen die faszinierenden Relikte, die sich nach drei Generationen ,,Familienbetrieb" angesammelt haben. Man findet dort ausgestopfte Vögel neben einer Ballmaschine, alte Badewannen und ausgestopfte Tiere. Besonderen Anklang findet im allgemeinen das chinesische Porzellan, das bei Anlage eines Tennisplatzes auf der Plantage gefunden wurde oder in der Gegend um den Laguna-See erworben worden ist. Eine andere Abteilung ist angefüllt mit liturgischen Schätzen: mit wertvollen *Santos* in goldbestickten Gewändern, einer Jungfrau, die diamantene Tränen weint, und einem antiken silbernen Altar. Erinnerungsstücke an den Zweiten Weltkrieg auf dem gepflegten Rasen komplettieren das Bild — philippinische Geschichte mit einem Schuß Escudero-Familientradition.

Sariaya, 12 km weiter östlich, ist eine reiche Handelsstadt und Heimat der ländlichen Aristokratie. Einzelne antike Häuser überragen schmale Straßen; aus dem höchsten von ihnen schaut man auf die Kuppel der Kirche von Sariaya hinab, deren farbige Glasfenster einen stark blutenden Christus zeigen. Mußestunden werden in Sariaya traditionell verbracht. Seine Bewohner stellen in Heimarbeit Gebäck und Fruchtbonbons nach uralten Rezepten her.

Antiquitätensammler besuchen Sariaya häufig, besonders einen Laden jenseits des Marktes, **Sina-Una,** eine nostalgische Schatzkammer mit alten Hutpressen, Münzen, Gaslampen, Kristallvasen und alten Geweihen, die Status-symbole des jagdbegeisterten Landadels waren. Viele Stücke stammen von alten Adligen, die bereitwillig alte Lampen gegen neue tauschten.

Tayabas, 6 km nordöstlich Sariayas, war früher die Hauptstadt Quezons, bevor das im Süden gelegene Lucena dazu ausersehen wurde, dank seines kommerziellen Potentials und seiner Küstenlage. Eine gute Wahl, denn die Häuser des auf Hügel gebauten Tayabas strahlen freundliche Gelassenheit aus. Trotz vieler Fernsehantennen auf den Häusern der Innenstadt ist der Lebensrhythmus der reizenden Tayabanesen gemäßigt, so daß sie Zeit haben für einen Plausch. Das ruhige Leben und die sauberen Flüsse gefielen ihnen, sagen sie. Manila würden sie gern mal kennenlernen, aber sicher nicht dort wohnen wollen.

Von Tayabas sind es 6 km nach Norden bis nach **Lucban,** einer Grenzstadt, die durch ihre isolierte Lage einen exotischen Charakter bewahrt hat. Es sieht

Vorausgehende Seiten: Silbergrau schimmert das Meer vor der langen, zerklüfteten Küste Quezons. Kokospalmen wiegen sich im Wind. Unten: Zum Mai-Festival werden die Häuser in Luchan prächtig dekoriert.

aus, als hätten es die Spanier erst gestern verlassen. Die Kirchenglocken läuten immer noch um 4 Uhr früh den kühlen, feuchten Morgen ein und rütteln die verschlafene Stadt aus ihrem Schlaf in einer bemoosten Landschaft mit Bergseen. Mount Banahaw bewacht diesen Vorposten tropischer Gotik.

Der Tagesanbruch vertreibt die dunklen Schatten schnell. Vom Dach des einsamen Hotels aus kann man Lucban betrachten: eine grüne Stadt mit ungewöhnlichem Fensterschmuck — seltenen blühenden Pflanzen, auf den Berghängen gesammelt. Ein Spaziergang durch die Stadt zu so früher Stunde läßt die Empfindungen meditierender Franziskaner verständlich werden, die für die heutige Form der Stadt verantwortlich sind.

Mitte Mai wird es in Lucban (auch in Sariaya) lebendig. Während des *Pahiyas*-Festivals (wörtlich ,,Verschönerung", ,,Schmückung") werden Türen und Fenster mit Papaya-, Zitrus-, und Squashfrüchten, Gurken und Getreidehalmen behangen und mit *Kiping*-Blättern in allen Regenbogenfarben dekoriert. (Kiping ist der Begriff für Blattabdrücke aus gefärbter Reisstärke.) Riesige Carabaos und Vogelscheuchen aus Pappmaché tanzen den Innenhof von Lucbans 400 Jahre alter Kirche und verneigen sich vor den moosbedeckten Steinengeln, bevor sie sich in die engen Straßen bewegen.

Man muß den Franziskanern dankbar sein dafür, daß sie dieses zauberhafte Zeremoniell erfunden haben, das Fest zu Ehren San Isidro Labradors, des katholischen Heiligen und Patrons der Bauern und Arbeiter. Trotz Anwesenheit der Medien und vieler Touristen rührt das farbenprächtige, kindlichfröhliche Schauspiel zu den Klängen einer Freiluftmesse die Herzen der Fremden ebenso an wie die der Filipinos.

Küstenherrlichkeit

Der Fischreichtum der Gewässer vor der langen und abwechslungsreichen Küste Quezons ist relativ ungenutzt. Traditionelle Fischgründe für professionelle Angler und Trawler sowie Tiefseetaucher sind **Lamon Bay** vor den mittleren Küsten im Osten, **Tayabas Bay** südlich von Lucena und **Ragay Gulf**, der das südöstliche Ende der Provinz von den Westküsten der Bicol-Region trennt.

Andererseits umspülen diese Wasser auch einige der schönsten Strände des Landes, sowohl auf dem Festland als auch auf den Inseln. Von der landschaftlich schönen Landstraße zwischen Tiaong und Lucena geht ein Weg zur Küstenstadt **Padre Burgos,** Ausgangspunkt zu dem wunderschönen Inselpaar **Pagbilao Grande** und **Pagbilao Chico** in der Tayabas Bay.

Durch eine sandige Landenge verbunden, bestehen diese Inseln eigentlich aus einer Korallenbank, die eine Million Jahre alt ist und sich immer noch entwickelt. Ihre hundert Buchten und unzähligen Höhlen sind von glänzendem weißen Korallensand umgeben und von winzigen Inselchen. Hört man den Inselbewohnern zu, so meint man, diese geographische Entwicklung hätte nur stattgefunden, um die Legenden um Bulaklak und Hangin zu untermalen.

Der bereits mit einer Göttin verlobte Gott Hangin (Wind) wandelte einst auf Erden. Eines Tages fiel sein Blick auf Bulaklak (Blume), eine sterbliche Frau von unglaublicher Schönheit. Sie verliebten sich ineinander, aber göttliche Verordnung und irdisches Gesetz ließen ihre Vereinigung nicht zu, so daß sie Selbstmord begingen. Niemand hatte ein Auge zudrücken wollen, und so wurden die Körper der Liebenden in zwei Inseln verwandelt, die durch eine Sandbrücke verbunden sind. So entstanden Pagbilao Grande, die größere, und Pagbilao Chico, die kleinere.

Das Märchen paßt in die Landschaft aus wildwucherndem Tropenwald und halbmondförmigen Buchten, die häufig mit Yuccapflanzen bestanden sind.

Es könnte durchaus Hangin sein, der auf **Estamper Point** sein Lied pfeift, einer Höhle auf dem Gipfel Pagbilao Chicos. Von hier aus, sagen die Leute, stürzten sich Hunderte von japanischen Soldaten, deren Schiffe von amerikanischen U-Booten versenkt worden waren, in den Tod, um der Gefangenschaft zu entgehen.

Quezons und Auroras Küsten haben viele Strände zu bieten, doch **Baler Bay**, ein Küstenstück im südlichen Teil Auroras, verspricht etwas Besonderes: Wellenreiten.

Baler, eine alte Franziskanerstadt, ist heute ein mittelgroßes Handelszentrum, zu dessen Bevölkerung eine große

Anzahl Auswanderer aus Ilocano gehören. Man kennt die Stadt als Heimat Manuel L. Quezons — des „armen Jungen aus Baler". Etwas von dem Flair einer verträumten spanischen Siedlung ist hier noch erhalten geblieben.

Sein Markt wird von den körbeflechtenden Bauern und Fischern Ilocanos und den kraushaarigen nomadischen Atis (Negriden) besucht. Der Schmelztiegel Baler hat außerdem einen kleinen Flughafen und einen Nebenhafen für Holzfähren.

Von März bis Juni lassen moderne Nomadenhorden die 13stündige Busfahrt durch das staubige Flachland Nueva Ecijas, die schmalen Straßen der Sierra Madre und dichten Regenwald mit 10 m hohen Farnen über sich ergehen. Erschöpft und mit den Gedanken bei exotischen Vögeln und pfeilschnellen Zibetkatzen, machen sich die Rucksackreisenden auf nach **Barrio Cemento**, einem Fischerdorf auf **Cape Encanto**. Kilometerweit vom Ufer entfernt, fällt die See 40 m tief ab, und wegen eines steilen Korallenriffes östlich des alten Zementsteges brechen sich hier Wellen mit solcher Macht, daß sie eine Höhe von 4 1/2 m erreichen. Während die

Fischer ihre Nahrung im Riff fangen, reiten junge Leute vergnügt auf den Schaumkronen der Wasserwände.

Zugänglich ist Baler durch Nueva Ecijas Cabanatuan City und Bongabon. Die Philippine National Railways unterhalten hier einen regelmäßigen Busverkehr.

Quezons Pflanzen- und Tierwelt hat ihren eigenen Charme. Nördlich von Pagbilao Grande, zugänglich über die Straße, die von Pagbilao aus nach Süden führt, liegt der **Quezon National Park.** Tausende von Vögeln zwitschern in den Ästen von riesigen Bäumen und den Ranken und verkrümmten Baumwurzeln. Tauben und Goldamseln, Spechte und *Kalaw*-Vögel tummeln sich hier in Massen, und wilde Affen greifen sich Butterbrote von Picknicktischen. Vom höchsten Punkt dieses Dschungels aus hat man einen schönen Blick auf Pagbilao und die blaue Tayabas Bay.

Darüber hinaus warten in Quezon und Aurora noch viele Strände und weiße Buchten auf ihre Entdeckung.

So ein Umzug auf dem Lande ist problemlos. Der Gemeinschaftssinn „Bayanihan" macht aus Nachbarn eifrige Helfer.

Cavite und Batangas: historische Denkmäler

Die Geschichte und der uralte Lebensrhythmus der Bauern und Fischer Cavites und Batangas', der Provinzen im Süden Manilas, formen Kette und Schußfäden des festen Gewebes der Tagalog-Kultur. Verbunden durch die niedrigen Dos Picos Mountains im Süden Cavites und im Norden Batangas', haben diese Provinzen auch ein eindringliches Erbe gemein — die philippinische Revolution von 1896.

Cavite und Batangas haben, ebenso wie Bulacan und Laguna, eine ganze Reihe von Revolutionshelden hervorgebracht — Anwälte, Kämpfer, Poeten, Kaufleute —, die dazu beigetragen haben, die 333 Jahre während spanische Herrschaft zu brechen und den Grundstein zur unabhängigen Republik zu legen.

Die Zeiten ändern sich. Die Nachbarschaft dieser beiden Provinzen zu dem sich ständig vergrößernden Manila hat andersartige Spannungen kreiert. Die Geschichtsdenkmäler sind heute überschattet von aktuellen Sorgen. An den Küsten beider Provinzen schießen Badeorte aus dem Boden. Provinzgremien sind besorgt über die Arbeitslosigkeit, während gleichzeitig beunruhigte Bürger gegen den Bau einer Schmelzhütte in einer reizenden alten Küstenstadt demonstrieren. Manilas Anziehungskraft, seine Entwicklungspläne und sein Bedarf an den Landwirtschafts- und Fischereiprodukten der Provinzen sind immer stärker spürbar und verändern langsam das Antlitz der stillen Städte und Barrios.

Erkunden Sie Cavite — die Wiege eindrucksvoller Helden

Cavite ist eine Fundgrube für Soziologen. In die Region um die nördlichen Grenzstädte **Zapote** und **Bacoor** sind Fabriken und Raffinerien eingedrungen. Dieser Teil Cavites bebt im Rhythmus der beißenden Rockmusik, die aus den verrückt bemalten öffentlichen Bussen dröhnt, und wenn die Neonreklamen aufflackern, streichen Biertrinker ziellos durch die Straßen. Südlich, in Richtung auf die alten Städte, und südwestlich, in Richtung auf die Küste,

werden glanzvolle Badeorte gebaut, die die traditionellen Seafood-Restaurants verdrängen. Generationen von Wochenendausflüglern haben sich schon an den Stränden von **Noveleta, Rosario** und **Tanza** vergnügt. Da der Besucherandrang letztlich gestiegen ist und die Industriebetriebe der Umgebung das Wasser immer mehr verschmutzen, tendiert man dazu, weiter nach Süden auszuweichen.

Karte
Seite 319

Der Name der Provinz rührt von dem alten hakenförmigen Zentrum *Kawit* her, in dem sich die Einwohnerschaft konzentrierte. *Kawit* ist das Tagalog-Wort für ,,Haken''. An der Spitze dieses Hakens liegt **Cavite City** (Cavite ist die spanische Version von *Kawit*), das bis vor kurzem Provinzhauptstadt war. In der Nähe rüsteten die Spanier ihre Galeonen und kleinen Boote für das Manila-Acapulco-Rennen aus, um die marodierenden Moros abzuwehren. Hier fand im Jahre 1647 ein Angriff holländischer Geschwader statt, der das steinerne Fort, dessen Ruinen noch in **Porta Vaga** zu sehen sind, stark beschädigte. Eine Meuterei philippinischer Hafenarbeiter in den 70er Jahren des 19. Jahrhunderts nahm die spanische Regierung zum Anlaß, die Führer einer immer mächtiger werdenden einheimischen Bewegung zu bestrafen, die ihre Mönche vertreiben und durch *Indio*-Priester ersetzen wollte. Als die Revolution endlich ausgebrochen war, kamen die Amerikaner und schafften die neue Republik ab, wodurch Cavite City wieder einmal zum Marinestützpunkt einer Kolonialmacht wurde, **Sangley Point** blieb bis kurz nach 1960 amerikanische Basis.

Ganz in der Nähe liegt die Stadt **Kawit**, der Geburtsort General Emilio Aguinaldos, des Anführers der revolutionären Truppen der Provinz und Präsidenten der kurzlebigen ersten Philippinischen Republik. Lange nachdem das Revolutionsmoment in Manila zum Stillstand gekommen war, übten sich Aguinaldo und seine Männer noch in der Kriegskunst und bauten eine stabile Südwand in Kawit, die den heftigen spanischen Angriffen zwei Jahre lang widerstand. Im Juni 1898 hißten Revolutionäre die philippinische Flagge auf Aguinaldos Balkon. Die begleitende Kampfeshymne wurde später zur Nationalhymne.

Doch selbst nach der philippinischen

Unabhängigkeit blieb der 4. Juli ein Jahrzehnt lang der offizielle Unabhängigkeitstag, genauso wie bei den Amerikanern. Erst nach 1950 besann man sich auf Kawit und feierte nun den 12. Juni.

Im Mittelpunkt dieser Riten steht der **Aguinaldo Shrine**, ein weißes Haus, das Erinnerungsstücke an seine Zeit zur Schau stellt. Eine Photogalerie mit Aufnahmen der jungen *Indios,* die das Revolutionssüppchen gekocht hatten, hebt sich von den restlichen Symbolen dieser unruhigen Zeiten ab. Aguinaldo selbst hatte die Galerie bärtiger Männer mit dem Spitznamen *Galeria ng Makasalanan* belegt, was wörtlich „Galerie der Sünder" heißt — sicherlich im Sinne der zornigen Spanier.

Um bei diesem Bild zu bleiben: Auch heute lebt in Cavite eine gelungene Mischung aus Spitzbuben und Heiligen. Ehrwürdige Kirchen stehen in verschiedenen frühen Siedlungen; Seminare und Klöster entstehen in den Hügeln südlich Tagaytays. Dieses Muster an Rechtschaffenheit erhält ein Gegengewicht durch den Schmuggel, der im großen Stil an der Westküste vor sich geht, und durch die verschiedenen Marihuanazüchter und -händler Cavites.

Hanf für Taue ist eine traditionelle Feldfrucht der zentral gelegenen Stadt **Dasmarinas** und der im Süden gelegenen Städte **Indang, Silang, Amadeo, Alfonso** und **Mendez-Nuñez.** Es war ein leichtes, *Cannabis sativa* zwischen dem Obst und Gemüse anzubauen, mit dem Cavite die große Stadt seit je beliefert hat. Zeitungen berichten regelmäßig über Zerstörungen von Cannabispflanzen, mit Bildern von brennenden Blättern.

An der südwestlichen Küste und in den südlich gelegenen Hügeln zeigt sich die Provinz von ihrer schönsten Seite. Die Küstenstadt **Maragondon** ist nicht nur historisch interessant, sondern in ihrer Umgebung kommen die natürlichen Schönheiten Cavites besonders zur Geltung. Von der Ebene aus gesehen, formen die Hügel und niedrigen Berge die Hälfte eines imposanten Kranzes. Irgendwo zwischen diesen Erhebungen versteckt sich die alte Jesuitenstadt Maragondon mit ihrer prächtigen Kirche.

Vorausgehende Seiten: Ein Reitersmann auf dem Wege zum Tagaytay-Kamm. Unten: Ein Jeepney aus Cavite propagiert die herrschende Ordnung.

Diese Kirche — eine der schönsten im Land der vielen Kirchen — erscheint auf den ersten Blick eher schlicht, bis man die reichgeschnitzte Naturholztür gesehen hat und die Rokokopracht des Interieurs. Die Trompetenengel des Altars und der Friese beschwören Bilder der Revolution herauf, die bis auf die Kirche übergegriffen hatte. Andres Bonifacio, Anführer der *Katipunan*, wurde hier von Caviteños gefangengehalten und später in den Hügeln Maragondons zu Tode geprügelt. Seine sterblichen Überreste sind auf Mount Buntis begraben.

Im Norden Maragondons erinnert eine Siedlung an jesuitische Geschichte. Im Jahre 1663 entschlossen sich die Spanier, ihre Streitkräfte von den zur Molukkengruppe gehörenden Inseln Ternate, Tidore und Siao abzuziehen. Die spanischen Jesuiten zogen daraufhin mit ihren Proselyten von Indonesien auf die Philippinen und gründeten im Norden Maragondons die Siedlung Ternate, nach ihrer alten Heimat benannt.

Je weiter man zu den Bergen im Süden Cavites vordringt, desto kühler wird es und desto ausgefallener werden die Attraktionen. In der ländlichen Stadt **Alfonso** findet im Januar ein weniger bekanntes philippinisches Schauspiel statt. In **Barrio Marahan**, einige Kilometer außerhalb der Stadt, leben sieben ältere Personen, die während des alljährlichen Erntefestes in einen Flammenring hineintanzen.

Der Ursprung des Feuertanzes von Cavite liegt im dunkeln. Nach Aussagen der Tänzer findet dieses Ritual nur in Barrio Marahan statt. Ein alter Mann, im Besitz der Geheimnisse ,,derjenigen, die vor ihnen kamen'', unterrichet diese Kunst. Das ist alles, was der Durchreisende in Erfahrung bringen kann. Immerhin bestünde die Möglichkeit, daß die Feuertänzer entfernte Verwandte der Inder sind, die bei religiösen Festen über glühende Kohlen laufen.

Auf Cavites höchster Erhebung liegt **Tagaytay**, die letzte Station. Die Landstraße ist aus dem nördlichen Grat des aktiven Taal-Vulkans herausgeschlagen. Kokosnußhaine sind der Stadt vorgelagert, die auf einen mit Wasser gefüllten Krater hinabschaut und eine fast genau im Zentrum liegende smaragdfarbene Insel. Gänseblümchenfelder wachsen auf der fruchtbaren schwarzen Vulkanerde des Kammes, und Krähen und Falken, selten auch Adler, durchmessen die Weite des klaren Himmels. Im Vordergrund sieht man die vielen Falten des Dos Picos' Mountain. Wie überall im Lande, haben sich Klöster und Seminare auch hier die erhabenen, etwas kühleren Plätze ausgesucht. Die Kapelle der **Pink Sisters** ist besonders erwähnenswert.

Batangas: Heimat der Tagalog-Kultur

Die wohl ältesten Spuren der Tagalog-Kultur sind in der Batangas-Provinz zu finden. Archäologische Funde im südwestlichen Küstengebiet der Balayan Bay weisen auf menschliche Besiedelung vor 250 000 Jahren hin.

Tradition füllt die Geschichtslücke: Es wird erzählt, daß im 13. Jahrhundert zwei Stammesführer zusammen mit acht anderen ,,Häuptlingen'' vor dem Tyrannen Makatunaw aus Borneo flohen. Sie landeten in Panya in den Visayas und drangen nach Norden vor, um Siedlungsland zu finden. Die Datus Dumangsil und Balensusa erreichten die Balayan Bay und über den Pansipit-Fluß die Ufer des Taal-Sees.

Mit ihren Familien und Sklaven ließen sie sich auf dem fruchtbaren Land nieder und führten ein geordnetes Gemeinschaftsleben, in dem Reisanbau und Weberei die Hauptrolle spielten. Durch die Gaben des Lesens und Schreibens sowie dank ihres kodifizierten Rechts übten sie bald die Herrschaft über die heutigen Provinzen Batangas, Oriental und Occidental Mindoro, Quezon (damals Tayabas), Laguna und Teile der Bicol-Region aus. Bombon wurde dieses große Gebiet damals genannt, das lebhafte Handelsbeziehungen mit arabischen, chinesischen und indischen Kaufleuten unterhielt. Beweise hierfür liefern Ausgrabungen in Calatagan, im Westen der Balayan Bay und im nördlichen Lemery. In uralten Grabstätten fand man Exportkeramik, Perlen und Waffen.

Kein Wunder, daß die *Conquistadores* Juan de Salcedo und Martin Goiti, die Batangas 1570 entdeckten, zufrieden waren. Siedlungen entlang des Pansipit-Flusses gab es im Überfluß. Während einer Fahrt auf dem Fluß schoß ein mißtrauischer Stammesführer Sacedo einen Pfeil in den Fuß. Dies scheint jedoch der einzige Protest Einheimischer gegen die *Conquistadores* gewesen zu sein.

Wie José Rizal in seinen Bemerkungen zu dem spanischen Historiker Morga aufzeigt: ,,Die Völker, an Knechtschaft gewöhnt, verteidigten ihre Anführer nicht ... Der Adel, an Tyrannei gewöhnt, mußte eine stärkere tyrannische Macht anerkennen.''

Die Spanier begannen das Siedlungsmuster durchzusetzen, das sie bisher verwandt hatten. Statt mit Geld belohnte die knausrige spanische Krone ihre Helfershelfer mit Wohlwollen. Die Landstriche wurden in sogenannte *Encomiendas* eingeteilt und die Bewohner nach zwei Gesichtspunkten klassifiziert: *Tributos* waren tributpflichtige Familienoberhäupter und *Almas* der Sammelname für alle getauften Individuen.

Eineinhalb Jahrhunderte, nachdem Batangas Provinz geworden war, erhoben sich die *Indios* mit Waffengewalt gegen die Spanier. Die Jesuiten besaßen und verwalteten riesige Viehfarmen im gesamten Bombon. Daß der Grund und Boden hierfür durch Enteignungen an

Links: Ab und zu ist der Taal-Vulkan auch zornig. Rechts: Ein ruhiger Tag. Die glatte Oberfläche des Taal-Sees lädt zum Angeln ein.

Augustiner und Jesuiten gefallen war, ließ die *Indios* nicht ruhen.

Es gab noch andere Probleme. Die wohlgeordneten Siedlungen Batangas waren im 17. Jahrhundert immer wieder Ziel von Moro-Raubzügen, auf denen viele Sklaven eingefangen wurden, die bei der Schaffung von Königreichen in Mindanaos Wildnis eingesetzt wurden. In **Lemery, Bauan** und **Batangas** sieht man noch Ruinen von Verteidigungsfesten.

1732 verlegte die spanische Regierung ihre Hauptstadt von der Küstenstadt Balayan ins Landesinnere nach **Taal,** woraufhin das gesamte Terrain den Namen der Hauptstadt erhielt. Dies war der Anfang der „Zivilisation" für Batangas und Beginn einer Epoche rapiden wirtschaftlichen Wachstums, beschleunigt durch die Einführung der mexikanischen Kaffeebohne im Jahre 1841.

Als der Kaffeeanbau abnahm, verlangsamte sich auch der kommerzielle Aufstieg Taals. Spuren der damaligen Blütezeit jedoch haben sich erhalten. Obwohl die dorischen und korinthischen Säulen der *Taal Church* bemoost sind, kann man ihre frühere Pracht noch erahnen. In die schmalen Straßen dieser hügeligen Stadt ragen geschnitzte Dachrinnen vieler Ahnenhäuser, aus denen der Singsang des alten Tagalog klingt. (Das reine, nicht mit Slang durchsetzte Tagalog heißt *Taal ng Tagalog,* die Sprache Taals.)

Steht man auf dem Glockenturm der alten Kirche, so entfaltet sich zu Füßen die Schönheit Batangas': Zuckerrohrfelder, der blaue mäandrierende Pasig-Fluß und, nicht zu vergessen, die Fernsehantennen, die wie Bambussprößlinge aus den Dächern der hundertjährigen Häuser herausragen.

Nahe dem verschnörkelten Eingangstor zum Marktplatz trocknet auf Rahmen aufgespanntes Piña-Gewebe aus fast durchsichtigen Ananasfasern — kurz vor der Vollendung durch Stickerei. Die feine Nadelarbeit hat Tradition in den Tagalog-Provinzen und verleiht dem *Barong Tagalog* seine Besonderheit.

Vielleicht war es ihre Geschicklichkeit mit der Nadel, die Marcela Agoncillo aus Taal eine Seite im philippinischen Geschichtsbuch garantierte, da sie es war, die die erste Filipino-Fahne für die jungen Generäle der Revolution genäht hatte. Eine Tafel im *Agoncillo House*

weist darauf hin, daß sie sogar ihren Schmuck versetzte, um die revolutionären Aktivitäten ihres Mannes zu finanzieren.

Unweit des Agoncillo-Hauses steht das *Apacible House,* ein Museum, in dem hauptsächlich Exportkeramik, die aus den Fundstätten der Provinz stammt, und private *Santo*-Sammlungen aus stattlichen alten Häusern ausgestellt sind.

Fruchtbarkeit und Zerstörung sind die Pole der Überlieferungen, die sich mit den Städten rund um den Kratersee und Taal befassen. Die Kaffeebohne rief zwar einen Adelsstand ins Leben, aber Vulkanausbrüche haben mit schöner Gleichmäßigkeit ganze Städte zerstört, wie zum Beispiel im Jahre 1754 das im Osten gelegene **Lipa.**

Es ist ungewiß, ob der Kratersee mit seiner Insel (und zwei aktiven sowie einem erloschenen Krater) einst einen höheren Gipfel hatte, der bei einem Ausbruch im Jahre 1808 abgeschlagen wurde, wie manche Quellen behaupten, oder ob die derzeitige Formation durch eine allmähliche geologische Senkung entstanden ist, wie die Commission on Volcanology annimmt.

Jedesmal, nachdem ein Vulkanausbruch erfolgt ist, zirkulieren Horrorstorys über versunkene Städte, tote Alligatoren, die 30 m durch die Luft geschleudert wurden, Feuer- und Schwefelgestank, der die Dörfer einhüllt, und über nachfolgende bösartige Fieberepidemien. Aber wie es sich für echte Fatalisten gehört, hat es noch nie an Leuten gemangelt, die das Seeufer und die Insel bewohnen. Sie verlassen die Dörfer, so sie können, sobald die Beben beginnen, und kehren zurück, wenn der vulkanische Zorn verklungen ist.

Es gibt drei Zufahrtsmöglichkeiten nach Batangas: einmal durch die Batulao-Bergkette im Norden (an der Grenze zu Cavite), zum anderen durch die ländliche Stadt Santo Tomas (an der Grenze zu Laguna) und drittens über eine abenteuerliche, steile und ungepflasterte Landstraße, die Tagaytay von Talisay-Stadt trennt.

Eine Rundreise durch die Provinz könnte zwei Abschnitte umfassen: am Ufer entlang um den Taal-See herum und die ungleichförmigen Küstenstriche im Westen, Süden und Südosten entlang.

Die beiden üblichen Anwege zum

Seeufer liegen an entgegengesetzten Seiten des Sees. Einer führt durch die Umgebung Taals und seiner Nachbarstädte **San Nicolas, Cuenca** und **Agoncillo,** der andere geht durch Talisay im Norden, unter dem Talisay-Kamm entlang. Über die Talisay-Anfahrt erreicht man die Insel leichter — etwa 30 bis 45 Minuten Fahrzeit mit einer motorisierten *Banca*.

Die ausgezackte Küste Batangas hat die interessantesten Buchten, Schlupfwinkel und Halbinseln des gesamten Archipels zu bieten. Bei **Nasugbu** und **Lian** liegen Strände mit den obligaten Bambushütten und eleganten Strandhäusern. Außerdem gibt es ein paar Country-Club-Anlagen in Nasugbu. Dort kann man schwimmen, Boot fahren, angeln und schnorcheln.

Calatagan Peninsula im Südwesten ist eine interessante Station mit einer alten Stadt im spanischen Stil, die sich auf dem riesengroßen Gelände einer ehemaligen Hazienda befindet, umgeben von einem Waldschutzgebiet. Sie gehört der Zobel-Ayala-Familie, einer der ältesten und reichsten Familien des Landes. Auf Calatagan gibt es nicht nur relativ einsame Sandstrände, sondern auch einen in die Klippen gebauten Badeort, **Punta Baluarte,** für den sich die Ayala-Besitzer Anregungen von der Costa Brava geholt hatten.

Das östlich gelegene **Mabini** ist auf Tauchclubs spezialisiert, die die notwendige Ausrüstung verleihen. Unweit der Batangas Bay, in dem Bezirk **Lobo,** lockt ein abgelegener weißer Sandstrand Fischkundler mit dem eindrucksvollen Fischreichtum seines Wassers. **Gerthel Beach Resort,** an der Meeresmündung des Lobo River gelegen, ist ein kaum bekannter und wenig besuchter Ort. Etwas weiter östlich ermöglicht der Lobo-Unterseegarten in kristallklarem Wasser eine Vorstellung davon, wie die philippinischen Küsten ohne Ölschlick und Dynamitfischerei ausgesehen haben müssen.

Maricaban und **Verde Islands,** südwestlich und südöstlich von Lobo, sind noch isolierter und ursprünglicher. Auf der Verde-Insel singen die Wellen das alte Sirenenlied im Takt der brausenden Naturgewalt.

Für Sportfischer aus Manila genau das Richtige: ein Wochenende an der Küste von Batangas.

169

Westküsten-Intermezzo: Bataan und Zambales

Diesmal haben die Reklamebroschüren recht — ein Sonnenuntergang in der Manila Bay kann eine erfreuliche Angelegenheit sein! Ockerfarbene Streifen und andere ungewöhnliche Farbtöne wie Cerise und Mauve verweben sich, fließen ineinander und verzaubern den Himmel. Von der Promenade am Roxas Blvd. aus kann man es am besten beobachten. Sie werden sehen: Nicht jedesmal sinkt die Sonne nach einem feurigen Drama in einen wässrigen Horizont. Je nach Jahreszeit könnte sie auch hinter den schwach sichtbaren Bergen gegenüber verschwinden.

Die vagen trübblauen Berge erstrekken sich über die kurze, gedrungene Halbinsel Bataan; denjenigen, die den Zweiten Weltkrieg überlebt haben, ist sie sicherlich nicht unbekannt. In Bataan werden heute zahlreiche Erinnerungsstücke an die Kriegszeiten zur Schau gestellt — viel Schrapnell ist unter Glas zu sehen, was der Nachwelt den angemessenen Seufzer entlockt. Kriegsdenkmäler und Wahrzeichen sind in Bataan nicht zu übersehen.

Liest man ihre Beschreibungen, zieht man eine Karte und eine gute Portion Einbildungskraft hinzu, so kann man das Auf und Ab der Schlachten rekonstruieren. Der leidenschaftslose militärische Jargon — Aufmärsche, Verteidigungslinien, Bombardierung, Kapitulation — täuscht nicht über den bitteren Satz ,,... wurden gnadenlos vom Feind niedergemetzelt ...'' hinweg.

Bataan ist, ähnlich wie Corregidor, heiliger Boden für die Veteranen, die als Touristen an die Stätten ihrer früheren Tapferkeit und Qualen zurückkehren. Kranzniederlegungen sind an der Tagesordnung, aber die längsten Reden sind für den 9. April vorbehalten — der Tag, an dem Bataan fiel. An diesem Tage strömen zahllose Exhelden, mit dem Präsidenten an der Spitze, zum **Mount Samat** hinauf, der Stätte des heftigsten Kampfes im Jahre 1942, als die amerikanisch-philippinischen Kriegstruppen schließlich kapitulieren mußten. Ein großes Kreuz in Gipfelnähe erinnert an die Gefallenen des Krieges. Das Mahnmal heißt *Dambana ng Kagitingan* (,,Denkmal der Tapferkeit'').

Entdecken Sie Bataan und Zambales

Karte Seite 321

Kilometersteine mit der Zahl Null befinden sich sowohl in Mariveles als auch in Bagac. Diese beiden Städte waren Ausgangspunkte des Todesmarsches, der mehr Opfer unter den alliierten Gefangenen forderte als die eigentliche Schlacht in Bataan. 76 000 Filipinos und Amerikaner, die sich ergeben hatten, schleppten sich über die Halbinsel zu einem 100 km entfernten Konzentrationslager in Pampanga; ein Zehntel der Gefangenen starb auf dem Weg.

Verschiedene Wahrzeichen markieren diese Route entlang Bataans Ostküste. Ein typisches Beispiel ist die Statue eines Soldaten in Kampfstellung in **Orani**, einer Stadt im Norden der Provinz. Auf dem Wege nach Bagac hat eine japanische Buddhistengemeinschaft einen Freundschaftsturm **(Friendship Tower)** errichtet.

Ganz in der Nähe bahnen japanische Bulldozer einen Weg für den Highway, der Städte an der Ost- und Westküste miteinander verbinden wird. Im Nordosten wird eine Küstenstraße nach Manila verlängert. Mit dem Ausbau einer guten Infrastruktur sucht man das ehemalige Schlachtfeld in ein ausgedehntes Industriegebiet zu verwandeln.

Mariveles, einst ein verträumter Fischereihafen an der Südspitze der Halbinsel, wird durch die Eröffnung der Bataan Export Processing Zone langsam zu einer unabhängigen Industriestadt umgeformt: ein ehrgeiziges Regierungsprojekt, das Industrie und Schwerindustrie in einer Freihandelszone konzentrieren will. Den derzeitigen Boom in Bataan stimulierten Heimarbeiter und Textilfabriken, Stahlöfen, Kupferschmelzen, Ölsuche und Landerschließung. In **Bagac** ist der Bau eines verständlicherweise umstrittenen Kernkraftwerkes in Angriff genommen worden.

Der industrielle Aufschwung ist von dem rapiden Wachstum der Tourismusindustrie begleitet worden. Hotels und Badeorte sind aus dem Boden geschossen, besonders an der weniger ansprechenden Ostküste, der Manila Bay gegenüber.

Sie können per Hubschrauber, Tragflächenboot oder mit katamaranähnlichen Booten mit klimatisierten Aussichtstürmen von Manila nach Mariveles gelangen, ein kurzer Aufenthalt in

170

Corregidor eingeschlossen. Über Land folgen Sie der North Diversion Road von Manila aus nach San Fernando, Pampanga, biegen links am Highway Nummer 7 ab, der nach Olongapo, Zambales, führt. Dann biegen Sie über die Layac-Kreuzung wieder nach links ab an der provinziellen Grenzstadt **Dinalupihan.** Touristenbusse und Linienbusse starten in Manila.

Von Dinalupihan aus führt die Straße nach Süden in Richtung auf die Provinzhauptstadt **Balanga,** vorbei an Badeorten, die den Weg bis nach Mariveles begleiten.

Zambales im Norden Bataans besteht aus zerklüfteten Bergketten und einer malerischen Küste und stößt an die westliche Grenze der Zentralluzon-Provinzen. Da es keine guten Straßen in Zambales gibt, wird es selten besucht.

Ebenso wie Bataan, war Zambales eine der ersten Provinzen Luzons, die spanisch wurden, als Juan de Salcedo im Jahre 1572 die Westküstenregion erkundete. Er traf in den Bergen auf wilde Zambalen-Stämme, die den Spaniern später so zu schaffen machten, daß sie ihnen Strafexpeditionen nachschickten, um die Kopfjägerei zu eliminieren.

Die Marinebasis der 7. US-Flotte in **Olongapo** hat das ehemalige Barrio in ein Sündenbabel verwandelt. Die Küstenstriche zwischen Olongapo und **Subic**-Stadt und zwischen **San Antonio** und **Iba** sind auf die Bedürfnisse des allgegenwärtigen amerikanischen Soldaten eingestellt.

Im südlichen Teil der Provinz leben heute wieder hauptsächlich Mitglieder des Tagalog-Stammes, während die Städte im Zentrum der Provinz vornehmlich von Ilocanos bewohnt sind. Die Ureinwohner, Zambalen, sind nach Norden, in Richtung auf Pangasinan, verdrängt worden. Im Osten, in den grenznahen Bergen, liegen von der Regierung geschaffene Reservate für Negritos oder Aetas.

Die Straße von San Fernando, Pampanga, nach Olongapo ist gut befahrbar, aber ab Iba verschlechtert sich ihr Zustand. Die Fahrt ist eher langwierig und unbequem, verspricht jedoch prachtvolle Strände und Felsenklippen sowie großartige Sonnenuntergänge.

Kaum besuchte idyllische Strände in Zambales bieten dem Städter erholsame Einsamkeit.

Die Central Plains

Bulacan: Revolutionärer Impetus

Wenn Filipinos von den Glanzzeiten der Tagalog-Kultur sprechen, wird oft genug auch die Geschichte der Bulacan-Provinz erwähnt. Obwohl sich Beiträge einzelner Bulakeños vergangener Zeiten nicht mehr so genau verfolgen lassen, haben die Provinzbewohner einen revolutionären Geist bewahrt.

Zwischen Manila und Bulacan hat es immer schon einen regen Austausch gegeben. Die neue North Diversion Road schafft eine dritte wichtige und schnellere Zufahrtsmöglichkeit von Manila aus in die Provinz. Bulacans Bindung an die Hauptstadt ist noch intensiver geworden, seit die ganz im Süden gelegene Stadt Valenzuela dem expandierenden Metro Manila angeschlossen wurde.

Die ausufernde Verstädterung hat bereits Auswirkungen in der gesamten Provinz gezeigt und so viele Fabriken, Warenlager, Sozialwohnungen und Gedächtnisparks mit sich gebracht, daß man die verbliebenen Spuren der alten Kultur heute auf den alten Reisfeldern, an Fischteichen, in Mangofarmen, an Obstständen, in Entenfarmen, Gerbereien und bei den Brennöfen für Tontöpfe von früher suchen muß. Verbringt man mal einen Tag mit Mitgliedern der älteren Generation Bulacans, so überraschen den modernen Städter immer wieder formale Sprache und angestammter sozialer Gestus der Leute — ,,Sie haben noch nicht gegessen? Sie müssen mit uns essen!'' — eine traditionsreiche Mixtur aus spanischer Höflichkeit und malaysischer Gastfreundschaft. Wenn man Glück hat, trifft man einen gesprächigen Bulakeño der alten Garde, der seine Rede mit schelmischem Witz würzt — fast so wie früher, als sich die Tagalog über Mönche und Regierende, wer immer sie auch waren, ausgiebig lustig machten. In der schlechten alten Zeit pflegten Reimschmiede aus Bulacan ihrem politischen Ärger jederzeit in Versform Luft zu machen.

Es ist nicht zu leugnen, daß dieser Esprit — den Kolonialherren völlig unverständlich — ebenso notwendig zur Austreibung des Kolonialismus war, wie die Waffen zu seiner Niederlage. Die philippinische Revolution von 1896 wird manchmal als der verherrlichte Auf-

Karte Seite 322

stand der acht überwiegend Tagalog sprechenden Provinzen angesehen. Wie auch immer — Bulacan war eine besondere Rolle zugefallen. Die Poeten und Propagandisten Bulacans hatten ihre Provinz zum geistigen Nervenzentrum des Tagalog-Aufruhrs gemacht und dadurch den Generälen und Strategen Cavites, den Staatsmännern Batangas', den Hitzköpfen in Manila, den Mystikern Quezons und den Mythologen Lagunas zugearbeitet.

Vor hundert Jahren stand die Tagalog-Kultur in Bulacan in voller Blüte. Man kokettierte in einer spanisch eingefärbten Tagalog-Mundart zwar mit den Regierenden, benutzte sie aber auch als Propagandawerkzeuge. Die Spanier hatten verhindert, daß außer der Oberschicht jemand Spanisch lernte, denn die ,,fremde'' Sprache war ein Grundstein ihres Überlegenheitsmythos. Aber die Literaten Bulacans wußten sich zu helfen. Gegen Ende des Jahrhunderts war die Atmosphäre erfüllt von blutdürstigen Revolutionsgedanken im Karnevalskostüm.

Begonnen hatte alles Ende des 18. Jahrhunderts mit der Geburt des Dichters Francisco Baltazar in der Stadt Bigga in Zentralbulacan, der später seinen ursprünglichen *Indio*-Nachnamen Balagtas annahm. Wie alle aufstrebenden Poeten seiner Zeit hatte auch Balagtas unter der strengen Überwachung durch die Mönche zu leiden. Selbst religiöse Themen mußten ihre offizielle Genehmigung haben. Balagtas meisterte schließlich alle Restriktionen, indem er im Gewand allegorischer Poesie, mit anerkanntem Versmaß, seinen Protest gegen die Tyrannei verbreitete.

Die Mönche glaubten, daß *Florante at Laura*, Balagtas bekanntestes Werk, tatsächlich von den Kämpfen zwischen Christen und Mauren in einem mystischen Königreich handelte — mit erwünschtem Ausgang natürlich. Das Metrum stimmte; es hatte musikalische Qualitäten. Doch scharfsinnige Tagalog ließen sich nicht täuschen. Ihre miserablen Lebensumstände — Zwangsarbeit, maßlose Steuern und die Launenhaftigkeit der Mönche — ließen sie verstehen. Eine Generation von Ungebildeten memorierte Zeile für Zeile die Verse des Dichters und träumte von Gerechtigkeit.

M.H. war einer der bärtigen jungen Filipinos, die während der turbulenten Jahre der Propagandabewegung in Madrid Unterstützung für die Autonomiebestrebungen der philippinischen Kolonie suchten. Er war gleichzeitig ein Meister im Fach der Satire und ein guter Karikaturist, spezialisiert auf die religiösen Flugschriften, die die Mönche zur Unterrichtung der Gläubigen herausbrachten. Ab und zu mischte del Pilar seine bissig-polemischen Epigramme darunter, die dann selbst auf den Inseln ein Hit wurden.

Diese Untergrundliteratur fungierte, zusammen mit den eher staatsmännischen Gedanken eines José Rizal, als Katalysator revolutionären Eifers in Luzon. Sie drang in die Salons, erreichte Arbeitsstätten, Läden und sogar die Kirche selbst, von *Indio*-Meßdienern in die Gotteshäuser hineingeschmuggelt.

Es war eine logische Folge, daß Bulacan eine wesentliche Rolle wahrend der Kämpfe spielte. Auf der Flucht vor den Spaniern verbarg sich Genaral Aguinaldo mit seinen Truppen in den Höhlen von **Biyak-na-Bato** im Norden Bulacans. In **Malolos,** im Südwesten der Provinz, fand ein revolutionärer Kongreß statt, dessen 52 Delegierte eine Unabhängigkeitserklärung verabschiedeten — mit dem unguten Gefühl, daß die Amerikaner mit den Philippinen nicht nur Gutes im Sinn hatten. Für den Entwurf ihrer Verfassung holte sich die Creme der gebildeten Filipinos Anregungen aus den Gesetzen junger, unabhängiger lateinamerikanischer Nationen. Es herrschte zwar Uneinigkeit über einen Gesetzesartikel, der Katholizismus als Staatsreligion der neuen Republik vorsah, aber in den hohen Hallen einer alten Kathedrale, unter den Augen diverser Heiliger, faßte man schließlich den Entschluß, daß eine Trennung von Kirche und Staat angebracht sei. Und so begann ein neues Kapitel der neuen Nation, ein neues Jahrhundert.

Entdecken Sie Bulacan

Der Sommer ist eine gute Zeit, Bulacan zu besuchen — besonders im März, wenn in der ganzen Provinz die Heilige

Vorausgehende Seiten: Arbeit gibt es genügend in den Central Plains, ob auf dem Reisfeld oder in den Zuckerrohrfeldern. Unten: Einmal im Jahr hat der Carabao frei.

Woche, ein bewegliches Fest, gefeiert wird. Auch im Mai finden zwei wichtige Festivals statt. Und im Juli, am ersten Sonntag des Monats, feiert **Bocane**, eine am Flußufer gelegene Stadt, ihr Flußfest. Diese Reisezeit bietet den zusätzlichen Vorteil, daß die Mangos, die auf kommerzieller Basis überall in der Provinz angebaut werden, reif sind. Im März liegt der schwere, beinahe aphrodisische Duft weißer Blüten über den Mangohainen. Mai, Juni und Juli füllen die Straßenstände mit dem köstlichen Gelb von Mangos und dem saftigen Grün gigantischer Wassermelonen.

Etwa eine Stunde nachdem man die Außenbezirke Metro Manilas durch Caloocan verlassen hat, kann man auf dem MacArthur Highway nach Malolos fahren, der Provinzhauptstadt Bulacans, in der am Karfreitag ein Passionsspiel aufgeführt wird. Dieses Schauspiel in melodischem Tagalog begeistert nicht nur Manileños, auch für fremde Augen sind die leuchtenden Kostüme der tropischen Fastenzeit faszinierend. Am selben Tag feiert man in **Paombong**, etwas weiter westlich als Malolos, eine *Penitensya*. Am frühen Nachmittag malträtieren sich Flagellanten in blutigem Eifer mit Lederpeitschen und Glasdornen, um in aller Öffentlichkeit ihre Sünden abzubüßen oder um für im Vorjahr empfangene Gnade zu danken.

Am 14. Mai feiert **Pulilan**, eine Stadt im Nordosten Bulacans, das Carabao-Festival. Wie so viele Fiestas in den Tagalog sprechenden Gebieten, ist auch Pulilan dem Schutzpatron der Bauern, San Isidro Labrador, gewidmet. Seltsamerweise steht jedoch im Mittelpunkt des Pulilan-Dankfestes der Carabao, einer der härtesten „Landarbeiter". Hunderte von Carabaos werden an dem großen Tag zusammengetrieben und ziehen, gewaschen und mit Ballons und Blumen geschmückt, Karren zur Kirche, auf denen die Bauernfamilien sitzen. Vor der Kirche versucht man durch Schmeicheln, Anspornen und Peitschen die Lasttiere dazu zu bringen, in die Knie zu gehen: ein komisch-feierlicher Anblick.

Vom 17. bis zum 19. Mai hält **Obando**, am südwestlichen Ende Bulacans gelegen, seine Fiesta ab. Seine alte, von Manila kommende Zufahrtsstraße ist in schlechtem Zustand.

Die hektische Vorfreude der Stadt spürt man bereits in den engen Gassen auf dem Weg zur Kirche. Ein Basar breitet sich im Innenhof der Kirche aus, auf dem bergeweise Blechhubschrauber, gefertigt aus gebrauchten Konservendosen, Papphüte, Rosenkränze, *Estampitas* der Jungfrau in ihren diversen Posen und Tonspielzeug feilgeboten werden — überflüssiger Kleinkram, der das Herz des Filipinos aus dem Tiefland erfreut. Um das Kirchengelände herum und in den schmalen Straßen Obandos tanzen Hoch und Niedrig, Stadt- und Landbewohner, um zu bitten oder zu danken für ein neugeborenes Baby, einen passenden Gefährten, einen guten Fang. Alte Damen in *Sayas* (folkloristischen Röcken) tanzen mit Stadtmatronen im Festtagsstaat, fesche junge Pärchen, runzlige alte Fischer — sie alle bewegen sich im Zweiertakt eines uralten Fruchtbarkeitsritus im modernen Gewande.

Nach der Fiesta, auf dem Wege gen Norden, wird man von der Cagayan Valley Road aus den Menschenmengen hinausgetragen in das weite Land. Hat man genügend Zeit, kann man den **Maalangaan Cave and Spring** (Höhle und Quelle) nahe San Ildefonso, die **Sibul Spring** (Quelle) unweit San Miguels, an der Nordgrenze der Provinz, und Biyakna-Bato besuchen. Beim Verlassen der Provinz empfindet man dieselbe unaufdringliche Freude, die die gesamte Reise durch Bulacan kennzeichnet. An einem der Straßenstände sollte man noch Carabao-Milch-*Pastillas* kaufen, weiche Bonbons, die eine angenehme Süße im Mund hinterlassen.

Nueva Ecija: die Reisschüssel

Als nächstes liegt Nueva Ecija auf der Route. Kulturell mit Bulacan verwandt, zog diese Provinz Bauernfamilien an, als das Ackerland im Süden rar wurde. 60 % der Bewohner sind Tagalog, den Rest machen Ilocano-Einwanderer aus.

Vier Flüsse machen das Land Nueva Ecijas fruchtbar und bewässern seine Ebenen, deren intensiver Reisanbau ihm den Titel „Reisschüssel der Philippinen" einbrachte. Unablässiges Experimentieren mit Bewässerungsarten, Düngemitteln und Fruchtwechseln sollen die Produktivität dieses Bodens erhöhen. In der unfreundlichen, staubigen Stadt Pantabangan wurde kürzlich das 500-Millionen-Peso-Projekt Upper Pampanga River fertiggestellt, das für bessere Bewässerung sorgen, Wasserkraft schaffen und die Fluten kontrollieren wird, die schwere Taifune regelmäßig über die umliegenden Dörfer hereinbrechen lassen.

Für Touristen hat Nueva Ecija wenig zu bieten. Ausnahmen sind **Minalungan Park,** östlich von **Gapan,** die **Central Luzon State University,** 32 km von **Cabanatuan City,** der Provinzhauptstadt, entfernt, an der experimentelle Seiden- und Sonnenblumenkulturen betrieben werden, und **Pantabangan,** das 15 km nordöstlich von **San José City** liegt.

Von Bedeutung ist diese Provinz, die man auf dem Wege nach Cagayan Valley durchquert, hauptsächlich wegen ihrer Stellung als Reisproduzent. Da die Landesregierung daran denkt, Nueva Ecija zu einem Handels- und Dienstleistungszentrum für Zentral- und Nordostluzon zu machen, dirigiert sie viele große Versuchsprojekte in diese Provinz.

Aristokratisches Pampanga

Das von Land umschlossene Terrain, von niedrigen Bergen im Westen, Norden und Nordosten umgeben, das heute die Pampanga-Provinz ausmacht, war früher wesentlich größer. Während der spanischen Ära umfaßten seine politischen Grenzen große Teile der Zentralluzon-Ebene. Im Laufe der Jahre wurden verschiedene Sektionen dieses Riesengebietes abgeschnitten und den umliegenden Provinzen zugeschlagen: Bulacan im Osten, Nueva Ecija im Nordosten, Bataan im Südwesten und Tarlac im Norden. Der Mount Arayat, dessen steile Hänge mit dichtem Regenwald bewachsen sind, dominiert mit seiner Höhe von 1090 m die flache grüne Landschaft aus Reis- und Zuckerrohrfeldern.

Die meisten Chronisten stimmen darin überein, daß die Einwohner Pampangas ein seltsames Völkchen sind. Die Pampango-Kultur entwickelte sich entlang der Ufer des Rio Grande de Pampanga (und seiner Nebenflüsse), der von den Bergen Nueva Ecijas durch Westpampanga bis in die Manila Bay fließt. Aber obwohl die Provinz fast an allen Seiten von Tagalog-Sprachgebieten umgeben ist, hat sie ihre andersartige kulturelle Identität gewahrt. Ihre besonde-

In Zentralluzon stehen die Bauern auf Bambusplattformen und worfeln den Reis.

re Sprache, das metallisch klingende Capampangan, war ruhender Pol in unruhigen Jahrhunderten und mag zu dieser Sonderentwicklung beigetragen haben.

Spanische Aufzeichnungen berichten von einer geschlossenen Gemeinschaft am *Pampang Ilug,* dem Flußufer, die die Ankömmlinge mit offener Neugier empfing und sehr intelligent schien. Die Pampanganen waren zwar Landwirte, aber ebenso begabte Händler, vertraut mit den Gewässern, die ihre Domäne von anderen Königreichen der Umgebung trennten. Sie verarbeiteten Metall, erzielten zwei Reisernten pro Jahr und genossen ihre würzigen Speisen. Die Spanier zollten ihnen neidvolle Bewunderung.

Ein Pampango-Romancier liebt es, ausländische Freunde mit seiner Geschichte (in Englisch) des Ursprungs dieses Stammes zu unterhalten. Er sagt, seine Vorfahren seien bis zu den Sandwich Islands (Hawaii) gereist, und der dortige König, Kamehameha I., sei ein Abkömmling seines Stammes.

Besser bekannt ist, wie sich Pampanganen im 16. Jahrhundert mit den Spaniern arrangierten. Die *Datus,* tief beeindruckt von den Feuerwaffen, hatten es eilig, mit ihren unbedeutenden Königreichen den Rücken der neuen Herrscher zu stärken. Natürlich nur gegen gewisse Privilegien. Sie mußten weder Steuern zahlen noch Zwangsarbeit verrichten, sondern kassierten weiterhin den Großteil der Abgaben derjenigen, die ihre Felder bewirtschafteten.

Als Reisbauern leisteten Pampanganen der spanischen Regierung unschätzbare Dienste. Ihr Reis ernährte sowohl Manileños als auch die spanische Armee. Entgegen ihrer sonstigen Gepflogenheit gestatteten die Spanier den *Datus* die Sklavenhaltung bis weit ins nächste Jahrhundert hinein.

Pampangas Wälder waren ebenfalls von großem Nutzen, da in Cavite aus ihrem Holz Galeonen gebaut wurden. Pampanganen begleiteten die Spanier auch auf ihren Beutezügen zu den Goldminen des Nordens.

Doch damit nicht genug. Pampango-Soldaten erwiesen sich als loyaler Rückhalt in Kriegen, Schlachten und Scharmützeln — gegen den chinesischen Seeräuber Limahong, während des Manila-Massakers, das im 17. Jahrhundert vielen Chinesen das Leben kostete, in Anti-Moro-Kampagnen und während eines Aufstandes in Panay. Sogar gegen holländische und englische Truppen traten sie im 17. Jahrhundert an.

Zu diesem Zeitpunkt gab es in der Provinz schon eine große Gemeinde chinesischer Mestizen. Ihre Vorfahren waren einst wegen der Massaker in Manila geflohen und hatten sich in Pampanga, Tarlac und Nueva Ecija niedergelassen. Nach und nach übernahmen sie große Teile des Zucker- und Reislandes der lokalen Elite, die faul und fett geworden war. Als Manila sich im 18. Jahrhundert dem internationalen Handel öffnete, stiegen Chinesen in Windeseile auch in dieses Geschäft ein.

Viele alte Nachnamen in Pampanga und Tarlac sind chinesischen Ursprungs, modifiziert durch malaysische und spanische Namen. Diese Namen, auch in Manila vertreten, stehen für Familien, die sich am Zuckergeschäft bereichert haben.

Erkunden Sie Pampanga

Die relativ wenigen Sehenswürdigkeiten Pampangas sind über den MacArthur Highway erreichbar, auf dem Wege nach Baguio, Pangasinan und den Ilocos.

66 km von Manila entfernt, liegt die Provinzhauptstadt **San Fernando**, die früher einmal Hauptstadt der Philippinen war. Heute regiert der Kommerz San Fernando. Im 18. Jahrhundert hatten sich viele chinesische Flüchtlinge aus Manila hier niedergelassen.

Um die Weihnachtszeit erglänzt der San Fernando Highway in der Dämmerung im Lichte vieler, vieler traumhafter Laternen. Hunderte von *Parols* aus Reispapier und Cellophan werden zwar auch im Tiefland Luzons hergestellt, aber die aus San Fernando sind wesentlich schöner. Ihre Muster sind feiner, ihre Motive tropengemäß, ihre Farben leuchtender. Da diese Laternen mit dem einmaligen Design aus einem engumgrenzten Gebiet stammen, fragt man sich: Könnte ihre Herstellungsart das aussterbende Handwerk einer Zunft gewesen sein, das Pampango-Vorfahren aus Indonesien mitgebracht hatten?

6 km weiter nördlich liegt die Stadt **Bacolor**, eine der ältesten Städte der Provinz. 1762 war der Generalgouverneur der Anda mit seiner Kolonialregie-

rung hierher geflohen und zwei Jahre lang geblieben, bis die Briten Manila verließen.

Angeles, die nächste Station, erhielt 1964 durch Mithilfe der amerikanischen Luftwaffenbasis **Clark Air Force Base** seine Stadturkunde. Einige der alten Häuser im Stadtzentrum werden von der Regierung benutzt, andere beherbergen Versicherungsbüros und sogar eine Montessori-Schule. Die alte Pfarrkirche, **Church of the Holy Rosary,** strahlt trotz ihrer erneuerten Fassade eine gewisse Würde aus.

Ansonsten ist in Angeles der Einfluß des Fliegerhorstes nicht zu übersehen: Junge Damen in engen Jeans flanieren durch das grelle Downtown Angeles'. Freundschaften zwischen Mitgliedern verschiedener Rassen sind zwar kurzfristig, aber intensiv, da Geld im Spiel ist. Einheimische Soziologen sagen, man könne die Umgebung des Fliegerhorstes zur Angeles-Seite hin in drei Sektionen unterteilen: in Braun, Schwarz und Weiß. Schwarze GIs durchstöbern zwar weißes Gebiet, Weiße halten sich jedoch an ihr Terrain, und die braunhäutigen Einheimischen überqueren munter beide Grenzen, um ein Stück der Action zu erhaschen.

Zwei Viertel am Rande der Stadt sind ausschließlich auf männliche Vergnügungen ausgerichtet. Das eine ist das Bordellviertel für Pinoys, das andere ein Mekka der Schwarzen, in dessen Bars und Spelunken, die mit roten, rosa, lila und grünen Girlanden dekoriert sind, ,,Black Soul" explodiert und ihren Raubtiercharme versprüht.

Balibago, ein Vorort von Angeles, ist ein Beispiel dafür, was die Macht des Dollars vermag. Ein uninteressantes Wohnviertel in den 50er Jahren, ist es heute Schauplatz krummer Dollargeschäfte — eine raffinierte Barackensiedlung, deren unzählige Bars und Discos mit hauchdünnen Wänden wilde Versprechungen zu machen scheinen. ,,Pussy Galore", ,,Asian Body Shop", ,,D'Hungry Eye" sind Namen, die sich morgen ändern können, aber schwitzende Männer mit behaarter Brust anlocken. Für den Familienvater eignen sich die exzellenten Restaurants und Lä-

Die ungewöhnliche Zierde Magalangs, einer alten, verträumten Stadt in der Pampanga-Provinz.

den mit Korbmöbeln und Kunsthandwerk auf der **Fields Ave.** Hier entwickelt sich ein neuer Trend: man nimmt Abstand vom kolonialen Rattan im Early-American-Stil.

Die Clark Air Force Base, fast in Schußweite von Angeles, erstreckt sich auf 3000 Hektar. Einstmals standen hier die Zelte der 5. Schwadron (beauftragt, versprengte Katipunan zu kontrollieren); heute ist sie eine Schlüsselstellung der pazifischen Verteidigungslinie der Amerikaner und logistisches Zentrum des Raumes. Nachschub, Flugzeuge und Soldaten passieren bei Konflikten in der Region immer die Clark Base.

Clark Air Force Base ist jedoch vielen ein Dorn im Auge: nicht nur internationalen Verhandlungspartnern, sondern auch den Einheimischen. Beim Auflesen von amerikanischem Abfallmetall sind schon einige Filipinos durch die Kugeln amerikanischer Wachposten umgekommen. Es ist eine Erleichterung, durch einen Ausflug zur alten Stadt **Magalang** im Nordosten dem Angeles-Clark-Syndrom zu entkommen. Auf dem MacArthur Highway — weiter kann man sich dem Mount Arayat nicht nähern — reist man gleichsam in die Vergangenheit.

An Magalangs großartiger alter Kirche und seinen Häusern im Stil der Jahrhundertwende kann man seine Vergangenheit als reiches spanisches Zentrum ablesen.

Ein besonderes Vermächtnis ist wohl das alte Luciano-Domizil am Rande der Stadt. Eine freundliche ältere Dame versorgt es und erwartet die gelegentlichen Besuche ihrer Familie. Sie ist schnell mit Gebäck bei der Hand, welches in einem Wohnzimmer angeboten wird, das angefüllt ist mit Souvenirs aus Europa und Erinnerungsstücken ihres vornehmen Lebens.

,,Mein Haus hat viele Festlichkeiten erlebt'', sagt sie. ,,Der Mountainside Club traf sich hier regelmäßig'' (einer der Top-Aristokraten-Clubs der Jahrhundertwende). Ihre Augen wandern von den spiegelblanken Hartholzböden zu den gefliesten Terrassen. ,,Natürlich, bevor die Japaner unser Haus besetzten und wir ausgeplündert wurden.''

Auf der Durchreise in Tarlac

Immer noch auf dem MacArthur Highway, kann man nach **Tarlac** weiterfahren, einer jungen, relativ kleinen Provinz, die Pangasinesen, Pampanganen, Ilocano und Tagalog aufgenommen hat, die dort seit hundert Jahren Zucker produzieren.

Tarlac ist dafür bekannt, im Zweiten Weltkrieg Endstation des Todesmarsches **(Death March)** gewesen zu sein, der aus Hunderten von verwundeten und sterbenden philippinischen Kriegsgefangenen bestand und sich bis nach Capas, nahe der Südgrenze, quälen mußte. Ein Denkmal abseits des Highways erinnert an diese grausame Episode. Ein Kamikaze-Mahnmal in **Mabalacat**, im Norden Pampangas, wird — ebenso wie das erstgenannte — häufig von japanischen Touristengruppen besucht.

Hacienda Luisita ist ebenfalls ein Wahrzeichen Tarlacs. Inmitten von 12 000 Hektar Zuckerland gelegen, gilt diese Plantage als letztes Besitztum der spanischen Regierung auf philippinischem Boden. Sie besitzt außerdem einen guten Golfplatz und einen Stall mit hervorragenden arabischen Pferden.

Links und rechts: Die amerikanische Basis hat sicherlich das Nachtleben und das Abzeichengeschäft von Angeles belebt.

Pangasinan:
das Salz der Erde

Pangasinans drei große Flüsse entspringen in den Bergketten des Ostens und schwemmen Fruchtbarkeit in die Ebenen und Deltas der Provinz. Der Agno River, majestätisch und der größte der drei Flüsse, wird von einigen Strömen gespeist, die aus der Grand Central Cordillera kommen und Pangasinan vom bergigen Nueva Vizcaya abgrenzen. Aus den östlichen Kordilleren kommen zwei weitere Flüsse, die sich, wie der Agno, mit anderen Flüßchen und Bächen verbinden und wie silberblaue Schlangen durch die Provinz ziehen.

Während der Taifunzeit von Juli bis Oktober schwellen diese Binnengewässer an, treten über die Ufer, vernichten Feldfrüchte und fordern Leben. Andererseits sind sie lebensspendend für eine Fülle von Krustentieren und Süßwasserfischen und ermöglichen üppige Tabak-, Zuckerrohr- und Reisernten. Als Reisproduzent steht Pangasinan nach Nueva Ecija an zweiter Stelle.

Bis zum Meer entfaltet sich der Reichtum des Bodens. Pangasinans nördliche Küstenlinie am Südchinesischen Meer liegt der Westküste Luzons gegenüber, formt den Golf von Lingayen und endet am Cape Bolinao. Entlang dieses malerischen Küstenstücks pflegen die Dorfbewohner ihre zeitlosen Bande mit den fischreichen Gewässern.

Von San Fabian bis Dagupan, Sual, Alaminos und Bolinao mit seinen Inselgrüppchen fischen die Einheimischen mit einfachen Netzen in Küstennähe, durchstreifen Auslegerboote das offene Meer und fangen in den Sommermonaten die Fische, die zur Vorratshaltung in die Inlandsfischteiche gebracht werden. Da die Schätze des Meeres lebenswichtig sind für Pangasinesen, steht im Sommer, wenn *Bangus* (Milchner) ans Ufer kommen, um ihre Eier zu legen, die Todesstrafe darauf, nach *Bangus* zu fischen oder sie zu verspeisen. Pangasinans *Bangus* werden mit großer Sorgfalt aufgezogen, um den Nachschub fürs ganze Jahr zu garantieren, da sie selbst in einem Seafood-Paradies wie den Philippinen sehr begehrt sind.

An dieser Küste, nahe der Westgrenze Luzons, ließen sich vor vielen hundert Jahren die ersten Siedler Pangasinans nieder, deren Gewerbe, Salzgewinnung durch Verdunstung, den Namen der Provinz prägte. *Asin* ist der örtliche Name für „Salz"; *Pangasinan, „*der Ort, an dem Salz gemacht wird". Das Salz dieser Provinz gilt heute noch als feinstes des Landes.

Karte Seite 323

Die ersten Küstenbewohner Pangasinans müssen sich wie im Paradies gefühlt haben. Mit Hilfe einer einfachen Holzplattform konnte man körbeweise glänzende Fische, die versuchten, diese Barriere zu überspringen, aus dem Meer hieven. Die Wälder des Binnenlandes boten eine reiche Auswahl an Früchten, Wild, Palmen, Harz und Hartholz. Goldstückchen aus den Minen von Benguet wurden in regelmäßigen Abständen in die sandigen Ebenen Asingans im Norden Pangasinans und zu den Sandbänken San Fabians hinuntergespült. Vielfach benutzten die Urfilipinos diese Goldstücke als schlichten Schmuck — bis fremde Augen den Wert erkannten.

Schicksal des Golfs von Lingayen war es, zum regionalen Handelszentrum zu werden, das regelmäßig von tätowierten Zambalen aus dem Norden heimgesucht wurde, die dort größere Goldklumpen gegen Schweine, Carabaos und den Reis aus der Ebene tauschten. Von den rauhen Lebensbedingungen des Nordens vertrieben, kamen auch Ilocano mit ihren Bolos, Töpfen und gewebten Decken. Sie waren nicht nur des Handels wegen gekommen, sondern wurden ansässig und stellten schließlich die stärkste linguistische, kulturelle und (vor Ankunft der Chinesen) wirtschaftliche Macht der Umgebung dar.

In den weiten Hafen dieses Schmelztiegels vieler Stämme liefen chinesische Sampans und japanische Dschunken ein, beladen mit Seide, Metallen, Keramik und Spiegeln — Gütern, die gegen die Reichtümer der Felder und Wälder Pangasinans eingetauscht wurden: Indigo, Fasern, Zuckerrohr, Bienenwachs, Hirschleder und Zibetmoschus. Ein Außenhandel entwickelte sich, nach dessen Vorbild noch heute verfahren wird. Der ökonomische Stimulus war unwiderstehlich. Bald schon nutzte eine Werft die Harthölzer der Wälder hinter Lingayen. Kanus, Barkassen, Sampans und Dschunken wurden unter Mithilfe von Japanern und Chinesen gebaut, und einheimische Handwerker legten den Grundstock zu einem traditionellen Handwerk.

Als im 16. Jahrhundert die Spanier ankamen, veranlaßte Lingayens wohlorganisiertes Handelszentrum folgende Einschätzung: „Von allen Eingeborenen dieser Inseln scheinen die Pangasinesen die aktivsten und fleißigsten zu sein; energisch auf Profit bedacht, verstehen sie es, geringes Kapital einfallsreich zu mehren — trotz ihrer Müdigkeit."

Beinahe eine chinesische Kolonie

Die Idealkombination von Rohstoffreichtum und menschlichem Potential zog im 16. Jahrhundert gleich zwei Gruppen von Eroberern nach Pangasinan. Kaum hatte Juan de Salcedo Luzons Nordküste erkundet, da landete schon der chinesische Seeräuber Limahong mit 3000 Männern, 64 Kriegsdschunken und unverkennbaren Absichten. Nachdem sein Versuch, an den Ufern der Manila Bay eine Kolonie zu gründen, fehlgeschlagen war, ging er in Sual Bay, westlich Lingayens, an Land und begann mit dem Bau einer großen Festung. Die wehrlosen Eingeborenen mußten ihn dabei mit Holz und Lebensmitteln versorgen.

Es war Pech für Limahong, daß die Spanier schon einen Fuß in Pangasinan hatten. 300 spanische Soldaten und 2500 wütende Einheimische verbrannten bei einem Überraschungsangriff die Hälfte der Flotte des Piraten und blockierten alle Wege zur See. Nach viermonatiger Belagerung flohen Limahong und seine Männer durch einen heimlich gegrabenen Tunnel zum Meer.

Limahong segelte davon, aber einige seiner Anhänger waren, freiwillig oder unfreiwillig, auf der Insel geblieben und versteckten sich in den Wäldern Lingayens.

Als die Spanier schließlich erzwungen hatten, daß sämtliche Einwohner das Angelusgebet sprachen, gehörten die größten Häuser des alten Lingayen chinesischen *Mestizos*.

Schamanen gegen Mönche

Daß sie gemeinsam gegen die Chinesen gekämpft hatten, verbesserte die Be-

Vorausgehende Seiten: *Salambaos* heißen die Flöße der Fischer auf den Flüssen Pangasinans. Unten: Ochsenkarren, mit Korbwaren beladen, ziehen südwärts.

185

ziehungen zwischen Spaniern und Pangasinesen nicht im geringsten. Es stimmt schon: Einige der einheimischen Häuptlinge waren von Salcedos Höflichkeit so eingenommen, daß sie ihm Nahrungsmittel und ein paar hundert schöne Goldstücke schenkten. Doch das Unheil, das nachfolgende Feldzüge anrichteten, belehrte sie eines anderen. Feuerwaffen waren dem Pangasinesen unbekannt, Unterwerfung mit seiner Erfahrungswelt unvereinbar. Deshalb floh er in die Berge, sobald die spanischen Tributkassierer zu aggressiv wurden. Verschiedene Feldzüge wurden inszeniert, in denen goldgierige Soldaten die Dorfbewohner in die Vorgebirge trieben, beraubten, ausplünderten, vergewaltigten und sich widersetzende Dörfer niederbrannten. Déjà vu — Aztekenschicksal in den Tropen. So groß war das Ausmaß des Pangasinan zugefügten Leides, daß sich ein früher Augustinermönch in einem Beschwerdebrief an den spanischen König vehement über die Methoden der „Friedensmission" beklagte.

Die ersten spanischen Missionare waren nicht gerade gern gesehen. Drei Jahre lang schleppten sie sich mühsam durch die Wälder, von den — gewöhnlich sehr gastfreundlichen — Einheimischen gemieden, die ihnen sogar Unterkunft und Verpflegung verweigerten. Mit verächtlicher Geste hielt ein Stammesführer ihnen einen Beutel Gold unter die Nase und bot an, sie für das Verlassen seiner Domäne zu bezahlen. Während viele Stämme und Siedler, im ganzen Luzon und über die Visayas verteilt, längst einen Thron für das Heilige Kind und seine Mutter erbaut hatten, waren die erschöpften Missionare Pangasinans dem Hungertod nahe.

Unterdessen versammelten sich die Eingeborenen weiterhin in ihren Tempeln und vor ihren Schreinen mit Altären voller zeremonieller Gefäße. Fasziniert beobachteten die Missionare die brennenden Öle und Salben. Angesichts von Priesterinnen, die, in Trance versetzt, mit verdrehten Augen die Stimmen der Götter wiedergaben, waren die Priester überzeugt von der Leibhaftigkeit des Teufels.

Durch den Mund der Priesterinnen verkündeten die Götter ihren Rat in Kriegsangelegenheiten, in bezug auf allgemeine Probleme und für Krankheitsfälle. Die philippinischen „Gesundbeter" entstammen der Tradition dieser uralten Religion, bieten aber heute nur noch einen Abglanz ihrer Riten.

Erkunden Sie Pangasinan

Der **MacArthur Highway**, Pangasinans alte Hauptstraße, die durch Bulacan, Pampanga und Tarlac führt, war früher nur eine Zufahrtsstraße nach Baguio City. In den vergangenen zehn Jahren hat er jedoch als Pilgerpfad zu den „Gesundbetern" der Städte **Villasis**, **Rosales** und **Asingan** an Bedeutung gewonnen.

Nach Pangasinan kann man auch über den neuen Romulo Highway bzw. Highway 13 gelangen, der in Tarlac vom alten Highway abzweigt. Hat man Camiling, noch auf der Tarlac-Seite, passiert, kommt man zur ersten Stadt Pangasinans, **Mangatarem**. Ein kleiner Geysir liegt zu Füßen der niedrigen Zambal-Mountains im Westen. Die Kirchen der nächsten beiden Städte **Aguilar** und **Bugallon** verkörpern noch das alte Pangasinan. Die Fassade der Kirche von Aguilar ist rosafarben, da die roten Backsteine des Baus durch die weiße Tünche hindurchscheinen. Das Weißwaschen ist eine moderne Unsitte, die im ganzen Landes schon viel Tradition übertüncht hat.

Einen Kilometer weiter trifft man auf eine Kreuzung. Hier geht es links weiter nach Sual und zum Limahong-Kanal und rechts nach **Lingayen**, der weiträumigen alten Hauptstadt am Meer. Lingayen besteht aus zwei architektonisch und kulturell voneinander unabhängigen Stadtteilen. Der ältere, weiter im Inland gelegene Teil wurde von den Spaniern gebaut. Seine Aufteilung ist typisch spanisch, die Häuser sind um den beschaulichen Mittelpunkt der Stadt, einen großen Platz, gruppiert. An Markttagen wird es hier geschäftig, wird zäh verhandelt.

Die andere Stadt am Meer wurde von der amerikanischen Kolonialregierung gebaut. Dieser Teil ist etwas verkommen, aber intelligent geplant, weitläufig und attraktiv durch seine vielen blühenden Bäume mit umfangreichen Kronen. Das Gebäude des Provinz-Kapitols ist ein Modellfall frühen amerikanischen Kolonialstils. Ein weiter Treppenaufgang mit schmalen Stufen führt zum Eingang hinauf, Marmorsäulen zieren die Empfangshalle, und ein ernst blickender Reichsadler schaut bedrohlich vom Treppengeländer einer Wendeltreppe hinab. An die gesamte Länge des Kapitoldaches grenzt ein verspielter Fries.

Manuel L. Quezon, philippinischer Commonwealth-Präsident (1935 bis 1944), pflegte auf dem tiefen Dach dieses Gebäudes elegante Empfänge zu geben. Von hier aus hatte man einen wunderschönen Blick auf das tiefblaue Wasser des Golfes, den Strand, die Gouverneursvilla, das Auditorium und das Fußballstadion. Heute präsentiert das Panorama andere Besonderheiten, meistens stumme Zeugen des Leides dieser alten Stadt während des Zweiten Weltkrieges. Der Überblick schließt heute das steinerne Wahrzeichen ein, das die Anlegestelle General MacArthurs markiert, ebenso wie verrostete amerikanische Panzer und ein japanisches Kampfflugzeug. Die Stahlträger der Ruinen des alten Auditoriums sind von Unkraut überrankt.

Vorsichtig geworden nach ihrer Landung in Leyte, bei der an der Küste versteckte Japaner auf sie feuerten, beschossen die Amerikaner Lingayen ausgiebig, bevor sie an Land gingen. Die Japaner hatten sich jedoch längst zurückgezogen, und statt dessen wurden Hunderte von Zivilisten getötet. Als Wiedergutmachung bauten die Amerikaner die zerstörte Westseite des Kapitols wieder auf. Die Geschichte der Stadt zieht immer neue japanische Touristengruppen an, die die Narben Lingayens betrachten.

Von Lingayen aus sind es nur 38 km über eine Küstenstraße nach Nordwesten bis zur Stadt **Alaminos,** an deren Landungssteg in Barrio Lucap Dutzende von Booten bereitstehen, Passagiere zu den **Hundred Islands** zu bringen. Die Zahl, etwas hoch gegriffen, bezieht sich auf eine Ansammlung von teilweise unerforschten Inseln, die der Küste vorgelagert sind. Nur auf **Quezon Island** gibt es Trinkwasser, ein Überbleibsel der Commonwealth-Ära, als der Präsident von Lingayen aus hierhereilte. Wenn man die Inseln erkunden will, das Gefühl absoluter Freiheit und ursprünglichen Lebensrhythmus spüren will, sollte man Proviant mit sich führen

Selten fahren Besucher von Alaminos

Es läßt sich so vieles wiederverwerten: Diese Hütte eines Fischers in Sual ist bester Beweis.

aus die eine Stunde gen Westen zum **Cape Bolinao**. Bedauerlich, denn mit dieser alten Stadt, ihren Barrios und umliegenden Inseln hat sich ein Stück Original-Pangasinan erhalten. Selbst der Hinweg ist schön: der Highway windet sich durch hügeliges Land mit gelb- und rosablühenden Bäumen.

Kurz hinter der Stadtgrenze steht ein kleines Holzgebäude, das **Bolinao Museum**. Überrascht, ausgerechnet hier ein Museum zu finden, erfährt man, daß an den Stränden, wo die Fischer seit Jahrhunderten lebten, in den Hinterhöfen der Hütten der Weber und Bauern die wichtigsten archäologischen Funde des Landes gemacht wurden. Goldene Armreifen lagen unbeachtet unter Kokospalmen, Keramikscherben wurden von den Fluten an Land gespült.

Geldmangel hält die vom Museum überwachten Ausgrabungen auf minimalem Niveau. Hobbyarchäologen finden hingegen reiche Beute: T'ang-, Sung- und Ming-Porzellan, Skeletteile mit reichverzierten Ohrringen, Ketten und Goldplättchen. Ein Schädel wurde gefunden, wahrscheinlich der eines Adligen, in dessen Zähne Goldblümchen eingelassen waren. All diese Fundstücke sind von großer Bedeutung für Wissenschaftler, die Aufschluß über philippinische Geschichte und Kultur vom 7. bis zum 15. Jahrhundert suchen.

Das Bolinao Museum besitzt jedoch nur wenige dieser Stücke, da ein paar bekannte philippinische Sammler, Angehörige der herrschenden Klasse, die meisten wertvollen Teile verschwinden ließen oder ausländische Sammler sie außer Landes brachten.

Ein Kunstschatz, der der kulturellen Piraterie noch nicht zum Opfer gefallen ist, die ehrwürdige **Church of St. James**, steht im Zentrum der alten Stadt. 1609 von Augustinern erbaut, überstand der großartige Steinbau Kriege und Katastrophen unbeschadet. In den Nischen seiner Fassade stehen uralte hölzerne *Santos*, deren Züge durch Wind und Wetter an Kontur verloren haben. Dies ist ein seltener Glücksfall, wenn man bedenkt, wie viele dieser Statuen gegen Gipsheilige eingetauscht worden sind und heute in Gärten und Wohnungen von Sammlern in Manila stehen.

Das Innere der Kirche birgt zwei weitere unbezahlbare Antiquitäten — einen alten Seitenaltar mit zwei geschnitzten, grinsenden, die Zunge herausstrecken-

den Aztekengesichtern und eine massive Holztür, in die Blumenmuster geschnitten sind, deren gedämpfte Farbigkeit an Wandteppiche aus dem Mittelalter erinnert. Beide Stücke zeigen deutliche Einflüsse mexikanischen Stils.

Seit Jahren versuchen Antiquitätenhändler, die Schätze des Pfarrbezirks zu erwerben, aber Bolinaos junger Priester soll verlockende Angebote strikt ablehnen: ,,Eher würden wir Salz essen!'' Eine 400 Jahre alte Sitte demonstriert die Kontinuität dieser Kultur. Wenn die Angelus-Glocken läuten, bleibt jeder, der sich auf der Plaza der Stadt oder in ihrer Nähe aufhält, abrupt stehen und verharrt im Gebet.

Sonntag morgen verwandelt sich die Plaza in einen Basar. Geflochtene Matten, die Teppiche des armen Mannes, in Gelb, Ocker und Lila bedecken den Boden. Seit alten Zeiten stellen die Mattenverkäufer der nahegelegenen Inseln diese asiatischen Schlafgelegenheiten aus den Fasern der *Buri*-Palme her. Es herrscht große Nachfrage, und kaum jemand ist so arm, daß er den Preis zu drücken versuchte. Ein würdevoller Tausch — das Geld der Städter gegen ein Produkt des Landes, in das viel Zeit und Geschicklichkeit investiert wurde.

In Bolinao pflegt man seit Generationen althergebrachten Lebensstil. Selbst der alte Dialekt, der Zambalen-Variante ähnlich, aber deutlich von der Sprache Pangasinans zu unterscheiden, ist noch lebendig. Den Hafen Bolinaos, seine umliegenden Inseln Silaqui, Santiago und Dewey haben chinesische Seeräuber, englische und holländische Freibeuter und Moro-Piraten heimgesucht, um von den Ladungen der durchreisenden Galeonen zu profitieren. **Santiago Island**, ein Korallen- und Muschelparadies, war einst Anlaufpunkt vieler Flüchtlinge, speziell entflohener Sklaven. Taucher, Fischereimagnaten und Hobbyarchäologen frequentieren die Insel heute in gleicher Absicht: etwas aus Bolinao mitzunehmen.

Die Einwohner reagieren auf diese Entwicklungen mit Gelassenheit. Antiquitätenjäger, die Gräber öffnen, vertreiben sie mit Berichten über verärgerte Seelen, die, in blaues Licht gehüllt, über ihren Knochenresten schweben.

Riesenfächer schützen in Pangasinan vor der brennenden Sonne, ob man am Straßenrand nun arbeitet oder träumt.

Ilocandia:
die rauhe Straße in
den tiefen Norden

Die schroffe Symmetrie des Ilocano-Landes berührt den stadtmüden Besucher angenehm. Drei Provinzen, La Union, Ilocos Sur und Ilocos Norte, charakterisiert durch lederfarbene sandige Ebenen und felsenreiche graue Ufer, erstrecken sich entlang der Westküste Luzons. Die trübblaue Cordillera-Kette im Osten und das Südchinesische Meer im Westen schaffen eine klassische Situation: die Bewohner des schmalen bestellbaren Küstenstriches müssen um ihre Existenz kämpfen. Eingeklemmt zwischen Ilocos Norte und Ilocos Sur liegt die vierte Provinz, Abra. Vor Hunderten von Jahren flohen Eingeborene Ilocos vor den Siedlern der Küstenregion in diese von atemberaubend schönen Bergen umschlossene, aber zum größten Teil noch unerforschte Provinz.

Ergänzt wird die extreme geographische Situation — Berge kontra Meer — durch die starken klimatischen Kontraste des Landes. Trocken und staubig von November bis Mai, erglänzen die Felsen der Schiefer- und Sandsteinküste unter der tropischen Sonne. Den Rest des Jahres bestimmen Taifune das Schicksal der Gegend. Die nußbraunen Ilocano-Gesichter spiegeln diese ungünstigen Lebensumstände: straffe, vom Wetter geprägte Haut und aufmerksame Augen. Um unter den harten Bedingungen zu überleben, mußte der Ilocano seinen Boden intensiver bearbeiten, sein Boot mit größerer Geschicklichkeit handhaben. Seine Frau muß fast immer ein Gemüsebeet bebauen und Seetang sammeln, um die robusten Mahlzeiten zu vervollständigen. Im Sommer kratzt sie bei Sonnenaufgang den Schaum der Morgenflut zusammen, um ihr Salz zu kochen.

Diese Region ist eine Augenweide. Fährt man entlang des westlichen Highways, gehen die Ebenen, die man in Pampanga und Tarlac durchfahren hat, in eine sanfte Hügellandschaft über, sobald man sich dem Ilocos-Gebiet nähert.

In La Union schimmert das Meer einladend durch die Palmen; auch seine cremefarbenen Strände verlocken zum Baden. Die Stadt Bauang, 259 km von Manila und 47 km von Baguio entfernt, besteht aus einer langen Reihe von Ferienorten, die von Kennern sehr geschätzt werden. Sonnenuntergänge sollen auf dieser Seite des Archipels besonders reiche Farbtöne heraufbeschwören.

Karte
Seite 324

Im Sommer umgibt den Highway lyrische Schönheit, wenn die Hibiskus-, Bougainvillea- und Laburnumblüten sich entfalten und Rot-, Orange- und Gelbtöne aus Felsenklippen und Feldern hervorleuchten. Bis nach San Fernando, La Unions Hauptstadt, säumt diese Blütenpracht den Weg.

San Fernando ist sowohl Endhaltestelle der Philippine National Railways als auch Zwischenstation für Busse, die zwischen den Provinzen verkehren. Außerdem ist es einziger Anlaufhafen des Nordens. Kein Wunder, daß an Markttagen eine ausdrucksvolle Geräuschkulisse das bunte Treiben untermalt: lackierte Kürbishüte aus dem Norden, gedrungenes *Burnay*-Steingut und *Bolos*-Decken aus dem nahegelegenen Bangar wechseln die Besitzer. Ordentlich gebündelte Tabakblätter, ein wesentlicher wirtschaftlicher Faktor der Provinz, gehen von hier aus auf die Reise nach Manila und zu anderen internationalen Häfen.

Verläßt man San Fernando in nördlicher Richtung, folgt man den Lebensstationen der Tabakpflanzen in umgekehrter Richtung. Zu Anfang der Ilocos-Sur-Provinz stehen die jungen Tabakpflanzen in Blüte. Alle paar Meter folgen verschließbare rechteckige Schächte aus roten Backsteinen, Zement oder geriffeltem Eisen. In ihnen durchlaufen reife Blätter die erste Station des Trockenprozesses, der sie vor Schäden auf der Reise zu den Sammelstellen schützt, an denen sie gewogen und sortiert werden. Im schwächeren Lichte des Nachmittags senden die einfachen, aber wirkungsvollen Trockenöfen graue Wölkchen in den fast wolkenlosen Himmel.

Eine weitere Besonderheit fällt ins Auge — Reisformationen, eng zusammengedrängt und anscheinend mit Liebe und nach Plan konstruiert. Auf den dicken, perfekt gerundeten Zylindern aus Reisgarben sitzen sorgfältig geformte Dächer, die an die korpulenten Körper gebunden sind. Man fühlt sich beinahe in die Südsee versetzt.

Auf den Spuren der Protestanten

Kleine, Scheunen ähnelnde Gebäude sind zu beiden Seiten der Route, die tiefer in den Norden des Landes vordringt, zu sehen. Ihre Schilder, von denen die Farben abblättern, scheinen fehl am Platze: ,,Assembly of the First Born'', ,,Seventh Day Adventist'', ,,Church of Latter Day Saints''. An vielen alten Kirchen fehlen die Türen. Dennoch ist ihnen eine gewisse Würde nicht abzusprechen.

Ihre gemusterten Fensterscheiben bestehen aus durchsichtigem *Capiz,* dem tropischen Ersatzglas, einer getrockneten und geschliffenen Perlmuttart. Die *Capiz*-Fenster filtern das grelle Sonnenlicht und verleihen dem Innenraum dieser bescheidenen Andachtsstätten eine anheimelnde Atmosphäre, die dem pompösen spanischen Katholizismus völlig fremd ist.

Anhand der protestantischen Gotteshäuser läßt sich ein Kapitel im Geschichtsbuch Ilocandias verfolgen. Amerikanische Missionare hatten Anteil an der philippinischen Revolution gegen die Spanier. Dies wird häufig über den politischen Ereignissen vergessen. Der lokale Klerus hatte sich in zunehmendem Maße gegen die Unterdrückung durch die korrupte spanische Priesterschaft empört. Die frohe Botschaft protestantischer Prediger aus Amerika, humaner Rationalismus, stieß nicht auf taube Ohren. Nach und nach entwickelte sich die von Gregorio Aglipay aus Batac in Ilocos Norte gegründete *Iglesia Filipina Independiente* zur örtlichen Schwesterkirche der episkopalen Gemeinde.

Schon bei ihrer Gründung war die Bewegung mächtig. Weit verbreitet war der Haß auf die Mönche, und auch Bischof Aglipays Charisma gewann viele Anhänger. Sein Entschluß, die verletzte Menschenwürde der Eingeborenen wiederherzustellen, konnte von Zeitgenossen nur als Akt höchster Gotteslästerung angesehen werden. Die persönlichen Qualitäten des Bischofs sind unbestreitbar; auf seinen Einfluß ist sicherlich der übermenschliche Mut zurückzu-

Vorausgehende Seiten: Elegante Heuhaufen auf den Feldern der Ilocos-Provinz. Unten: Die fleißigen Frauen der Provinz schrecken auch vor dicken Zigarren nicht zurück.

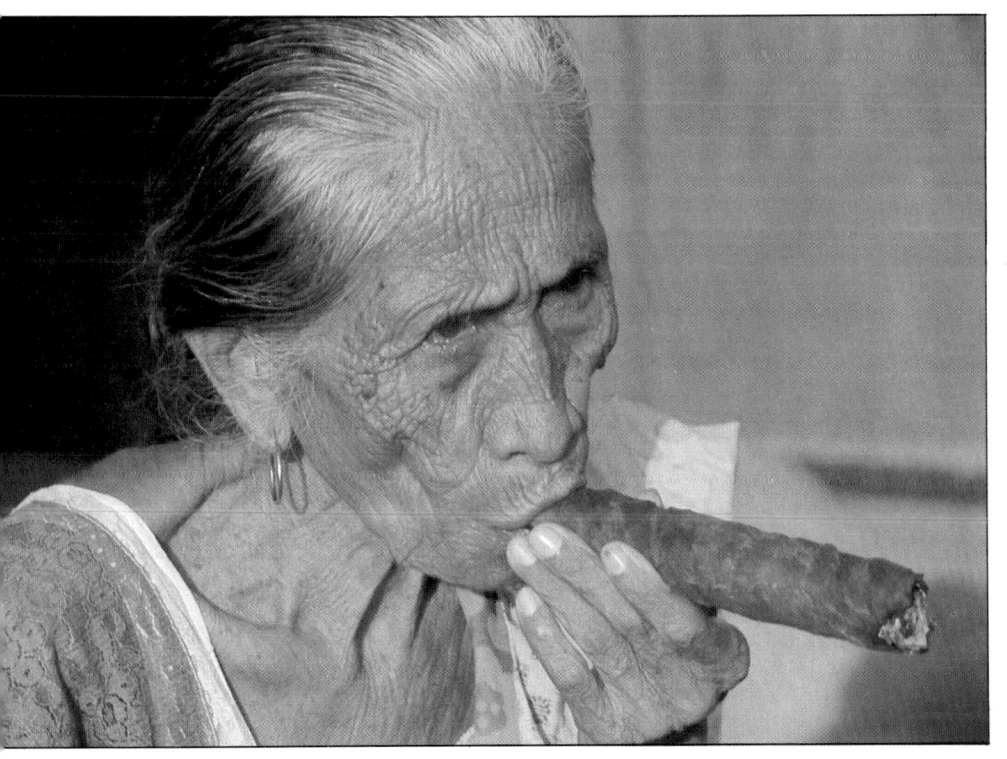

führen, den die Helden der Ilocos-Region an den Tag legten.

In dem Bewußtsein, allein auf sich selbst gestellt zu sein, kämpften die Gebrüder Luna aus Ilocos Norte für die philippinische Revolution, erstürmte Isabelo de los Reyes aus Vigan 1899 Madrid, um die Verstaatlichung der philippinischen Pfarrbezirke zu erreichen, und während sich während des Zweiten Weltkrieges Männer wie Benito Soliven aus Santo Domingo und Ferdinand Marcos aus Batac mit all ihrer Willenskraft gegen die Japaner.

Jahrzehnte hatte es gedauert, die Kirchen der Spanier zu vollenden, aber die Kirchen der *Protestantes* benötigten nur wenige Jahre zu ihrer Fertigstellung. Ihr Maßstab fiel wesentlich kleiner aus. Die einstöckigen Bauten bargen in inniger Vereinigung Ilocano-Mystik, schlichte Vernunft und eine Portion schwerfälligen, urwüchsigen Stolzes. Ihre Heiligenbilder waren identisch mit denen des spanischen Barock.

Ein Großteil der Geschichte Ilocandias und anderer Regionen, in denen spanische Infrastruktur vorhanden war, wurde von der Kirche bestimmt. Als sich Juan de Salcedo, ein stürmischer junger Mann, aufmachte, an die nördlichen Grenzen der Insel Luzon vorzustoßen, wurden ihm acht bewaffnete Boote unterstellt sowie Soldaten und ein kirchlicher Berater mitgegeben. Es war den spanischen Untertanen von ihrem König untersagt worden, ohne Beisein einer religiösen ,,Anstandsdame" mit den Eingeborenen zu verhandeln.

Es wird berichtet, daß Salcedo nie auf unüberwindliche Widerstände stieß, wenn er sich als Gesandter Gottes, des Vaters, ausgab, und verkündete, daß alle Menschen Brüder seien. Zugegeben, zu Beginn seiner Reise gab es Scharmützel mit chinesischen Sampans und japanischen Dschunken, aber im allgemeinen waren die Küstenbewohner eher neugierig als ängstlich. Manche schenkten Salcedo sogar Goldstücke. Standen einmal feindselige Eingeborene am Ufer und schwangen bedrohlich ihre Speere, so taten ein oder zwei Salven aus den Schiffskanonen schnelle Wirkung.

Als der 22jährige *Conquistador* in Vigan (heute Hauptstadt von Ilocos Sur) landete, fand er nur Frauen und Kinder vor. Die Männer waren in die nächste Stadt geflohen, um sich neu zu gruppieren. In dieser Stadt mußte Salcedo seine

gesamte Überzeugungskraft aufwenden, um den mißtrauischen Bewohnern klarzumachen, daß die militärische Präsenz der Spanier für sie von Nutzen sein könnte, speziell gegen Überfälle benachbarter Kopfjäger. Und mit Speeren gegen Schießpuler zu kämpfen war ohnehin zwecklos.

Hinzu kommt, daß Seine Majestät ihnen die einmalige Gelegenheit bot, zu einem neuen Glauben überzutreten, dessen allmächtiger Geist ihren Berg- und Seegeistern und den Seelen ihrer Ahnen überlegen war. Den ständig von Naturgewalten bedrohten Ilocanos muß der spanische Gott wie ein guter Freund erschienen sein.

Bald schon hatten die Spanier den Mais-, Agaven-, Kakao- und Tabakanbau eingeführt. Spanische Städteplaner richteten die Garnison ein, bauten Schulen und Kapellen, und bevor man es sich versah, zog es die konvertierten Eingeborenen aus ihren losen Siedlungen in die Stadt, wo auf dem großen Platz, *Bajo de las Campanas,* die Glocken zur Messe riefen. In ihren Eigenschaften als Landwirte, Finanzberater, Lehrer und Architekten der ehrfurchtgebietenden Kirchen genossen die spanischen Mönche — hier die Augustiner — hohes Ansehen.

Kostenlose (zwangsweise) einheimische Arbeitskräfte und verdingte chinesische Steinmetzen und Holzschnitzer errichteten spanische Wahrzeichen in Ilocandia, die lange überdauern sollten: Kirchen wie die großartige alte Kathedrale Vigans mit ihrem Altar aus massivem gehämmerten Silber; Kirchen wie die von Sta. Lucia, Sta. Maria, Candon, Narvacan, Bantay, Magsinal, Sto. Domingo in Ilocos Sur, Laoag, Bacarra, Paoay und Dingras in Ilocos Norte. Einerseits dramatische Darstellungen der Macht des mittelalterlichen Gottes, mußten diese Kirchen andererseits auch stabil genug sein, um Naturkatastrophen zu trotzen. Ihre faszinierende Architektur erhielt den Spitznamen ,,Erdbeben-Barock".

Im 17. und 18. Jahrhundert erlebte Mexiko eine Blüte des Barock. Galeonen brachten nicht nur Handelsgüter und Ideen auf die Philippinen, sondern auch Mönche und Handwerker, die sich eifrig daranmachten, ihre mexikanischen Erfahrungen in die tropische Umgebung zu übertragen. Noch heute kann man die Ergebnisse dieser Arbeit bewundern, obgleich übereifrige „Restaurateure" einigen von ihnen mit Zement und rosa, lila und lindgrüner Farbe zu Leibe gerückt sind.

Chinesische Maurer hatten eine Spezialmischung aus Korallenkalk und Zuckerrohrsaft kreiert, aus der die dauerhaften roten Backsteine, Baumaterial fast aller Kirchen, geformt wurden. Sogar zum Bau von Wacht- und Leuchttürmen wurden diese Ziegel verwendet.

Von der Großartigkeit Salcedos nördlicher Hauptstadt zeugte heute noch ein guterhaltenes Viertel Vigans, dessen Häuser aus diesen roten Ziegeln, Hartholz und *Capiz,* mit feinem Gitterwerk und verzierten Traufen, einst reichen chinesischen Handwerkern gehörten. In diesem „*Mestizo*-Viertel" wuchs die zukünftige Aristokratie Vigans heran.

Vor Beginn des Ausnahmezustandes ging es in Vigan recht chaotisch zu: durch seine mit Kopfsteinpflaster versehenen Straßen hallten die Pistolenschüsse rivalisierender politischer Clans. Nachdem wieder Ruhe und Ordnung eingekehrt waren, begann man mit „Verschönerungsarbeiten", um den Tourismus zu fördern. Kopfsteinpflaster wurde mit Zement geglättet, die Patina alter Wände übertüncht, Einschußlöcher wurden ausgefüllt.

Heutzutage brausen Vigans Jugendliche auf dröhnenden Hondas oder Kawasakis durch die schmalen Straßen der Stadt und belächeln die langsamen, von Pferden gezogenen *Calesas.* Vigans Kinder gestalten ihre Tage erlebnisreich, da die Abende in einer Stadt, deren einzige zuverlässige Elektrizitätsquellen hauseigene Generatoren sind, dunkel ausfallen.

Wenn es Nacht wird, beginnen diese unsichtbaren Mächte zu arbeiten. Die anmutige alte Stadt kommt dann in den Genuß der denkwürdigen Vorboten des energieverschwendenden Zeitalters, obwohl ihr Kerzenschein viel besser anstehen würde.

Eine glänzende Zukunft

Wenn man Vigan als mystische Mutter bezeichnete, wäre Laoag, die Hauptstadt von Ilocos Norte, ihre praktische jüngere Schwester, die das Familienerbe

Ein populäres Transportmittel in Vigan: Ochsenkarren verlangsamen den Lebensrhythmus dieser Stadt.

195

geschickt verwaltet. *Laoag* ist das Ilocano-Wort für „Licht", womit der Glanz, der den Bergsteiger begrüßt, der sich dieser in eine Lichtung gebetteten Stadt zum ersten Mal nähert, gut beschrieben wäre. *Laoag* könnte sich auf die glänzende wirtschaftliche Zukunft der Stadt beziehen. Hier gibt es mehr Hotels, mehr indische Basare, bessere Restaurant, mehr Motorräder als in Vigan. Außerdem gibt es sieben Kinos und eine ganze Anzahl alter *Tartanillas* (sechssitzige Pferdekutschen). Die jungen Mädchen tragen hier so kurze weiße Shorts auf der Straße, daß man ihnen in Vigan mit Sicherheit nahelegen würde, ihre Beine zu bedecken.

„Aber", beklagt sich ein junger Geschäftsmann, der eine erfolgreiche Eisdiele besitzt (eine Konstruktion aus Stahl und Glas), „hier gibt es weder Künstler noch Poeten, nur Motorräder." Er könnte etwas vorschnell geurteilt haben. Laoag ist Ausgangspunkt vieler Ausflüge zu den Sehenswürdigkeiten der Umgebung — besser geeignet als Batac, die Stadt, in der Präsident Marcos seine Jugend verbrachte.

Erkunden Sie Ilocos

Auf dem Landwege gelangt man über dieselbe Nationalstraße (MacArthur Highway), die auch die Zentralprovinzen Luzons durchquert, nach La Union. Hinter der Stadt Sison in Pangasinan gabelt sich die Straße. Rechts geht es in Richtung Benguet und Baguio weiter, links nach La Union. Die Hauptstadt, **San Fernando,** bei Kilometerstein 269, ist von Manila aus in 4 1/2 Stunden zu erreichen. Etwa 6 Stunden braucht man mit dem Zug, per Flugzeug weniger als eine Stunde. Wählt man den Bus, so sind die Firmen Pantranco und Philippine Rabbit zu empfehlen. Vorsicht — es gibt ein San Fernando in La Union und eines in Pampanga!

Von Baguio City aus benötigt man etwas mehr als eine Stunde Fahrtzeit, um über die Naguillan Road nach San Fernando zu gelangen. Der neue Marcos Highway verbindet Baguio mit Agoo nahe der Südspitze der winzigen La-Union-Provinz. Um die letzte Restaurierung des „Schreins der mildtätigen Madonna" *(Shrine of Our Lady of Charity)* in Agoo hat sich José Aspiras, der Minister für Fremdenverkehr, gekümmert. Franziskaner hatten den Schrein 1578 aus Nipa und Bambus ge-

baut; Augustiner hatten Steine und Ziegel hinzugefügt, und 1892 hatte ihn ein Erdbeben zerstört. Das Madonnenbildnis blieb unversehrt.

An dem hervorragenden Strand von **Barrio Sta. Rita** in Agoo stehen die Herbergen prominenter Politiker, unter anderen die des Fremdenverkehrsministers und des philippinischen Präsidenten. In der Küstenstadt **Sto. Tomas,** südlich von Agoo, gibt es die frischesten und billigsten Austern des Landes.

Bauang liegt 23 km nördlich von Agoo. Von hier aus erstreckt sich ein 10 km langer Küstenstreifen nach San Fernando, dessen Seebäder von Besuchern frequentiert werden sowie von amerikanischen Soldaten der Clark Air Force Base in Pampanga, der John Hay Base in Baguio und des nahegelegenen Kriegshafens **Poro Point.** Nalinac, Cresta Ola, Albatross Inn und Sun Valley sind die eleganteren Badeorte mit hotelähnlichen Unterkünften. In Long Beach, Marpil, Bali Hai und The Village kann man Strandhütten mieten.

In San Fernando sollten Sie sich Seafood gönnen: den „springenden Salat", frische Garnelen, mit ein paar Tropfen Limettensaft gekocht, und Fisch-*Kilawin,* dicke Stücke rohen Fisches, in Essig eingelegt, der mit Schalotten und Chilies gewürzt ist.

San Juan, gleich hinter San Fernando, ist die Stadt der Töpferwaren. Sie besitzt eine uralte Kirche und einen noch älteren Wachtturm. **Balaoan Church,** bei Kilometer 299, besitzt eine ungewöhnliche Säulenfassade. Der alte Friedhof in der Nähe ist ebenfalls sehenswert.

Bangar, die nächste Stadt, ist einen Besuch wert. Hier gibt es die schönsten handgewebten Decken und *Bolos* der Region. Hinter Sudipen führt eine Brücke über den Amburayan-Fluß nach Ilocos Sur hinein.

Fünf Kilometer hinter Tagudin, der ersten und am weitesten südlich gelegenen Stadt Ilocos Surs, biegt eine Straße nach Osten ab und führt durch die Städte **Suyo** und **Cervantes** nach **Sabangan,** das in der Mt. Province liegt. Auf dieser holprigen Nebenstraße gelangt man außerdem zum **Besang Pass,** bekannt als Stätte eines entscheidenden Gefechtes zwischen Alliierten und Japanern. **Sta. Lucia,** bei Kilometer 338, und **Candon,** bei Kilometer 347, haben reizende alte Kirchen. Von Candon aus führt eine

Nebenstraße nach Salcedo. Unebene Wege gehen von hier aus zum **Tirad Pass**, wo Ende des 19. Jahrhunderts das berühmte philippinische Nachhutgefecht gegen amerikanische Truppen stattfand.

In **Sta. Maria**, bei Kilometer 369, weiter im Norden der Hauptstraße, steht auf einem Hügel eine imponierende Kirche.

Bei Kilometer 378 biegt eine Straße nach rechts vom Highway ab und führt nach **Bangued**, der Hauptstadt Abras, der am wenigsten entwickelten Provinz der Ilocos-Region. Eine Stunde dauert die Fahrt nach Bangued, wobei man den **Tangadan Tunnel** durchquert. Von hier aus kann man Abras rauhes, schwer zugängliches Terrain erforschen. Die **Mapasu Hot Springs** (Geysire), jenseits von Danglas, 28 km nördlich von Bangued, sind mit dem Wagen erreichbar. Unweit Lagayans, 19 km nordöstlich der Hauptstadt, liegen die **Lagayan Caves** (Höhlen) und **Ar-Arbis Waterfalls** (Wasserfälle). Eine unebene Landstraße geht östlich Bangueds in Richtung Kalinga-Apayao. In Bangued und Umgebung kann man kleine Handtaschen und Körbe einkaufen, von Tingguian-Minoritäten kunstvoll geflochten.

Wenn man die Reise entlang der Ilocos-Küste fortsetzen will, sollte man an der Kreuzung bei Kilometer 378 nach rechts in Richtung **Santa** abbiegen. Die Stadt liegt etwa einen Kilometer abseits des Highways. Eine kleine malerische Kirche mit weißer, etwas grünstichiger Fassade steht in Meeresnähe, umgeben von flachen Hügeln. Ochsen spazieren den Strand entlang, und ein Fischerpaar zieht sein Netz aus dem hüfttiefen Wasser. Eine alte Frau hockt im Schatten und zündet sich genüßlich eine 12-Zoll-Zigarre an.

In dem 19 km nördlich von Santa gelegenen **Bantay** gibt es eine neugotische Kirche zu bewundern. Sie steht auf einem etwas erhöhten großen Platz, von dem aus man einen guten Ausblick genießen kann. Wie die meisten Glockentürme in Ilocos Sur, die früher auch als Wachttürme dienten, ist auch der Glockenturm Bantays ein gutes Stück vom Kirchengebäude entfernt. Wenige hundert Meter weiter befindet sich im sanften Hang ein Friedhof.

In Bantay wird gefeiert. Zur Fiesta versammeln sich die Bürger natürlich vor der Kirche.

Von Bantay aus schwenkt eine Straße nach links vom Highway ab, die nach **Vigan,** der Hauptstadt von Ilocos Sur, hineinführt. Nahe der **Vigan Cathedral** befindet sich das **Ayala Museum of Vigan,** auch **Burgos House** genannt. Dieses zweistöckige Gebäude im Kolonialstil, die Geburtsstätte des Märtyrers und Priesters Father José Burgos, ist heute ein Museum für Ilocano-Kultur mit einer schönen Antiquitätensammlung, einem Archiv für Heiligenbilder und einer Bibliothek. Reizvoll sind einige Gemälde, die Szenen der Basi-Revolte von 1807 in wunderlicher folkloristischer Weise wiedergeben. **St. Joseph's Antique Shop,** an der Vorderseite der Plaza, ist das bekannteste und vertrauenswürdigste Geschäft seiner Art in der Stadt.

Die Kirche von **San Vincente,** einer kleinen Stadt unweit des Highways bei Bantay, ist ein typisches Beispiel einheimischer Barockarchitektur. Im allgemeinen sind die Kirchen dieser Region eher solide und monumental gebaut; diese hingegen ist zierlicher und hat eine ausdrucksvolle, von zwei Türmen flankierte Fassade. Weniger reizvoll ist die Fassade der Kirche von **Magsinal,** weiter im Norden, bei Kilometer 419 gelegen. In ihrem Innern entdeckt man jedoch den Haupt-*Retablo,* ein kunstvoll gearbeitetes, vergoldetes Stück mit spiralenförmig verzierten Säulen, über denen kleine Vertiefungen eingearbeitet sind, die Meerjungfrauen-Statuetten enthalten. Ein kleiner Spaziergang bringt Sie zum **Magsinal-Museum,** das in Privatbesitz ist und eine erlesene Sammlung von Tingguian Blasrohren und Altären besitzt. Der Blickfang seines kleinen Gartens ist ein großer Felsen in Phallusform. Laut Mr. Cortes, dem Museumsbesitzer, beweist dieses Fundstück, das er eigenhändig in den Bergen jenseits Magsinals ausgegraben hat, daß es einen phallusverehrenden Stamm in der Umgebung gegeben haben muß.

Die Kirchen von **San Juan** und **Cabugao,** die beiden nächsten Städte auf dem Wege, sind ebenfalls sehenswert. 3 km hinter Cabugao führt eine Seitenstraße linker Hand zur **Pug-os Beach,** einer unberührten Bucht mit flachem warmen Wasser, die an eine überdimensionale Badewanne erinnert. Einige Kilometer weiter nördlich überschreitet man die Grenze zur Provinz Ilocos Norte.

Als erste Station in dieser Provinz bietet sich die Stadt **Badoc** an. In ihrem kürzlich renovierten **Luna House** sind Reproduktionen der Bilder eines philippinischen Malers des 19. Jahrhunderts ausgestellt: Juan Luna. Im Jahre 1977 ließ das Nationale Institut für Geschichte den zweistöckigen Backsteinbau wieder aufbauen. Auch die **Badoc Church** ist einen Besuch wert.

Biegt man hinter Badoc an der Kreuzung bei Kilometer 460 links ab, gelangt man nach **Currimao.** Interessant sind hier die alten, verlassenen Tabaklager am Hafen. **Gaang Beach,** ganz in der Nähe, ist ein schöner Badestrand. Über eine weitere Nebenstraße kann man den Weg nach **Paoay** fortsetzen. Die örtliche Kirche ist eine Attraktion und wahrscheinlich die berühmteste der Ilocos-Region. Zwei ausdrucksvolle Stilelemente sind hier eine gelungene Verbindung eingegangen: philippinisches ,,Erdbeben-Barock'' mit massiven Fundamenten und orientalische Ornamente, die denen javanischer Tempel ähneln, mit Zinnen und Nischen. Die Paoay-Kirche wurde Anfang des 18. Jahrhunderts erbaut und 1793 restauriert.

Einen Kilometer außerhalb der Stadt liegt **Paoay Lake.** Ältere Leute wissen zu berichten, daß er nach einem besonders heftigen Erdbeben entstand und die ,,verlorene Stadt'' San Juan de Sahagun in seinen Fluten begrub. Von Paoay aus stößt man wieder auf den Highway. In **San Nicolas,** 14 km weiter nördlich gelegen, steht eine andere ungewöhnliche Kirche, die veränderte Version einer Konstruktion aus dem Jahre 1701. Töpferscheiben sind in der ganzen Stadt in Betrieb: San Nicolas ist die Heimat der traditionellen *Burnay*-Krüge, gedrungene, dickwandige Steingutgefäße mit einfacher Glasur. Von San Nicolas aus gesehen, liegt **Laoag City,** die Hauptstadt von Ilocos Norte, auf der anderen Seite der Gilbert-Brücke. Zweimal pro Woche landet ein Flugzeug aus Manila auf seinem Flughafen. Die **Laoag Cathedral** aus dem 16. Jahrhundert ist ein bemerkenswertes Beispiel des ,,Erdbeben-Barock''. **Ermita Hill,** früher als Raquiza Gardens bekannt und vor kurzem mit einem Hotel versehen, bietet einen wunderschönen Blick auf die Stadt und den Laoag-Fluß, an dem Hunderte von Frauen täglich ein farbenfreudiges Schauspiel präsentieren, wenn sie ihre Wäsche dort waschen und zum Trocknen am Ufer ausbreiten.

Eine Straße östlich von Laoag führt

nach **Sarrat,** dem Geburtsort Präsident Marcos. Das **Marcos Museum** dieser Stadt birgt die Memorabilien der Familie Marcos, unter anderen das Bett, in dem der große Ilocano geboren wurde, und eine Uhr, die die Entbindungszeit anzeigt. Die **Sarrat Church and Convent** (Kirche und Kloster) sind exemplarische Beispiele kolonialer Architektur. Weiter südöstlich liegen die Ruinen der **Dingras Church,** die 1598 erbaut und 1883 total zerstört wurde.

Bacarra, 8 km nördlich von Laoag gelegen, ist einer der beiden Orte des Landes, in denen heute noch eine Holzharfe mit 17 Saiten hergestellt wird. Bacarra ist außerdem für seinen erdbebengeschädigten Glockenturm bekannt, der in geringer Entfernung von der Kirche steht, deren Fassade die Spuren diverser ,,Verschönerungstechniken'' zeigt. Vom Glockenturm aus bietet sich ein herrlicher Blick auf die umliegende Landschaft. Schwarze *Maria-Kapra*-Vögel werden die Anwesenheit des Besuchers lautstark signalisieren, sich aber schließlich wieder in die Ritzen und Spalten des verwitterten Gesteins zurückziehen.

Vom Leuchtturm nahe Burgos, **Cape Bojeador Lighthouse,** schaut man auf die wildzerklüfteten Korallenfelsen der Küste hinab. Es lohnt sich, am Abend die eisernen Stufen der Wendeltreppe hinaufzuklettern, denn ein Sonnenuntergang über dem Südchinesischen Meer ist unbeschreiblich schön.

Eine noch betörendere Aussicht von den **Patapat Cliffs** entschädigt den Reisenden für die staubige, etwa 1 1/2 Stunden dauernde Fahrt von Cape Bojeador aus nach Norden. Moos und Flechten bedecken die Berge, tiefe Buchten und weißen Sand gibt es im Übermaß. Nur wenige Besucher fahren durch das dichtbewaldete Land hinauf bis **Pagudpuk** an der Nordspitze Luzons.

Der feine glitzernde Sand der Buchten, die Korallengärten vor den Ufern, die Schwärme farbenprächtiger tropischer Fische, zutraulich und neugierig dem Taucher gegenüber — alles scheint so unberührt wie am ersten Schöpfungstag. Hier lernt man die Großartigkeit der nordphilippinischen Geographie zu schätzen.

Warmes Wasser und lebhafte Brandung locken viele Wasserratten an die zahlreichen Buchten von Ilocos.

Das nördliche Hochland

Frühe Morgennebel hängen über den etwa 30 kleinen, viereckigen Häusern eines Hochlandtals, deren Dächer aus Stroh und verzinktem Eisenblech ein enges Patchwork-Muster bilden. Ein alter Mann lenkt seine Schritte gemächlich an den Gemüsebeeten des *Ili* (Dorfes) vorbei; er trägt in der einen Hand ein Huhn von dunkler Farbe und in der anderen einen Topf mit ungekochtem Reis. Die ersten Sonnenstrahlen fallen in das Tal, und der Mann erreicht das *Ato,* das Haus der Ratsversammlung, und gesellt sich zu den ihn Erwartenden.

Etwas zu spärlich bekleidet für den kalten Höhenwind, kauern sich die Männer um ein kleines Feuer und ziehen unverdrossen an ihren winzigen Tabakspfeifen aus Bronze und Hartholz. Zwei der Männer tragen dicke Heilsarmeemäntel, während die anderen nur Lendentücher anhaben und dünne Decken, um ihre Schultern gehüllt. Auch ein paar traditionelle Hüte — korbförmige Gebilde aus Rattan-Ranken, mit Hühnerfedern verziert — sind zu sehen.

Das Tannenholz des *Ato* ist rußgeschwärzt, und ein symmetrisches massiges Strohdach krönt das Rat-Haus. Die alten Männer haben dafür gesorgt, daß ihr Versammlungsort kein modernisiertes Blechdach erhielt, denn die Seelen ihrer Vorväter würden dieses keineswegs gutheißen.

Auf dem ungepflasterten Platz neben dem einstöckigen Gebäude sind flache, von häufiger Benutzung abgewetzte Felsen zu einem Kreis angeordnet. Hier setzen sich die Männer nun nieder und besprechen das Zeremoniell für den Tag. Ein Sturm ist im Anzug, der die Reisernte gefährden könnte. Deshalb muß unter dem heiligen Baum, dem zweiten Mittelpunkt des Gemeinschaftslebens, ein Huhn geopfert werden.

Normalerweise fällt diese Aufgabe zwei Jungen, mit dem Ritual vertraute Burschen zu, aber diesmal beauftragten die Männer aus praktischen Gründen zwei Teenager in Jeanskleidung, die sich gerade in der Nähe aufhalten. Die Ausführung traditioneller Vorschriften wird nicht mehr streng überwacht, man ist heute eher nachsichtig.

Ohne Begleitung tragen die Jungen dann den Reistopf und das Huhn zum heiligen Baum, entzünden ein Feuer und bringen den Reis zum Kochen. Sie schlagen das Huhn tot, rupfen seine Schwanzfedern aus und befestigen sie am Baum, um die Darbringung einer Opfergabe anzuzeigen.

Karte
Seite 325

Sie sengen die restlichen Federn ab und teilen das Huhn vorsichtig in zwei Teile, ohne die Innereien zu verletzen. Da es ihnen gestattet ist, behalten sie ein Hühnerbein, ein Bruststück und etwas Reis für sich. Dann kochen sie die Teile und fügen ihnen etwas Salz hinzu, was ihnen eigentlich untersagt ist, aus Furcht, daß Unheil über das Dorf hereinbrechen könnte.

Einer der Jungen erinnert sich daran, daß er eine Coca-Cola-Flasche zu Hause hat und holt sie hinüber zur Opferstätte — ein weiterer Verstoß gegen die Tradition. Der Rest des Huhnes und der Reis werden dann zu den alten Männern gebracht, die feststellen, daß die Gallenblase deutlich sichtbar und tiefschwarz ist, was sie als gutes Omen interpretieren.

Man holt einen Krug mit Reiswein, und im Verlauf des Morgens trübt sich der Blick der Augen in runzligen Gesichtern und öffnen sich die Lippen zu breitem Grinsen. Eine Jahreszeit nähert sich ihrem Ende. Wenn die gesicherte Ernte nicht ganz den Erwartungen entsprechen sollte, wird man schon jemanden finden, dem man die Schuld dafür geben kann. Wenn man die leere Cola-Flasche unter dem heiligen Baum findet, werden die alten Männer nur resignierend die Köpfe schütteln.

„Die Schulbildung ist schuld", werden sie sagen. „Die jungen Leute haben kaum noch Respekt vor dem Althergebrachten. Die Schule macht sie eitel, läßt sie die Stadtmanieren imitieren."

Das Lamentieren über die alten Werte läßt den Reiswein wieder kreisen, und die alten Männer schwören, ihrer Tradition treu zu bleiben. Aber tief in ihren Herzen wächst die Ahnung, daß auch sie sich dem schnelleren Lebensrhythmus anpassen müssen.

Ähnliche Szenen spielen sich zweifellos auch in anderen Landesteilen ab, wo Traditionalisten ebenfalls resignieren und der Entwicklung untätig zusehen. Ihre Fragen nach dem Preis, der für den Fortschritt zu zahlen ist, sind rhetorisch. Aber nirgendwo scheint das Problem so brisant zu sein wie in den Hochebenen Nordluzons. Die Bewohner der Mountain-Provinzen gehören zu den wenigen Gruppen des Landes, die fremden Zwängen widerstanden. Ironischerweise scheinen gerade die Leute, die philippinische Anthropologen und Historiker gern als die „wahren" Filipinos bezeichnet haben, heute besonders geneigt, den Schlichen der Moderne nachzugeben. Ihre eigenen Landsleute — welch subtile Versuchung — suchen sie heute von den neuen Werten zu überzeugen.

Zu lange hatten die Hochlandbewohner nicht über die Grenzen ihrer ethnischen Territorien hinausgeschaut; heute benötigen sie sehr viel Selbstvertrauen, um gegen den Strom zu schwimmen.

Jeans, Heilsarmeemäntel und Blechdächer sind symbolische Vorboten des langen, steinigen Weges zur intellektualisierten Zivilisation. Es wird ein mühsamer Prozeß werden. Der Fall der stolzen, unverfälschten Menschen, die die Höhen gemeistert und mit Terrassen versehen haben, wird quälend sein; und die unschuldigen Rauhbeine werden unbeholfene, lächerliche Figuren abgeben.

Schon heute hat ein Tourist in Bontoc (ehemalige Provinzhauptstadt und altes Handelszentrum) kaum noch die Chance, einen alten Mann mit Lendenschurz zu fotografieren, ohne daß sein lächelndes Objekt hinterher einen Peso für das Modellstehen verlangte.

In Banawe, dem Touristenmekka nördlich Baguios, dessen Reisterrassen Weltruhm erlangt haben, hat das Luxushotel, das unter der Leitung des Ministeriums für Tourismus steht, eine Truppe von ehemaligen Stammesangehörigen der Ifugao angeheuert, die den fremden Gästen einen Querschnitt durch rituelle Tänze und Gesänge des Landes vorführen. Sogar das „Schlachten" eines Holzschweines wird pantomimisch dargestellt.

Baguio: die Sommerhauptstadt

Das ehrwürdige alte Pines-Hotel in Baguio City bietet seinen Gästen eine noch imposantere Aufführung. Touri-

Vorausgehende Seiten: Nadelwald und Nebel erwarten den Reisenden, der dem Halsema Highway in die Bergwelt folgt. Unten: Gebirge und Reisterrassen charakterisieren das Hochland im Norden.

sten können an einem „typischen" Hochland-Festival teilnehmen, ohne steinige Bergpfade erklimmen zu müssen und ohne sich den Magen an salzigem Trockenfleisch und Reiswein zu verderben. Im Tanzsaal des Hotels kann man sich bequem von dem Zeremoniell berieseln lassen und seine Koteletts mit Scotch hinunterspülen.

Baguio City ist und bleibt die Hochburg der Mountain-Provinzen — von Urlaubern aus Manila ebenso geschätzt wie von Ferienreisenden aus dem Ausland. Zu Beginn dieses Jahrhunderts hatten Amerikaner Baguio zu einem Ferienort ausgebaut, und seitdem gilt es als Sommerhauptstadt der Philippinen. Sein wohltuendes Klima und die Nadelwälder seiner Umgebung üben eine starke Anziehungskraft aus und machen die auf einem 1500 m hohen Plateau des Central-Cordillera-Gebirges gelegene Stadt fast genauso populär wie Manila.

Jedes Jahr während der Sommermonate April und Mai ziehen Manileños und andere Flachlandbewohner in Scharen aus und lassen die Bevölkerung Baguios, zur Zeit 100 000 Menschen, um ein Vierfaches anschwellen. Die Stadt ist dem Touristenansturm durchaus gewachsen, Hotels und Pensionen halten mit den steigenden Besucherzahlen Schritt, und neue Läden, Restaurants und Vergnügungszentren entstehen.

Die beste Zeit, Baguio zu besuchen, ist natürlich die Nachsaison — es sei denn, man legt mehr Wert auf das Gesehenwerden als auf das Sehen, was nicht ungewöhnlich wäre. Die Übernachtungspreise fallen gleich nach der Sommersaison; auch das Problem ständiger Wasserknappheit entschärft sich, wenn der Besucherstrom dünner wird.

Ohne das saisonbedingte Gedränge hat man auch mehr von Spaziergängen in den Parks, die in stattlicher Anzahl hier vorhanden sind, und von Besuchen der Kirchen verschiedener Konfessionen. Auf dem Baguio-City-Markt läßt sich dann auch die reiche Auswahl an Kunsthandwerk und Nahrungsmitteln besser genießen.

Besucher aus dem Flachland decken sich vor ihrer Abreise fast immer auf diesem Markt mit Geschenken ein. Für Freunde und Verwandte daheim bringt man traditionellerweise frische Erdbeeren, feine Strohbesen und Girlanden aus Strohblumen mit.

In den letzten Jahren haben sich die Attraktionen des Marktes vervielfacht. Man findet heute sowohl Produkte des Hoch- als auch des Tieflandes: Porree, Tomaten, Salat, Steckrüben, Broccoli, Blaubeeren, Champignons, braunen Reis, Marmeladen und Konfitüren, Landwürste, Fleisch und Geflügel, Meeresfrüchte aus den Niederungen und ausgewählte Delikatessen. Eine bunte Palette unverderblicher Waren lockt zusätzlich Käufer an: geflochtene Handtaschen und Körbe, Holzschnitzereien, Bilderrahmen aus Tannenzweigen oder Muscheln, Silberwaren neben Messingschmuck, Anhänger, Perlen, Ponchos, Decken, Strickjacken, antike Krüge, Waffen und Werkzeug sowie Ramsch aus amerikanischen Armeebeständen.

In den kleinen Cafés in der Nähe des Marktes halten die Alteingesessenen ein Schwätzchen. Die Neuankömmlinge bieten immer genügend Gesprächsstoff, und man tauscht Erinnerungen an die alten Zeiten aus, als alles noch so klar definiert war — Unschuld, Freiheit, Stolz.

Ein Jugendlicher stolziert die Straße auf und ab und verkauft Schlüsselketten aus Plastik, während sein Onkel einen Amerikaner mittleren Alters mit einem Schachtelmännchen zum Lachen bringt. Sobald der Verkäufer die Schachtel öffnet, schnellt eine auf einer Feder befestigte Holzfigur mit einer hervorragenden Erektion heraus.

Das Land der Igoroten

„Igoroten" ist ein Sammelname für die Bewohner der Mountain-Provinzen. Politische Grenzen haben die gesamte Region aber unterteilt. Benguet, mit der Hauptstadt Baguio, erstreckt sich auf dem am weitesten südlich und dem Tiefland am nächsten gelegenen Teil. Mountain Province und Ifugao dehnen sich zu beiden Seiten der Grand-Cordillera-Kette aus, und Kalinga-Apayo, das am weitesten nördlich gelegene Territorium, reicht beinahe bis an die nördliche Küste Luzons. Die letztgenannte Provinz ist eine der am wenigsten erforschten und entwickelten Gegenden des Landes. Sie wurde lange Zeit vernachlässigt, trotz ihres großen Potentials.

In dieser Provinz hat die Regierung den Bau von vier Dämmen geplant, Teil eines Programms, die Bewässerung Nordluzons zu verbessern und für mehr

Elektrizität zu sorgen. Die friedfertigen, aber leicht erregbaren Kalinga sehen jedoch noch eine weitere Auswirkung der Dämme voraus: die Überflutung einiger ihrer Dörfer und Reisfelder und, was noch schwerwiegender ist, ihrer heiligen Begräbnisplätze.

Der Widerstand gegen die Regierungsbemühungen hat in den vergangenen Jahren an Intensität und Beteiligung zugenommen. Die Bontoc der Mountain Province, die in der Vergangenheit jeden Versuch äußerer Einmischung in ihre Angelegenheiten mit Begeisterung zurückschlugen, haben andere ethnische Gruppen des Igorotenlandes mobilisiert, sich mit den Kalinga zu solidarisieren.

Weibliche Stammesmitglieder sind in die Lager der Landvermesser und Ingenieure marschiert und haben sich mit Werkzeug und Geräten davongemacht. Die Regierung ist ähnlichen Störmanövern bisher insofern ausgewichen, als daß sie das Projekt zeitweise auf Eis legte zugunsten einer Sozialfürsorge-Kampagne, die von einer Kommission zur Verbesserung der Lage der Minoritäten, PANAMIN, geleitet wird.

Es bleibt abzuwarten, wie lange sich Kalinga, Bontoc und Sympathisanten gegen den unerbittlichen Fortschritt wehren können.

Den Spaniern, die bei der Besetzung des Flachlandes kaum auf Schwierigkeiten stießen, machten in Luzon nur die Leute aus den Bergen, damals noch *Igoloten* genannt, zu schaffen. Sie verzeichneten geringe Erfolge bei den Versuchen, die ,,ruhelosen, kriegerischen Heiden" zu christianisieren. Zentrum der Kolonialregierung war ohnehin die Ilocos-Region, und nur ab und zu sandte man Expeditionen nach angeblichen Goldlagern im Igorotenland aus.

Missionen wurden zwar an entfernten Stellen des widerborstigen Landes eingerichtet, aber nur, um von ,,Konvertiten" geplündert zu werden, die zu ihren heidnischen Sitten zurückgekehrt waren. Mit den Kopfjägern veranstalteten die Spanier eine Art Kriegsspiel: 300 Jahre lang sandten ihnen die Kolonisatoren regelmäßig ihre Strafexpeditionen nach.

Etwa um 1920 wurde dieses Foto aufgenommen: Ibaloi-Schulkinder posieren mit ihrem Lehrer, einem amerikanischem Missionar.

Es war ein Spiel ohne Ende; Amerikaner und Japaner übernahmen später den spanischen Part. Die von den Amerikanern etablierten episkopalischen Missionen erwiesen sich als erfolgreicher, als es die der katholischen Spanier einst waren.

Reizvoll zu beobachten ist, wie diese Völker die christlichen Traditionen mit ihren eigenen verschmolzen haben. Igoroten tragen so abgenutzte anglikanische Vornamen wie Kathleen oder Clifford, kombiniert mit charaktervollen Nachnamen wie *Kinaw-od, Tom-eg, Songgadan, Killip ...*

Von Sonnenaufgang bis zum frühen Mittag dröhnen die Kirchturmglocken unablässig, um die sonntägliche Messe anzukündigen und den Leuten genügend Zeit zu geben, aus ihren Dörfern in entfernten Tälern rechtzeitig zur Kapelle zu kommen. Selbstbewußt klingen die Stimmen, die Lieder in eigener Version des Standardenglisch schmettern. Die Gemeindemitglieder singen das ganze Repertoire anglikanischer Hymnen mit solcher Ernsthaftigkeit, daß es dem Erzbischof von Canterbury höchstes Vergnügen bereiten würde.

Heiterkeit ruft auch ein Blick auf die Kirchenbänke hervor. Hier sitzen alte Frauen in farbenfreudigen Wickelröcken (den Stoff hierfür haben sie auf primitiven Webstühlen in stundenlanger, mühsamer Arbeit selbst gewebt), mit Haarknoten, um die Muschel- und Achatperlenschnüre gewickelt sind. Ihre bronzenen Ohrringe tragen uralte Motive, höchstwahrscheinlich Fruchtbarkeitssymbole.

Erbstücke wie diese sind seit Generationen in Familienbesitz und stellen echte Werte dar. Ab und zu findet man sie, ebenso wie antike Krüge und Ketten, in den Antiquitätenläden Manilas und Baguios. Zwischenhändler haben Not oder Unglück einer Familie ausgenutzt, um diese Stücke aufzukaufen. Daran, wie sehr die Hochlandbewohner diese Dinge in Ehren halten, kann man ablesen, daß die Ahnenverehrung in ihrer Kultur noch eine große Rolle spielt.

Das Beste, was einem Reisenden widerfahren kann, ist die Teilnahme an Beerdigungsriten, die aufgrund des Überwiegens christlicher Praktiken immer seltener stattfinden. Zu solch einem Anlaß wird ein *Cañao* oder Fest abgehalten, das mindestens drei Tage dauert. Der Verstorbene wird auf einen Stuhl geschnallt und in die Hausmitte gestellt, so, als solle er die folgenden Vorgänge überwachen.

Tieropfer werden dargebracht, und das Fleisch wird an die Gesellschaft verteilt, die sich derweil eingefunden hat. Bis tief in die Nacht hinein tanzen Männer und Frauen mit vogelähnlichen Bewegungen zu den Klängen von Bronzegongs. Mit rauchgeschwärzten Kokosnußschalen wird Reiswein aus alten chinesischen Krügen geschöpft. Unzählige Götter und Geister werden angerufen, besonders gern *Kabunian* und *Lumawig*. Der Name des ersten ist ein vieldeutiger Begriff, einerseits als Schöpfergott zu verstehen, andererseits stellvertretend für eine Klasse von Göttern oder deren Wohnsitz. Der zweite scheint ein Held zu sein, der in den Rang eines Gottes aufsteigt.

Ähnliche Riten begleiten eine Hochzeit, eine erfolgreiche Ernte, die Ankunft eines wichtigen Besuchers. Alle anderen Aktivitäten werden unterbrochen, ja selbst die Zeit scheint stehenzubleiben, wenn sich ein *Cañao* über mehrere Wochen erstreckt.

Eine gewisse Uniformität ist heute den Riten, Schamanenbräuchen, Ahnenverehrungszeremonien, Mythen und Legenden der verschiedenen ethnischen Gruppen der Cordillera eigen. Dennoch besitzen die Völker ein ausgeprägtes Empfinden für die kulturellen Züge, die sie von den Bewohnern der Nachbarhügel unterscheiden.

Die Völker der Mountain-Provinzen

Die Ibaloi und die Kankanay aus Benguet und der südlichen Mountain-Provinz werden gewöhnlich als höher entwickelt eingestuft — wohl dank ihrer Nähe zu Flachlandeinflüssen.

Die Bontoc werden als die stolzesten, hitzigsten und kriegerischsten Individuen angesehen. Ihre Männer sind besonders anfällig für ein Gefühl von *Ennui,* da sie seit langem ihrer Hauptbeschäftigung beraubt sind: der Jagd und der Verteidigung ihrer territorialen Grenzen. Die Frauen dagegen arbeiten auf den Reisfeldern und tragen die Produkte des Landes auf ihren Köpfen über steile Pfade.

Verhaltensvorschriften und gesetzesmäßige Riten werden häufig mit den Ifugao in Verbindung gebracht, die auch als hart arbeitend bekannt sind. Das Opferzeremoniell anderer Völker benötigt ein oder zwei Priester, den Ifugao hingegen sagt man nach, sie stellten hierzu 15 Priester ein.

Hauptbeschäftigung und angesehenster Zeitvertreib der Kalinga war bisher die Kopfjägerei und Pflege rhetorischer Fähigkeiten. Seitdem die kriegerischen Aktivitäten erlahmt sind, lieben es die Kalinga, hitzige Debatten über angebliche Ehrverletzungen zu führen, um anschließend großangelegte Aussöhnungsfeste zu feiern. Der Verdacht liegt nahe, die meisten Konflikte würden nur der Friedensfeste wegen angezettelt.

Selbst kleinste Einheiten innerhalb einer Volksgruppe schwingen bei nichtigen Anlässen die Messer gegeneinander — Dorf gegen Dorf, Talbewohner gegen die Nachbarn auf dem Berge.

Schadenfreude scheint eine akzeptable Gefühlsäußerung zu sein. Ein gewisses Barrio gilt als verfemt, weil seine Bewohner arglose Besucher mit Vorliebe verhexen oder vergiften. Die Macht eines anderen beruht darauf, daß es den besten Kaffee der Umgebung anbaut. Ein Leben in extremer Isolation hat sicherlich die Sitten und Gebräuche dieser Menschen verhärtet, ihre Träume und Ideale geprägt.

Das Aroma von Kiefernharz liegt in der kühlen Höhenluft. Ein Nebelmantel hüllt eine Landstraße ein. Eine alte Frau lenkt ihre Schritte mühsam einen steinigen Pfad hinan. Die Szene ist zeitlos. Ein ewiges Kontinuum herrscht auf dem Zauberberg. Und doch holt die Zukunft die Vergangenheit mit schleppenden kleinen Schritten ein.

Die Bergwelt fängt den Schock der Entdeckung einer Coca-Cola-Flasche auf geheiligtem Boden auf und mildert ihn. Ein Moratorium für den Fortschritt.

Erkunden Sie die
Mountain-Provinzen

Die Möglichkeiten, das nördliche Hochland zu bereisen, sind begrenzt.

Entspannung und Erholung bietet Baguios Burnham Park. Benannt wurde die Anlage nach dem amerikanischen Stadtplaner, auf dessen Reißbrett Baguio heranwuchs. Spaziergänger, Radfahrer, Rollschuhläufer und Freizeitsegler geben sich hier ein Stelldichein.

Hat man sich allerdings entschieden, diese Provinzen zu erkunden, verspricht die Reise ein völlig neues, einmaliges Erlebnis zu werden.

Die Anfahrt erfolgt meistens über **Baguio City**, das von Manila aus auf der North Diversion Road und dem Expressway, die mit dem McArthur Highway verbunden sind, leicht in 4 Stunden erreichbar ist. Diese Route führt an Bulacan vorbei und den größeren Städten Pampangas, unter anderen San Fernando und Angeles.

Die letzte Stunde Fahrtzeit verbringt man auf der **Kennon Road**, einer landschaftlich außerordentlich attraktiven Straße, die zu Beginn dieses Jahrhunderts von Amerikanern aus den Berghängen Benguets geschlagen wurde. Amerikanische Verwaltungsbeamte und andere Offizianten suchten ein neues Domizil, das ihnen Erholung vom entnervenden Flachland bieten würde. Mit großem Eifer begann man den Bau der Straße. Es war eine schwierige Aufgabe, da die Straße oft der Schlucht des Bued-Flusses folgt. Arbeiter aus 40 Nationen wurden hinzugezogen. Zusammen mit Einheimischen arbeiteten sie über drei Jahre lang an diesem Projekt.

Seitdem der erste Wagen nach Baguio hinaufgefahren ist, hat sich die Kennon Road zur Hauptzufahrtsstraße entwickelt. Während der Monsunzeit treten schwere Erdrutsche auf, die die Kennon Road tagelang unpassierbar machen. Die Kraftfahrer wählen häufig als Alternative den Marcos Highway von Agoo bzw. die Naguillan Road von San Fernando La Union aus. Es gibt noch eine dritte Möglichkeit, nach Baguio City zu gelangen: über einen holprigen Nebenweg, der in Aritao, Nueva Vizcaya, beginnt.

Busse aus Manila nehmen gewöhnlich die Kennon Road. Verschiedene Busunternehmen fahren alle halbe Stunde von unterschiedlichen Punkten der Hauptstadt ab. Die bekannteste Gesellschaft, Pantranco, deren Sitz in Quezon City ist, hat eine Haltestelle auf der Dimasalang Street im Sampaloc-Distrikt. Auch die PNR bedient diese Strecke. Sie startet an der Tutuban Railroad Station (Bahnhof) in Divisoria. Am südlichen Ende der Stadt, in und um Parañaque, sind Haltestellen der weniger bekannten Busunternehmen zu finden.

Sie können entweder Fahrkarten erster oder dritter Klasse kaufen. Für ein paar Peso mehr kann man den Komfort der klimatisierten ersten Klasse genießen. Es bleibt jedoch ein Rätsel, warum es, ebenso wie bei Zugfahrten, keine zweite Klasse gibt. Die Tickets für eine Fahrt von Manila nach Baguio kosten zwischen knapp 30 Peso und etwas über 60 Peso. Besonders luxuriös ausgestattet sind die Busse der Resort Hotels Corporation, in denen man mit Kaffee, Snacks und Musik versorgt wird.

Von der Tutuban Station aus kann man auch mit dem Zug nach Alaminos in Pangasinan fahren und von dort aus mit dem Wagen weiter nach Baguio City. Die Philippine Air Lines bieten täglich Morgenflüge zum Flughafen Baguios, Loakan Airport, an. Die Flugzeit beträgt zwar nur eine Stunde, aber wenn man den Weg zum Inlandflughafen Manilas und die eine Stunde für die Gepäckaufgabe hinzurechnet, beläuft sich die Gesamtzeit sicherlich auf mehr als zwei Stunden.

Wochenendausflügler nehmen auf dem Hinweg gern die Kennon Rd. und fahren auf dem Rückweg über die Naguillan Rd. bzw. den Marcos Highway, um noch einen Tag an den sonnigen Stränden La Unions zu verbringen. Will man mehr von dem faszinierenden Igorotenland sehen, kann man nach Bontoc oder Banawe im Norden weiterfahren. Von dort aus sind es 1 1/2 Stunden Fahrt zum Flughafen von Bagabag, einer Stadt im Tiefland, 6 Stunden Fahrzeit auf dem Pan Philippine Highway von Manila entfernt.

Baguio. Ein Hauch von Kiefernduft

Ein Wochenende in Baguio reicht nicht aus, alle Sehenswürdigkeiten zu besuchen. Nicht unbedingt, weil deren so viele gibt. Es ist das süße Gefühl von Müßiggang, das den Besucher umfängt, sobald er den ersten Hauch der Luft voll Kiefernduft einatmet. Man möchte länger in Baguio bleiben, das statt Hitze, Staub und Getöse angenehme Temperaturen (18°C), saubere Parks, zauberhafte Höhenwege in zerklüfteten Bergen, Kirchen und Lagunen und moderne Restaurants und Hotels aller Preisklassen zu bieten hat. Es sind wohl Klagen zu hören, Baguio sei zu kommerzialisiert und etwas zu spießig, aber Baguios Charme bringt Unzufriedene leicht zum Schweigen.

Jedermann in Baguio liebt lange Spaziergänge. Ein beliebtes Ziel ist die **Session Road** mit ihren gutbestückten Buchläden, Bäckereien, Fotogeschäften, indischen Basaren, chinesischen Restaurants, Cafés, Pizzaläden, Hamburgerbuden, Kinos, Krämern, Antiquitäten- und Kuriositätenläden. Es spricht für die Fähigkeiten der städtischen Organisatoren des Kommerzes, daß es ihnen gelang, auf einem nur 1 1/2 km langen Straßenstück eine derartige Vielfalt von Geschäften, aber auch von konkurrierenden Unternehmen anzusiedeln. Im Session Café oder im Star Café kann man eine Tasse Kaffee oder ein ausgezeichnetes chinesisches Mahl zu sich nehmen und die neueste Zeitung lesen.

Am nördlichen Ende der Session Rd. kann man zum Markt hinübergehen oder nach links zum **Burnham Park** abbiegen. Parkbänke unter Trauerweiden laden zum Verweilen ein, und gewöhnlich treffen sich Liebespaare am See des Parkes zum Bootsfahren.

Ohne Stadtplan durch Baguio zu fahren, bedarf einiger Geschicklichkeit. Wenn man sich nicht im Labyrinth der Stadt verfahren will, ist es empfehlenswert, einen der mausgrauen Ac-Jeeps zu nehmen, die in den Seitenstraßen zwischen der Session Rd. und dem Burnham Park oder in Marktnähe stehen. Obwohl ihre Routen vorgeschrieben sind, bringen die Wagen Sie, gegen einen Aufpreis, in jeden Teil der Stadt, ebenso wie Taxen, die sogar bis weit über die Stadtgrenzen hinausfahren, zu den **San Carlos Heights** zum Beispiel. Man erreicht die Höhen über die Naguillan Rd. und hat von dort aus einen hervorragenden Blick auf die Ilocos-Küste. Auch vom **Mt. Sto. Tomas** aus bietet sich ein schöner Blick auf das Chinesische Meer.

Zwischen diesen beiden Punkten im Westen bzw. Südwesten der Stadt ist die **Lourdes Grotto** zu finden. 225 Stufen führen zur Grotte hinauf: ein sportliches Erlebnis. Auf dem Wege zu den **Asin Hot Springs** passiert man ein Holzschnitzerdorf. Hier läßt es sich preiswert einkaufen. In Asin gibt es einen Swimmingpool, einige Hängebrücken, malerische Landschaft und Thermalquellen für die Genießer.

Auf dem Weg zum Mt. Sto. Tomas

Die Kapelle der Philippinischen Militärakademie trägt ein Sonntagsständchen in Baguio vor.

209

liegt der **Dominican Hill** (Hügel) mit seinem **Diplomat Hotel,** das früher ein Kloster war. Den Hauptanteil seiner Gäste machen europäische und australische Reisegruppen aus, die ins Land kommen, um von seinen Wunderheilern zu profitieren. Tony Agpaoa, berühmtester ,,Gesundbeter'' des Landes, besitzt und managt das Hotel.

Igoroten-Textilien und -Kuriositäten werden zu Spottpreisen im **Easter Weaving Room** (Webstube) angeboten, auf der Bokawkan Road im Norden der Stadt. Die Weber lassen sich bei ihrer Arbeit gern fotografieren. Sie benutzen eine primitive, aber effektive Webtechnik.

Noch weiter nördlich, 10 Minuten Fahrzeit auf der Magsaysay Ave. von der Innenstadt entfernt, stellt der **Bell Temple** seine elegante Linienführung, Drachenmotive und chinesischen Dekorationen zur Schau. Seine Türen öffnen sich nur zu bestimmten Zeiten für die Allgemeinheit. Seine Priester, dem Buddhismus, Taoismus, Konfuzianismus und Christentum gleichermaßen verpflichtet, stellen auch Horoskope.

La Trinidad, ein weites Tal, weitere 5 Minuten entfernt, gilt als die ,,Salatschüssel'' der Philippinen, da Salat, Gemüse und Erdbeeren hier angebaut werden. Sonntags finden in La Trinidad Hahnenkämpfe statt.

Fahren Sie die Leonard Wood Rd. hinunter in den nordöstlichen Teil der Stadt, und Sie gelangen zu den Botanischen Gärten, die heute **Imelda Park** heißen. Die Nachbildung eines Igorotendorfes ist hier zu sehen, das gleichzeitig typische Beispiele der Architektur der verschiedenen Bergvölker umfaßt. Auch Läden mit Kunsthandwerk und Silberschmuck sowie Restaurants befinden sich in dem Komplex.

Das **Mansion House,** ein Stückchen weiter, ist die Sommerresidenz philippinischer Präsidenten. Ihm gegenüber liegt der **Wright Park,** in dem man auch Pferde zum Ausreiten leihen kann.

Auf eine Traube von Souvenirläden stößt man, wenn man von der Gibraltar Road in die Torres Street einbiegt. **Mines View Park** ist *das* klassische Postkartenmotiv Baguios. Von diesem Vorsprung aus blickt man auf die Mineralien-Schatzkammer Benguets hinab.

Südlich des Mansion House liegen der Reihenfolge nach folgende Sehenswürdigkeiten: der **Baguio Country Club,** die **John Hay Air Base,** die **Voice of America Relay Station** (Relaisstation) und die **Philippine Military Academy,** das philippinische ,,West Point''.

Das **Resort Pines Hotel,** ein weiteres Wahrzeichen Baguios, thront gebieterisch über dem Luneta Hill am südöstlichen Ende der Session Rd. Ebenfalls in nächster Umgebung liegen die **Baguio Cathedral** und der **St. Louis University Silver Shop** (Silberladen).

Empfehlenswert ist ein Besuch von **Madame Chen's Old Pagoda Gift Shop** (Geschenkladen) auf der Session Rd. Ein Blick auf den Besucher genügt, und Madame Chen wird ihm Wichtiges über seine Zukunft verraten. Die Dame wird im *Pilgrim's Guide to Planet Earth* erwähnt, und ihr Mann ist Priester an der Bell-Kirche.

Für interessante Ausflüge in die Umgebung der Stadt sind Baguios Kräuterexperten zuständig. Sie erklären dem Touristen, aus welchem Strauch Heilkräfte gegen diese oder jene Beschwerden gewonnen werden. Selbst Raucher können sie angeblich von ihrer Sucht befreien.

Mit Ausnahme der heiligen Woche ist in Baguio immer eine Unterkunft zu finden. Im **Patria** auf der Session Road übernachtet man in Vier-Bett-Zimmern, Schlafsaalübernachtungen kosten 10 Peso. 10 bis 20 Peso muß man für Einzelzimmer in Herbergen und Pensionen anlegen.

Erstklassige Hotels sind das **Pines Hotel** und das neue **Terraces,** ein Fünf-Sterne-Hotel auf dem South Drive. Ein Hotelverzeichnis, einen Stadtplan und andere zweckdienliche Informationen gibt es kostenlos im Fremdenverkehrsbüro auf der Governor Pack Rd., die auf das Südende der Session Rd. stößt.

Eines der besten Reisebüros in Baguio ist Baguio City Tours auf der Harrison Rd. Nummer 35. Es wird von Ben Singson, einem interessanten Mann geleitet, der Ihnen genaue Informationen über die Reisemöglichkeiten in den Mountainprovinzen geben kann. Seine hervorragenden Dias sind gute Entscheidungshilfen. Auf dem Sektor der Gruppenreisen ist die Safari durch das Igorotenland, die er anbietet, wohl das Optimale. Die fünf- bis siebentägige Reise führt durch das nördliche Hinterland und umfaßt Übernachtungen in Berghütten oder Zelten und Schlafsäcken. Wer ungern mit zahlreicher Begleitung reist, kann diese Tour auch allein unternehmen.

Safari durch das Igorotenland

Ausgangspunkt dieser Reise ist die **Dangwa Bus Station** in einer Seitenstraße gleich hinter dem Markt. Früher fuhren hier ausschließlich Busse der Dangwa-Gesellschaft in den Norden Baguios. Heute ergänzen zwei bis drei kleine Busfirmen das Programm, die aber Dangwas Haltestelle mit benutzen. Große, vertrauenswürdige asiatische Allzweckfahrzeuge mit Fahrern stehen auch in der Nähe der Bushaltestellen.

Der Weg nach Norden führt unweigerlich über den **Halsema Highway**, eine landschaftlich schöne, aber rauhe Höhenstraße. Ihr Zustand erinnert an das, was sie ursprünglich einmal war: ein Bergpfad der Igoroten, der später ausgebaut wurde. Die Straße eröffnet nach jeder Kurve eine spektakuläre Aussicht auf die Grand Cordillera-Kette.

Früh am Morgen brechen die Busse nach **Natubleng** auf, wo der Lunch eingenommen wird, bestehend aus einer Schüssel „Lechon Reis" mit Gemüse und Schweinefleisch für 4 Peso. Sollten Sie während der Busfahrt den allzumenschlichen Drang verspüren, rufen Sie einfach: „Us-bo!" Der Fahrer und alle Passagiere werden verstehen, der Bus wird an einer günstigen Stelle halten, Männer, Frauen und Kinder klettern hinaus und machen sich auf die Suche nach einem geeigneten Busch.

In Dangwa-Bussen gibt es keinen Mittelgang. Ein Fensterplatz auf der linken Seite verleiht Einsichten in das, was sich auf der Bergseite abspielt, ist jedoch nicht ganz ungefährlich. Alte Männer spucken ohne Vorwarnung zum offenen Fenster hinaus, auch während der Fahrt. Für den unerschrockenen Fotografen ist ein Platz auf der rechten Seite des Busses genau richtig. Häufig nur wenige Zentimeter vom Abgrund entfernt, bietet sich ihm eine erregende Fernsicht. Allerdings bleibt er vom

Oberhalb des Chico-Flusses drücken sich einige Häuser mit Blechdächern in eine Vertiefung zwischen den Bergen. Auf der anstrengenden Fahrt von Baguio nach Bontoc sieht man vom Halsema Highway aus viele dieser kleinen Dörfer, die in geschützten Hochtälern liegen.

Staub und Dreck der Straße nicht verschont.

Wer auf eigene Faust unterwegs ist, kann den Highway verlassen und Abstecher in Gebiete jenseits touristischer Trampelpfade machen. **Bokun** ist solch eine Gegend. An der Ampusungan-Kreuzung fährt man in Richtung Westen ab. Am Ende dieser Straße muß man sich zu Fuß zur Stadt hinaufarbeiten. In der Stadt selbst spielt sich nichts Besonderes ab; nur der Wanderweg durch ursprüngliche Landschaft, vorbei an interessanten Felsformationen und Wasserfällen ist schön.

Auch **Kabay-an**, eine Stadt etwa 4 Stunden Fahrtzeit von Baguio entfernt, ist einen Besuch wert. Ungefähr 50 km hinter Baguio zeigt ein Schild an, daß man der rechten Straßengabel nach Kabay-an folgen muß. Diese Straße ist auch Ausgangsbasis zum **Mt. Pulag.** Mit seinen 2932 m ist er der höchste Gipfel Luzons. Igoroten betrachten ihn als heiligen Berg. Auf der Höhe gehen Nadelwälder langsam in Eichenwälder über, gefolgt von alpinem Gras in Gipfelnähe. Was Bonsai-Gärtner zu gestalten suchen, bietet hier die Natur in reichem Maße.

Kabay-ans Hauptattraktion sind nicht seine drei Bergseen oder die unerforschten Höhlen im nahegelegenen **Mt. Timbac,** sondern seine Höhlengräber mit mindestens 500 Jahre alten Mumien. Sie sind nicht, wie die ägyptischen Mumien, in Gaze gewickelt, sondern nackt, so daß an einigen von ihnen noch Tätowierungsreste zu erkennen sind. In zusammengekrümmter Stellung, die Beine angezogen, sind sie einst in Holzsärge, die aus ausgehöhlten Baumstümpfen bestehen, eingesiegelt worden.

Einige der Mumien sind zwar im Rathaus ausgestellt, aber Touristen und Fotografen werden nicht so gern gesehen, da einige Diebstähle vorgekommen sind. Weitere Mumien sind in den künstlich angelegten Höhlengräbern außerhalb der Stadt zu finden. Aber der **Banagao Mummy Cave** und der **Tenongchol Burial Rock** werden unter Verschluß gehalten. Im **Ordas Cave** gibt es eine kleine Kammer, in der Hunderte von Schädeln aufgereiht sind. Man erzählt von einer Särge enthaltenden Pyramide, die auf dem **Mt. Tenongchol** gestanden haben soll. Ihre Basis ist das einzige, was eine Überschwemmung um die Jahrhundertwende nicht mit weggerissen hat.

Hauptrichtung der Reise über den Halsema Highway ist Bontoc, 150 km von Baguio entfernt. Es ist in ca. 6 Stunden erreichbar. Vor Kilometerstein 100 führt eine Nebenstraße nach **Mt. Data** hinauf, einer Holzfällerstadt, die häufig im Nebel liegt. Es gibt nicht viel zu sehen dort. Für Wanderer wird eine moderne offizielle Herberge in der Nähe, in schöner Berglage, unterhalten.

Nach einer Stunde Fahrzeit schließt sich die Straße dem Lauf des langsam fließenden Chico River an und folgt dem Fluß noch über **Bontoc** hinaus. Bontoc selbst hat nicht allzuviel zu bieten. Man kann sich hier mit Benzin und Reisevorräten eindecken. Busse machen gewöhnlich in Bontoc Station, und Reisende verbringen die Nacht hier. Preiswerte und gute Unterkünfte sind das **Pines Inn Kitchenette,** die **Mountain View Lodge** und natürlich das alte **Caved Hotel.**

Ein Besuch des Fotogeschäftes **Masferre's Studio** könnte den Kauf von Schwarzweißdrucken in Postkartengröße nach sich ziehen, mit alten Aufnahmen von Berglandschaften oder Personen. Es könnte sich auch ein Gespräch mit Masferre ergeben, einem spanischen *Mestizo*-Gentleman, der nicht nur ein Pionier mit der Kamera war, sondern auch ein amüsanter Unterhalter ist.

In Bontoc, das in einem flachen Tal zu beiden Seiten des Chico-Flusses liegt, kann es tagsüber recht warm werden. Wanderungen in die Umgebung vermitteln einen Einblick in die Arbeit, die nötig ist, die Reisterrassen zu unterhalten. Im Gegensatz zu den berühmten Reisfeldern Banawes werden die von Bontoc durch Steinmauern gestützt statt durch Schlammwälle. Die Leute aus Bontoc behaupten, ihre Reisterrassen seien schöner anzusehen und schwieriger zu bauen als diejenigen Banawes. Man muß sich nur die Mühe machen, dies zu überprüfen.

In **Sagada**, einer Stadt, die etwa eine Stunde Busfahrt von Bontoc entfernt ist, herrscht noch eine Atmosphäre von Gemütlichkeit, die dem geschäftigen

Vor 500 Jahren wurden sie in Hockstellung in ausgehöhlte Baumstämme eingeschlossen, heute stehen die Mumien von Kabay-an und ihre Holzsärge im Mittelpunkt des Interesses.

212

Bontoc fehlt. Man erreicht Sagada, das in letzter Zeit recht populär geworden ist, indem man ein paar Kilometer auf dem Highway zurückfährt und an der Dantay-Kreuzung nach rechts abbiegt. In verschiedenen Pensionen kostet ein Zimmer etwa 10 Peso pro Tag. Die bekanntesten sind **St. Joseph's Guesthouse**, das von Ordensschwestern geführt wird, **Agayo's**, **Gangbay's Inn** und **Travellers Inn**. Das Hochtal dieser Stadt mit seinen Schiefer- und Kalkformationen lädt zum Wandern ein. Auch die Höhlengräber sind berühmt. In mehreren Höhlen sind nicht weit vor der Stadt Holzsärge gestapelt. Die sogenannten „hängenden Särge" dagegen thronen auf Felsvorsprüngen und sind von der Hauptstraße aus zu sehen.

Eine ganze Reihe von Sehenswürdigkeiten liegt in einem Radius von einstündigen Wanderungen außerhalb des Stadtbezirks: die **Kitongan Bottomless Pit**, eine unerforschte Grube „ohne Boden", **Calvary Hill** (Hügel), auf dem während der Regenmonate eßbare Pilze wachsen, die Halluzinationserscheinungen hervorrufen, der winzige **Bokong Waterfall** (Wasserfall) mit seinem prima Schwimmbecken, und der **Lake Danum** (See), ein Teich, umgeben von schöner Landschaft.

In Sagada kann man sich gut drei Tage lang aufhalten. Viele Besucher, Manileños und andere, verfallen seinem Charme und bleiben länger oder kehren häufig wieder zurück.

Besonders Mutige könnten von Bontoc aus einen Abstecher in das Kalinga-Apayo-Gebiet machen. Aus Sicherheitsgründen und weil es kaum Übernachtungsmöglichkeiten gibt, sollte man mit den Bussen der Einheimischen fahren. Eine anstrengende Tour durch dramatische Kulissen, aber solange sich noch Rebellen in der Gegend herumtreiben, nur für Abenteurer geeignet. Eigentlich schade, denn in Kalinga gibt es verschiedene interessante Städte und Dörfer, unter anderen **Balbalasang**, das nahe der Provinzgrenze zu Abra liegt. Die Stadt lockt mit ihren süßen Orangen, lieblichen Frauen, ihrer faszinierenden Tierwelt, ihren 29 Wasserfällen und ihrer reizvollen Anlage, ähnlich wie Baguio.

In Apayo, weiter im Norden, gibt es kaum noch Straßen. Pfade, die einem guten Reiter allerhand Geschicklichkeit abverlangen, und Wege, die Pfadfinder in Schwierigkeiten bringen, machen das Reisen beschwerlich. Fahrten auf dem Apayao Apulug-Fluß sind nur etwas für Wildwasserfreunde.

Etwa 50 km südöstlich von Bontoc liegt **Banawe**, üblicherweise die nächste Station. Der Bus verläßt Bontoc am Morgen, und eine herrliche Höhenroute durch das zerklüftete Gebirge des Mt. Polis, vorbei an terrassierten Gemüsegärten und Eichen, die über und über mit Orchideen bewachsen sind, bringt Sie in 2 Stunden nach Banawe.

Für Banawe wird viel Reklame gemacht, und seine Tausende von Jahren alten Reisterrassen, die sich über hunderte Quadratkilometer erstrecken, sind tatsächlich ein großartiger Anblick. Die Stadt selbst besteht vornehmlich aus schmutzigen Straßen und Souvenirshops, die Mondpreise für ihre Artikel verlangen. Von hier aus könnte man zu Fuß oder per Bus tiefer ins Ifugaoland eindringen, um die weniger bekannten, aber ebenso interessanten Reisterrassen von **Maligcong**, **Batad** und **Mayaoyao** aufzusuchen.

Das **Banawe Hotel** steht unter der Leitung des Ministeriums für Fremdenverkehr. Neben einer wunderbaren Aussicht auf die Terrassen bietet das Hotel ein Sonnendeck, einen beheizten Swimmingpool, ein Solarium und folkloristische Tänze sowie Filme zur Abendunterhaltung. Preiswerter ist das **Banawe Youth Hostel** (Jugendherberge), ebenfalls von Leuten des Ministeriums geführt. Eine Schlafstelle im Schlafsaal kostet 25 Peso pro Nacht. Jugendliche mit Jugend-Reiseausweis erhalten einen Preisnachlaß. Noch günstiger sind, mit 4 bis 12 Peso pro Nacht, das **Val-Greg Hotel** und die **Wonder Lodge** nahe der Stadtmitte. Darüber hinaus sind gute Mahlzeiten hier auch sehr preiswert.

Von Banawe aus kann man schließlich nach Bontoc und Baguio zurückfahren oder sich über Lagawe im Osten hinab in die Ebene begeben. Die zweite Möglichkeit bietet noch einen Abstecher nach **Kiangan**, einer alten Ifugaostadt, mit einem kleinen See in attraktiver Lage.

Vogelfedern am Hut, stellt sich ein grinsender Ifugao dem Fotografen. Schon die Aussicht auf die Reisterrassen Banawes ist einen Peso wert.

Cagayan Valley:
Luzons letzte Grenze

Wie eine riesige Sichel mit ausgezackter Klinge liegt Cagayan Valley im Nordosten zwischen Luzon und dem Meer. Drei Provinzen bilden eine topographische Einheit: Cagayan im Norden formt den Griff der Sichel, Isabela in der Mitte und Nueva Vizcaya im Süden machen das Sichelblatt aus.

Eine Laune der Natur läßt fast das ganze Tal von hohen Bergen umstanden sein, was zur Folge hat, daß Monsuneinflüsse sich gegenseitig mäßigen. Ein Klima, in dem es tagsüber kühler ist, ermöglicht eine saisonunabhängige Landwirtschaft. Im Westen trennt die in Nord-Süd-Richtung verlaufende und 241 km lange Central Cordillera-Kette Cagayan von den oberen Igorotendörfern. Im Osten erheben sich die Gebirge der Sierra Madre, hinter denen die Küste steil und zerklüftet zum Pazifik abfällt. Durch die ganze Länge des Tales zieht sich das Flußsystem des Rio Grande de Cagayan. Seine im Süden schneller fließenden Wasser schwellen in Teilen der Cordillera, Sierra Madre und der Caraballo Sur-Berge im Süden an.

Zu beiden Seiten dieses Fruchtbarkeit spendenden Flusses erstreckt sich das grüne Land des Tales, durchsetzt von hellgelb getuschten Stellen. Ebenen gehen sanft in Vorgebirge über, auf deren Hängen sich grasende Brahma-Bullen wie Steinskulpturen ausnehmen. Im Sommer brennt die Sonne erbarmungslos auf das Tal hernieder und läßt die hartgewordene Erde aufbrechen. Im Dezember jedoch füllt sich das Tal mit gleißendem Gelb, das teilweise zu Orange oder Ocker verschwimmt. Marlboro und Coca-Cola sind noch nicht in dieses weite Land eingedrungen. Es gibt kaum eine schönere Fahrt durch die Philippinen als die entlang der kiesbefestigten Straßen dieses Tales, die sich von der Nordspitze aus über 322 km nach Süden hinziehen.

Erinnerungen an die Kolonialzeit

Eine spanische Quelle aus dem Jahre 1586 informiert: ,,Das gesamte Tal ist recht fruchtbar und gesund und hat Reis, Schweine, Geflügel und Palmwein im Überfluß; Büffel-, Hochwild-, Wildschwein- und Vogeljagden sind beliebt. Viel Wachs, Baumwolle und Gold wird in der Gegend gesammelt ...‘‘

Karte
Seite 326

Realiter beschrieb der Spanier nur das Gebiet an der Mündung des Cagayan-Flusses, nördlich der Stelle, an der Salcedo im Jahre 1567 gelandet war. Im Inland gab es jedoch noch viel mehr, um den Appetit der *Conquistadores* zu reizen. Aber verschiedene einander feindlich gesonnene Stämme hatten dort schon ihr Jagdrevier und ihre Felder. Deswegen beklagt sich der Schreiber: ,,... weil dort so viele Leute leben und reichlich Nahrungsmittel vorhanden sind, gab es schon öfter Anstrengungen, dieses Gebiet zu unterwerfen — bisher noch ohne Erfolg ...‘‘

Der Versuch, den Stämmen Cagayans spanischen Willen aufzuzwingen, führte jahrhundertelang zu brutalen Zusammenstößen. Als Capitan Juan Pablo Carrion 1851 beauftragt wurde, eine Niederlassung in Cagayan zu gründen, lauteten seine offiziellen Instruktionen, während des ersten Jahres *keinen* Tribut einzuziehen, da frühere Versuche soviel böses Blut geschaffen hatten. Zu dem Zeitpunkt hatten die Spanier aber schon viel Unheil angerichtet. Ein spanischer Bischof verkündete sogar: ,,Ich hoffe bei Gott, daß dieser Erlaß ernst genommen wird, damit diese Indianer, denen schon drei- oder viermal Unrecht getan wurde, nun endlich in Frieden leben können.‘‘

Carrion legte nicht nur seine Siedlung an, sondern auch ein Fort, 13 km weiter landeinwärts. An dieser Stelle trafen die Spanier erstmals auf die Ibanag, das führende Volk des Tales. Zu Beginn hieß die Siedlung Lal-lo oder Lalloc. Aber die wellenförmige Hügellandschaft und das trockene, kühlere Klima erinnerten die Spanier angenehm an ihre eigene Segovia-Provinz, so daß sie sie später in Nueva Segovia umtauften. Nueva Segovia wurde im Laufe der Zeit zum Verwaltungszentrum und religiösen Mittelpunkt der Region — eine starkbefestigte Zelle europäischer Kultur des Mittelalters, umgeben von feindlichen Völkerstämmen. Von hier aus wurde die Bekehrung und Ausbeutung der Einheimischen geleitet: die typische Kolonialpolitik der Spanier.

In der Regel betrachteten die Eingeborenen den weißen Mann als Dieb, der ihnen Land und Freiheit nahm. Wenn sie sich unterjochen ließen, so häufig deshalb, weil sie den Waffen der Eroberer nicht trotzen konnten, aber auch, weil sie den raffinierten Methoden der Fremden nicht gewachsen waren. Für jeden Einheimischen, der seine Seele verkaufte und sich überzeugen ließ, er sei ein nackter Wilder, brannten hundert andere ihre eigenen Dörfer nieder, flohen in die Berge und kehrten nur zurück, um Überfälle und Plünderungen anzustiften.

Diejenigen, die ausharrten, mußten mit ansehen, wie ihr angestammter Grundbesitz in *Ecomiendas* aufgeteilt und an „verdiente" Individuen, meistens spanienfreundliche Glücksritter, verteilt wurde. Alle Bewohner des Tales galten als Untertanen und waren gezwungen, Abgaben in Form von Gold oder Naturalien zu entrichten. Schwerbewaffnete Eintreiber versuchten noch höhere Steuern zu kassieren, als von der Zentralregierung vorgesehen war. Diese Politik wurde oft mit Revolten beantwortet, wodurch die Zahl der „zahlungsunwilligen" Seelen in den Büchern stieg.

In der Zwischenzeit versuchten die Missionare mit aller Gewalt die Autorität der *Aniteras* zu untergraben. Diese hochverehrten weiblichen Schamanen standen kraft ihrer Funktionen als Wahrsagerinnen und Medien seit uralten Zeiten im Mittelpunkt philippinischen Stammeslebens. Wenige Missionare gingen friedlich ans Werk, die meisten stifteten Verfolgungen an und ließen die hölzernen Altäre der Einheimischen verbrennen. Die rituelle Kopfjägerei und Praxis der Menschenopfer einiger Bergvölker brachte die Spanier so in Harnisch, daß sie besiegte Stammesführer köpften oder aufknüpften. Die Eingeborenen wiederum vergifteten einige Missionare und plünderten und verbrannten Kirchen und Altäre bei jeder Gelegenheit. Während die Weißen überzeugt waren, der Teufel selbst spräche aus den *Aniteras,* schworen die Stammesbrüder, die aus Schönheitsgründen ihre Zähne schwärzten, daß die Fremden mit den weißen Zähnen *Busao* seien, getarnte böse Geister.

Alle mühevoll etablierten spanischen Siedlungen mußten fortwährend mit

Vorausgehende Seiten: Cagayan Valley: wilde Gräser tändeln mit dem Wind. Unten: Ein Dumagat-Furier beobachtet mit gespannter Aufmerksamkeit das Meer.

Überfällen rechnen; Zwangsarbeit und Abgabenpflicht ließen immer wieder Aufruhr ausbrechen. Um zu überleben, spielten die Spanier Stamm gegen Stamm aus und entfachten somit blutige Kriege.

Die Fluß-Ibanag hatten seit langem mit China, Malaysia, Japan und anderen Nachbarländern Handel getrieben. Ihr deutlich sichtbarer Wohlstand erweckte Expansionswünsche in den Eroberern. Sie träumten davon, ihr Reich nach Norden auszudehnen, auf friedlichem Wege oder mit Gewalt. Während ihrer 300 Jahre dauernden Besetzung der Philippinen waren die Spanier immer wieder mit den Gedanken in China, dem „heidnischen", reichen und hochzivilisierten Land.

Tatsächlich drangen die Kolonisatoren in den ersten 100 Jahren nicht wesentlich über Nueva Segovia hinaus. Bis 1590 befand sich Nueva Segovia im Belagerungszustand. Stammesführer aus dem unteren Cagayan hatten Japan und Borneo um Hilfe gegen die Spanier gebeten. Quellenberichten zufolge waren noch bis 1630 Kloster- und Kirchenverbrennungen und Morde an Religionsvertretern an der Tagesordnung. Rebellionen brachen 1718 in Tuguegarao, nachfolgend in Nueva Segovia und 1763 im mittleren Teil Cagayans aus.

Nachdem die Kolonialherren 1780 den Tabakbau in Ilocos und Cagayan Valley monopolisiert hatten, begann eine erneute Eskalation von Gewaltakten. Cagayans Tabak war von noch feinerer Qualität als der aus Ilocos, was die Kolonialregierung dazu bewog, ihre Finanzen mit Hilfe dieser Pflanze aufzubessern. Dies bedeutete schließlich für den Bauern strikte Monokultur unter Regierungsaufsicht.

Für viele Bewohner in Bereichen des mittleren und unteren Cagayan und des Chico-Fluß-Umlandes brachte diese Politik unbeschreibliche Härten. Unter Zwang mußte länger und härter gearbeitet werden; ein Nachlassen der Produktivität provozierte Prügel und materielle Strafen. Der dominierende Tabakbau ließ den Reis, das Grundnahrungsmittel, knapp werden. Die Erträge wurden von Agenten zu Niedrigpreisen aufgekauft und zu Höchstpreisen verkauft — ein exemplarischer Fall einer Sklavenhaltergesellschaft, die agrarische Werte abschöpft. Wie zur Belohnung der Oppositionellen, die vor den Spaniern in

die Berge geflohen waren, konnten die Hochlandbewohner nun unbegrenzten Tabakbau betreiben und ihre Ernte ins Tal schmuggeln, wo sie hohe Profite erzielte.

All diese Umstände trugen schließlich zum Ausbruch der philippinischen Revolution von 1896 bei. Nachdem die amerikanischen Besatzer 1903 einen Zensus in Cagayan Valley vorgenommen hatten, stellte man fest, daß die drei Jahrhunderte spanischer Herrschaft den mittleren und unteren Teil dieses Gebietes fast unbeeinflußt gelassen hatten: Nueva Vizcaya im Süden wurde immer noch als Dreiviertelwildnis eingestuft.

Erkunden Sie Nueva Vizcaya: das südliche Tal

Die spanische Regierung schuf 1839 die Provinz Nueva Vizcaya und verkleinerte sie 1856, um auch Isabela zu schaffen. Sie liegt, von Land umschlossen und zu 60 % bewaldet, im Zentrum Luzons. Die meisten der ursprünglichen Siedler (und Kopfjäger) — Ilongoten, Igoroten und Dumangat — sind in der Provinz geblieben und leben entlang ihrer Grenzen.

Nur 40 % der Provinzbewohner verteilen sich auf die drei Hauptstädte Bayombong, Solano und Bambang. Die anderen Einwohner sind entlang der Hauptstraße ansässig, bei Santa Fe an der Südgrenze und bei Bambang an der nordwestlichen Grenze zwischen Vizcaya und Ifugao.

In Santa Fe erkennt man den Übergang zur Provinz Vizcaya daran, daß das Land langsam ansteigt. Durch das bräunliche Caraballo-Vorgebirge windet sich eine Straße im Zickzack zum 915 m hohen **Dalton Pass** hinauf. Die Geschichte weiß von einem blutigen Gefecht Ende des Zweiten Weltkrieges zwischen der auf dem Rückzug befindlichen japanischen Armee und einer philippinisch-amerikanischen Division unter General Dalton.

Der Staub aus einer großen Bergwerksstadt in der Nähe weht heute über den einsamen Paß, den dröhnende, mit Holz beladene Laster und kleinere Transporter, die unter der Last ihrer Reis- und Kartoffelsäcke stöhnen, befahren.

Ungewöhnliche Bambuskörbe — die geflochtenen Streifen naturbelassen, nur sparsam mit erdfarbenen Mustern bemalt — werden in vielen Formen entlang der Paßstraße angeboten. Auch dicke wilde Pfefferbeeren und Kartoffeln, die in den umliegenden Vorgebirgen angebaut werden, sieht man dort.

Zwei Städte weiter, unweit Bambangs, befindet sich eine der interessantesten geographischen Kuriositäten des Landes: die weißen Berge der **Salinas Salt Springs** (Salinen). In nördlicher Richtung liegt Bayombong, die Provinzhauptstadt, vor deren jahrhundertealter Kirche Aetas, die aus den nahegelegenen Bergen herabkommen, im August zur Feier des Stadtpatrons ihre Tänze veranstalten. 4 km von Bayombong entfernt, bilden der Saum eines Waldes und ein herrlicher Wasserfall den Rahmen für verschiedene spiritistische Sekten, die in dieser alten, kaum berührten Landschaft, ähnlich wie einst die alten *Aniteras,* in engster Beziehung und im Zwiegespräch mit der Natur leben.

Bayombong liegt auf der regulären Busroute zwischen Manila und Cauayan in Isabela. Außerdem hat Bagabag einen Flughafen, von dem aus man nach Banawe und Bontoc fliegen kann.

Erkunden Sie das mittlere Tal: Isabela

Obwohl diese Provinz, die nach Königin Isabella von Spanien benannt wurde, als Reiskammer Nordluzons gilt, gute Nutzhölzer und saftiges Weideland besitzt, liegt das Hauptgewicht doch auf dem Tabakbau. Eine monotone Straße, die alle 10 bis 15 km von niedrigen Bambushütten aufgelockert wird, führt ins Landesinnere. Alte spanische Siedlungen, mit dem Bevölkerungswachstum größer geworden (vielfach Ilocano-Auswanderer), verteilen sich auf das weite Land. Die Siedlungsmuster wiederholen sich. Alles bezieht sich auf die etwa 100 Jahre alten Kirchen im Mittelpunkt.

Isabelas Kirchen sind nicht mit denen der Cagayan-Provinz, die zu einem früheren Zeitpunkt der spanischen Herrschaft gebaut wurden, zu vergleichen; sie nahmen in der Phase Gestalt an, da man den barocken „Verschönerungstechniken" der fleißigen Restaurateure schon mißtraute. Daher ruht die würdi

Isabelas kompakte Kirchen strahlen selbst noch im Zustand des Verfalls eine gewisse Würde aus.

ge Vornehmheit der unverändert unre-
novierten, unbemalten roten Backstein-
kirchen, deren gedrungene Umrisse die
nördliche Route begleiten.

Die erste Kirche auf dem Wege ist in
Echague, dem ehemaligen Sitz der Pro-
vinzregierung. In **Alicia**, 8 km weiter,
befindet sich der Schrein der Madonna
von Atocha. 20 km von Alicia entfernt,
in **Cauayan**, einer Stadt, in der die einheimische Fluglinie PAL zwischenlan-
det, steht noch eine weitere alte Kirche,
50 km nordöstlich von hier, jenseits der
Haupt-Tabaklager Iligans, liegt die
Stadt **Tumauini**. Sowohl die äußeren
Backsteinmauern als auch das Interieur
ihrer Kirche sind gut erhalten. Mit ihrem Glockenturm, der von steinernem
Filigran geschmückt ist, und ihren bemoosten Heiligenbildern in blassem
Aquamarin ist die Kirche das Wahrzeichen einer vergangenen Epoche.

In Isabelas nördlichster Stadt, **San
Pablo**, 4 km vor Tumauini gelegen, sind
alte und neue Infrastruktur auf ironi-
sche Weise miteinander verknüpft. Vor
langer Zeit konnten Begräbnisprozes-
sionen noch mit angemessener Feierlich-
keit vom Kirchhofstor zur Friedhofska-
pelle defilieren, da die rote Backstein-
kirche und der Friedhof in gerader Linie
hintereinanderlagen. Heute durch-
schneidet ein moderner Highway dies
Gelände, tosen Hupen und Motoren-
lärm an friedlicher Stätte.

Doch der fortschreitende Ausbau und
die Entwicklung der Ebenen Isabelas ermöglichen dem Reisenden andererseits
auch ein einfacheres Vordringen zu den
Naturschönheiten des Landes. Die **Sta.
Victoria Caves** (Höhlen) zum Beispiel
liegen 19 km weiter im Inland als Tumauini. Zu diesen Kalksteinaufwürfen
im Vorgebirge der Sierra Madre kommen in zunehmendem Maße Hobby-
Höhlenforscher und Niederwildjäger.
Im **Fuyo National Park**, ganz in der Nähe, kann man Isabelas wilde Vögel in
Freiheit beobachten.

Erkunden Sie Cagayan:
das obere Tal

Auf dem Wege von Isabela nach Cagayan scheint die Sonne mit fast uner-
träglicher Direktheit. Diese Sonne läßt
den riesigen Gemüsegarten und die üp-
pigen Reisfelder zwischen den Bergen
im Osten und Westen gedeihen.
Horden von Negritos durchstreifen

heute noch die Gebirge, nachdem sie
sich aus den fruchtbaren Ebenen zurückgezogen haben. Keiner fremden
Macht je untergeordnet, bleiben sie Nomaden und leben, unangepaßt und un-
stet, ein Leben wie vor Hunderten von
Jahren. Statt der Missionare versuchen
heute Anthropologen, zu ihnen vorzu-
dringen, um aufzuzeichnen, wie der ur-
wüchsige Mensch sein Leben in den
Wäldern einrichtet.

Tuguegarao, die Provinzhauptstadt,
ist eine extreme Mischung diverser Einflüsse, eine Grenzstadt, die sich noch
nicht von dem Ansturm historischer
Mächte erholt hat. Bis in die heutige
Gegenwart haben sich eine Reihe klei-
nerer Läden, Wohnviertel mit ungepflasterten Straßen und schmutzigen Ab-
steigen erhalten. Wie die Stücke einer
zerbrochenen Muschel fallen die Stadtteile auseinander. Dazwischen liegen die
Ruinen der alten spanischen Infrastruktur.

Gegen Ende des Krieges hatten die
Amerikaner Tuguegarao heftig bom-
bardiert und große Teile der alten spanischen Hauptstadt zerstört, inklusive seiner Kathedrale. **St. Peters'** renovierter
Fassade fehlt jegliche Patina. Ihr Zementkleid macht die Kirche Wassertür-
men ähnlich. Am Rande der Stadt
scheint die Mittagssonne auf die Ruinen
eines alten *Horno* (Brennofens) — ein
stummes Souvenir aus der Zeit, da der
Ofen täglich mengenweise rote Ziegel
für religiöse Bauten ausspuckte. Direkt
nebenan, im Schlachthof der Stadt,
quieken fünf gesunde rosa Schweine ihren Abschied vom Leben.

Außerhalb von Tuguegaraos altem
Kern hat man die neuen Bauten und Ge-
schäftsgebäude der Provinzhauptstadt
errichtet. Hier befindet sich auch das
Provincial Museum, eines der angesehensten des Landes, das von Cagayans
eifrigem Gouverneur, Teresa Dupaya,
geleitet wird.

Phantasie und Gelehrsamkeit sind bei
der Entstehung dieses Museums eine
fruchtbare Ehe eingegangen. Exquisite
religiöse Kunstgegenstände, geschnitzte
Holzaltäre und goldbestickte Gewänder, die von Dominikanermissionen bei-
gesteuert wurden, rivalisieren mit
Stücken alten Porzellans, Handelsgü-
tern des uralten Ibanag-Flußverkehrs.
Aufschluß über den Lebensstil des weißen Mannes in einem wilden Land geben Wiener Stühle, Wasserkrüge und

Waschschüsseln aus rosafarbener Emaille aus dem Besitz alter *Mestizo*-Familien.

In der archäologischen Abteilung des Museums erfährt man, daß Cagayans Urgeschichte zu 99 % in der Altsteinzeit spielte. Die ausgestellten fossilen Zähne und Knochen gigantischer Elefanten und Nashörner, die an verschiedenen Stellen des Tales ausgegraben wurden, zeugen vom Leben in der Region vor 500 000 oder sogar 1 1/2 Millionen Jahren.

Abgenutzte Steinwerkzeuge aus dem Bereich der Flußterrassen in den Sierra-Madre- und Cordillera-Vorgebirgen werfen Licht auf den Frühmenschen. Er war ein Wandervogel, wahrscheinlich mit den Tieren über die Landbrücken gekommen, die Asien bis zur Eiszeit mit dem philippinischen Archipel verbanden. Mindestens sieben Ausgrabungsstätten gibt es in Cagayan (die meisten davon in der Nähe von Höhlenkomplexen), die zur Zeit vom Nationalmuseum der Philippinen untersucht werden. Man nährt den unausgesprochenen Wunsch, eines Tages auf Hinweise auf den *Homo erectus* zu stoßen. Museumsexperten hoffen, die Theorie bestätigen zu können, daß der Cagayan-Mensch mindestens 500 000 Jahre alt ist und in Verbindung mit den Urtypen Asiens gebracht werden kann.

Die Höhlen mit hundert Kammern

Viele landschaftlich schöne Flecken werden gegenwärtig in Cagayan erschlossen. 32 km von Tuguegarao entfernt, in einem Barrio des südöstlich gelegenen **Peñablanca**, liegen zum Beispiel die **Callao Caves** (Höhlen). Sie sind über eine 24 km lange, staubige Straße zugänglich oder — wenn die Jahreszeit es erlaubt — auch über den Cagayan-Fluß. Es wird behauptet, die Höhlen hätten hundert Räume, von denen allerdings erst sieben erforscht sind. Weiße Fledermäuse und *Kalaw*-Vögel mit roten Schnäbeln bewohnten früher die Höhlen, die sich entlang des Flußlaufes erstrecken; Touristen und Graffitikünstler haben sie jedoch vertrieben.

Restaurateure haben den Ziegelwänden der St. Peter's Cathedral von Tuguegarao ein graues Zementkleid verpaßt. Die Natur hat in den Callao Caves (Höhlen) einen Steinaltar gestaltet.

In der Decke der ersten dieser sieben Höhlen befindet sich eine Öffnung, durch die das Sonnenlicht auf den feuchten Boden und den Steinaltar scheint, den die Gouverneurin meißeln ließ. Roter Samt, mehrere Kirchenbänke und rauher Lehmboden ... es sieht beinahe wie in einer Katakombe aus.

Folgt man gewaltigen Schmetterlingsschwärmen durch den umliegenden Wald, gelangt man zu einer wunderlichen Sehenswürdigkeit: einem Ort mit Namen „Maroran", an dem es immer regnet. Man nimmt an, daß der feine Sprühregen, der aus Felsspalten und zwischen den Farnwurzeln am Ufer hervordringt, einem unterirdisch verlaufenden Fluß zu verdanken ist.

Weiter im Norden, etwa 60 km von der Hafenstadt **Aparfri** entfernt, in **Gattaran**, gibt es noch mehr Wald, den es lohnt zu erkunden. Außerdem sind hier drei Wasserfälle namens **Tanlagan**, die über 100 m in die Tiefe stürzen. Das schwefelhaltige Wasser der **Mapaso Hot Springs** (Geysire) zischt und brodelt in schwarzglänzendem Gestein.

Dominikanische Strenge und ibirischer Flamboyantstil

57 km nordwestlich von Tuguegarao liegen die beiden Missionsstädte **Tuao** und **Piat** aus dem 17. Jahrhundert. Tuaos alte Kirche steht noch, ebenso wie die Ruinen seines alten Forts. Piat hingegen ist ein bekannter Wallfahrtsort, dessen Heiligenbild, *Nuestra Señora de Visitacion,* Scharen von Besuchern anzieht. Einst von Augustinern aus Macao nach Nueva Segovia gebracht, sollte es später bei der Konvertierung kriegerischer Itawes-Stämme helfen. Angeblich hat die Madonna viele Wunder vollbracht; ihre Intervention während einer Dürreperiode im Jahre 1624 wird heute noch erwähnt.

Vielleicht sollte man hinzufügen, daß die inbrünstige Verehrung von Heiligenbildern nicht nur in alten Cagayan-Familien gang und gäbe, sondern auch in vielen ländlichen Gebieten der Philippinen heute noch üblich ist. Ererbte Standbilder sind beinahe Clanmitglieder, die mit ritueller Sorgfalt gesäubert und aufgeputzt werden. Von Zeit zu Zeit, wenn man einem Wunsch besonderen Nachdruck verleihen will, werden die Heiligenbilder einer Familie in Prozessionen, von der Stadtkapelle begleitet, zur Kirche gebracht, um neu gesegnet zu werden. Diejenigen, die ihre *Santos* an geschickte Antiquitätenhändler verkaufen, werden verachtet, *Allakulaku tal Santo* („Heiligenverkäufer") genannt, und man mißtraut ihnen. Tatsächlich spiegeln die Bildnisse aus edlem Hartholz die naive, robuste Glaubensadaption der frühen bekehrten Handwerker wider.

Die tiefe Religiosität der Einwohner dieses Landstriches manifestiert sich in jeder folgenden Stadt: uralte, geschichtlich — wenn auch nicht immer ästhetisch — bedeutende Kirchen geben deutlicher Auskunft über den Gründer einer Mission, die Erfahrungen einer Stadt, den Zeitgeist, als es viele Worte könnten.

Die Kirche von **Enrile**, nordwestlich des alten Tuguegarao, scheint der grauen Strenge der Dominikanermönche angepaßt; die Kirche in **Malaueg**, einsam am Fuße der Cordilleras im Nordwesten Piats gelegen, vereint altes Gemäuer und wuchernde Vegetation zu einem Lobgesang. Die massive Untersetztheit der **Alcala Church** in Mittel-Cagayan trägt korinthische Klassik, durchsetzt von iberischem Flamboyantstil, in hübschen hellen Ziegelsteinen zur Schau; **Pamplonas** Kirche an der Nordostküste ist über und über mit Friesen bedeckt. Zucht und Härte des Lebens im Grenzbereich und die glühende Innigkeit mittelalterlichen Katholizismus standen in einem Spannungsverhältnis zueinander, dessen steingewordene Dokumentationen den modernen Betrachter faszinieren können.

Bambuskunst und rosafarbene Sandstrände

Uralte Lebensader der Zivilisation, Zentrum der Stammeskulturen Cagayan Valleys, ist der Fluß, dessen Mündung in **Aparri** liegt, der berühmten Hafenstadt im Norden, die als erste von Fremden entdeckt wurde. Östlich und westlich von Aparri erstrecken sich Strände, Sümpfe und die verschlungenen Arme der Flußmündung entlang der Küste. Hier leben seit alter Zeit die Ibanags und weben, töpfern, fischen und stellen Gerätschaften aus Bambus her. In ihren Liedern, Epen, Legenden und Tänzen tradiert sich die Stammesgeschichte.

Die Stadt **Buguey**, östlich von Aparri, war der älteste spanische Vorposten der

Küste. Einige Bewohner dieser Stadt sind heute noch in der Lage, auf hölzernen Harfen aus dem 19. Jahrhundert zu spielen, eine aussterbende Kunst. Eine alte Lagune in Barrio **Mision**, unweit Bugueys, in der sich Hummer, Langusten und Krebse tummeln, gilt als ehemalige Mündung des Cagayan-Flusses. Die Fluten des Chinesischen Meeres sorgen immer für Seafood-Nachschub.

Nipa-Matten, Wein und Essig werden in **Pamplona** und **Abulug**, Städten an sumpfiger Küste, produziert. In **Sanchez-Mira** werden Bambusgegenstände hergestellt. Dieses alte Handwerk hat sich wahrscheinlich von hier aus weiter nach Süden ausgebreitet.

Etwas abseits gelegen sind die Strände der zauberhaften **Punta Lakay Lakay**, Inseln vor der Küste **Claverias**, an der Nordwestgrenze der Provinz. Prima Sandstrände und gute Bademöglichkeiten gibt es in Sanchez-Mira und Pamplona.

Fuga Island, nordwestlich von Aparri, ist etwas für Liebhaber von Meer und Sand. Die Strände dieser hinreißenden kleinen Insel bestehen aus feingemahlener Koralle und glänzen rosa. Die meisten Besucher kommen des Tauchens wegen. Eine uralte Kirche in der alten Stadt der Insel und wilder Honig sind zusätzliche Attraktionen.

Ein entzückendes Kap

Weiße Reiher scharen sich in den Reisfeldern, die viele Städte der Nordküste Cagayans umgeben. Sie begleiten den Reisenden auf der 1 1/2stündigen Fahrt zur nordöstlichen Spitze der Provinz, nach **San Vincente Port**. Der Name der alten spanischen Leuchtturminsel vor der Hafenstadt, **Cape Engaño**, bedeutet wörtlich „Kap des Entzückens". Es gibt dort weiße Strände, steile Klippen und die Tiefen des Babuyan-Kanals.

Der Hauptzugang zum Meer ist über Port San Vincente. Tuguegarao und Aparri werden von PAL angeflogen und liegen auf der Strecke verschiedener Busunternehmen, die Cagayan Valley bedienen. Um von Aparri nach Cape Engaño zu gelangen, muß man sich vor Ort um Transportmöglichkeiten bemühen.

Einer der ältesten Berufe der Welt: vor der Nordküste Luzons werfen Fischer ihre Netze aus.

226

Bicolandia:
der Sporn im Südosten

In einem See in der Nähe des vortrefflichsten Vulkanes der Welt schwimmen die kleinsten Fische der Welt. Wasserdampf zieht durch die Palmen, dort, wo mit Erdwärme Elektrizität gewonnen wird. Auf den Inseln vor der Küste findet man die weißesten Strände; im klaren Wasser selten schöne Korallenriffe. Zusätzlich zu diesen Attraktionen der Bicol-Region könnte es Ihnen in einer mondlosen Nacht gelingen, ein schreckliches *Ponong* zu sehen, ein Biest mit drei Rachen und einem Auge ...

Die sechs Provinzen der Halbinsel Bicol sind über ein schmales bergiges Landstück mit der südöstlichen Spitze Luzons verbunden. Weil Bicol auf dem Landwege schwer zugänglich und eine Seereise während der Taifunzeit sehr unsicher ist, war diese Gegend von jeher recht isoliert.

Camarines Sur: Land der Jungfrau

Wenn der große Kahn oder *Casco* seine Fahrt am Start in der Nähe des Marktes beginnt, beginnt für Naga City, ebenso wie für ganz Bicolandia, der Höhepunkt des Jahres. Die Flußparade zu Ehren der **Virgin of Peñafrancia**, der Schutzpatronin Bicolandias, fängt an. Jedes Jahr kommen Tausende von Gläubigen in die Stadt, um der farbenfreudigen Wasserzeremonie zuzuschauen, die den Abschluß eines neuntägigen Festivals bildet.

Die Ursprünge dieses Festes liegen über 300 Jahre zurück. Ein spanischer Priester, Don Miguel de Covarubias, brachte ein angeblich wundertätiges Heiligenbild aus einer felsigen Gegend in Spanien (das spanische Wort für Felsen ist *Peña)* auf die Philippinen. Als der Priester nach Naga gesandt wurde, ging das Bildnis mit auf die Reise und wurde an einem besonderen Schrein am Fluß aufgestellt, zu dem im Laufe der Jahre die Bekehrten pilgerten, um ihre Ehrerbietung zu erweisen.

Bald zog das jährliche Festival zu Ehren der Jungfrau so viele Besucher an, daß man im Jahre 1655 beschloß, „die Dunkle" solle an ihrem Festtag zur neugebauten Kathedrale gebracht werden. Jeden zweiten Septembersonnabend wurde seit dieser Zeit die *Translacion* — die Überführung der Jungfrau — mit großem Aufwand gefeiert. Das größte Spektakel fand eine Woche später statt: ihr Rücktransport auf dem Fluß.

Mit dem Tag, da sich drängelnde männliche Glaubensanhänger das Bildnis, begleitet von „*Viva la Virgen!"*-Rufen, auf ihren Schultern zur Kathedrale tragen, wird es in der Stadt Naga lebendig. Während der nächsten sieben Tage strömen Besucher — meist Bicolaños, die ihrer Heimat einen Besuch abstatten — zum Heiligenbild, um es zu küssen oder mit brennenden Kerzen zu ehren. Längst nicht alle Veranstaltungen sind jedoch religiöser Natur. Auf dem Plaza werden allabendlich kulturelle Veranstaltungen abgehalten, die Hahnenkämpfe des Jahres finden statt, Fahrradrennen ziehen sich im Zickzack durch die Stadt, und Bootsrennen auf dem Bicol-Fluß präparieren die Stimmung für die Parade.

Am Nachmittag des dritten Sonnabends beginnt schließlich die Rückführung der Jungfrau. Wieder nehmen die Männer sie auf ihre Schultern und tragen sie zu Kapellenmusik durch die überfüllte Stadt zum Flußufer, wo sie auf einen Kahn verladen wird. Tausende von Zuschauern säumen die Ufer, drängen sich auf Brücken oder folgen der Prozession in schmalen *Bancas*. Fröhlichkeit und Tränen, Konfetti und Wasserduschen begleiten sie zurück zu ihrem alten Schrein.

In den frühen 1950er Jahren nahm der Besucherandrang derartig zu, daß eine Brücke unter dem Gewicht der Schaulustigen zusammenbrach. Man ersetzte sie zwar durch eine neue, stärkere Konstruktion, doch im Jahre 1973 gab die Brücke wiederum nach, als sich Hunderte von Hälsen nach der Jungfrau reckten.

Erkunden Sie Camarines Sur

Naga City hat wesentlich mehr zu bieten als das jährliche Festival. 1575 gegründet und damals Nueva Caceres genannt, war es Diözese der ganzen Region, Camarines Sur, Camarines Norte, Albay, Catanduanes und Tayabas eingeschlossen. Die alte Siedlung dehnte sich schnell auf die andere Seite des Flusses aus, und 1578 erhob sich ihre erste Kirche, nach San Francisco, dem

Schutzheiligen der Franziskaner, benannt, einem Orden, der größten Einfluß auf die Geschichte Bicolandias ausübte.

Heute steht leider nur noch ein Eckturm dieses Bauwerks, da ein schweres Erdbeben im Jahre 1915 große Zerstörung anrichtete. Ein dürftiges Relikt, denn unglücklicherweise ist der Neubau, für den zwar Teile der alten Konstruktion verwendet wurden, ein Zerrbild des Originals.

Der Kirche gegenüber steht auf einem Platz das **Quince Martires-Denkmal,** das an 15 philippinische Patrioten erinnert, die gegen Ende der Kolonialherrschaft von den Spaniern hingerichtet worden waren. Zwei Jahre später, nach einer berühmten Revolte, die nur einen Tag lang währte, ergab sich der Gouverneur der Provinz in der Kirche gegenüber den Filipinos. Kurz darauf verdrängte man die Spanier auch aus Albay und Sorsogon, ohne daß ein Schuß abgefeuert wurde.

Von Camarines Sur wird behauptet, es könne sich in bezug auf Alter und Anzahl seiner spanischen Kirchen durchaus mit der Gegend um Vigan an der Nordwestküste Luzons messen. Eine seiner bedeutendsten Kirchen ist die **Naga Cathedral,** die aus dem Jahre 1595 stammt. Sie teilt das Schicksal vieler Kirchen des Landes, ihre Geschichte war äußerst abwechslungsreich: 1768 durch Feuer zerstört, von 1808 bis 1843 wiederaufgebaut, von einem Taifun im Jahre 1856 beschädigt, zwischen 1862 und 1879 restauriert, von einem Erdbeben im Jahre 1887 erneut beschädigt, 1890 wiederaufgebaut.

Die Kirche des nahegelegenen Dorfes **Milaor** wurde von 1725 bis 1735 erbaut und 1740 durch ein Feuer zerstört. Auch sie befindet sich in einem traurigen Zustand; ihr häßliches Eisendach zeigt tiefe Riefen. Eine schmale Brücke verbindet den steinernen Glockenturm, der 1840 entstand, mit dem Hauptgebäude. Wagemutige Besucher können die verfallenen Stufen zu den vier großen Glocken hinaufklettern. Ein Schild vor dem Hauptbahnhof von Naga City weist den Weg zu dieser Kirche, einer anerkannten Sehenswürdigkeit.

Vorausgehende Seiten: Perfekt geformt, der Kegel des Mayon-Vulkans. Unten: Altardiener sind diese beiden Burschen, die vor der Daraga-Kirche spielen.

Es ist nur eine kurze Busfahrt von Naga nach **Iriga City**, einer Stadt im Schatten **Mt. Asogs**, der auch als **Mt. Iriga** bekannt ist. Die Netze der Fischer am nahegelegenen **Lake Buhi** sind engmaschig genug, um winzige Fischchen zu fangen. *Tabios* oder *Simarapan* gelten als kleinste Fische der Welt. Sie können sie im **Ibalon Hotel** in der Nähe zum Frühstück kosten. Wählen Sie statt eines europäischen oder amerikanischen Frühstücks eine Morgenmahlzeit à la Ibalon, ein Omelett ,,mit tausend Fischen". So viele *Tabos* benötigt man zur Füllung!

Die Oldies dröhnen aus Jeepneyrecordern, wenn man die Straße zum **Buhi-See** entlangbraust — aber Sie wollen Ihre Hände nur am Sitz festklammern. Zur Linken türmt sich Mt. Asog, zur Rechten umkränzen Wolkenketten die Spitze des majestätischen, in der Ferne gelegenen **Mayon Volcano**.

Schließlich gerät der Buhi-Markt, von einer uralten spanischen Kirche bewacht, ins Blickfeld. Wieder eine wilde Jeepneyfahrt überstanden! Der See ist nur ein paar Schritte von der häßlichen Ansammlung kleiner Hütten entfernt, die sich Buhi Town nennt, bietet jedoch einen überwältigenden Anblick. Der eingefallene Krater Asogs thront stolz im Norden, und den gesamten See umgeben die Wände eines noch älteren Vulkans. Auf einem Spaziergang entlang des Sees können Sie die kleinen Unterstände der Fischer sehen und beobachten, wie die fipsigen Fischlein mit dreieckig ausgespannten Netzen abgeschöpft und in Behälter gefüllt werden. Einzeln kaum größer als ein Reiskorn und durchsichtig, wird eine Handvoll Fische zu einem flachen Rechteck geformt und zum Trocknen ausgelegt. Schwarze Augen heben sich von der silbrigglänzenden Fläche ab.

Ponong: das einäugige Monster mit drei Rachen

Daß Iriga City heute eine interessante Stadt ist, verdankt sie zu einem großen Teil dem Anwalt José C. Reyes. Reyes' Vater wurde während des Zweiten Weltkrieges von den Japanern umgebracht. José Reyes war zu den Aeta geflohen, einem Stamm der Ureinwohner. Nach dem Kriege wurde José Reyes ein erfolgreicher Geschäftsmann und ließ auf dem Hügel im Zentrum Irigas ein Monument zur Erinnerung an seinen Vater errichten, das er ,,Our Lady of the Lourdes Emerald Grotto" nennt. Er überredete die Aeta dazu, sich an den Hängen Mt. Asogs niederzulassen, und ließ ein elegantes Hotel, das Ibalon, ganz in der Nähe erbauen, so daß die Besucher einer der schönsten Nobelherbergen der Region (neben Legaspis Hotel Imperial) jederzeit die uralte Lebensweise der Bilocaño bestaunen können. Auch der **Ibalon Village Resort**, kurz vor der Stadt, ist von Reyes erbaut worden: sechs traditionelle Häuser auf Stelzen mit Klimaanlage.

José Reyes größtes Verdienst liegt jedoch auf dem literarischen Sektor. Er hatte ein altes spanisches Manuskript gefunden, das vom Mythos der Ibalon, wie die Spanier die Einwohner Bicols einst nannten, handelt. Seine Übersetzung dieses Fragments gewann einen Literaturpreis und wird in Manila als eines der großen philippinischen Epen gefeiert. Ein kleines Museum im Hotel stellt Modelle seiner Monster und Geister aus.

Schade, daß nur ein kleiner Teil dieses Epos erhalten ist, denn es lohnt sich, die Umrisse dieser Erzählung zu skizzieren. Vor vielen, vielen Jahren lebten wilde Bestien und schreckliche Monster, *Harimaws*, im Land der Ibalon — das einäugige *Ponong*, geflügelte Haie, wilde Carabaos und Krokodile, so groß wie *Bancas*. Drei Helden, Baltog, Handyong und Bantong, wollten das Land von den Bösen erlösen, wobei ihnen die gerissene Schlange Uryol sowohl half als auch im Wege stand. Die drei Superhelden setzten sich schließlich zur Ruhe, führten die Landwirtschaft ein und brachten der Region die Zivilisation.

Albay: im Schatten des Vulkans

,,Schön" ist sein Name, und er ist wahrlich von tödlicher Schönheit, der Mayon-Vulkan. Mayon (von *magayon*, d.h. ,,schön" im Bilocano-Dialekt) führte seine explosive Kraft europäischen Zuschauern erstmals im Jahre 1616 vor, als ein holländisches Schiff vorüberfuhr. Im vergangenen Jahrhundert brach der **Mayon Volcano** dreißigmal aus, aber in diesem Jahrhundert hielt sich sein Zorn in Grenzen. Ausbrüche fanden 1900, 1928, 1943, 1947 und 1968 statt. Dennoch: Eine Rauchfahne, die den Vulkankegel umspielt, erinnert daran, daß seine Herrlichkeit nur schläft.

Ein beunruhigender Gedanke, wenn man kurz vor dem Gipfel über lose Lavabrocken und Felsen stolpert. Seit ein spanischer Priester im Jahre 1852 zum ersten Male den Aufstieg zum Krater gewagt hatte, sind ihm viele gefolgt, und einige haben den Versuch nicht überlebt, obwohl Mayon kein schwieriger Berg ist. In Gipfelnähe bröckelt das Gestein allerdings und prasselt auf die nachfolgenden Bergsteiger nieder.

In eineinhalb Tagen kann man den Berg erklettern, und ein halber Tag genügt für den Rückweg nach Legaspi. Der Beginn des Aufstiegs ist gemächlich. Hat man die dichte Vegetation hinter sich gelassen, schlägt man das Nachtlager auf erstarrter Lava auf. Am nächsten Morgen folgt die anstrengende Reststrecke zur Spitze. Es gibt zwei Möglichkeiten, den Vulkan zu besteigen: Die nördliche Route führt über das höher gelegene Mayon Resthouse (Herberge), ist aber ohne eigenen Wagen, der den Transport von und nach Legaspi gewährleistet, recht umständlich. Die südliche Route erfordert eine bessere Kondition, und wenn man nichts dagegen hat, eine Nacht unter freiem Himmel.

Warum das Ganze? Immerhin könnte das Gefühl, den vollkommensten Vulkan der Welt erklommen zu haben, eine Rolle spielen: die Aussicht vom Gipfel ist jedoch auch der Mühe wert. Der Vulkan ist nicht gerade ein sehr hoher Berg, aber sicherlich sensationell. Nichts versperrt die Sicht, die Hänge fallen stetig, in elegantem Schwung, zum Meer ab. Das Gefühl in der Höhe ist einmalig. Nicht ungefährlich sind die kleinen Kanäle, die das vulkanische Gestein gliedern. Während der Regenzeit kommt es vor, daß plötzlich verheerende Fluten aus diesen Furchen hervorbrechen. Im Jahre 1976 unterbrach ein besonders heftiger Wassereinfall die Eisenbahnlinie zwischen Camalig und Legaspi. Züge aus Manila mußten für geraume Zeit in Camalig stoppen und die Passagiere ihren Weg auf der Straße fortsetzen.

Sollten Zeit- und Energiemangel

Man muß ihn nicht unbedingt erklimmen, den Mayon, um seine symmetrischen Hänge zu bewundern. Im Hintergrund von Legaspi City erhebt er sich majestätisch.

(oder gesunder Menschenverstand) Sie daran hindern, bis zum Gipfel des Mt. Mayon hinaufzusteigen, lohnt sich doch ein Ausflug vom Mayon Resthouse aus entlang der nördlichen Route. Hinter Tabaco zieht sich die Straße 20 km lang an der Kante Mayons entlang, bis ein Schild auf die schmale Zufahrtsstraße zur Herberge hinweist. Während des Aufstiegs durchquert man Abaka-Plantagen, in denen Arbeiter die Pflanzen entblättern. In ca. 800 m Höhe befindet sich die Herberge, von der aus die Bergspitze sehr nahe scheint, weniger als ein Drittel des Gesamtweges entfernt.

Ein kleines Museum für Vulkankunde und eine seismologische Station sind ebenfalls hier. Das Resthouse befindet sich in einem betrüblichen Zustand. Wahrscheinlich ist es zu lange vor dem Touristenboom gebaut worden. Es wären dringend Reparaturen an der Herberge nötig, und obwohl die Bar noch alkoholfreie Getränke verkauft, muß man seine eigene Verpflegung und eigenes Bettzeug mitbringen und sich auf dem Boden einrichten, wenn man an dieser schöngelegenen Stelle übernachten will.

Dennoch: Die Aussicht auf den lava-überzogenen Kegel und die Berge und Vulkane im Norden ist einen kleinen Ausflug zur Höhe wert! Von Westen kann man die Spitzen verschiedener anderer Vulkane sehen, die das Rückgrat dieser unbeständigen, fruchtbaren Region bilden: Iriga, Isarog und Malinao, die zum Pazifik hin abfallen. Tiwi liegt zu Füßen des Letztgenannten. Weiter in Küstennähe erscheinen Tobaco und einige Inseln auf der Bildfläche.

Mayon hat eine Höhe von 2640 m über dem Meeresspiegel, und obwohl es herrlich auf dem grauen Gipfel ist, sind auch seine Hänge interessant. Manche Abhänge erheben sich aus der glatten Weite smaragdgrüner Reisfelder. An anderen Stellen steigen die Vulkanwände aus graziösen Kokosnußpalmwäldern empor. Besonders schön wirkt Mayon als Hintergrund vor schwarzen Sandstränden am blauen Pazifik.

Entdecken Sie Albay

Cagsawa, einer der interessantesten Orte, gemahnt daran, daß die vollkommene Schönheit des Vulkans einen hohen Preis gefordert hat: 1814 brach der Mayon aus, und ein massives Bombardement mit rotglühenden Felsblöcken trieb die Einwohner des Ortes in die **Cagsawa Church**. Das schützende Gebäude verwandelte sich in eine Falle. Nachdem die Fluchtmöglichkeiten blockiert waren, ergoß sich eine Lavawelle in die Kirche. Nach diesem tragischen Ereignis im Februar lag Cagsawa 40 m tiefer und zählte 1200 Einwohner weniger. Heute ragen nur noch der Kirchturm und einige Giebelreste aus dem Boden.

Die Überlebenden besaßen genügend Feingefühl, ihre Kirche ein paar Kilometer weiter in **Daraga** wieder aufzubauen. Die Daraga-Kirche schaut von einem Hügel hinab auf die Stadt und ist von Wind und Wetter geschwärzt und von der Last ihrer Jahre gezeichnet. Unkraut sprießt an allen möglichen Stellen aus dem ruinösen Gestein. Es ist typisch für die philippinische Freude an Gegensätzen, daß ein großes Neonkreuz die Kirche krönt.

Daraga ist ein Zentrum philippinischen Kunsthandwerks, speziell aus Abaka. Die Läden sind angefüllt mit Abaka-Platzdecken, Matten und allen erdenklichen anderen Dingen aus Abaka. Interessante Souvenirs, aber nur ein schwaches Überbleibsel einer Industrie, die zu Beginn des 19. Jahrhunderts reichste Einnahmequelle Bicols war: die Herstellung von Hanftauen. Ein Jahrhundert später unterhöhlten Drahtseile und neue Hanfquellen den blühenden Handel. Heimarbeit ist das Feld, auf dem Abaka heute noch zum Tragen kommt.

Mayon dominiert zwar die Albay-Region, aber einen kleinen Ableger, direkt neben dem Legaspi Airport, **Lingyon Hill**, umgibt eine interessante Legende. Entstanden ist der Hügel eigentlich aus Lava, die auf neuen Wegen aus dem Hauptkrater entwichen war, aber die Geschichte ist viel abenteuerlicher: Es war einmal vor langer, langer Zeit ein Riese, Kulakog, dessen arme Frau die ganze Arbeit tun mußte, während er faulenzte. Je härter die arme Tilmag arbeitete, desto fauler, fetter und unverträglicher wurde Kulakog. Das einzige, was er tat, war seinen langen Arm auszustrecken, an dem sich Tilmag festhalten konnte, wenn sie auf Mayon Feuerholz sammelte. Eines Tages, als Tilmag erschöpft von des Tages Last nach Hause stolperte, strauchelte sie und verschüttete heiße Asche auf den Arm ihres Mannes. Der Riese zuckte, Tilmag fiel zu Tode, und der Hügel erhob sich über ihrem Grab.

Längst nicht überall empfingen Filipinos die Amerikaner nach dem Kriege mit offenen Armen. Die Vorfälle in Legaspi zeigen dies deutlich. Nachdem die Spanier aus Bicolandia vertrieben worden waren, regierten sich die Bicolaños eineinhalb Jahre lang recht geschickt selbst. Am 23. Januar 1900 trafen die Amerikaner jedoch Vorbereitungen, Legaspi zu besetzen. Bulan, Sorsogon und Donsol hatten sie bereits ohne Schwierigkeiten eingenommen.

Legaspi erwies sich als Problemfall. Vier amerikanische Kompanien und das Kanonenboot *Nashville* waren den philippinischen Verteidigern haushoch überlegen, und doch fiel Legaspi erst, nachdem 174 Filipinos getötet waren, unter ihnen der Anführer, Col. Antero Reyes.

Traum eines Höhlenforschers

Etwa 11 km außerhalb Camaligs, oder 15 km von Legaspi, liegen die **Hoyop-Hoyopan Caves** (Höhlen —

„heul-heul" im Lokaldialekt, weil der Wind, der durch den Höhleneingang pfeift, diese Töne verursacht). Der Führer durch diese Kalksteinhöhlen, der von einem halben Dutzend Kindern und einer Horde Hunden begleitet wird, trägt eine qualmende Fackel und führt die Besucher über unterirdische, gewundene Pfade zur anderen Seite des Berges. Ein steiler Anstieg führt zu einem anderen Eingang. Der vierte Zugang ermöglicht eine großartige Aussicht auf eine Kokosplantage mit dem Mayon im Hintergrund. Zum Schluß gelangt man zum Ausgangspunkt zurück.

Durch die **Calabidong Caves** fließt ein unterirdischer Strom. Fledermäuse lieben diese Höhlen. Im Radius von 8 km um die Haupthöhle herum hat man 14 Höhlenkammern entdeckt. Angeblich ist der Führer durch verschiedene Tunnel bis zu 12 Stunden lang gegangen.

Wissenschaftliches Interesse hat sich geregt, da 1972 ein amerikanischer Prie-

Spieglein, Spieglein ... Man(n) trägt die Strapazen eines Schönheitswettbewerbs gelassen. In diesem Land scheint nichts unmöglich.

ster, assistiert von jungen Einheimischen, in einer Kammer Töpferwaren, Knochen in Begräbnisgefäßen, Perlenarbeiten und andere Kunsterzeugnisse ausgegraben hatte, die 4000 Jahre alt sein sollen. Tonscherben, in Stalaktiten eingeschlossen, kann man ebenfalls dort sehen. Die zuerst entdeckten Gegenstände sind in einem kleinen Museumsraum in der **Camalig Church** ausgestellt.

Lange nachdem die prähistorischen Filipinos die Höhlen verlassen hatten, wurden sie noch als Unterschlupf benutzt — zum Beispiel als Schutzkeller während der Taifunzeit. Im Zweiten Weltkrieg benutzten Filipino-Guerilleros die Höhlen mit ihren diversen Ein- und Ausgängen, um den Japanern zu entschlüpfen. Heute nutzen Jugendliche eine ihrer Kammern gar als Disco-Tanzsaal.

Freiheitsglocken und Mineralbäder

Nachdem man die archäologischen Funde in der Camalig-Kirche betrachtet hat, lohnt sich ein Blick ins Kircheninnere. Rechter Hand erinnert ein Grabstein in spanisch an einen Einwohner Camaligs, der 1912 im Alter von 115 Jahren gestorben ist. Vom alten, mit massiven Glocken ausgestatteten Turm aus bietet sich eine gute Aussicht auf die Landschaft der Umgebung. In den letzten Kriegstagen suchten amerikanische Soldaten von hier aus das Terrain nach versprengten Japanern ab. Mit Entsetzen realisierten die Amerikaner, daß die gigantische Hauptglocke über ihren Köpfen an Weinranken aufgehängt war. Doch nach 30 Jahren sind die amerikanischen Stahlseile durchgerostet, während die Ranken nach wie vor ihren Dienst tun.

Als Symbol ihres Freiheitskampfes ließen die amerikanischen Verbände eine Glocke, die nach dem Vorbild ihrer eigenen ,,Liberty Bell'' gefertigt wurde, zurück, die heute vor dem Rathaus der Provinzhauptstadt steht.

Der Boden unter den Füßen scheint zu zischen und zu gluckern. Dampf quillt aus Felsspalten, kräuselt sich über Reisfeldern und weht durch die Palmen. Es riecht wie im Chemiesaal, denn schwefelhaltiges Wasser brodelt in kleinen Bassins. So sieht es in **Tiwi** aus, einer Region mit vielen Thermalquellen, 44 km von Legaspi entfernt. Filipinos kommen gern hierher, um sich für einen

Peso in warmen medizinischen Bädern zu aalen oder im heißen Pool zu schwimmen.

Wer für landschaftliche Schönheiten schwärmt, sollte hinter Naga City bei Pili von der Hauptstraße abbiegen und die Straße nach Tigan nehmen. Von hier aus führt eine schöne Straße nach **Legaspi City**, der Bezirkshauptstadt von Albay; über zerklüftete Berge, direkt am Meer, geht es auf und ab. Die Städtchen Tiwi und Tabano liegen etwa auf halber Strecke von Tigaon nach Legaspi.

Tiwi wird zwar hauptsächlich wegen seines Freizeitwertes geschätzt, doch es hat auch wirtschaftliches Potential. Gebohrt wird hier nicht nach Öl, sondern um Erdwärme abzuzapfen. Die Tiwi Geothermal Power Plant (Erdwärmekraftwerk) und die örtliche Salzgewinnungsanlage, in der mit Hilfe natürlichen Wasserdampfes Wärme erzeugt wird, die zur Salzgewinnung aus Meeressalz benutzt wird, heißen Besucher jederzeit willkommen.

Heißer Dampf entweicht dem Boden an vielen Stellen dieser Gegend, aber in **Naglagbong** ist er kochend heiß. Die Einheimischen behaupten, daß man ein Hühnchen in Sekunden entfedern kann, wenn man es in das große Bassin taucht, das mit heißem Wasser sprudelt und dampft. Dichte Wolken hüllen Naglagbongs Bäume stets in wehende Nebel. In Bacon werden Häuschen und Picknick-Hütten vermietet. 25 km vor der Hauptstadt liegt der berühmte *Rizal Beach* in Gubat, ein langer, sichelförmiger weißer Sandstrand. Ein paar Kilometer weiter südlich liegt das Städtchen **Barcelona**, interessant wegen seiner Kirche, einer Festungsruine und einem guten Strand.

Lake Bulusan kommt noch weiter südlich am Fuß des gleichnamigen Vulkans. Der Kratersee ist von üppiger Waldvegetation umgeben; Farne, Orchideen und andere wilde Blumen verströmen ihren Duft in fast prähistorischer Schönheit.

Von Bulusan aus kann man dann bei Irosin zur Hauptstraße zurückkommen. Dort gibt es die **Masacrot-Mineralquelle** und die heißen und kalten Quellen von **San Banon**. Übernachtungsmöglichkeiten werden angeboten. Südlich von Irosin, an der äußersten Südspitze von Luzon, liegt Matuog; das ist die Stelle, an der Luzon und Visayas ineinander übergehen.

Erkunden Sie Catanduanes und Masbate: die Litorales

Abseits herkömmlicher Reiseziele und doch nur wenige Flugminuten von Legaspi entfernt, liegt die Insel *Catanduanes*. Sie ist ein riesiges Bergmassiv mit dichten Wäldern voller Hartholzbäume und einer der wichtigsten Mahagonilieferanten der Philippinen. Da sie östlich von Luzon liegt und deshalb den vollen Aufprall der Taifune erfährt, wird sie „Land der brüllenden Winde" genannt. Doch während der trockenen, warmen Monate lohnt sich ein Besuch immer. PAL-Flüge verlassen Legaspi täglich in Richtung Catanduanes. Nachdem man die schwarzen Sandstrände hinter sich gelassen hat, überfliegt man die kleinen Inseln im Golf von Albay, und nach ein paar Minuten hat man die große Insel erreicht.

Virac Airport liegt 2 km, die man per „Tricey" zurücklegen kann, von der Stadt entfernt, in der es zwei Hotels und einige Restaurants gibt. Viele Strände und Wasserfälle warten auf ihre Entdeckung! Zum Festland zurück könnte man mit dem Boot fahren.

Eine weitere Hauptinsel der Bicol-Region ist ebenfalls zu Wasser und per Flugzeug zugänglich. Ein Fährboot setzt täglich von Bulan, im Süden von Sorsogon, nach **Masbate** über. Viehzucht ist das Hauptgeschäft der Insel. Darüber hinaus hat sie sensationelle Höhlen, Wasserfälle und prima Sandstrände zu bieten. **Ticao**, eine Insel in der Nähe, ist für ihre Strände bekannt. Auch ein Besuch der Ausgrabungen in **Kalanay** (Töpferwaren) lohnt sich.

Masbate und ihre Nachbarinseln Burias und Ticao liegen im Einfallsbereich der Taifune. Ihre Isoliertheit macht sie besonders attraktiv. Schon im 16. Jahrhundert zog es spanische Siedler, die der langweiligen Verwaltungsarbeit in der Cebu-Kolonie überdrüssig waren, nach Masbate. Diese Besuche erwiesen sich als profitabel, denn die Spanier entdeckten bei der Gelegenheit goldhaltige Quarzadern. Einige Zeit früher hatte ein ähnlicher Fund in Paracale, Camarines Norte, zur Erforschung der Bicol-Region geführt. Mit den Harthölzern Mas-

Schwefelhaltige Thermalquellen zischen und brodeln in Tiwi. Erdwärme gibt es im Überfluß. Sie wird in preiswerte Energie umgewandelt.

bates wurden schließlich Galeonen gebaut, in Quellenberichten werden die Werften Masbates häufig erwähnt.

„Bicol Express"

Ein letztes Wort über diese Region: Zugverbindungen, das Radio und Tagalog-Filme haben Bicols frühere Isoliertheit durchbrochen und es den übrigen Teilen der großen Insel angeglichen. Trotzdem weist es besondere kulturelle Züge auf, die einem Besuch spezielle Würze verleihen können.

Etwas, das Sie bestimmt nicht missen möchten, sind die winzigen Pfefferschoten, deren Spitzname „Bicol Express" von dem Zug abgeleitet wurde, der zwischen Manila und Bicolandia verkehrt. Der Name beschreibt die Geschwindigkeit, mit der Sie nach einem Glas Wasser greifen, wenn Sie aus Versehen auf eine dieser Schoten gebissen haben. Fast alle typischen Gerichte Bicols sind großzügig mit den winzigen Chilies gewürzt und schwimmen in Kokosnußmilch, der Fett, Schweinefleisch-, Fisch-, Krebsstücken und *Gabi*-Blätter hinzugefügt wurden.

Im *Wawai,* einem Restaurant in Legaspi, kann man die lokalen Spezialitäten kosten. Philippinische Begleitung könnte sich bei der Auswahl der Gerichte als hilfreich erweisen.

Weitere Bicol-Köstlichkeiten sind die *Buko,* junge Kokosnüsse der Region, und die Pili-Nüsse.

Die Anreise

Man kann mit dem Zug, Bus, Flugzeug und manchmal auch per Schiff nach Bicol reisen. Der Pan Philippine Highway (Maharlika) von Manila aus ist gut ausgebaut. Vorsicht bei Baustellen ist geboten, vor allem in Camarinas Norte. Die Straße heißt nun auch Highway 3 bzw. Manila South Road. Mit dem Bus sind es etwa 12 Stunden von Manila nach Legaspi City. Die Entfernung von Manila nach Matnog, Sorsogon, beträgt 657 km.

Eine Zugfahrt dauert nicht ganz so lange. Die südliche Bahnlinie endet in Legaspi, und von Manila aus fahren täglich mehrere Züge über Naga City hierher.

PAL-Flüge gehen von Manila aus nach Daet, Naga City, Legaspi und Masbate. Die täglichen Flüge von Manila nach Legaspi landen auch in Virac auf der Insel Catanduanes.

Da Legaspi auf dem Landwege problemlos zu erreichen ist, spielt der Seeweg eine weniger wichtige Rolle als in weiter abseits gelegenen Teilen der Philippinen. Es gibt jedoch verschiedene Schiffsverbindungen zwischen Manila und Legaspi und zwischen Manila und Masbate.

Von der Bicol-Region aus gibt es eine Reihe von Möglichkeiten, zu anderen Teilen der Philippinen zu gelangen. Die Straße, die von Legaspi aus nach Süden führt, geht durch Sorsogon nach Matnog an der Südspitze Luzons. Von hier aus setzt täglich eine Fähre nach Allen an der Nordspitze Samars über.

Das ist ein wichtiger Bestandteil des Maharlika Pan Philippine Highways, der von Nordluzon direkt ins südliche Mindanao führt.

Am einfachsten erreicht man die Visayas per Flugzeug: PAL fliegt von Legaspi nach Cebu.

Nach Masbate kann man auch die täglich verkehrende Fähre von Bulan aus nehmen. Einmal pro Woche fährt ein Schiff von Masbate nach Cebu. Außerdem gibt es viele Schiffslinien, die in unregelmäßigen Abständen zwischen Masbate, anderen Bicol-Häfen und vielen anderen Orten der Philippinen verkehren.

José Calleja-Reyes aus Iriga City hat Fragmente eines Epos mit Namen *Ibalon* aufgestöbert, das vom mythologischen Ursprung der Bicolaños handelt, den Königen und Monstern des Landes, von Vulkanausbrüchen und Erdbeben berichtet, die Taten der Männer beschreibt, die gegen unheimliche Biester und Schlangen kämpften. Ein Franziskanermönch übersetzte im Jahre 1896 als erster Teile dieser Dichtung. Einige Zeilen lauten wie folgt: „Erzähle uns Kadunung / Über die Geschichte zu Zeiten von Handiong / Mit Deiner silbernen Leier / Singe uns das süße Lied von Aslon / Es war Baltog, der erste Mann / Der in diesem Land lebte / Aus dem Hause Botavara / Vom Volke der Lipod. / Später kamen nach Bicol / Handiong und seine Kriegsmannen / Und nach kurzer Zeit hatte er / Die Ungeheuer vernichtet, die / Diese Region verunsicherten."

Rechts: Schnittige *Bancas* ruhen am Strande. Das langgezogene Küstenstück im Süden von Legaspi City nimmt einen abwechslungsreichen Verlauf.

239

Die Inseln am Rande

Trotz ihres Reichtums an natürlichen Attraktionen werden die Inseln Marinduque, Mondoro und Palawan im Süden und Südwesten Luzons in Reiseberichten über die Philippinen meistens nur am Rande erwähnt. Die drei Inseln werden zur Südluzon-Gruppe gezählt. Marinduque und Mindoro haben den Vorteil, nahe der Hauptinsel zu liegen, während das Hervorstechende an Palawan ist, daß es 672 km südlich von Manila liegt und stets nur als Zusatz auf Landkarten des Inselreiches erscheint.

Marinduque

Marinduque ist vulkanischen Ursprungs und befindet sich, umgeben von Korallenriffen, zwischen der Insel Mindoro und der Halbinsel Bondoc, die zur Quezon-Provinz gehört. Der Sage nach erhob sich die herzförmige Insel am Ende einer tragischen Liebesgeschichte aus dem Meer: Datu Batumbacal, ein mächtiger König, der im Süden wohnte, verbot seiner Tochter die Liebe zu einem Fischer und Dichter mit Namen Garduke. Da sich das Paar weiterhin heimlich traf, befahl der König die Enthauptung Gardukes. Doch die Liebenden segelten aufs Meer hinaus und ertränkten sich. In diesem Augenblick erhob sich die Insel Marinduque aus den Fluten.

Das Schauspiel der Heiligen Woche

Einmal im Jahr findet eine Enthauptung auf der Insel statt, wenn mit dem berühmten **Moriones Festival** die Fastenwochen zelebriert wird. Die Einwohner setzen Masken auf und verwandeln sich in römische Soldaten, um ein Passionsspiel aufzuführen. Longinus, ein einäugiger römischer Zentaur, der seine volle Sehfähigkeit wiedererlangt, wenn ein Blutstrahl des Gekreuzigten auf sein blindes Auge trifft, steht im Mittelpunkt des Spiels. Während er später für Christus Totenwache hält, erlebt er die Auferstehung mit und wird zum Christentum bekehrt. Eine Gerichtsverhandlung befindet Longinus für schuldig, und er wird „enthauptet", seine Holzmaske wird abgeschlagen.

Dieses farbenfrohe Festival wird in den Städten **Boac, Gasan** und **Mogpog** gefeiert. Karfreitag morgen tritt ein maskierter Jesus aus der Festungskirche von Boac und wird von einer trauervollen Prozession auf einen Hügel geleitet, um gekreuzigt zu werden. Ähnliche Aufführungen, *Kalbaryuhan* („Golgatha") genannt, gehen auch in Gasan und Mogpog vor sich, wo die Mitspieler die Kreuzigungsgeschichte in poetischem Tagalog rezitieren. Um 15.00 Uhr beginnt die Todesstunde Jesu. Frauen mit schwarzen Schleiern und Kränzen aus Blattwerk gehen trauernd umher. Geißelbrüder, meist männliche Teenager in Basketballshorts, schlagen mit Begeisterung auf sich ein. Ihre nackten Rücken färben sich rot und glänzen in der Nachmittagssonne. Der Sonnabend ist ein ruhiger Trauertag. Am Sonntag erreicht das Fest mit der Enthauptung, *Pugutan,* seinen Höhepunkt.

Lautsprecher übertragen das Geschehen, und Tausende von Zuschauern sehen mit an, wie auf einer erhöhten Bühne am Boac-Fluß Pontius Pilatus und seine Prälaten das Todesurteil über Longinus verhängen. Zweimal entkommt Longinus. Man schafft ihn schließlich doch auf den Hackklotz, ein hölzernes Schwert saust herab, rote Farbe wird verspritzt, Longinus' Maske wird in die Höhe gehalten und sein „kopfloser" Körper auf einer Bambusplattform zur Kirche getragen.

Die Moriones sind angeblich um 1580 entstanden, als spanische Soldaten die ersten maskierten Soldaten einführten — eine Sitte, die sie aus Mexiko mitgebracht hatten. Tatsächlich ist *Morion* das mexikanische Wort für „Helm". Eigentlich sollen alle *Morions* etwas auf dem Kopf tragen, das an römische Helme erinnert.

Einige der Festspielmasken werden gleich nach der Enthauptung an Touristen verkauft, aber die meisten werden für das nächste Festival aufbewahrt. Traditionsgemäß werden die Masken aus einheimischem Holz geschnitzt, *Dapdap* mit Namen. Schroffe, harte Linien sind um die Augen herum aufgemalt. Die Helme sind mit farbigem Papier und Glanzblumen verziert, und die meisten der *Morions* wirken recht authentisch mit ihren Federhüten, Lederwämsen und Riemensandalen. Einige tragen Phantasiekostüme mit Federn, Muscheln und Kokosnußschalen.

Ebenso wie das Ati-Atihan in Kalibo zieht Marinduques Moriones Festival viele Manileños und auch ausländische

Besucher an. Die dreißig Minuten dauernden Flüge von Manila zum Gasan Airport sind lange vorher ausgebucht. Von Manila aus kann man mit dem Schiff und von Lucena City, Quezon-Provinz, aus auf einer Fähre nach Marinduque gelangen.

Boac, kommerzielles Zentrum und Provinzhauptstadt, liegt an der Westküste Marinduques. In Boacs alter Burgkirche kann man die angeblich Wunder wirkende **Lady of Biglang Awa** (unvorhergesehene Gnade) bewundern. Von **Gasan** aus, 13 km weiter südlich, kann man mit einem motorisierten Auslegerboot zu den Dreikönigsinseln **(Tres Reyes Islands)** fahren. Die größte Insel heißt Gaspar Island; dann folgen Melchor Island und Baltazar Island. Die Inseln, in einer Stunde zu erreichen, sind ideal zum Fischen, Schwimmen und auch Schnorcheln.

Etwas weiter südlich als Gasan, nahe der Stadt Buenavista, befinden sich die **Mulboy Sulfur Springs** (Schwefelquellen). **Sta. Cruz** an der Nordküste bietet weiße Sandstrände und natürliche Höhlen, wie den bekannten **Bathala Cave**. An der Südostküste, unweit **Torrijos**, gibt es ebenso herrliche Strände.

Mindoro

Mindoro, östlich von Marinduque, ist eine größere Insel und wird von Gebirgsausläufern in zwei Provinzen unterteilt: Occidental und Oriental Mindoro. In den letzten Jahren hat sich die Nationalregierung verstärkt um diese Insel, die nur durch die schmale Verde Island-Passage vom Festland getrennt ist, gekümmert. Man ist bemüht, mit starken Finanzhilfen die Infrastruktur der Provinzen zu verbessern, ebenso wie das Gesundheitswesen und die landwirtschaftlichen Bedingungen. Einwanderer von den Ilocos und Visayas formen zusammen mit den verschiedenen ethnischen Schichten der Insel die Gruppe der Mangyan. Unberührte Wälder gehören zu den vielen Naturschönheiten Mindoros. Ein 95 qkm großes Waldstück wurde zum Bioreservat erklärt. Doch bevor das Infrastrukturprogramm nicht abgeschlossen ist, werden nicht

Vorausgehende Seiten: Morions bringen dem Besucher von Boac auf Marinduque ein Ständchen. Das jährliche Passionsspiel steht bevor. Unten: Ein jugendlicher Mitspieler zeigt seine Maske.

allzu viele Touristen die Insel bereisen, denn das Straßennetz ist völlig unzulänglich.

Eine zweistündige Fährenfahrt bringt den Reisenden von Batangas City in Batangas nach Puerto Galera bzw. nach **Calapan,** Oriental Mindoros Hauptstadt an der Ostküste der Insel. In der Umgebung Calapans gibt es verschiedene Strände, doch die schönsten liegen auf den Inseln 1 km vor der Hauptinsel: **Aganahaw** und **Silonay Islands.**

Naujan Lake (See), 38 km südlich von Calapan, ist ein Naturschutzgebiet. **Puerto Galera,** die ehemalige Hauptstadt, liegt 45 km nördlich von Calapan. Korallenstrände, friedliche Landschaft und den **University of Philippines Zoological Undersea Garden** (Meeresfauna und -flora) gibt es hier. Durch Mundpropaganda wurde Puerto Galera inzwischen zum Pilgerort für Weltenbummler mit schmalem Geldbeutel. Es gibt jede Menge billiger Hütten; einige stehen direkt an **La Laguna Beach,** dem bekanntesten Bade- und Schnorchelstrand. Es ist möglich, aber schwierig, nach **Abra de Ilog** in Occidental Mindoro hinüberzufahren, da es kaum Straßen gibt. Von dort aus kann man mit dem altersschwachen Bus zur Hauptstadt **Mamburao** an der Westküste fahren. Regelmäßige Flugverbindungen bestehen zwischen Manila und Mamburao, und eine Fähre verkehrt zwischen Batangas City und Abra de Ilog.

Vor der nordöstlichen Spitze Mindoros liegt die **Lubang Island**-Gruppe mit ihren diversen Stränden und Buchten. Viele Sportfischer zieht es zu den Wassern in der Umgebung der Inseln Lubang, Ambil und Cabra. Die kahle, felsige Insel **Cabra** ist seit den frühen 1960er Jahren ein katholischer Wallfahrtsort, da die Heilige Jungfrau dort angeblich auf wunderbare Weise in Erscheinung getreten ist.

San José, an der südwestlichen Spitze Mindoros, ist die größte und fortschrittlichste Stadt der Provinz. Die Flugzeit von Manila aus beträgt 40 Minuten. Der Luftweg ist die einzige Anreisemöglichkeit, da zwischen San José und Mamburao keine Straßen existieren. Die Küstengewässer sind reich an Thunfisch, Schwertfisch und Marlin (Makaira). Kurz vor der Küste liegen drei kleine Inseln, die mit dem Tretboot in 30 Minuten zu erreichen sind und jedem Taucher und Strandliebhaber den Kopf ver-

drehen können. **White Island,** San José am nächsten, ist ein herrliches Fleckchen, das fast nur aus Stränden besteht. Phantastisch sind die weißen Sandstrände und Korallengärten von **Ambulong** Island. Der Muschelfreund wird sich für **Ilin Island** begeistern. Sechs Stunden per Boot von San José aus liegt Apo Meaf, das als bester Platz für Taucher gilt. Von Anilao aus in Batangas gibt es organisierte Ausflüge, 24 Stunden dauert die Fahrt mit der *Seaquest.*

Die poetischen Hanunoo

Eine Bootsfahrt nach **Bulalacao** — an Mindoros südlichster Spitze — wird Sie zu einer Hanunoo-Mangyan-Siedlung bringen und ermöglicht die Bekanntschaft mit den ursprünglichen Siedlern Mindoros. Die Hanunoo bezeichnen sich stolz als die wahren Mangyan. Ihre Silbenliste stammt aus vorspanischer Zeit und ist indoeuropäischen Ursprungs. Sie schnitzen Gedichte mit Namen *Ambahan* in Bambusröhren, deren Metrum in den Philippinen sehr beliebt ist: sieben Silben mit Endreim. Diese allegorischen Verse werden häufig ohne Musikbegleitung intoniert oder rezitiert. *Ambahan*-Gedichte werden heute noch in einer besonders poetischen Sprache komponiert, die sich deutlich vom täglichen Sprachgebrauch abhebt. Typische Musikinstrumente der Hanunoo sind Gitarren und dreiseitige, aus Holz geschnitzte Violinen, *Git-Git* genannt, deren Saiten und Bogen aus Menschenhaar bestehen.

Die Hanunoo sind außerdem hervorragende Korbflechter. Sie stellen Taschen aus Bambus-, *Buri-* und *Nito-*Streifen her. Ihre Körbe aus biegsamem Material sind mit geometrischen Mustern verziert und gehören zu den besten Erzeugnissen philippinischen Kunsthandwerks.

Ebenso wie viele andere ethnische Gruppen Mindoros leben die Hanunoo in Siedlungen unter Regierungsaufsicht. Nur wenige von ihnen treiben sich noch im Hinterland herum und wenden Brandrodung für ihren Reis- und Maisanbau an. Diese Stämme sind in die Hügel verdrängt worden und werden von ihren christlichen Brüdern tyrannisiert, die Landansprüche geltend machen.

Tamaraw-Land

Führer können Sie von San José aus zum **Mt. Iglit** bringen, einem Wildschutzgebiet, in dem der Tamaraw lebt, eine seltene Büffelart. Ebenso wie der affenfressende Adler droht der Tamaraw auszusterben. Es ist verboten, diesen Büffel zu jagen, und man muß Glück haben, eines dieser Tiere vor die Linse zu bekommen, da höchstens 200 von ihnen noch die weite Bergwelt Occidental Mindoros durchstreifen.

Der Tamaraw scheint mit dem Anoa Sulawesis verwandt zu sein und erinnert stark an den Carabao. Er ist etwas kleiner, hat kürzere Hörner und ein wilderes Naturell als sein zahmer Bruder. Kein ausgewachsener Tamaraw ist je lebendig gefangen worden. Die Tiere neigen zu wütenden Angriffen, wenn man versucht, sie zu jagen.

Um das Mt. Iglit-Reservat zu erreichen und einen Blick auf das seltene Rindvieh zu werden, muß man eine anstrengende zweistündige Fahrt von San José aus nach Norden hinter sich bringen, zum Barrio Puy-Puy, von wo aus eine sechsstündige Wanderung zu den Weidegründen des Tamaraw führt. Es gibt außerdem zwei weitere Tamaraw-Schutzgebiete in Occidental Mindoro: eines ist in Sablayan, nordwestlich von Mt. Iglit, das andere in Mt. Calvite auf der nordwestlichen Spitze der Insel.

Palawan

Südwestlich von Mindoro liegt die langgestreckte Inselprovinz Palawan, die, geformt wie ein *Kris* (malaiischer Dolch), nach Nordborneo zeigt. Etwa ein Viertel aller Inseln des philippinischen Archipels sind zur Palawan-Gruppe vereint; ihre isolierte Lage hat jedoch dazu geführt, daß öffentliches Interesse an dieser Provinz erst vor kurzer Zeit erwacht ist.

Verschiedene Ölfirmen bohren in den Küstengewässern Palawans, und Palaweño sind davon überzeugt, daß es nur eine Zeitfrage ist, wann man auf Ölvorräte stoßen wird, die es lohnt, kommerziell auszubeuten. Auch Manilas Börsenmakler und die Nationalregierung

Paradiesische Korallengärten säumen Mindoros Strände. Besonders lohnend für den Taucher ist das Meeresschutzgebiet vor Puerto Galera.

glauben fest daran und werden nicht müde, diese Behauptung zu wiederholen.

Pigafetta hat sicherlich nicht an das schwarze Gold gedacht, als er im 16. Jahrhundert Palawan als „Land der Verheißung" bezeichnete. Aber Magellans Historiker hatte zweifellos das Potential dieser reichen, dünnbesiedelten Insel erkannt. Als die Spanier ankamen, wurde die Insel von zwei Sultanen beherrscht. Erst im 19. Jahrhundert gelang den Spaniern der Zugriff auf die Stadt, die später Puerto Princesa hieß und heute Provinzhauptstadt ist.

1000 Jahre früher hatte dieselbe Siedlung Chinesen dazu bewogen, die Insel „Palao-Yu" („Land mit schönem, sicheren Hafen") zu nennen. Damals war die Insel von Proto-Malaien bewohnt, deren Nachkommen die Batak, Palaweño und Tagbanua sind. Man nimmt gewöhnlich an, daß sie die indonesischen Inseln verließen und über die Landbrücke, die den philippinischen Archipel mit dem asiatischen Subkontinent verband, gewandert sind. Die Pflanzen- und Tierwelt Palawans — ebenso wie die von Mindoro — unterscheidet sich stark von denen der restlichen Philippinen, was diese Theorie erhärtet.

Im 13. Jahrhundert wanderten allmählich Siedler aus dem Madjapahit-Reich in Indonesien ein. Doch trotz des steten Zustroms blieb Palawan unterbevölkert. Dieser Zustand ist bis heute unverändert, da selbst Einwanderer von den Visayas und Luzon nur in kleiner Zahl eintrafen. Vielen Filipinos ist Palawan heute immer noch zu abgelegen.

Die Verbesserung der Infrastruktur wird dies sicherlich ändern. Im Moment ist der Straßenzustand noch miserabel. Deshalb ist das Boot, sogar im Inland, Hauptverkehrsmittel. Für die Abenteuerlustigen, die das Ungewöhnliche suchen, für Sportler oder Strandläufer ist Palawans rauhes Terrain eine Herausforderung, die reichlich belohnt wird.

Fische, die es lohnt zu fangen, gibt es in Hülle und Fülle vor der gesamten Ostküste. Exotische wilde Tiere durchstreifen das Landesinnere, unter ihnen der Pfauenfasan — der kleinste Fasan der Welt —, das fußgroße Moschustier, das kleinste der asiatischen Huftiere, der affenfressende Adler, der *Tabon*-Vogel, dessen große Eier zu hochgeschätzten Omeletts verarbeitet werden, der Palawan-Mungo, der Nashornvo-

gel, der Zibet, der Dachs, der geschuppte Ameisenbär, das Stachelschwein, das Flughörnchen und die Riesenmeeresschildkröte, die am Jahresende an bestimmten Stränden ihre Eier ablegt.

Besucher können Vogelnestsammler bei der Arbeit beobachten, die unerschrocken über Klippen klettern und nach Schwalbennestern suchen, für die man in chinesischen Restaurants in Manila stolze Preise bezahlen muß. Sie könnten mit dem Motorboot einen unterirdischen Fluß hinauffahren und natürliche Gewölbe bewundern, einen Höhlenkomplex besuchen, der die wichtigsten archäologischen Funde des Landes enthält, in einem einmaligen Gefängnisgut kunsthandwerkliche Souvenirs kaufen, den großartigen Sonnenuntergang an der Westküste genießen oder erleben, wie in einem Vogelreservat mehr als hunderttausend Vögel den Himmel verdunkeln. Sie könnten einen weißen Papagei mit nach Hause nehmen oder ein Foto der *Siete Colores,* einer prächtigen, siebenfarbigen Taube, seltene Muscheln oder die Story über einen 3 m langen schwarzen Fisch.

Was immer Sie aus Palawan mitbringen werden — angenehme Erinnerungen oder greifbare Dinge —, eines ist sicher: Sie werden die Insel tief gebräunt verlassen.

Erkunden Sie Palawan

Zweimal pro Tag fliegt PAL mit Propellermaschinen von Manila nach Puerto Princes. Zweimal pro Woche fährt ein langsames Boot dieselbe Strecke. Die Überfahrt wird auf halbem Wege, in Coron, unterbrochen, das auf der Calamianes-Gruppe im Norden Palawans liegt. Finden Sie heraus, wie lange das Schiff im Hafen bleiben wird. Vielleicht haben Sie Glück und Zeit genug, durch die alte Stadt zu spazieren, um Kunsthandwerk, reinen, wilden Honig für 30 Peso die Gallone und getrocknete Seegurken zu kaufen, die in der Sonne auf dem Pflaster vor den chinesischen Läden liegen.

Sie können auch ein Tretboot mieten, zu den **Maquinit Hot Springs** (heiße Quellen) fahren und in den beiden Bassins mit sehr heißem, hüfthohem, schwefelhaltigem Wasser baden, die sich an einem malerischen Strand, direkt vor einer Grotte für die Jungfrau, befinden. Selten besucht und leicht zugänglich, sind diese Quellen sehr empfehlenswert. Sollte es einem im medizinisch wertvollen Wasser unerträglich heiß werden, kann man immer den Strand hinunterlaufen und in das kalte Meer springen.

300 km südlich von Coron, auf Busuanga, nahe der Mitte der Ostküste Palawans, liegt **Puerto Princesa**. Zweifellos ist diese Hauptstadt „Verkehrsknotenpunkt" der Region. Straßen — manche von ihnen verdienen diesen Namen gar nicht — beginnen in Puerta Princesa nur, um plötzlich zu enden. Dann muß man die Reise mit Booten fortsetzen, die an der Küste entlangfahren.

Baheli, eine Stadt nahe der Westküste und 60 km von Puerto Princesa entfernt, ist Ausgangspunkt für eine zweistündige Bootsfahrt zum berühmten **Underground River** Palawans.

Eine fünfstündige Überlandfahrt bringt Sie von Puerta Princesa nach **Quezon,** einer Stadt an der Westküste. Von dort aus fährt man eine halbe Stunde mit dem Boot zu den **Tabon Caves** (Höhlen). Dieser riesige Höhlenkomplex wurde 1962 entdeckt. Erst 29 der etwa 200 Kammern sind bis heute erforscht. Fossile menschliche Knochen wurden hier gefunden, die mit der Radiokarbonmethode auf 22 000 vor Chr. datiert wurden — die ältesten Spuren des Homo sapiens auf den Philippinen bis heute. Zusammen mit dem „Tabon-Menschen" wurden Gerätschaften aus der Steinzeit und Relikte späterer Epochen gefunden. Auf einem Vorsprung, der zum Chinesischen Meer zeigt, in 30 m Höhe, mit Blick auf eine Bay, liegt der Eingang zu den Tabon-Höhlen. Die große Vorhalle geht in einen eindrucksvollen Dom über, dem unzählige Abteilungen folgen, in denen Archäologen geduldig ihrer Arbeit nachgehen.

Nicht weit entfernt, entlang der Kanalong-Bucht, gibt es ein 10 km langes Strandstück bei dem Barrio **Tarampitao,** das zum Schwimmen und Beobachten des Sonnenuntergangs einlädt.

16 km südlich von Puerta Princesa liegt die **Iwahig Penal Colony** (Strafkolonie). Die meisten der Gefangenen be-

Ein Blick in die Tiefe eröffnet dem Besucher der Philippinen ungewöhnliche Einsichten. Meeresfauna und -flora entfalten eine ungeahnte Farbenpracht.

wegen sich frei auf dem 37 000 Hektar großen Gelände, das wunderschöne Reisfelder und Obstgärten durchziehen. Handgeschnitzte Gegenstände aus *Magong* (Mahagoni) und Perlmutteinlegearbeiten gehören zu den schönsten kunsthandwerklichen Artikeln, die von den Insassen hergestellt werden. Zwei Ferienorte in Flußnähe, innerhalb der Kolonie, sind beliebte Ausflugsziele der Einwohner Puerto Princesas.

Taytay, einer der ältesten spanischen Stützpunkte Palawans, befindet sich nahe der Nordspitze der Insel. 1622 gegründet, war Taytay einst spanische Hauptstadt der Provinz und wurde Paragua genannt. Nicht weit davon liegt **Paly Island** mit seinen Wasserfällen und Stränden, an denen die riesigen Seeschildkröten von November bis Dezember ihre Eier ablegen. In der Umgebung Taytays liegt **Malampaya Sound**, ein Anglerparadies.

48 km nordwestlich von Taytay liegt **El Nido**, ein Ort, dessen aufragende schwarze Marmorklippen den Schwalben genügend Nischen bieten, ihre Nester zu bauen. Nestsammler erklimmen wacklige Bambusgestelle, um die eßbaren Nester aus Höhlen und von Höhen

zu kratzen. Ein Kilo dieser hochgeschätzten Beute bringt dem professionellen Sammler über 300 Peso. Eine magere Summe im Vergleich zu den Preisen, die für ein traditionelles chinesisches Mahl verlangt werden, das meistens mit einer feingewürzten *Nido*-Suppe beginnt.

Auf der Straße, die von Puerto Princesa aus nach Süden geht, liegt bei Kilometerstein 69 **Aborlan**, eine landwirtschaftlich orientierte Stadt, bei der ein Reservat für die Tagbanua-Stämme unterhalten wird.

Brooke Point, 150 km weiter südlich, ist eine weitere progressive Gemeinde. Am besten auf dem Seeweg zu erreichen und noch weiter nördlich gelegen ist die moslemische Gemeinde Batarza. 5 km von der Rio Tuva-Siedlung entfernt befindet sich die Insel Ursula Island. Wenn die *Camaso* (eine Taubenart) zu diesem Vogelschutzgebiet heimkehren, um zu übernachten, hört man etwa 150 000 Paar Flügel schlagen. Einige Zugvögelarten halten sich hier von November bis Februar auf, um den harten chinesischen und sibirischen Wintern zu entkommen. Man benötigt 5 Stunden mit dem Tretboot, um von Brooke Point zur **Ursula-Insel** zu gelangen.

Bekannt für seltene Muscheln ist **Balabac Island**. Philippinisches Territorium trifft in dieser südwestlichen Ecke auf seine Grenzen. Das schließt nicht aus, daß moslemische *Vintas* und *Kumpits* zu den malayischen Inseln vor Borneos Nordküste hinüberfahren.

Links: In Palawan glaubt man fest daran, daß große Ölfunde bevorstehen. Rechts: Ein Batak-Jäger und sein Hund legen unter einer Kokospalme eine Pause ein. Folgende Seiten: Feiner Dunst umhüllt diese kleine Insel der Visayas-Gruppe. Ein traditionsreiches Handwerk. Filipinos sind ausgezeichnete Gitarrenbauer; Filipinas verstehen, mit den Instrumenten umzugehen.

247

Die Visayas: Inseln der glücklichen Menschen

„Inseln von heute im Meer der Vergangenheit", begeisterte sich ein reisender Fremder. Immer wieder laden die Visayas zu solch glanzvoller Rhetorik ein. Idyllische Bilder entfalten sich: ruhiges, glänzendes Meer, funkelnde Buchten, Felsenküsten und palmenbestandene Strände. Ihre sechs größeren Landmassen und Randgruppen von Inseln und Inselchen, die unregelmäßigen Perlen einer Halskette gleichen, trennen Kanäle, Golfformationen und Meeresarme voneinander.

Die langsame Gangart des Visayan, seine Contenance, sein Säumen und Zögern formen einen wohltuend ausgeglichenen Charakter. Während des Tages träger Hitze flicken die Fischer ihre Netze. Junge Burschen schütteln die Kokospalmen und ernten frische Milch. Frauen entfachen niedrige Feuer für das Mittagsmahl. Am späten Nachmittag macht sich eine Flotte von Auslegerbooten auf. Die lange Reihe von flackernden Lichtern am Horizont wird die Nacht überdauern.

Leute aus Luzon, befragt, wie sie die südlichen Inseln einschätzen, weisen gewöhnlich auf den gemächlichen Lebensrhythmus und die reizende, wiegende Sprachmelodie der Visayan hin. Nebenbei erwähnen die meisten das frische Seafood: Amberjack, blauflossigen Thunfisch, Red Snapper, Krebse, Hummer, Riesenkrabben.

Das ungewöhnlich Musikalische der Sprache ist überall wahrnehmbar. Auf den östlichen Visayas (die Inseln Samar und Leyte) sprechen die Waray einen Dialekt, der gepreßt klingt. Weiter südlich, auf den Zentralvisayas (die Inseln Cebu und Bohol und die Osthälfte von Negros), plappert der Cebuano mit steigender und fallender Intonation. Und der Dialekt im Westteil der Visayas (die Insel Panay und die Westhälfte von Negros) — Ilonggo oder Hiligaynon — klingt ungeheuer träge, da eine langgezogene, tiefe Melodie, die ab und zu von kurzen Höhen unterbrochen wird, jede Aussage wie eine unschuldige Frage erscheinen läßt. Man sagt, selbst grobes Fluchen schiene sanft und freundlich in diesem Dialekt.

Der Visayan ist ein Lebenskünstler und kein Freund langer Diskussionen. Viel lieber sitzt er schläfrig auf einer Fensterbank, zupft seine Gitarre, schaut mit verträumten Augen über Hügel und Felder in die Ferne und baumelt mit den Beinen.

Magellans Ankunft und Ableben

Erschöpft von ihrer heldenhaften Überquerung des Pazifiks, stießen Magellan und seine spanischen Matrosen 1521 auf die Visayas. Sie gingen südlich von Samar, bei der winzigen Insel Homonhon, vor Anker und genossen den Reichtum an Frischwasser und Kokosnüssen, erhandelten Hühner, Schweine und Ziegen. Die Seeleute erforschten auch die anderen Inseln der Visayas, und Magellan nannte sie St.-Lazarus-Inseln. Den Eingeborenen gaben sie den Namen *Pintados* („Bemalte"), da diese über und über tätowiert waren, mit goldenen Ohrringen und Armreifen geschmückt, die Körper mit Öl eingerieben. Auch ihre Zähne waren gefärbt.

Die Eingeborenen erwiesen sich als außerordentlich gastfreundlich. Rajah Kolambu, Herrscher auf der Insel Limasawa unweit Leytes, soll angeblich sogar einen Blutsbund mit Magellan geschlossen haben. Dort (obwohl Historiker heute eher glauben, es habe sich um Butuan City im Norden Mindanaos gehandelt) wurde die erste katholische Messe abgehalten, der auch der Rajah mit seinem Gefolge beiwohnte. In Cebu, dem reichsten Handelszentrum der Insel, ließen sich Rajah Humabon, seine Frau und 500 Gefolgsleute zum Christentum bekehren.

Das Entgegenkommen der Einheimischen war so groß, daß Magellan sich bald in lokalpolitische Händel verwickelt sah. Ein Unterführer der kleinen Nachbarinsel Mactan wollte sich nicht der herrschenden Ordnung anpassen, und Magellan schien die Gelegenheit günstig, iberische Stärke unter Beweis zu stellen. Die Schlacht — 60 spanische Soldaten, bewaffnet mit Schwertern und Musketen, standen 2 000 halbnackten bemalten Männern mit Entermessern, Bambuslanzen und Giftpfeilen gegenüber — kostete Magellan das Leben und beendete die Euphorie.

Nur ein einziges der ursprünglich aus sechs Schiffen bestehenden Flotte kehrte nach Spanien zurück und vollendete damit die erste Weltumsegelung. Spanien beliebte seine Neuentdeckung ‚unsere Inseln im Westen' zu nennen, ungeachtet der Tatsache, daß dieses Inselreich durch Vertrag bereits den Portugiesen zugefallen war. Neuverhandlungen brachten das gewünschte Ergebnis. Karl V. von Spanien verzichtete im Gegenzug auf die Molukken. Daraufhin sandte Spanien vier Expeditionen aus, die zwischen 1525 und 1542 die ersten Berichte über Gold und Gewürze abklären sollten: ohne Erfolg. Doch auf der letzten Reise wurde Samar in *Felipinas* umbenannt, nach König Philipp II., der den Thron bestiegen hatte. Der Name wurde später auch für die restlichen Inseln gültig. Im selben Jahr gründete er die Stadt Cebu, kolonisierte Iloilo, ein weiteres reiches Handelszentrum an der Südküste der Insel Panay, und eroberte dann Manila und Luzon.

Ein alter Pavillon aus Holz und Ziegelsteinen in Cebu beherbergt heute ein Holzkreuz, das angeblich von Magellan errichtet wurde. Magellans Widersacher, des Eingeborenenhäuptlings Lapulapu, wird mit einem Ehrenmal auf der Insel Mactan gedacht. Die Schlacht ist heute zu einem romantischen Topos

geworden, der in Comics, Filmen und Songs ausgeschlachtet wird.

Warray, Cebuanos und Ilonggo

Bisaya oder Visayan ist die Bezeichnung für das Fünftel der nationalen Bevölkerung, das auf den Visayas lebt. Darüber hinaus gibt es hier drei linguistisch und kulturell voneinander getrennte Gruppen, die sich nicht gerade wohlgesonnen sind.

Die Waray bewohnen mit Samar und Leyte eine der am wenigsten entwickelten Regionen des Landes. Nur durch die schmale San Bernardino Strait (Straße) voneinander getrennt, liegen die beiden Inseln direkt im Einfallsgebiet der Taifune, die vom Pazifik kommen. Ein völlig unzulängliches Straßennetz, besonders in Samar, behindert die Entfaltung des Handels und generelle Entwicklung des Gebietes. Die Fertigstellung des Pan Philippine (Maharlika) Highways machte Samar und Leyte jedoch wachstums-

Ein Stück des Kreuzes, das Magellan im Jahre 1521 in Cebu City zurückgelassen hatte, ist in ein größeres neues Holzkreuz eingearbeitet worden.

fähig. Zerklüftete Hügellandschaft, von kleinen Ebenen durchzogen, charakterisiert Samar. Leyte hingegen wird von einer von Norden nach Süden verlaufenden Bergkette in zwei Teile geteilt. Obwohl Leyte kommerziell und kulturell mit Cebu in Verbindung steht, wandert eine beachtliche Anzahl von Bewohnern beider Inseln ab.

Der Cebuano ist der aggressivste *Bisaya*-Typus. Cebu City ist fast schon genauso verstädtert wie Manila. Großen Anteil daran hat die zahlenmäßig starke chinesische Gemeinde. Es ist die älteste Stadt der Philippinen, Handels- und Verkehrsknotenpunkt des Südens, was den Luft- und Seeweg betrifft. Seinen zwei Millionen Einwohnern ist bewußt, daß sie mehr Einsatz zeigen müßten als die dreisten Kosmopoliten Manilas; dennoch, größere Anstrengungen halten sich im Rahmen des Nationalcharakters des Visayan. Cebuano auf der Suche nach neuen Möglichkeiten sind in den Norden Mindanaos vorgedrungen.

Unter den ,,Südstaatlern'' gelten die Ilonggo aus Westnegros und Südpanay als besonders dekadent. In gewisser Weise verkörpern sie den *Bisaya*-Typus schlechthin: den feineren Dingen des Lebens zugeneigt, mit Verachtung auf die harten Realitäten des Lebens hinabschauend. Zucker ist das Schlüsselwort zum bequemen Lebensstil der Ilonggo.

Mehr als zwei Drittel des für den Export bestimmten Zuckers der Philippinen stammt aus den breiten vulkanischen Ebenen des westlichen Tieflandes auf Negros. *Hacenderos,* Landbesitzer spanischer Abstammung, wurden von jeher für verschwenderisch gehalten, und es wurde ihnen nachgesagt, sie hätten stets ihre Hand im politischen Spiel gehabt.

In letzter Zeit hat sich ihr politischer Einfluß jedoch verringert, da das Sinken der Weltzuckerpreise die Regierung veranlaßt hatte, den Zuckerexport unter eigene Kontrolle zu nehmen.

Zuckerherstellung auf kommerzieller Basis begann auf der Insel Negros gegen Ende des 19. Jahrhunderts, nachdem einige unternehmerische europäische Siedler den spanischen *Mestizos* dabei geholfen hatten, diesen Industriezweig zu modernisieren. Seitdem herrscht ein reger Zustrom an *Sacadas,* Saisonarbeitern, die aus dem ganzen Visayas-Gebiet kommen.

Obwohl es auf der Südostseite des erloschenen Kanlaon-Vulkans, die zur Ostnegros-Provinz (Negros Oriental) gehört, nicht so viele weite Ebenen gibt, existieren dort einige *Haciendas* (Plantagen), deren Belegschaften geschlossene, fast autonome Gemeinschaften bilden. Holzwirtschaft und Kokosnußprodukte sind weitere wichtige Ertragsquellen. Kulturell und linguistisch besteht eine Verwandtschaft der Bewohner dieses Landstriches mit den Cebuano.

Bacolod, die Hauptstadt von Negros Occidental (Westnegros), ist eine relativ neue Stadt, die ihren Aufstieg dem Zucker verdankt.

Iloilo City, die Hauptstadt der Iloilo-Provinz, an der Südostküste der Insel Panay, wird als kulturell älteres Zentrum Ilonggo-Zentrum angesehen, das sich viel von seinem kastilischen Erbe erhalten hat. Gegenüber von Bacolod gelegen, auf der anderen Seite der Guimaras Strait, ist die Stadt nach wie vor wichtigster Hafen der Region. Legazpi machte 1569, nachdem er von dem ausgezeichneten Hafen gehört hatte, Iloilo zum Ausgangspunkt seiner Expeditionen in den Norden. 1855 wurde der Hafen für den internationalen Schiffsverkehr geöffnet.

Ati-Atihan

600 Jahre früher — so will es die Geschichte, die allerdings einen Gutteil Folklore aufgesogen hat — flohen zehn *Datus* (Stammesführer) aus Borneo vor dem Zusammenbruch des einst so mächtigen Srivijayan-Reiches. Sie segelten mit einiger Gefolgschaft gen Norden und landeten auf der Insel Panay. Mit Gold, Perlen und anderem Schmuck kauften sie den Ati-Häuptlingen (Negrito) Land an der Küste ab.

Die meisten *Datus* etablierten, unter Führung von Sumakwel, ihre Hauptstadt in der heutigen Antique-Provinz an der Westküste. Sie gaben der Insel ihre heutige Einteilung in Iloilo (früher Irong-Irong), Aklan und Antique (früher Hamtik).

Des legendären Handels zwischen den malaiischen *Datus* und den Ureinwohnern wird jedes Jahr in Form eines höchst farbenfreudigen Festivals gedacht. Am dritten Wochenende im Januar sind in der kleinen Küstenstadt Kalibo in der Aklan-Provinz Tausende von Filipinos und Fremden zu Gast, um an den dreitägigen Lustbarkeiten teilzunehmen, die als Ati-Atihan bekannt sind.

Kalibos Ati-Atihan ist so populär geworden, daß ähnliche Feste jetzt überall auf den Westvisayas gefeiert werden. In Antique feiert man die ,,Binirayan''- und ,,Handugan''-Festivals. Seit kurzem wird in Iloilo City mit verschwenderischem Aufwand das ,,Dinagyang'' aufgeführt, und auch Bacolod plant Ähnliches. Selbst Manila ist vom Ati-Atihan-Fieber nicht verschont geblieben: im Touristenviertel Ermita und in einem Ferienhotel am Stadtrand werden schlechte Kopien des Festivals präsentiert.

Die Einwohner Ibajays, einer kleinen Stadt nordwestlich von Kalibo, behaupten, das Originalfest habe in ihrer Gemeinde stattgefunden, denn die kleinen schwarzen Ati seien einst von ihren Hügeln herabgekommen, um mit Nachfahren der Srivijayan zu zelebrieren. Deshalb fällt ihre Version des Festivals zwar bescheiden, aber recht ursprünglich aus. Auch andere Städte an der Nordostküste Panays erheben ähnliche Ansprüche; doch Kalibo scheint das Ati-Atihan-Zentrum zu sein.

Tanz, Gesang, Umtrunk und den Lustbarkeiten in den Straßen hingegeben, werden dem Ati-Atihan-Teilnehmer mit schwitzendem, rußigem Gesicht Streitereien über den Ursprungsort des Festivals gleichgültig sein. Er fühlt sich mitgerissen, gefangen vom Rhythmus des Geschehens, versetzt in längst vergangene Zeiten.

Erkunden Sie die Visayas

Man bereist die Visayas am besten auf dem Seeweg. Nur dann lernt man verstehen, warum die Inselbewohner so ein unbestimmtes Zeit- und Geschwindigkeitsgefühl entwickelt haben. Mit dem Jet ist man von Manila aus in weniger als einer Stunde in Cebu und den meisten anderen Zentren der Visayas. Aber wenn man von einer Stadt in die andere fliegt, verpaßt man das reiche Erlebnisangebot der Zwischenzeit: den allmählichen Wandel, die Vorboten des Neuen.

Wenn in Aklan das Ati-Atihan-Fieber ausbricht, steht die Insel Panay in nichts nach. Für drei verrückte Tage im Januar schlüpfen die Ortsansässigen in neue Rollen, wechseln Gewand und Hautfarbe.

Eine Schiffsreise von Manila zu den Hauptstädten der Visayas, die alle über Häfen verfügen, dauert etwa 20 Stunden. Bekannte Schiffahrtsgesellschaften sind Negros Navigation, Compania Maritima, Sweet Lines, William Lines und Escano and Sons. Die Preise sind akzeptabel, und von der Privatkabine bis zum Sitzplatz an Deck kann alles arrangiert werden.

Die Fahrt durch die Bucht von Manila kompensiert das scheußliche Gedränge am Landungssteg und die verspätete Abreise. Wenn Manilas Skyline langsam verblaßt, ist man froh, der Metropole den Rücken zu kehren.

Ostvisayas: Samar

Es ist möglich, die Ostvisayas auf dem Landweg zu bereisen, da der Pan Philippine Highway durch Samar und Leyte hindurchführt. Fähren setzen von Matnog in Sorsogon nach Allen in Nordsamar über. Von **Allen** nach **Catarman** folgt die gewundene Küstenstraße der Küstenformation und schwenkt dann nach Süden, in Richtung auf Calbayog City an der Westküste Samars.

Catarman wird regelmäßig von PAL angeflogen und dadurch mit Manila und Cebu verbunden. Auch Schiffe von Manila und Sorsogon fahren vorüber. Unweit Allens liegen die **Rosario Hot Springs** (Geysire). In der Nähe von Catarman findet man die **Calayag**- und die **University of Eastern Philippines**-Strände. Verschiedene interessante Wasserfälle befinden sich auf Nordsamar: **Victoria, Veriato, Hingarog** und **Pinipisacan.** Der Letztgenannte ist besonders schön, aber ebenso wie die anderen nur zu Fuß zu erreichen. **Catubig**, eine Stadt im Landesinneren südöstlich von Catarman, ist vor nicht allzulanger Zeit vom Antiquitätenfieber ergriffen worden. Entlang den Ufern des Catubig-Flusses wurden goldene Ketten, Schmuckgegenstände, Gefäße, versilberte Kannen und Louisiana-Purchase-Münzen aus dem Jahre 1804 entdeckt. In Allen und **Laoang** gibt es Herbergen (Resthouses) und in Catarman drei kleine Hotels.

PAL fliegt auch **Calbayog City** in Westsamar an, obwohl **Catbalogan** weiter im Süden die Hauptstadt ist. Man kann nach Catbalogan per Schiff von Manila und von Tacloban City in Leyte gelangen. Die Stadt **Gandara** mit ihren **Blanca Aurora Falls** (Wasserfällen) liegt auf halbem Weg zwischen Calbayog und Catbalogan. Von Catbalogan aus geht die Straße nach Süden weiter und führt im Bogen um die fischreichen Wasser der **Maqueda Bay** herum bis zur s-förmigen San Juanico-Brücke, die Samar mit Leyte verbindet.

Unweit der San Juanico-Brücke liegt die Stadt **Basey**, mit den **Sohotan Caves** (Höhlen), der **Sohotan Natural Bridge** (Brücke) und dem **Sohotan National Park**. In Basey leben Mattenflechter, deren Flechtwerk mit prächtigen Mustern auf den Märkten von Tacloban City sehr beliebt ist.

Leyte

Die Hauptstadt der Leyte-Provinz, die Hafenstadt Tacloban, ist das Handelszentrum der Ostvisayas. Ein Flachrelief am Gebäude des Provinzkapitols stellt die historische Landung General D. MacArthurs im Jahre 1945 dar. Der **Leyte Landing Marker** (markierte Landungsstelle) befindet sich am Roten Strand **(Red Beach)** bei **Palo**, einem Ort wenige Kilometer südlich der Stadt.

Eine Straße führt von Palo aus nach Westen zu den Küstenstädten der Carigara Bay, bevor sie sich nach Süden wendet, zur 3 Stunden Fahrzeit entfernten Stadt **Ormoc City**, die an Leytes Westküste liegt. Der Bucht gegenüber liegt die **Biliran Island**-Gruppe, die man mit einer motorisierten *Banca* besuchen kann. Auf der Hauptinsel gibt es schöne Strände. An ihrer Westküste liegen **Agta Beach** in Almeria und **Banderrahan Beach** in Naval. Die Stadt **Caibiran** an der Ostküste bietet den quellengespeisten **San Bernardo Swimming Pool** und die **Tumalistis Falls**, von denen gesagt wird, sie hätten das süßeste Wasser der Welt. Unweit Caibirans liegen die heißen Schwefelquellen von **Mainit** und **Libtong**. Unzählige Sandstrände gibt es auf **Maripipi** und **Higatanga**.

Von Tacloban City aus folgt der Pan Philippine Highway der Ostküste nach Süden, an Palo vorbei und **Tolosa**, der Heimatstadt Madame Imelda Marcos. Hinter Abuyog schwenkt die Straße nach Westen und durchquert Leytes Haupt-Cordillera. Nach der Stadt Baybay folgt die Straße der Westküste hinunter bis nach **Maasin**, der Provinzhauptstadt Südleytes, 200 km von Tacloban entfernt gelegen. Fährboote überqueren die Surigao Strait von Maasin aus nach Lipanta Point in Surigao del Norte, von wo aus der Maharlika Highway durch Mindanao fortführt.

Auf **Limasawa Island**, vor der Südspitze Leytes gelegen, ist die Stätte markiert, an der die erste katholische Messe stattgefunden hat. Motorisierte **Bancas** setzen alle halbe Stunde von der kleinen Stadt Padre Burgos im Süden Maasins zur Insel Limasawa über.

Da Südleyte in der Nähe von Bohol und Cebu liegt, spricht der Großteil seiner Einwohner Cebuano. Schiffe aus Maasin oder Ormoc City (auch mit dem Flugzeug zu erreichen) durchqueren regelmäßig den Canigao Channel (Kanal) und die Camotes Sea, die Leyte von den Zentralvisayas trennen.

Zentralvisayas: Bohol

Trotz ihrer relativ geringen Ausmaße hat die Insel Bohol viele Naturschönheiten und eine interessante Geschichte zu bieten. Legazpi war 1563 dort kurzfristig vor Anker gegangen und hatte einen Blutsbund mit dem einheimischen Stammesführer Sikatuna geschlossen. Der Sage nach besaß dieser Mann die Fähigkeit, dahinzuschwinden, immer wenn

Moslemräuber die Insel überfielen, nur um später mitten unter den Feinden aufzutauchen und gewaltig „dreinzuschlagen". Im Jahre 1744 gelang es Aufständischen unter Führung des Volkshelden Dagohoy, die Insel für die nächsten 80 Jahre von spanischer Herrschaft zu befreien.

Boholano gelten als sehr fleißig und werden deshalb wahrscheinlich gern als Paradebeispiel benutzt. Die Provinz ist eines der größten Kokosnußanbaugebiete des Landes. Doch auch Heimarbeit ist sehr populär: Delikatessen und Kunsthandwerk der Insel überfluten die Märkte Manilas. Bemerkenswert sind Matten und Säcke aus *Saguran*-Fasern, *Antequera*-Körbe aus Bambus und *Nito*, *Buntal*-Hüte und andere geflochtene Gegenstände.

Die Inseln besitzen ein gutes Straßennetz. Charakteristisch für die Küsten sind faszinierende Buchten und malerische Sandstrände; das Gros ist mit dem

„Ich bin zurückgekommen." Sieben Männer waten unter Führung General Douglas MacArthurs zu einem Strand in Leyte. Die historische Landung fand 1945 statt.

257

Wagen von **Tagbiliran City**, der Hauptstadt, aus schnell zu erreichen.

Die **Baclayon Church**, 7 km von Tagbilaran entfernt, wurde 1595 erbaut und ist eine der ältesten Kirchen des Landes. Sie besitzt ein Museum, das eine reichhaltige Sammlung von Reliquien, Kirchengewändern und alten lateinischen Kirchenmusiktexten auf Tierhäuten enthält. In **Dauis**, 10 km von der Hauptstadt entfernt, bietet die **Hinagdanan Cave** (Höhle) ein unterirdisches Schwimmbecken in unheimlicher Atmosphäre. Hereinfilterndes Sonnenlicht taucht das kühle Quellwasser in himmlischen Glanz. Ebenfalls sehenswert sind die **Punta Cruz Watchtowers** (Wachttürme) in Maribojoc, nördlich von Tagbilaran, und die **Calape Church** mit ihrem berühmten, angeblich wundertätigen Heiligenbild.

Schon fast synonym mit Bohol ist seine berühmteste Sehenswürdigkeit, ein einmaliges Panorama in der Umgebung von **Carmen**, einer Stadt 55 km nordöstlich von Tagbilaran gelegen. Dort erheben sich mehrere Hundert heuhaufenförmige Hügel aus Kalkstein, Schieferton und Sandstein etwa 30 m aus dem flachen Terrain. Die **Chocolate Hills** (Schokoladenhügel) von Bohol werden so genannt, weil sich ihr spärlicher Grasbewuchs im Hochsommer braun färbt und die Konfektillusion heraufbeschwört. Zwei der höheren Hügel sind mit einer Herberge mit Restaurant, Swimmingpool, Tennisplatz und Aussichtsplattform versehen.

Tagbilaran ist Bohols Haupthafen. Fähren von Cebu legen jedoch auch in **Tubigon** an der Nordwestküste an. Ein 20 Minuten langer Flug verbindet Tagbilaran mit dem Mactan International Airport auf der Cebu vorgelagerten Insel Mactan.

Cebu

Downtown Cebu ist vom Mactan Airport aus in 30 Minuten Fahrzeit erreichbar. Man passiert Lapulapu City auf der Insel Mactan und Mandaune City auf dem Festland. Jeepneys bedienen diese drei Städte regelmäßig. Sowohl Taxen mit Zählwerk als auch Taxen ohne diese Vorrichtung, die wie öffentliche Verkehrsmittel operieren und einen Pauschalpreis für kurze Strecken verlangen, sind verfügbar. Eine weitere Transportmöglichkeit für Kurzstrecken sind die *Tartanillas,* von Pferden gezogene Wagen, die den *Carretelas* und *Calesas* von Luzon ähneln.

Cebu wird häufig als die ,,Königin der Städte des Südens'' bezeichnet und ist eine betriebsame Hauptstadt, deren kommerzielle Aktivitäten nur denen Manilas nachstehen. Schon vor Ankunft der Spanier war die ursprüngliche Siedlung Zubu ein wichtiges Handelszentrum, in dem Schiffe aus Ostindien, Siam und China anlegten. 1565 veranlaßte Legazpi die erfolgreiche spanische Kolonisation, und bis zum Fall Manilas, 6 Jahre später, fungierte Cebu als Hauptstadt.

Ein großes Holzkreuz, das Magellan im Jahre 1521 hinterließ **(Magellan's Cross),** ist heute Cebus wichtigstes historisches Wahrzeichen. Seine Überbleibsel sind in ein schwarzes Kreuz aus *Tindalo*-Holz eingearbeitet, das in einem Pavillon auf der oberen Magellanes Street zu finden ist.

Ganz in der Nähe, auf der Juan Luna Street, steht die 1565 erbaute **San Augustin Church.** Diese Kirche beherbergt die älteste Reliquie des Landes, ein Bildnis des Heiligen Kindes, das Magellan der Königin Juana von Cebu aus Anlaß ihrer Bekehrung zum Christentum überreichte. Die Kirche heißt heute *Basilica of Santo Niño,* aufgrund einer Anordnung des Papstes aus dem Jahre 1965, der damit die Bedeutung Cebu Citys als Wiege des Christentums im Osten anerkannte.

In Ufernähe liegt das **Fort San Pedro,** mit dessen Bau Legazpi im Jahre 1565 begonnen hatte. 1738 vollendet, diente die in Dreiecksform errichtete Bastion als Aussichtsposten, um Moslemräuber aus Mindanao rechtzeitig zu sichten. Außer seinen Funktionen als Standort spanischer Soldaten und Gefängnis für Cebuano-Rebellen diente das Fort im Laufe seiner Geschichte vielen anderen Zwecken. Nach der Übernahme durch amerikanische Truppen wurde es Teil der Warwick Barracks. Während der Commonwealth-Jahre diente es als Schule. Im Zweiten Weltkrieg bot es japanischen Flüchtlingen Unterschlupf. Als Nothospital wurde es während der Freiheitskämpfe benutzt und 1946 als Feldlager der philippinischen Armee. 1950 übernahm es der Cebu Garden Club. 1957 unterhielt die Lamplighters-Sekte einen Zoo im Innenhof des Forts. Heute ist sein Hauptgebäude Sitz des Cebu-Fremdenverkehrsministeriums, und Restaurierungsarbeiten haben begonnen.

Colon Street, die älteste Straße des Landes, liegt unweit des Forts im Parian-Distrikt, der einst Cebus Chinatown war. Chinesen sind stark vertreten in Cebu und hauptsächlich verantwortlich für das wirtschaftliche Wachstum der Stadt.

Cebu bedeutet für die meisten Besucher handgearbeitete Gitarren und Ukulelen aus dem weichen Holz des Jackfruit-Baumes. Zentren der Gitarrenherstellung sind **Maribago** und **Abuno** in Mactan. Eine Tagesproduktion umfaßt dort mindestens hundert Saiteninstrumente: Gitarren, Ukulelen, Mandolinen, Banjos und Bässe.

Der kulturellen Attraktionen gibt es viele in der Stadt: das **University of San Carlos Museum,** das **Art Haus Center** auf der Gorordo Avenue, in dem Julien Jumalons faszinierende Schmetterlingsmosaikkunst ausgestellt ist, die **Velez Numismatic Collection** (Münzsammlung) in San Nicolas, die **Franco Conchology Collection** und die **Medalle Collection of Old Cebu Photographs** auf der Bonifacio Street. Antiquitätenliebhabern ist ein Besuch der **Binamira**

Collection auf der Gorordo Avenue und der **Aznar-Alfonso Collection** im Kapitols-Distrikt empfohlen.

Cebus **Taoist Temple** befindet sich oben auf Beverly Hills in dem Lahug-Distrikt. In der **Chapel of the Last Supper,** in Mandaue, einer etwas weiter nördlich gelegenen Stadt, kann man lebensgroße geschnitzte Statuen bewundern, die Jesus und die Apostel darstellen.

Das **Magellan Monument** (Denkmal) aus dem Jahre 1886 markiert die Stelle an Mactans Küste, wo Magellan starb. Das **Lapulapu Monument** steht auf einem Platz vor dem Rathaus Lapulapus auf derselben Insel. Zu den schöneren Stränden Mactans zählen die in Maribago, Marigondon und Buyong. **Santa Rosa by the Sea** ist ein eleganter Badeort auf der Insel Olango, die Mactan vorgelagert und leicht mit dem Boot zu erreichen ist.

Verschiedene Badeorte in der Nähe von Cebu City können nicht mit scho-

Bohols „Chocolate Hills" nehmen eigentlich nur im Sommer Schokoladenfarbe an, sind jedoch das ganze Jahr über eine Reise wert.

nen Stränden prunken. Das **Cebu Club Pacific Hotel**, etwa 60 km weiter nördlich hinter der Stadt Sogod gelegen, besitzt einen Privatstrand mit feinem weißem Sand und bietet Unterkunft in kleinen Landhäusern und Restauration. Ein Paradies für Taucher ist die Stadt **Moalboal** an der Südwestküste. Sie wird eventuell zu einem Ferienzentrum ausgebaut.

Sumilon Island, vor der Südspitze der Insel Cebu, ist ein Naturschutzgebiet mit üppiger Meeresfauna und -flora. Die Silliman University von **Dumaguete City** unterhält eine Forschungsstation auf der Insel, die Meeresbiologen mit hilfreichen Daten versorgt. Sie ist mit dem Boot von Dumaguete aus in 45 Minuten erreichbar oder von Cebu City aus über Oslob, wo man dann ein Boot mieten muß.

Mit dem Schiff benötigt man etwa 6 bis 8 Stunden, um von Cebu zur Insel Negros zu gelangen. Man könnte auch zur Südspitze Cebus hinunterfahren und auf dem Fährboot die Tanon Strait überqueren und in Amlan, einer Stadt nördlich von Dumaguete, an Land gehen. Die Busfahrt dauert 6 Stunden. Die Flugzeit von Cebu nach Dumaguete beträgt 30 Minuten.

Negros Oriental

Dumaguete City, die Hauptstadt von Negros Oriental, ist eine kleine Universitätsstadt, in deren Mittelpunkt die angesehene, unter protestantischer Leitung stehende Silliman University steht. Zum Schwimmen und Schnorcheln einladende schöne Strände sind entlang der Küsten nördlich und südlich von Dumaguete verteilt. Eine kurze Fahrt mit dem Tricycle aus der Stadt heraus, und man ist an der **Silliman Farm Beach.** Von Amlan aus kann man hinauf zu den beiden Kraterseen. **Balinsasayao** und **Danao** wandern. Man kann auch über den San Antonio Golf Course hinaufgelangen. Ein Stückchen weiter südlich liegt **Valencia**, das man mit dem Bus oder motorisierten Tricycles erreichen kann. *Suman* (in Bambusblätter gewickelte Reiskuchen) und heiße, dickflüssige Schokolade sind preiswerte Leckereien, die man auf dem Markt von Valencia erstehen kann. Danach lohnt sich eine Fahrt hinauf zum **Camp Lookout** in den Ausläufern des **Mt. Talinis,** der auch als *Cuernos de Negros* (,,Negerhörner'')

bekannt ist, da seine beiden Gipfel hornförmig sind. Vom Camp aus bietet sich eine weite Aussicht auf Negros' Südteil, **Siquijor Island** und die Insel Cebu.

Siquijor ist von Dumaguete aus mit dem Motorboot zu erreichen. Diese kleine Insel galt seit jeher als Zentrum der Schwarzen Kunst im Süden. Die Spanier nannten sie *Isla del Fuego* (,,Feuerinsel''), ein Name, der Legende verwandt, die besagt, die Insel hätte sich unter Donnern und Blitzen einst aus dem Meer erhoben.

Etwa 50 der 75 000 Inselbewohner sind Wunderheiler und Magiere, *Manambals*. Sie unterteilen sich in zwei Gruppen: diejenigen, die Weiße Magie betreiben und diejenigen, die Schwarze Magie praktizieren. Einige von ihnen besitzen heilende Fähigkeiten, andere sind Vertreter des Bösen. *Magbabarang* werden diejenigen genannt, die mit Hilfe von ausgewählten Insekten und Zaubersprüchen Leiden und Tod heraufbeschwören können. Da man die Hilfe der Schwarzen Magie kaufen kann, entwickeln sich häufig subtile Machtkämpfe gegen die Woodoozauberer, die von der Gegenpartei angeheuert werden.

Die Stadt **San Antonio,** nach dem Schutzpatron der Medizin benannt, ist Mittelpunkt des Schamanenzaubers. Jedesmal zur Heiligen Woche versammeln sich die *Mananambals* der Visayas und Mindanaos, um ein *Tang-alap* genanntes Ritual zu vollziehen. Heilpflanzen und diverse Zutaten werden aus den umliegenden Wäldern, Höhlen und Friedhöfen zusammengetragen, doch das eigentliche Ritual findet bei Sonnenaufgang in einer der einsamen Höhlen statt.

In Siquijor gibt es nur Privatunterkünfte, und es ist empfehlenswert, im Büro des Provinzgouverneurs in der Hafenstadt **Larena** vorzusprechen. Ein Tag genügt, um die Insel mit einem der wenigen Mietwagen zu erkunden. Für kurze Strecken nimmt man am besten ein motorisiertes Tricycle. Ein altes Kloster gibt es in der Stadt **Lazi**, und mehrere schöne Strände und Höhlen sind über die Insel verteilt. Einige Utensilien, die von den *Mananambals* auf Siquijor benutzt werden, sind im Anthropologiemuseum der Silliman University ausgestellt: unter anderem Woodoopuppen,

Kerzen, Schädel und eine Reihe von Wunderwassern.

Südlich von Dumaguete liegen verschiedene Küstenstädte mit einsamen Buchten und Stränden. Es ist möglich, mit verschiedenen öffentlichen Bussen den südlichen Bogen der Insel Negros zu befahren und der Westküste nordwärts bis nach Bacolod City in Negros Occidental zu folgen, aber die Straßen sind schlecht. Die normale Route des Expreßbusses führt die Ostküste entlang, folgt dem nördlichen Bogen und führt dann auf der Westseite wieder nach Süden, nach Bacolod. Man fährt etwa 8 Stunden lang durch „Zuckerland", ab und zu von Ausblicken auf das Meer unterbrochen. Durch eine reizvolle Landschaft fährt man, wenn man durch Kanlaon City auf den Hängen des Kanlaon-Vulkans nach Bacolod fährt. Diese Strecke ist recht anstrengend, und man muß den Bus wechseln. Der Ausblick auf die reizvolle hügelige Landschaft kann aber für manches entschädigen.

Westvisayas: Negros Occidental

Gönnen Sie sich in Bacolod mal Huhn-*Inasal* (Hühnerteile mit Lemon Grass vom Rost). Oder kosten Sie *La Paz batchoy,* eine Art Nudelsuppe, die in den meisten Restaurants serviert wird. *Dulce Gatas,* gesüßte Carabaomilch, die dick gekocht wird, gehört ebenfalls zu den Spezialitäten dieser Stadt, die sich in einem Zustand planloser Modernisierung befindet.

In Bacolod gibt es eine Reihe von Hotels, Kinos und Einkaufszentren. Seine Sehenswürdigkeiten beschränken sich jedoch auf einige gute Antiquitätensammlungen, Keramikläden und Webstuben, die vornehmlich einen in Bacolod kreierten Stoff, *Hablon,* produzieren, der in den 1960er Jahren sehr in Mode war.

Silay City, etwas weiter nördlich gelegen, ist eine verschlafene Kleinstadt mit alten Häusern, denen ihre kastilische Vergangenheit anzusehen ist. Die **Hofilena Art Collection** in der Noviembre Street 21 enthält Arbeiten von Dr. José Rizal und Werke philippinischer Meister der Jahrhundertwende, wie Juan

So sehen philippinische Hochzeitskutschen auf dem Lande in Cebu aus. Eine blumengeschmückte *Tartanilla* braust mit den Brautleuten davon.

Luna und Felix Resurreccion Hidalgo, außerdem ein paar Picassos und Goyas. Eine gute Auswahl an Leckereien hat die **Ideal Bakery** (Bäckerei).

Die angeblich größte Zuckerraffinerie, die **Victorias Milling Company**, liegt ein Stückchen weiter nördlich. Auf dem Vicmico-Gelände steht die **St. Joseph the Worker Chapel** (Kapelle). Eines ihrer Pop-art-Wandgemälde zeigt einen verärgerten Christus, umgeben von Heiligen, die philippinische Züge tragen und Nationaltrachten. 50 km von Bacolod entfernt, nahe Cadiz City, liegt **Llacon Island** mit seinen glänzenden weißen Sandstränden und Korallenriffen.

Etwa 45 Minuten fährt man nach Südosten, durch die Stadt Murcia hindurch, zum **Mambucal Summer Resort** (Ferienort). Hier gibt es Touristenquartiere, verschiedene kleine Häuser, Campingplätze, Swimmingpools und sieben Wasserfälle. Drei der Fälle kann man über asphaltierte Wege besuchen. In einem Badehaus kann man, gegen eine geringe Eintrittsgebühr, in heißem schwefelhaltigen Wasser weichen.

Die **Hacienda Masulog** bei La Carlota City ist eine Ferienanlage, die sich auf einem malerischen Hügel südlich von Bacolod befindet. Die **Hacienda Luisa** bei La Castellana, weiter südöstlich, besteht aus einem Landhaus mit Swimmingpool, einem eindrucksvollen Kakteengarten und bietet gute Aussicht auf den Kanlaon-Vulkan.

Bergsteiger könnten sich am **Kanlaon Volcano** versuchen, der eine Höhe von 2465 m hat. Einer seiner beiden Krater am Gipfel ist erloschen, während der andere noch aktiv ist. Ausgangspunkt der Besteigung ist gewöhnlich Kanlaon City, 102 km von Bacolod und 167 km von Dumaguete entfernt. Man könnte auch von einem der anderen Orte in den Ausläufern beginnen, zum Beispiel in **Ara-al**, einem Barrio bei La Carlota City, oder nahe dem Barrio **Biakna-Bato**, von wo aus ein gut markierter Aufstieg über die Südwestseite möglich ist. Bei der **Hacienda Montealegre** beginnt ein Treck, der zur Heiligen Woche von einheimischen Tourismusleuten organisiert wird. Meistens übernachtet man auf halbem Wege auf einem 2 Hektar großen Sandstück mit Namen **Margaha Valley**. Von der Bergspitze aus schaut man hinab in den 250 m tiefen zylindrischen Krater, dessen Umfang 100 m be-

trägt. Die Innenwände des älteren, erloschenen Kraters, der 200 m tiefer liegt, sind teilweise mit Wald bestanden. Während der Regenzeit bildet sich ein alkalischer See auf seinem Grund.

Entlang der Küste südlich von Bacolod liegen einige Ferienorte verstreut. Doch weiter unten, bei den Städten Cauayan, Sipalay und Hinobaan, gibt es wenig besuchte Strände, die zu den schönsten des Landes zählen. Anziehungspunkt von **Sipalay**, 178 km von Bacolod entfernt, ist **Tinagong Dagat** („Verstecktes Meer"), das über einen schmalen Kanal zwischen Dinosaur-Island und dem Festland befahrbar ist. Korallen und tropische Fische bietet dieses kleine Binnenmeer im Überfluß. Auch die nahegelegene **Maricalum Bay** hat Fischreichtum zu bieten: Tiefseeangler schätzen die Makrelen, Pfeilhechte und Thunfische. **Hinobaan** hat lange weiße Sandstrände, besonders in Barangay Asia. Die Schönheit dieser Strände ist die anstrengende, 200 km lange Fahrt von der Hauptstadt wert.

Iloilo: im Land der Kirchen

Von Bacolod aus benötigt man bei maßvoller Geschwindigkeit etwa 2 Stunden, um die Guimaras Strait zu überqueren und nach Iloilo zu gelangen. Mindestens zweimal pro Tag setzt eine Negros-Navigation-Fähre über: eine preiswerte, angenehme Überfahrt. Nachdem sie die Guimaras Strait verlassen hat, passiert die Fähre die Iloilo Strait, die zwischen den Inseln Panay und Guimaras verläuft. Dann geht es den Iloilo-Fluß hinauf, vorbei am hervorragend geschützten Hafen der Stadt Iloilo City. Das **Fort San Pedro** an der Flußmündung wurde gebaut, um die Stadt gegen Moslems zu verteidigen, aber ebenso gegen Engländer und Holländer, die Ende des 17. Jahrhunderts wiederholt die Visayas überfallen hatten. Am frühen Abend promenieren hier die Städter.

Iloilos bunte Jeepneys, stark, scheinbar unzerstörbar gebaut, mit verchromten Hecks, drängen sich mit PUs (Kleintaxen mit festen Tarifen) am Kai. Man liest aufgemalte Namen wie „Paradise For Two" oder „Lover Man".

Die J.M. Basa Street ist die Arterie der Stadt. Zusammen mit Guanco, Iznart und Ledesma Street bildet sie das kommerzielle Zentrum Iloilos. Es wäre ein Fehler, hier rege Betriebsamkeit zu erwarten — man spornt den Ilonggo nicht zur Eile an, selbst geschäftliche Transaktionen brauchen ihre Zeit. Auf der J.M. Basa sind einige gute chinesische Restaurants, Kaufhäuser und Kinos, die in alte Häuser mit Art-deco-Fassaden eingebaut worden sind. Eine beachtliche Anzahl attraktiver Wohnhäuser der Jahrhundertwende sind außerdem in der Stadt zu finden. Einige von ihnen sind zu Motels oder Massagehäusern umgewandelt worden, aber es gibt bestimmt noch eine Familie, die zu festlichen Anlässen eine Fahne mit dem Familienwappen auf dem Balkon hißt.

Das **Museo ng Iloilo** (Iloilo-Museum) auf dem Bonifacio Drive stellt prähistorische Kunsterzeugnisse zur Schau, die aus den vielen Grabstätten auf der Insel Panay stammen. Mit Blattgold belegte Totenmasken sind zu sehen, auch Muschelschmuck und anderer Zierat. Man kann Reproduktionen von Gräbern aus dieser Zeit bewundern, Bilder und Skulpturen von den Westvisayas, und es gibt eine Abteilung mit Kirchenkunst. Interessant sind Exponate, die zur Ladung eines englischen Schiffes gehörten, das im 19. Jahrhundert vor den Guimaras-Inseln gesunken war. Viktorianisches Porzellan, Portwein und Bier aus Glasgow befinden sich unter diesen Schätzen.

Im **Molo-**Distrikt, 3 km von der Innenstadt entfernt, befinden sich eine gotische Kirche mit Renaissanceeinschlag, die um 1800 fertiggestellt worden ist, und ein Waisenhaus, Asilo de Molo, dessen jüngere weibliche Zöglinge Kirchengewänder besticken. Nicht nur für Keramikfreunde ist die **Tiongco Antique Collection** ein „Muß", Tiongco, ein Anwalt, hat über die verschiedenen Fundstätten der Insel Bücher veröffentlicht. Er wohnt in Molos Hauptstraße — wie jeder weiß.

Molos Name ist weit über Panay hinaus bekannt. Es verdankt seinen Ruhm einem Nudelgericht, „Pancit Molo", einer Variante des chinesischen *Mee* (Nudelgericht), und ist in den meisten Restaurants der Westvisayas erhältlich. *Panaderia de Molo* (Molo-Bäckerei) ist

Heilige mit unverkennbar philippinischen Zügen und einen zornigen Gottessohn stellt dieses Pop-Mosaik in der Kirche „Chapel of the Angry Christ" unweit Bacolods dar.

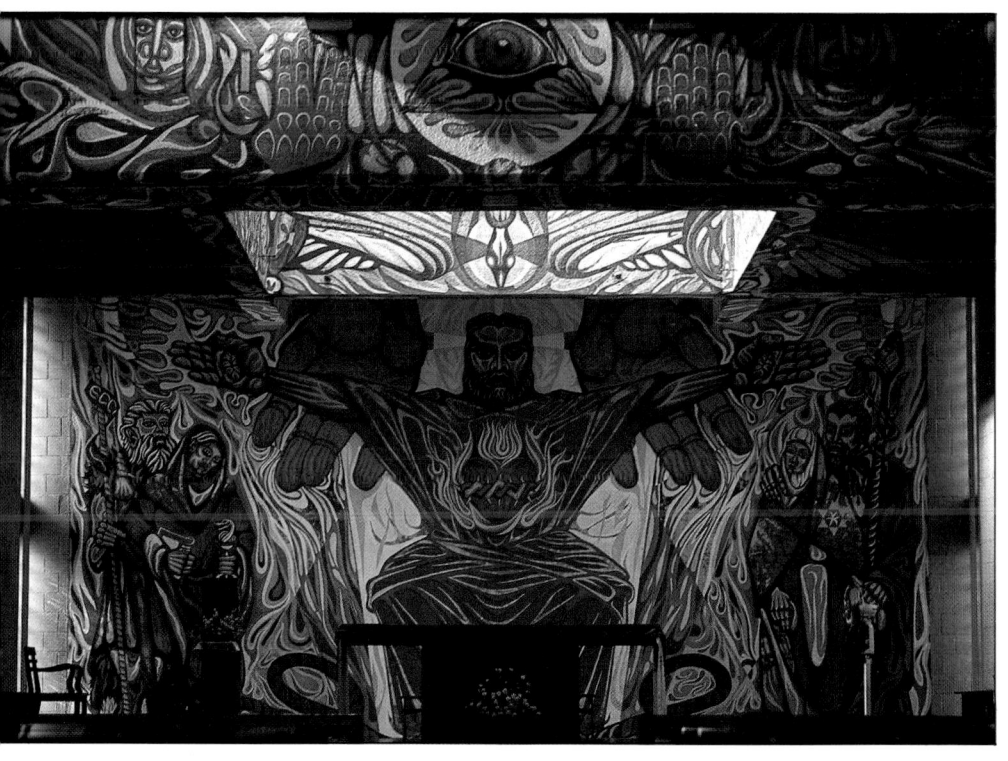

die älteste Bäckerei des Südens und auch bei Reisenden sehr beliebt.

In **Jaro,** einem Distrikt 3 km außerhalb Iloilos, gibt es eine gotische Kathedrale, deren ruinöser Glockenturm an einer Ecke des großen Platzes der Stadt steht. Jaro, traditioneller Mittelpunkt der Handwebindustrie, ist ebenso bekannt für seine Stickereien auf *Piña* und *Jusi,* den zarten Stoffen, aus denen das philippinische *Barong Tagalog* hergestellt wird.

6 km außerhalb der Stadt liegt **Arevalo,** ein Distrikt, der den Namen ,,Dorf der Blumen'' hat, da dort Blumengirlanden, -sträuße und Kränze angefertigt werden. Im 16. Jahrhundert war Arevalo eine Schiffsbau-Metropole und diente den Spaniern als Versorgungsbasis. Ein englischer Freibeuter, Sir Thomas Cavendish, griff die Stadt im Jahre 1588 an, wurde jedoch zurückgeschlagen. Dies war der erste britische Übergriff auf die von Spaniern besetzten Philippinen. Einige Jahre später kreuzten die Holländer auf und steckten Arevalo in Brand. Erst nachdem das San-Pedro-Fort fertiggestellt war, drei Jahre später, bereiteten die Spanier den wiederholten holländischen und britischen Überfällen ein Ende.

Guimaras Island liegt 15 Minuten mit dem Boot von Iloilo entfernt, und fast jeder Visaya-Bewohner weiß, daß dort das Sommerhaus **Roca Encantada** der feinen Familie Lopez aus Iloilo steht. Von der Fähre aus ist das Haus, das auf einen Felsvorsprung gebaut ist, sichtbar.

Dem Vorsprung gegenüber liegt **Siete Pecados** (,,Insel der sieben Sünden''), eine Art merkwürdigen spirituellen Gegengewichts zu Guimaras. Die Hauptstadt heißt Jordan. In der Nähe befindet sich ein Trappistenkloster, das einzige des Landes. **Bala-an Bukid** auf Bundulan Point ist eine beliebte katholische Wallfahrtsstätte. Und in der Stadt Nueva Valencia gibt es die **Catilaran Cave,** in der Ausgrabungen Ming-Krüge zutage gefördert haben. Am Karfreitag wird hier ein **Pangalap**-Ritual abgehalten. Hunderte von Gläubigen rezitieren lateinische Gebete, während sie durch die 1 1/2 km lange Höhle kriechen in der Hoffnung, übernatürliche Kräfte zu erlangen.

Solide Straßen verlassen Iloilo City in allen Richtungen; ihr Zustand verschlechtert sich jedoch, je weiter man sich von der Stadt entfernt.

Das Vorhandensein einer großen Zahl von alten Kirchen zeigt deutlich, wie wichtig den spanischen Kolonisatoren die Iloilo-Provinz in wirtschaftlicher und religiöser Hinsicht war. Die **Pavia Church,** 13 km nördlich der Stadt gelegen, wurde nie vollendet. Mit dem Bau der roten Ziegelwände und Fensterrahmen aus Korallenkalk war im Jahre 1886 begonnen worden. In der klassizistischen **Sta. Barbara Church,** 3 km weiter, versammelten sich einst die Ilonggo, um den Spaniern den Kampf anzusagen. Die **Cabatuan Church,** ebenfalls klassizistisch, wurde um 1880 erbaut und befindet sich auf derselben Straße nach Norden bei Kilometer 25. Aus Korallengestein sind die Mauer und die Kapelle des nahegelegenen **Cabatuan Cemetery** (Friedhof) von 1886.

Bei Kilometerstein 32 breitet sich der **Janiuay Cemetery** aus dem Jahre 1875 auf einem Hügel aus. Drei Treppen mit gotischen Toren führen hinauf, und seine Kapelle ist mit Türen und Fenstern, ebenfalls im Stil der Gotik, versehen. Auf dem Hauptplatz der Stadt sind die **Janiuay Church Ruins** (Ruinen) zu finden, deren Glocken aus dem späten 19. Jahrhundert noch benutzt werden.

Pototan, östlich von Janiuay, besitzt einen Friedhof, zu dessen Bau im Jahre 1894 roter und gelber Sandstein verwendet worden ist. Ein mexikanisches Kreuz steht in seiner Mitte. 11 km nördlich von Pototan liegt **Dingle** mit einer weiteren Sandsteinkirche aus dem späten 19. Jahrhundert und einem Friedhof mit gotischer Kapelle. Zusätzlich bietet Dingle einen Badeort aus dem Jahre 1940, **Morobo Springs,** dessen Swimmingpools von Bergquellen gespeist werden.

Östlich Pototans liegt die Stadt **Barotac Nuevo,** in der sich wiederum eine alte Kirche klassizistischen Stils befindet, allerdings mit einigen Abweichungen: römische Bögen, eine Fassade mit ionischen Stützpfeilern, eckigen Säulen im oberen Teil und dorischen Pilastern im unteren. Von der 33 km nordwestlich von Iloilo gelegenen Stadt aus sind es 91 km die Nordostküste hinauf bis nach **Ajuy.** Von dort bringt eine kurze Bootsfahrt den Besucher zu den Inseln **Nasidman** und **Calabasa.** Am Nordende Nasidmans findet man in der Nähe eines

Fischerdorfes einen schönen Strand zum Baden. Auf der kahlen, nur 150 m entfernten zweiten Insel Calabasa leben bloß vier Männer, die Besatzung des 1900 erbauten Leuchtturms. Die Männer freuen sich über Besucher, gleich welchen Geschlechts, denn es stehen acht Gästezimmer zur Verfügung. Für eine ,,Penthouse''- oder ,,Playboy''-Ausgabe kann man eine ganze Insel befehlen.

Weitere unerschlossene Inseln liegen vor der Nordostküste von Panay, in den reichhaltigen Fischgründen der Visayansee. Von Ajuy aus kann man sich nach Norden wenden, zur Stadt **Estancia,** die als ,,Alaska der Philippinen'' in einheimischen Erdkundebüchern auftaucht.

Ein erstklassiges Ferienparadies ist **Sicogon Island,** in 20 Minuten mit dem Boot zu erreichen. Ursprünglicher Wald bedeckt den größten Teil der 1000 Hektar großen Insel. Hier kann man noch Wildschweine jagen. Wunderschöne weiße Sandstrände fallen sanft zum Meer ab. Der Sand reicht bis zu 100 m in das kristallklare Wasser hinein. Attraktive Landhäuser sind auf die Insel gebaut worden, ebenso wie ein Restaurant, Swimmingpools, Golfplätze und andere nützliche Einrichtungen. Ausflugsboote der Negros Navigation-Gesellschaft laufen Sicogon an, und Charterflüge aus Manila und Bacolod landen hier.

Von Iloilo City aus führt eine stärker befahrene Straße nach Westen. Folgt man ihr, so gelangt man nach 12 km zum Ferienort **Anhawan Beach Resort,** der zwar ein gutes Seafood-Restaurant, einige Häuser für Touristen und gute Bademöglichkeiten bietet, aber in Reiseprospekten grenzenlos überschätzt wird.

Die Küstenstadt bei Kilometer 22, **Tigbauan,** ist die **Miag-ao Fortress Church** (Festungskirche) bei Kilometer 40, die vor 200 Jahren zur Verteidigung gegen Moslempiraten diente. Ihr gedrungenes Gebäude besitzt eine reizende, reichverzierte Fassade.

Die am weitesten südlich gelegene Stadt Iloilos ist **San Joaquin,** Kilometerstein 53 folgend. Glänzender weißer Ko-

Hervorragendes Beispiel kolonialer Kirchen-Baukunst ist die Miagao-Festungskirche, die etwa 40 km südlich von Iloilo City zu finden ist.

265

rallenkalk wurde im Jahre 1869 für ihre Konstruktion verwandt, und auf der Fassade der **San Joaquin Church** ist die historische Schlacht von Tetuan abgebildet, in der spanische Truppen 1859 in Marokko Mauren in die Flucht schlugen.

Antique: Mountain Madja-as

Die Fortsetzung der Straße führt durch die rollende Landschaft der Provinz Antique, die sich der Westküste Panays anschmiegt. Parallel zur Küste erstreckt sich eine hohe, zerklüftete Bergkette, die dem Terrain einen abweisenden Charakter verleiht, was von der schlechten Straßenqualität noch unterstrichen wird. Viele Arbeitskräfte wandern von Antique zu den Zuckerrohrfeldern von Negros Occidental ab. Antiqueños gelten als die besten *Sacada* der Welt.

San José de Buenavista, die Hauptstadt, liegt 97 km von Iloilo City entfernt. Verschiedene Badeorte befinden sich in den Barrios von San José. Fährt man eine Stunde lang nach Süden, so gelangt man nach **Anini-y** an der Spitze des Pana-Dreiecks. Anini-y vorgelagert ist **Nogas Island**: der weiße Sandstrand lädt zum Tauchen und Schnorcheln ein. Anini-y bietet außerdem die **Sira-an Hot Springs** (heiße Quellen) im Barrio Dapog und eine alte Kirche aus weißem Korallenstein. Eine Kapelle befindet sich auf dem Friedhof von Hamtik, der ältesten spanischen Siedlung Antiques. Im Norden von San José, 4 1/2 Stunden Fahrtzeit entfernt, liegt **Culasi** und vor dieser Stadt das von Korallen umgebene **Mararison Island**.

In der Umgebung von Culasi erhebt sich der 2300 m hohe **Madja-as Mountain**, der Legende nach Wohnsitz des Gottes Bulalakaw, hoch verehrt von den frühen Siedlern der Bergwelt, den Orang Madja-as. Madja-as war einst ein aktiver Vulkan. Heute bietet er versteckte Seen und zahlreiche Wasserfälle; Wildschweine und anderes Wild lebt auf seinen Hängen, und es wachsen dort seltene Orchideen und Erdbeeren.

Aklan: das Ati-Atihan

Wenn man im Norden von Culasi zur Nordwestspitze Panays hinüberfährt, ist man bereits in der Aklan-Provinz.

Die vorgelagerte Insel **Boracay Island** ist von großer ursprünglicher Schönheit. Ihre schönen weißen Sandstrände und die billigen tropischen Miethütten sind immer noch Anziehungspunkt für viele Europäer. Die Insel liegt der Stadt Malay auf dem Festland am nächsten, ist aber mit dem Boot auch von Nabas und Ibajay zu erreichen. In Manila kann man kleine Flugzeuge chartern, die den nahegelegenen Flughafen Caticlan anfliegen.

Kalibo, im Südwesten Ibajyas, ist die älteste Stadt Aklans und Austragungsort der berühmten Ati-Atihan-Festspiele. Der dritte Sonntag im Januar bildet den Höhepunkt des Festes, wenn die Prozession vor der Kirche zu ihrem Ende kommt, Gläubige das Bildnis Santo Niñs küssen und schwören, im nächsten Jahr wiederzukehren. Der religiöse Aspekt des Festivals wird leicht übersehen, da eine Karnevalsatmosphäre vorherrscht und tumultuöse Feststimmung.

Monate im voraus sind die Unterkünfte Kalibos ausgebucht. Negros Navigation schickt ein Schiff hinüber, das als Hotel dient. Zelte und Schlafsäcke werden am Strand eingerichtet, da die meisten Privathäuser ohnehin überfüllt sind.

Die Hafenstadt New Washington ist Anlaufpunkt des inselverbindenden Schiffsverkehrs. Wer nicht rechtzeitig zum Ati-Atihan einen Platz auf dem Schiff oder Flugzeug gebucht hat, kann nach Roxas City fliegen oder mit dem Schiff fahren und von dort aus mit dem Bus nach Kalibo. Von Iloilo aus gibt es auch eine Zugverbindung nach Roxas City.

Capiz: das Anglerparadies

Roxas City ist die Hauptstadt von Capiz, Panays nordöstlicher Provinz. Eine reiche Vielfalt an Fischen, Riesenhummern, Korallenriffen und wunderschönen Stränden hat die Insel **Napti Island** unweit Panays zu bieten.

Die **Pan-ay Church** hat einen Marmorfußboden und 3 m dicke Wände aus weißen Korallen. Das Kircheninnere ist reichverziert, mit *Retablos* aus Hartholz und Silber geschmückt. Die Friedhofsmauern und -kapelle sind ebenfalls aus Korallen.

In **Ivisan**, einer Stadt in der Nähe, findet man wunderschöne Buchten bei den Barrios Basiao und Balaring. 45 km östlich von Roxas City sind die **Pilar Caves** (Höhlen), die **Casanayan Beach** und das **Tucad Reef** (Riff). Die **Dumalag Church** und ihr Friedhof aus dem Jahre 1800 liegen in derselben Entfernung von der Stadt nach Süden, ebenso die **Suhot Cave.**

Romblon: Land des Marmors

,,Willkommen im Land des Marmors!" liest man auf einem 30 m langen Spruchband über den Souvenirläden. Sie haben soeben im besten landgeschützten Hafen des Landes angelegt: dem der Insel Romblon in der gleichnamigen Provinz.

Die Romblon-Provinz besteht aus 20 Inseln und Inselchen und liegt zwischen Mindoro und den Masbate-Inseln, nahe der Nordwestküste von Panay. Ihr Name ist zum Symbol für Marmor geworden. Die Philippinen sind das einzige Land Südostasiens, das Marmorvorräte besitzt, die es kommerziell zu nutzen lohnt; das größte Vorkommen ist in Romblon.

Auch die Hauptstadt heißt Romblon. Die Insel Cebu hat ihr Cebu City, die Provinz Iloilo ihr Iloilo City — aber das Land des Marmors übertrifft beide.

Was die Inselbewohner alles mit dem Marmor anstellen können, ist an den Verkaufsständen am Kai zu sehen. Runde, halbgroße Tische ganz aus Marmor sind zwar sehr teuer, werden aber gern gekauft. Es gibt exquisite Schachspiele aus Marmor, Eier, Mörser, Herzen mit Liebesschwüren, Vögel und Schildkröten aus diesem Material. Die bunten Schmuckplatten, in die man Namen und Sprüche einmeißeln lassen kann, finden häufig ihren Weg auf die Schreibtische von Regierungsbeamten in Manila.

Es ist ein kurzer angenehmer Spaziergang von den Hafenanlagen zur **Romblon Cathedral,** die einen byzantinischen Altar und verschiedene interessante Heiligenbilder und Gemälde enthält.

Klettert man die 250 Stufen zu einem Hügel hinauf, gelangt man zu den Ruinen des **Fort San Andres,** das in eine Wetterwarte umgewandelt worden ist.

Bonbon Beach ist der am leichtesten zugängliche Strand der Inseln. Eine Fahrt mit dem Tricycle bringt Sie zu diesem schönen Strand. Wenn man ein Boot mietet, hat man eine wesentlich größere Auswahl an einsamen Buchten und Stränden.

Zweimal wöchentlich verläßt ein Schiff Manila in Richtung Romblon. Die Reise dauert 14 Stunden. Auch von New Washington und Roxas City aus fahren Schiffe zu dieser Provinz. Flüge von Manila aus dauern 45 Minuten und landen auf dem Tugdan Airport von Tablas.

Links: Zuckerrohr ist auch nicht mehr das, was es einst war. Ob der Visayan deshalb den Topf mit Goldstücken sucht? Nachfolgende Seiten: Moslems knien zum Gebet in einer Moschee in Mindanao nieder. Die Stelzenhäuser dieses Samalen-Dorfes spiegeln sich im kaum bewegten Wasser. Reisende sollte die Politik nicht davon abhalten, diese Gebiete zu besuchen.

Der wilde Süden: Mindanao

Mindanao ist die zweitgrößte Insel der Philippinen und die am weitesten südlich gelegene der elf großen Inseln. Zu Mindanao gehören fünf staatliche Halbinseln mit verschiedenen Bergformationen; einige sind vulkanischen Ursprungs. Die vielen Halbinseln und Buchten Mindanaos sind verantwortlich für seine ungewöhnliche Küstenlänge. Eine nur 16 km schmale Landenge zwischen der Iligan- und der Illana-Bucht verbindet die zwei unregelmäßig geformten Teile Mindanaos. 67 % der Insel sind bewaldet. Die restliche Topographie bietet ein abwechslungsreiches Bild: hohe Berge und tiefe Täler, rauschende Flüsse und ruhige Seen, große und kleine Wasserfälle, Wälder, Niederungen und Mangrovensümpfe.

Die Insel ist reich an Mineralien; allein 78 % der philippinischen Eisenerzvorräte liegen hier. 100 % des Nickelvorkommens befindet sich hier in der Provinz Suriga del Norte. Außerdem gibt es Kupfer, Silber, Gold und Kalkstein. Sollte man eines Tage Öl auf den Philippinen finden, so wird es wahrscheinlich in Mindanao sein (so Allah will), wo bereits 30 % der Steinkohlenvorkommen lagern.

Auch auf den landwirtschaftlichen Sektor hat Mindanao etwas zu bieten. Gemessen an der Gesamtnation, produziert Mindanao 72 % der Ananas-, 59 % der Mais-, 50 % der Kaffee-, 50 % der Kopra-, 42 % der Kakao- und 38 % der Abakaernte.

Riesige Fische tummeln sich in den Wassern, die die Insel umspülen, Muscheln und Korallen von großer Vielzahl leben auf dem Meeresboden.

Es herrscht kein Mangel an Superlativen in Mindanao. Man findet dort den seltensten Adler der Welt (den affenfressenden Adler), die flächenmäßig größte Stadt der Welt (Davao), eine der teuersten Muscheln der Welt *(Gloria Maris)*, die reichhaltigsten Nickelablagerungen der Welt (Suriago del Norte) und das merkwürdigste Völkchen der Welt (die Tasaday).

Die Moros

Obwohl Mindanao und der Sulu-Archipel ursprünglich als Zufluchtsorte für Scharen von Flüchtlingen dienten, die der militanten Islamisierung der indonesischen Inselwelt entkommen wollten, flatterte die Fahne mit dem Halbmond doch schon Ende des 14. Jahrhunderts auf einigen Sulu-Inseln. Als Miguel de Legazpi und seine Landsleute im Jahre 1565 ankamen, beugte man bereits in der gesamten Region die Knie vor Allah. Tatsächlich waren es die spanischen Eroberer, die verhinderten, daß sich die Islamisierung des Nordens der Philippinen über das ganze Inselreich ausdehnte.

Zugegeben, die Form des Islams, die Legazpi antraf, entsprach nicht gerade den Regeln der Schrift. (Das ist heute nicht anders.) Wie auch immer — die *Moros*, wie die Spanier sie tauften, sind sehr devot.

Für die Moros war der Islam von jeher eher eine Lebensanschauung als eine Religion. Eine Moro kennt keine Trennung zwischen Kirche und Staat. Er mag nur wenige der Vorschriften und Rituale des Islam ernsthaft befolgen, aber er wird seinen Glauben verteidigen — notfalls mit seinem Leben.

Die kastilischen Invasoren wollten ihr Wertesystem aufoktroyieren. Und deshalb begannen die Moro-Kriege. Vom Beginn des 16. Jahrhunderts an kämpften die Moros wieder und wieder gegen die Spanier, 300 Jahre lang. Selbst nachdem das spanische Regime zusammengebrochen war und die toleranten Amerikaner übernommen hatten, gaben die Moros nicht auf. Sie kämpften weiterhin für ihren unabhängigen muslemischen Weg. Ein labiler Friedensvertrag kam nicht vor 1915 zustande. Das Bemühen um wirtschaftliche und politische Reformen und Verbesserungen im Erziehungswesen zeigte erste Früchte: die Moros wurden in den von Manila aus regierten Staat integriert.

Der delikate Friede währte jedoch nur bis Anfang der 70er Jahre. Christen aus den benachbarten Visayas wanderten nach dem Zweiten Weltkrieg in großer Anzahl nach Mindanao ein. Die Moros sahen sich plötzlich in eine Minoritätenrolle gedrängt. 2 1/4 Millionen Moros machten nur noch 25 % der Bevölkerung ihres eigenen Landes aus. Ein Volksentscheid, in dem die Moros haushoch geschlagen wurden, besiegelte das Schicksal der Autonomiebestrebungen vorläufig.

Heute setzt sich die MNLF (die Na-

272

tionale Befreiungsfront der Moros), ein loser Zusammenschluß ehemaliger Guerilleros, für einen autonomen Moslemstaat unter philippinischer Souveränität ein, der die Inseln Mindanao, Basilan, Sulu und Palawan umfassen soll.

Außer den Moros leben noch eine Reihe anderer Minderheiten in Mindanao: die 29 Mitglieder des Tasaday-, die 624 Angehörigen des Kulaman-Stammes oder die 150.000 Köpfe zählenden T'boli. Fast 30 von den über 60 Minoritätengruppen der Philippinen leben in Mindanao. Viele von ihnen folgen animistischen Religionen, einige sind zum christlichen Glauben übergetreten. Vielen geht es ähnlich wie den Moros: die Anzahl ihrer Stammesmitglieder sinkt, und sie werden ihres Grund und Bodens beraubt. Im Gegensatz zu den Moros sind sie jedoch unfähig, sich selbst zu helfen, da sie trotz ihrer zahlenmäßig kleinen Gemeinschaften keinen inneren Zusammenhalt haben.

Vieles von dem, was Mindanao zu bieten hat, ist einfach zu finden — die Badjao (See-Zigeuner), die Kokosplantagen und der Mt. Apo. Schwieriger ist es mit anderem Sehenswerten — den T'boli, den Ananasplantagen und den Maria-Christina-Fällen. Fast unmöglich ist es, die Tasaday zu treffen, den affenfressenden Adler zu sehen oder die *Gloria Maris* zu finden, besonders wenn man nach dieser Muschel tauchen will.

Zamboanga: Stadt der Sotanghon

Zamboanga liegt auf der Südspitze von Mindanaos am weitesten westlich gelegenem Arm. Die Stadt, in der *Indios, Infideles* und *Moros* (Eingeborene, Heiden und Muslime) relativ friedlich nebeneinander leben, wird mit Kosenamen und Schimpfwörtern bedacht. Aber Zamboanga ist kein zweites Bali, auch wenn Reisebüros dies gern behaupten. Und seine Frauen sind nicht schöner als die anderer Inseln. Auch wird der Weltreisende den Tauschhandel auf Zamboangas Markt keines Blickes würdigen. Zamboangas Charme muß entdeckt werden.

Unten am Kai herrscht rege, laute Betriebsamkeit. Passagierschiffe und Frachter aus allen Teilen der Philippi-

Grazile Auslegerboote, Basligs genannt, liegen vor Zamboanga City vor Anker.

nen liegen neben Schiffen der Kriegsmarine; Fährboote, die die Häfen Mindanaos und der Sulu-Inseln bedienen, drängen sich zwischen *Kumpits* (lange Motorboote), die Frachtgüter von und zu den Häfen Borneos transportieren.

Es ist noch gar nicht so lange her, daß die *Kumpits* in aller Heimlichkeit ausfuhren und Schmuggeln an der Tagesordnung war. In diesem Teil der Welt galt seit Jahrhunderten nur das Gewohnheitsrecht, Adat. Der Seeweg kennt keine Grenzen. Im Gegensatz zu den Steuerbehörden interessiert es die Schiffer herzlich wenig, ob eine Insel zu den Philippinen oder zu Malaysia gehört.

Da alle Versuche, den Schmuggel zu bekämpfen, scheiterten, faßte die philippinische Regierung den pragmatischen Entschluß, diesen Handel zu legalisieren. Infolgedessen kann man weiterhin Waren aus Borneo auf Zamboangas Markt kaufen.

Zamboangas Image wandelt sich. Die „Stadt der Blumen" ist zur „Stadt der Sotanghon" geworden. Sotanghon ist eine Nudelart, die den Hauptanteil der Handelsgüter ausmacht, neben anderen Lebensmitteln, Toilettenartikeln und Batikwaren. Mit Singapur oder Hongkong ist Zamboanga aber keinesfalls vergleichbar.

Doch zurück zu den Kaianlagen. Dort schleppen schweißbedeckte Männer mit Atlaskräften gewaltige Kaffee-, Reis- und Koprasäcke, und unzählige Lastwagen verstopfen die Zufahrten. Die Westseite nimmt ein weitläufiger Lebensmittelmarkt ein, der sich keinen Deut von den anderen südostasiatischen Märkten unterscheidet. Und doch hat er einen eigenen Reiz: Sein Fischangebot ist außergewöhnlich reich, und es scheint, als gäbe es dort keinen Verkaufsschluß.

Wundern Sie sich nicht über den Dialekt, der auf dem Markt gesprochen wird. *Chabacano*, ein kastilisches Relikt, ist eine Mixtur aus spanischen Substantiven, unkonjugierten Verben und einer Prise regionaler Dialekte.

In einigen schmalen Hütten am Ende des Marktes, versteckt zwischen Fleisch- und Obstständen, kann man sogar chinesisches Porzellan finden oder Moro-Messingwaren und handgewebte lokale Textilien.

Gleich hinter dem Kai liegt der **Plaza Pershing**. Sein Name erinnert an den General, der als erster amerikanischer Gouverneur im Moro-Land eingesetzt war. Das Rathaus, 1907 im Beinahe-Barock-Stil erbaut, steht an der Südostecke des Platzes und beherbergt die Postdienststelle. Gehen Sie von hier aus 50 m weiter, die Valderos Str. entlang, zum **Lantaka Hotel**. In seinem Gebäude sind die Büros des Fremdenverkehrsamtes untergebracht. Lassen Sie sich die Hotelterrasse am Meer nicht entgehen. Probieren Sie mal Lotusgerichte oder *Curacha*, Zamboangas kulinarische Spezialität, eine Hummerart.

Ein gutes Dutzend *Vintas* haben meistens an der Seemauer des Hotels angelegt. An Bord sind Badjos und Samalen — hauptsächlich Kinder. Die *Vintas* gleichen schwimmenden Läden mit prachtvollen Auslagen: interessant geformte Korallen, kegel-, spiralen-, turban- und schalenförmige Molluskengehäuse und Krebstierschalen; Mengen von Korallenketten, Korallenarmbändern und riesigen Schildkrötenpanzern. Auf einigen *Vintas* werden auch Pandan-Matten *(Banigs)* verkauft. Mauve-, Purpur- und Veilchentöne dominieren, aber auch grüne und gelbliche Farben leuchten aus ihren geometrischen Mustern. Badjao-Frauen haben ihren Ruf, die besten Mattenflechterinnen des Archipels zu sein, zweifellos verdient.

Eine Mutter, ein Vater und ein halbes Dutzend Kinder — meist Blondschöpfe, deren Haar von Sonne und Salzwasser ausgeblichen ist — versuchen, ihre Waren zu verkaufen. Alle sind sehr freundlich.

Winzige Einbäume, manche nicht länger als einen Meter, fahren zwischen den *Vintas* umher. Wenn man eine Münze ins Meer wirft, springen sofort drei bis vier Kinder ins Wasser. Doch dem 3 Monate alten Baby, das die Geschwister derweil sich selbst überlassen, passiert nichts. Sollte es über Bord fallen, wird es schwimmen.

Draußen in der Bucht liegen zahlreiche *Basligs*, deren feurige Farbigkeit mit der der Bastmatten konkurriert. Diese langen, schlanken Fischerboote mit spitzem, hochgezogenem Bug kommen aus den Visayas. Sie sähen wie Wikingerschiffe aus, wenn sie nicht mit großen Auslegern versehen wären.

Ein hoher Mast mittschiffs hält das Netz der Takelage. Doch die Taue halten keine Fock und kein Hauptsegel, da die Boote motorisiert sind. Sie dienen lediglich der besseren Befestigung der Ausleger.

Bei der Landungsbrücke von Lantaka kann man Tretboote für die 25minütige feuchte Überfahrt zum **Great Santa Cruz Island** mieten. Dort sind noch einige der Korallen und Muscheln zu finden, die in Lantaka verkauft werden. Trotz des rosafarbenen Sandstrandes hat Santa Cruz Sonnenanbetern nicht viel zu bieten. Nur ein Samalen-Friedhof befindet sich auf der kahlen Insel. Es ist doch merkwürdig, daß das Seevolk seine Toten auf dem Lande begräbt.

Das **Pilar-Fort** ist nicht weit vom Lantaka Hotel entfernt. Seine dicken, roten Mauern sind mit grünem Moos überwachsen. Eine Bronzetafel am Osttor erzählt von der dramatischen Geschichte des Forts und Mindanaos. 1635 erbaut, 1663 aufgegeben, 1718 wiederaufgebaut, widerstand das Bollwerk jahrhundertelang den Angriffen der Moslems, Holländer, Engländer und Amerikaner. 1898 schließlich wurde es unter amerikanischer Besatzung zu den „Pettit Barracks". In die Ostmauer ist ein Freiluftschrein zu Ehren der Schutzgöttin Zamboangas eingebaut. Samstag abends und sonntags zünden die Gläubigen ihr Kerzen vor dem Schrein der Madonna von Pilar an und legen ihre Gelübde ab.

Ein paar hundert Meter weiter östlich liegt **Rio Hondo**, ein großes Samalen-Dorf auf Stelzen. Im Zuge der Stadterneuerung hat das Dorf viel von seinem folkloristischen Charakter verloren. Die schrägen, eigenwilligen Nipa-Hütten und die improvisierten Stege, die im Zickzack durch das Dorf führten, sind verschwunden. Heute sieht man saubere, einheitliche Holzhäuser mit Ziegeldächern, und die Wegplanken sind mustergerecht angeordnet. Die Dorfbewohner leben sicherlich besser in ihren neuen Häusern, und für die Touristen bleibt Rio Hondo nach wie vor attraktiv. Dort wo die Brücke das Dorf mit dem Festland verbindet, spielen Kinder mit glänzenden Körpern im Wasser und rufen „Hi-Joes" und „gimme on" („Mach ein Foto von mir").

Taluksangay ist ein stilles Wasser-

In der rückwärtigen Mauer des Pilar-Forts befindet sich ein Schrein, der der Schutzpatronin Zamboangas, „The Lady of Dei Pilar", geweiht ist.

275

dorf, 19 km östlich der Stadt gelegen. Seine Moschee mit silbrigglänzender Kuppel und Türmchen spiegelt sich in einer Lagune und lädt zum Fotografieren ein. Obwohl Taluksangay ein Samalen-Dorf ist, halten sich im Südteil häufig Badjao auf, und von Zeit zu Zeit gehen Yakanen und andere Moros dort vor Anker. Etwa einen Kilometer vor dem Dorf liegt ein Badjao-Friedhof.

Der **Cawa Cawa Boulevard** im Westen Zamboangas ist eine Taschenausgabe des Roxas Boulevard in Manila. Von dieser Straße aus, die mit alten Akazien bestanden ist, gehen die Einheimischen gern zum Baden. Ab und zu legen *Basligs* in dieser Gegend an. Am hinteren Ende befinden sich einige Bierschenken. Kurz hinter **Campo Islam**, einem Wasserdorf der Tausug, liegen zwei ölproduzierende Fabriken. Allerdings verarbeiten sie kein Schwarzes Gold, sondern weißes Fleisch (Kopra). Zamboanga ist wahrscheinlich der größte Umschlagshafen für Kokosöl auf der Welt. Wahre Ungetüme von Tankern, angefüllt mit Kokosöl, liegen vor diesen beiden Raffinerien und vor einer dritten, die sich etwas weiter küstenaufwärts befindet.

Für Präsident Marcos wurde ein kleiner Palast erbaut, der auf der **San José Road** steht. Er wurde 1976 in 60 Tagen errichtet und trägt als Zierat ein Minarett. Auf dieser Straße liegen auch einige der größeren Muschelläden (Laygan, Rocan und San Luis), die einen effektiven Muschel- und Korallenversand betreiben, sowie der Country Club, dessen Neun-Loch-Golfplatz als der älteste des Landes gilt.

Ungefähr zwölf Familien leben in der Yakanen-Siedlung etwa einen Kilometer weiter. Die Yakanen verkaufen Handwebstoffe und sind gern bereit, die Kunst des Webens für den Besucher zu demonstrieren. Zum Meer hin liegt der beste Strand Zamboangas.

Der Straße folgend, stößt man auf mehrere Strände. In **Yellow Beach** landeten im März 1945 die amerikanischen Truppen. **Garagasan Beach** bei Kilometerstein 12, **Ayala Beach** bei Kilometer 16 1/2 und **Talisayan Beach** bei 20 bieten nichts Außergewöhnliches.

Souvenirs, hauptsächlich Holzschnitzereien, kann man bei Kilometerstein 22 kaufen: in der **San Ramon Prison and Penal Farm** (Gefängnisanstalten). Dieses Gefängnis wurde im 19. Jahrhundert von den Spaniern gebaut. Der Verkäufer ist wahrscheinlich ein alter ,,Knastologe‘‘, der behaupten wird, er sei wegen einer Straftat hinter Gittern, die er nicht begannen habe. Ein Verwaltungsbeamter wird hinzufügen, daß der Aufenthalt des Gefangenen fruchtbar war: er habe zu schnitzen gelernt und neun Kinder gezeugt — bisher.

Auf den Philippinen praktiziert man eine Art ,,aufgeklärten Strafvollzugs‘‘. Nachdem sie eine gewisse Zeit im Gefängnis gesessen haben, dürfen die Gefangenen ihre eigenen Nipa-Hütten in Gefängnisnähe bauen und mit ihren Familien zusammenleben. Selbst nach ihrer Entlassung bleiben manche Exhäftlinge dort wohnen.

7 km nördlich von Zamboanga City liegt **Pasonanca Park** — Zamboangas ganzer Stolz. Die meisten Reisenden amüsieren sich eher über die unfreiwillige Komik, die aus den Reklamebroschüren spricht, als über den Vergnügungspark für Pfadfinder selbst. Als Attraktion gelten ein ,,Swimmingpool für Kinder mit Betonrutschbahn *(wee-wee pool)* und ein Baumhaus — ideal für Flitterwöchner —, in dem Touristen kostenlos übernachten dürfen‘‘.

Das **Salakot House**, der Anlage gegenüber, ist sehenswert. Seine Besitzer haben eine exquisite Sammlung von Moro-Messingwaren zusammengetragen, über tausend Teile, die zu besichtigen sind. Auf ihrem Grundstück stehen außerdem ein großes Haus in Form eines *Salakot* (das ist ein breitkrempiger Bauernhut), eines in Form einer *Vinta* und ein Muschelhaus. Ein weiteres Haus, das die Palette der Hölzer Mindanaos zur Geltung bringen wird, befindet sich gerade im Bau. Die Häuser sind für Gäste eingerichtet, und bei längerem Aufenthalt wird ein Dienstmädchen eingestellt, das auch kochen kann. Die Benutzung der Häuser ist preisgünstig.

Gleich hinter dem Park befindet sich das neue luxuriöse **Zamboanga Plaza Hotel**. Man sollte unbedingt einen Sonnenuntergang von diesem Hotel aus beobachten. Er soll noch schöner sein als der in Manila Bay, weil man einen wunderschönen Blick auf die Stadt, den Hafen, die Bucht und die Insel Basilan genießen kann. Auf dem Hotelgelände befindet sich eine Miniaturausgabe des Marktes am Hafen. Er ist etwas eleganter als sein Gegenstück, was man natürlich mitbezahlen muß.

Basilan Island

Zwei Stunden dauert die Überfahrt zur Basilan-Insel. Die Fähre überquert die 25 km breite, flache **Straits of Basilan** (Straße von Basilan) via Santa Cruz Island. Bevor man **Isabel**, Hauptstadt und Hafen der Insel, erreicht, durchfährt man einen Mangrovenkanal, der etwa 1 000 m breit ist und dessen Seiten durch hohe Palmen und kleine Holzhäuser auf Stelzen aufgelockert werden.

Die Stadt Isabel hat nicht viel zu bieten. Von hier aus kann man jedoch mit Tretbooten, die am Kai vermietet werden, zu einem faszinierend geschäftigen Samalen-Dorf übersetzen, das auf der anderen Seite des Kanals liegt. Chaotisches Durcheinander, hektisch und unentwirrbar, regiert dieses Dorf — etwas was man in Rio Hondo heute vermißt.

Eine holprige Straße führt von Isabel aus gen Süden durch Gummi-, Palmöl- und Kokosnußplantagen. Bis man nach 32 km **Maluso** erreicht hat, fährt man an Kaffee-, Lanzone- und Pfefferpflanzungen vorbei (die einzige gummiverarbeitende Fabrik der Philippinen ist einen Besuch wert: bei Kilometerstein Nr. 4).

Einer ähnlichen Straße folgend, gelangt man, nach 28 km und einigen Zitronenhainen, zu einem Dorf mit Namen **Lamitan.** Hier kann man Yakanen, die Ureinwohner Basilans, in ihren farbenprächtigen Gewändern bewundern (besonders an Markttagen, donnerstags und sonntags). Charakteristisch für ihre Bekleidung sind Hosen *(Sawals),* deren Beine vom Knie abwärts eng anliegen und die sowohl Männer als auch Frauen tragen. Sehr zu Recht gelten die Yakanen als beste aller Moro-Weber.

Unzählige Inseln bilden den Sulu-Archipel und formen eine Stufenleiter von Basilan nach Borneo. Leider ist das Reisen in dieser Gegend gefährlich, da es vor kurzem zu Zusammenstößen kam. Die Inselkette fasziniert durch ihre erhaltenen natürlichen Schönheiten. Hinter der **Jolo Island**-Inselgruppe folgt die Tawi-Tawi-Gruppe, zu der die Inseln Bongao, Sibutu und Sitsankai gehören. Die älteste Moschee auf den Philippinen (von 1380) steht auf Sibutu, eine Stunde

Die Fischauswahl auf Zamboangas Markt am Kai gehört zu den Imponderabilien. Hier sollte man den frischen, köstlichen *Curacha* kosten.

per Boot von Bongao entfernt. Tausog, Badjao und philippinische Polizeieinheiten wohnen hier. Es gibt Wildschweinjagden, eine herrliche Aussicht von Berggipfeln aus — sogar Malaysias Sabah ist zu erkennen —, kristallklares Wasser und reiche Fischgründe: riesige Hummer, Schildkröten und die verspielten Delphine sind hier anzutreffen.

Davao: Stadt der Durians

Davao, die größte Stadt Mindanaos und drittgrößte der Philippinen, liegt am Kopfende des Golfes von Davao im südöstlichen Teil der Insel. Auf dem Flughafen begrüßt eine bunt bemalte Statue in Stammestracht die Ankommenden. Davaonesen sagen, bei dieser Figur handele es sich um einen Manobo, einen echten Ureinwohner Davaos. (Eine Manobo-Siedlung kann man in **Wangan, Calinan**, 50 Minuten von Davao entfernt, besuchen. Die Eingeborenen tragen ihre folkloristischen Kostüme allerdings nur noch selten.)

Frische oder eingelegte Durians und Duriankonfekt sind an den farbenfreudigen Ständen auf dem Flughafengelände erhältlich. Davao ist berühmt für seine Früchte, Lanzones, Mangosteens, Orangen, Pomelos und Bananen, die man sowohl am Flughafen als auch in der Stadt erstehen kann.

Auf halbem Wege zwischen dem Flughafen und der Stadt liegt das **Insular Hotel**, wahrscheinlich Davaos größte Attraktion. Bei einem Glas *Tuba* (frischer Palmwein) kann man sich herrlich entspannen. *Mananguets* sind damit beschäftigt, den Palmensaft abzuzapfen. Dadurch wird verhindert, daß sich Kokosnüsse bilden, die den Hausgästen auf den Kopf fallen könnten.

Davao City hat wenig zu bieten. Seine 18 Colleges und zwei Universitäten zeugen von einem amerikanischen Erziehungswesen. Die Mehrzahl aller Jugendlichen im ausbildungsfähigen Alter besuchen eine dieser Institutionen. An der **Harvardian University** werden sogar Diplome im Fach Nähen angeboten.

Das **Aldevinco Shopping Center**, in einer Nebenstraße der **Claro M. Recto Avenue**, der Hauptdurchfahrtsstraße, enthält mehrere Geschäfte mit guter Auswahl an muslemischen Messingartikeln und Kunsthandwerk verschiedener Volksgruppen — Körbe, Gewebtes und Musikinstrumente — sowie chinesische Waren.

Davao hat den größten Anteil chinesischer Einwohner Mindanaos. Der schöne buddhistische Tempel auf der Leon Garcia Street steht in starkem Gegensatz zu den Wellblechhütten und Slums in der Umgebung des **Magsaysay Parks** und des **Santa Anna Harbor, Sasa**. Davaos neuer Hafen mit einer Fabrik, in der Öl aus Kopra gewonnen wird, befindet sich ca. 8 km küstenaufwärts. Mehrere kleine Restaurants in dieser Gegend servieren *Kilawin* (rohen Fisch), der mit Sojasoße oder in marinierter Form gegessen wird. Dies ist wohl der Grund dafür, daß Davao manchmal *Davao Kuo* („Klein-Japan") genannt wird.

In Santa Anna kann man Tretboote mieten und eine angenehme einstündige Fahrt über den Golf nach **Samal**, einer größeren Insel, unternehmen. Die Bootsvermieter empfehlen gewöhnlich einen Stopp in **Aguinaldo Perl Farm**, einem Badeort mit Hotel, Restaurant, kleinem, sauberen Strand und Paddelbooten. Die Perlenfarm, für die immer noch viel Reklame gemacht wird, ist seit langem stillgelegt und kaum sehenswert. Wesentlich interessanter ist **San José** Village (an Wochenenden verkehrt eine bequeme Barkasse zwischen dem Hafen und der Perlenfarm).

Wenn man Davao in südwestlicher Richtung verläßt, stößt man gleich hinter dem Davao-Fluß auf eine Reihe kleiner Seitenstraßen, die zu einer Gruppe von Stränden führen. **Times Beach,** 2 km von der Stadt entfernt, ist unattraktiv, aber die schwarzen Sandstrände, die sich über die nächsten 15 km er strecken — **Talomo, Talisay, Salokot** und **Guino-o**, um nur ein paar zu nennen —, sind recht erfreulich. In Talomo landeten 1942 die Japaner und 1945 die Amerikaner.

Statt links zu den Stränden abzubiegen, fährt man nach etwa 4 km rechts ab, um zu dem **Shrine of the Holy Infant Jesus of Prague** („Schrein des Prager Jesuskindes") zu gelangen. Die kurvenreiche Landstraße, die sich 3 km lang aufwärtswindet, führt an bildlichen Darstellungen des Leidensweges Christi vorbei.

11 km außerhalb der Stadt, entlang der Hauptstraße, liegt der **Apo Golf and Country Club**. Er besitzt einen ausgezeichneten Golfplatz mit 18 Löchern. Einen Kilometer weiter liegt auf der rechten Seite **Caroland Resort**. Dies ist ein wunderschönes waldreiches Gebiet,

unberührt und reich an Obstbäumen und Wildenten. Hier kann man nach Herzenslust reiten und angeln. In einer Lagune gibt es Gourami, *Dalag (Neochanna apoda), Tilapia* und *Hito* (Katzenwels). In einem anderen Fischteich wimmelt es von Karpfen, die recht „kußfreudig" sind. Halten Sie mal ein Stückchen Brot mit dem Mund knapp über der Wasseroberfläche — sofort wird ein Fisch danach schnappen.

Nach weiteren 6 km auf der Hauptstraße sieht man rechter Hand den Eingang zu **Pork's Park**. Ein Besuch kann arrangiert werden. Pork's Park, dessen richtiger Name **Nenita Stock Farm** lautet, ist eine riesige Schweinefarm an den unteren Hängen des Mount Apo. Die Schweine der Farm werden mit Glacéhandschuhen angefaßt, ja sogar geduscht! Rennpferde werden ebenfalls hier gezüchtet. Bananen-, Abaka- und Ramieplantagen sowie Sperrholzfabriken können in und um Davao besichtigt werden.

Aufstieg zum Mount Apo

Bei schönem Wetter kann man den majestätischen **Mount Apo,** die höchste Erhebung des Landes, im Süden Davaos liegen sehen. Seine gigantische grüne Kappe bedeckt eine Fläche von 76 000 Hektar und erreicht eine Höhe von 2955 m. Mount Apo, der sogenannte „Großvater der philippinischen Berge", ist ein untätiger Vulkan. Es gibt keinerlei Aufzeichnungen über Ausbrüche, doch seine zerfurchten Kraterwände sind stumme Zeugen vulkanischer Aktivitäten der Frühzeit. Der Sage nach wohnen die Götter Apo und Mandargan auf dem *Sendawa* („Schwefelberg"), wie die Eingeborenen ihn nennen. Wenn ein Erdrutsch auftritt, so hat Mandargan ihn bewirkt, um seine Gelüste nach Menschenopfern zu befriedigen.

Am besten besteigt man den Apo im April oder Anfang Mai. Vier Tage sollte man für die Wanderung ansetzen, die eher ermüdend als mühsam und vergnüglich statt schwierig ist. Von sieben bis siebzig — jeder Gesunde kann diese

Mt. Apo, der höchste Berg der Philippinen, ist ein ruhender Vulkan. Die Einheimischen nennen ihn *Sendawa,* „Schwefelberg". Grellgelbe Felsbrocken liegen in seinem Krater.

Strecke schaffen. Jemand, der superfit und energiegeladen ist, kann den Aufstieg in zwei, sicherlich drei Tagen bewältigen. Die folgende Beschreibung gilt für eine Viertagestour.

Am ersten Tag verläßt man Davao City sehr früh am Morgen. Man fährt mit dem Bus (Abfahrt 4.30 Uhr **Pichon Street**) nach **Kidapawan**. Für die 112 km benötigt man etwa zwei Stunden. Gleich nach der Ankunft in Kadipawan sollte man sich bei der Stadtverwaltung melden, die auch Führer vermittelt (eine Voranmeldung bringt Zeitersparnis). Von Kidapawan aus geht es mit dem Jeepney nach **Barangay Ginatilan** und von dort aus nach **Barangay Ilomavis**. (Die 17 km lange Strecke kann mit Wagen des Jeepney-Dienstes zurückgelegt werden.) **Ilomavis**, der Ausgangspunkt der Wanderung, liegt ungefähr 300 m hoch.

Die erste Etappe des Aufstiegs ist leicht und führt durch offenes Gelände. Fleißige Manobo bauen Mais, Kaffee und Camotes an. Mit einer großen Portion Glück gelingt es vielleicht, einen *Haribon* zu entdecken, den affenfressenden Adler, der zu den größten und seltensten Adlern der Welt zählt.

Am späten Nachmittag — wenn Sie sehr früh von Davao aufgebrochen sind — kommt man nach einem vierstündigem Trekking zum **Agko Blue Lake**. Der See ist etwa halb so groß wie der Teich in Manilas Rizal Park. Kalte und heiße Wasserschichten wechseln sich ab und hüllen den bläulichen See in Dampf. Ein großes Blockhaus, das 200 Personen aufnehmen kann (in drei Lagen, wie Sardinen), bietet sich als Nachtquartier an. Höchstwahrscheinlich wird sich außer Ihnen und Ihrer Begleitung niemand in dem Haus befinden. Sie übernachten dort in 1200 m Höhe.

Nachdem man am zweiten Tag vier Stunden lang durch eine Landschaft mit bemoosten Dschungelbäumen, riesigen Pflanzen mit krugförmigen Blättern und vielen zartfarbenen Orchideen gewandert ist, trifft man auf den **Marbel River**. Man ist jetzt 1800 m hoch. Den Rest des Tages kreuzt der Pfad ständig den 10 m breiten Fluß, neunmal insgesamt. Manchmal muß man das milchigweiße Wasser durchwaten, an anderen Stellen sich mit Behelfsbrücken zufriedengeben. Der Aufstieg ist nun wesentlich beschwerlicher und eine erholsame

Unterbrechung angebracht, wenn der Wanderer die heißen Quellen in 2200 m Höhe erreicht hat. Jenseits der Quellen rauschen die Wasser zweier Fälle 17 m in die Tiefe: die beiden sind fast identisch, jeder ist rund 4 m breit.

Eine Märchenlandschaft aus braunen und grünen Farnen passiert man, bevor am späten Nachmittag die Umrisse des **Lake Venado** ins Blickfeld geraten. Wie ein Teppich umgibt dickes grünes Bermudagras den unregelmäßig geformten See, dessen klares Wasser die Spitze Mount Apos spiegelt. Der See ist etwa halb so groß wie der Agko Blue Lake und sehr flach. Sein Name rührt entweder von der Ähnlichkeit seiner Form mit einem Hirsch oder daher, daß die gehörnten Wiederkäuer hier ihren Durst stillen. In 2400 m Höhe ist dies der geeignete Platz, das Lager aufzuschlagen, um am nächsten Morgen den Angriff auf den Gipfel zu wagen.

Der Weg zur Höhe ist klippenreich und streckenweise steiler als zuvor, aber drei Stunden sollten ausreichen, hinaufzugelangen. Zuerst führt er durch einen bemoosten Wald, dann durch verkrüppelte Bäume, bis am Himmel die Konturen des zerklüfteten Kraters erscheinen. Vom Gipfel aus kann man tief und tiefer hinunterschauen. In einigen hundert Metern Tiefe sprühen gelbe Schwefeldämpfe. Das Panorama ist überwältigend: der Blick reicht von den Provinzen vor Davao bis zum Pazifischen Ozean.

Und nun sollte man nicht vergessen, ein Souvenir mitzunehmen, ein schwefelhaltiges Felsstückchen, das beweist, daß man den Mount Apo erobert hat. Es ist Zeit, den Abstieg zu beginnen. Ein erfrischendes Bad im Venado-See geht der dritten und letzten Nacht der Unternehmung voraus. Am nächsten Morgen geht es hinab nach Ilomavis und zurück nach Davao City.

Cagayan de Oro

Cagayan de Oro liegt in der Mitte von Mindanaos Nordküste. Die unzähligen Banken und Verwaltungsbüros dieser Stadt bedienen 60 % der Bevölkerung in einem Umkreis von 250 km. Cagayan ist mehr oder weniger rittlings mitten auf dem Pan Philippine Highway (Maharlika) plaziert. Es hat noch genügend Platz, sich auszubreiten. Außerdem besitzt es einen ausgezeichneten Hafen und bezieht seinen Strom von den Maria-Christina-Wasserfällen in Illigan.

Der Cayagan-Fluß teilt die sich stets vergrößernde Stadt in zwei Teile. **Gaston Park**, auf der Westseite des Flusses in Brückennähe, ist von der **San Augustin Cathedral**, einem ungewöhnlichen Wasserturm, und dem **Lourdes College** umgeben. Ein paar hundert Meter weiter beginnt eine attraktive Promenade, die vom Fluß aus durch die Stadt zur **Xavier University** führt. Die Universität ist stolz auf ihr kleines, gutbestücktes Museum, das archäologische Funde, spanische Antiquitäten, Kunstgegenstände der philippinischen Völker und eine Muschelsammlung enthält.

Das ungewöhnlichste Verkehrsmittel Cagayans ist die *Motorola,* ein Motorrad mit 100 ccm, dessen Vorbau sechs Passagieren Platz bietet.

In **Opol**, 9 km westlich der Stadt, befindet sich der beste Strand. Er liegt einem Fischerdorf gegenüber. Die Strände von **Guza** und **Cugman** — 4 und 8 km östlich vor der Stadt — sind für Sonnenanbeter und Schwimmbegeisterte uninteressant. Dagegen lohnt sich ein Besuch des olympischen Pools im **Marcos Sports Center** in der Stadt. Von Cugman aus geht eine Landstraße zu den 6 km entfernten **Catanico Falls,** deren schmale Wasserwand in ein natürliches Schwimmbecken fällt. Seine umliegende Felsbrocken eignen sich gut als Picknicktische.

7 km hinter Cugman liegt die Stadt **Bugo,** Sitz der Konservenfabrik Philippine Packing Corporation. Zwischen 8.00 und 14.00 Uhr kann man sich Führungen anschließen und beobachten, wie Ananasstücke eingelegt werden.

Von Bugo aus verläuft ein steiler kurvenreicher Highway landeinwärts zur **Macajalar Bay.** Diese Bucht, mit ihrer 175 km langen Küste, wäre um ein Haar berühmt geworden. Da sie unterhalb des Taifungürtels liegt, wollten die Amerikaner 1945 ursprünglich hier landen. Sie zogen durch einen unglücklichen Zufall jedoch Leyte vor, und fünf Tage danach wurde Leyte von einem Taifun heimgesucht.

Ein Reiter durchquert ein großes Feld mit Ananaspflanzen in Misamis Oriental. Die Camp-Philips-Plantage in der Umgebung von Cagayan de Oro City besitzt 9000 Hektar Ananas-Land.

Die Straße endet nach 21 km am **Camp Philips**, der Hauptsitz der Philippine Packing Corporation. In 650 m Höhe gelegen, mag die 9000 Hektar umfassende Ananasplantage sehr wohl die größte der Welt sein. Sie hat eine eigene Landebahn, die General MacArthur benutzte, um nach Australien auszufliegen, nachdem er aus Corregidor hinausgeschmuggelt worden war. Besucher sind manchmal willkommen, manchmal nicht (es scheint zu variieren). Zu dem Anwesen gehört ein gepflegter 18-Loch-Golfplatz.

Von Cagayan aus kann man einen hochinteressanten Ausflug zu den **Huluga Caves** (Höhlen) unternehmen, in denen Ausgrabungen neolithisches Material (ca. 2500 v. Chr.) zutage gebracht haben, das sich heute im Museum der Xavier University befindet. 6 km südwestlich der Stadt, am Ufer eines Nebenflußes des **Cagayan**, liegt Barrio Balulang. Hier nimmt man am besten einen Führer. Man überquert den Fluß mit einer Fähre und kommt nach einem 2 km langen Spaziergang zum Ostufer des Cagayan-Flusses. Der Fluß ist 100 m breit, die Strömung schnell und die Bootsfahrt nichts für Ängstliche. Ein weiterer Fußweg von einem Kilometer in nördlicher Richtung führt zum „Großvater aller Bäume", der teilweise von einem 50 m hohen Eindämmung umschlossen wird. Sportliche Besucher können die 25 m zu den drei winzigen Höhlen über die Wurzeln und Zweige des Baumes hinaufklettern. Von der **Roxas Timber Mill** (Sägewerk) aus gelangt man einfacher und schneller zu den Höhlen.

Archäologisch weniger interessant, aber wesentlich größer ist **Macahambus Cave** (Höhle) 14 km südöstlich der Stadt. Eine Handvoll schlecht ausgerüsteter philippinischer Revolutionäre versetzte hier einst den amerikanischen Truppen eine empfindliche Niederlage. Gigantische Felsblöcke und knorrige Bäume stehen am Ausgang der Höhle oberhalb des Cagayan-Flusses.

Auf halbem Wege zwischen Stadt und Flughafen, östlich des Highways, liegt ein stattliches weißes Gebäude, das **Southeast Asia Rural Social Leadership Institute (SEARSOLIN)**, ein sehr erfolgreiches, international bekanntes Schulungszentrum für den ländlichen Führungsnachwuchs Asiens. Die Schule stellt eine Alternative zur Abwanderung der Intelligenz ins Ausland dar. Statt die klugen jungen Leute zur Ausbildung in die industrialisierten Länder zu schicken, wo ganz andere Bedingungen herrschen als in ihren Heimatländern, wird die Elite nun in SEARSOLIN gefördert. 1974 erhielt Father Masterson, Gründer und Direktor SEARSOLINs, den Magsaysay-Preis, Asiens „Nobelpreis".

Wer sich für Archäologie oder Kirchengeschichte interessiert, wird sicherlich **Butuan City**, 189 km östlich von Cagayan de Oro gelegen, besuchen wollen. Beim Ausschachten von Entwässerungskanälen wurden 1974 zufällig Kunstgegenstände alter Kulturen entdeckt. Sustan ist die interessanteste Fundstätte (5 km nordwestlich der Stadt, Richtung **Masao Port**). Viele der Fundstücke stammen aus Gräbern der Zeit vor der spanischen Besetzung und sind heute im Museum der Xavier University in Cagayan de Oro.

Camiguin Island

Genau auf halbem Wege zwischen Cagayan de Oro und Butuan City liegt **Balingoan**, Ausgangspunkt der Fähre nach **Mahinog**, dem Hafen von **Camiguin Island**. (Es besteht auch eine Flugverbindung zwischen Cagayan und der Insel.) Inselfans werden Camiguin unwiderstehlich finden. Sie liegt an der Ostseite des Eingangs zur Macajalar-Bucht. Während des Zweiten Weltkrieges fand nicht weit von hier die Schlacht in der Mindanao-See statt. Eine 64 km lange Landstraße führt in Küstennähe um die Insel herum. **Hibok-Hibok**, ein kleiner Vulkan, der 1951 einen heftigen Ausbruch hatte, dominiert die Szene.

In Mambajao landen Flugzeuge auf erkalteten Lavamassen. Viele Villen der verträumten Hauptstadt sind in spanischem Stil gebaut und haben bessere Tage gesehen. Das feine Mauerwerk der großen **St. Nicholas Cathedral** ist von einem dicken pastellfarbenen Anstrich überdeckt.

Bevor man die Insel erkundet, könnte man der **Volcanology Station** (Vulkanstation), 3 km bergaufwärts, einen Besuch abstatten. Wenn die Belegschaft nicht gerade pausiert oder gekündigt hat, sind Besucher willkommen und werden gern über Hibok-Hibok unterrichtet. 1 km weiter gibt es einen schönen Wasserfall.

282

Beginnen Sie Ihre Inselrundfahrt entgegen dem Uhrzeigersinn. Bei Kilometerstein 9, etwa 1000 m von **Barrio Yumbing** entfernt, liegt ein paradiesischer silberweißer Strand. Ein steiler Pfad führt bei Kilometer 11 von der Hauptstraße aus hinunter zu den **Mainit Hot Springs** (Geysire).

Nach dieser Unterbrechung folgt man der Straße durch hohe, schlanke Kokospalmen, Bananen- und Lanzonenbäume. Selten verliert man das Meer aus dem Gesichtskreis. Man passiert die Städte **Catarman, Sagay** und **Guinsiliban,** bevor man nach **Mahinog** gelangt (bei Kilometerstein 50). Außer dem Kai und unzähligen Holzhäusern auf Bambusstelzen mit Nipa-Dächern gibt es nicht viel zu sehen. Eine kleine kreisrunde Lagune liegt in der Nähe.

Wenn man seinen Weg gen Norden fortsetzt, kommt man zu einem weiteren kleinen Strand. Reizvoll silbrigglänzend, ist er mit schattenspendenden Bäumen bestanden. Er trägt den Namen **Mantigue** und befindet sich Barrio Hubangon gegenüber. 3 km, bevor man nach Mambajao zurückkehrt, steht eine kleine Kletterpartie an. Linker Hand der Straße liegen mehrere Meter höher

einige offene Gruben, in denen letzthin chinesisches Porzellan aus der präspanischen Ära gefunden wurde.

Zurück in Cagayan de Oro, bringt eine 90minütige Fahrt auf dem Panphilippinischen Highway (Marharlika), vorbei an **Opol Beach,** den Reisenden nach **Iligan,** wo der Highway endet — oder beginnt. Iligan ist eine bemittelte, aber uninteressante Stadt, die ihren Reichtum hydroelektrischer Wasserkraft verdankt. Ihre Lage und ihr unzulänglicher Hafen haben aber bisher ihren Aufstieg verhindert.

9 km südlich der Stadt liegen die **Maria Cristina Falls.** (Wer die Wasserfälle besichtigen will, benötigt einen Erlaubnisschein der Polizei in Iligan.) Vom Checkpoint aus führt eine 2 km lange befahrbare Straße zur Aussichtsplattform an den Aggregaten, vorbei an einer brodelnden grünen Bergschlucht. Die Fälle, die schönsten des Landes, sind 58 m hoch und fast ebenso breit. Sie stürzen senkrecht hinab.

Wunderschöne Aussichten eröffnen sich dem Reisenden im Hochland von Mindanaos Zentralprovinzen Bukidnon und Cotabato.

2 km vor dem Eingang zu den Fällen biegt eine gute Straße nach links ab und windet sich langsam landeinwärts. Nach 17 km liegt linker Hand der Flugplatz von Iligan und **Marawi**. Zur Zeit ist er geschlossen. 2 km weiter folgt die kleine Stadt Boloi. Der Reisende ist nun im Land des Halbmondes, nicht mehr in dem des Kreuzes. Hier, auf der linken Seite der Landstraße, ist die erste der unzähligen Moscheen. Die Aufschriften auf den Stoßstangen der Lastwagen verkünden jetzt: ,,Trust in Allah." ,,Trust in Jesus" ist weniger zu sehen. Auch tragen die Mädchen lieber *Malongs* als Röcke. (Ein *Malong* ist ein schlauchförmiger Rock, dem Sarong ähnlich.)

Lake Lanao

11 km weiter hat man bereits **Lanao Del Norte** hinter sich gelassen und kommt nach **Lanao Del Sur**. Das Land ist üppig und grün. Mais gibt es in Hülle und Fülle, und Pferde sieht man fast ebenso häufig wie Jeepneys. 37 km hinter Iligan gerät **Lake Lanao** in Sicht, der zweitgrößte und -tiefste See der Philippinen. Die Straße führt 2 km lang bergab, auf 780 m, nach Marawi. In dieser Gegend leben Maranao, eine größere Volksgruppe. Sie traten als letzte zum Islam über und sind — wie oft bei Konvertiten der Fall — äußerst fanatische Glaubensanhänger.

Sonntags und donnerstags, an Markttagen, spielt sich das Leben am See ab. Kolonnen von langen, schlanken, niedrigen Booten sind unterwegs. Sie fahren das letzte Stück ohne Motor und staken ans Ufer, wo aus ihrem Innern, vom Unterdeck, Menschenmengen hervorquellen. Die Passagiere stammen aus den Dörfern, die rund um den See angesiedelt sind.

Die Frauen haben *Malongs* in Violett-, Purpur-, Mauve-, Grün-, Rot- und Gelbtönen an: Blumenmuster sind häufiger zu sehen als geometrische. Zu einem intensiv indigofarbenen *Malong* trägt jemand ein durchsichtiges smaragdgrünes Tuch, zum Turban gebunden. Alle Frauen tragen Ohrringe und Armbänder.

Die Farbenpracht der Bekleidung wird nur noch von den buntbemalten Bootsrümpfen übertroffen: grüne, blaue, gelbe und rote, mit phantasievollen Arabesken verziert.

Mit Ausnahme der Kopfbedeckung

ist die Bekleidung der Männer eher langweilig. Die *Kepiah*, eine Art Feldmütze, ist meistens aus Stoff, manchmal auch aus Pelz und entweder schwarz oder rehfarben. Der Turban ist stets weiß, woran man erkennen kann, daß sein Träger die Pilgerfahrt nach Mekka absolviert hat. Rund 25 % der Männer und viele Frauen haben diese Reise einmal, wenn nicht zwei- bis dreimal gemacht.

Vom See aus sind es etwa 200 m bis zur Hauptstraße. Dazwischen erstrecken sich mehrere schmale Straßen, auf denen der Markt stattfindet. Ganz in der Nähe hört man Hämmer auf Metall schlagen. Dort sollte man Maranao-Messingwaren kaufen — Trommeln, Kessel und Betelnußbehälter —, aber auch *Malongs, Banigs* und *Lakobs*. Die letzteren sind attraktive Bambusbehälter in Röhrenform; sie dienen als Tabaksdosen. Außer einem *Torogan* auf der am See gelegenen Seite der Hauptstraße gibt es wenig Interessantes auf dem **Quezon Boulevard**. Ein *Torogan* ist ein Maranao-Holzhaus mit reichem Zierat. Sein typisches Merkmal sind farbige Balken *(Panolangs),* deren Enden flügelförmig herausstehen und in die *Piako*- (farnähnliche Motive) oder *Naga*-Motive (Drachen bzw. Schlangen) geschnitzt sind.

Maranao-Textilien kann man in einem Gemeindeladen bestellen, der nicht weit vom **Dansalan College** liegt, in einer Seitenstraße, die gleich hinter dem *Torogan* nach Norden führt. Nach weiteren 400 m befindet sich auf der rechten Seite das Weltzentrum der **Equifilibricum Society**. Man kann es an der Gipsstatue seines Gründers Hilario Camino Moncardo erkennen, der in akademischer Tracht abgebildet ist. Das schlichte weiße Gebäude würde man nicht als Kirche ansehen, wenn nicht die Worte ,,Church" und ,,Equifilibricum World Religion Inc." aufgemalt wären.

Auf dem Sockel der Moncado-Figur steht sowohl die Lebensgeschichte des Gründers als auch die Geschichte der Gesellschaft. Moncados Doktortitel war nicht leicht verdient. Man erfährt, daß er außerdem fast ein Dutzend anderer akademischer Grade hatte. Einige von ihnen sind wohlbekannt, wie zum Beispiel A.B., andere hingegen weniger: K.PH.D. oder N.PH.D. oder aber auch HN.PH.D.(?) Bei den letztgenannten Titeln handelt es sich — so wird gesagt

— um den Doktor der Philosophie in Kabbalas; den Doktor der Philosophie in Zahlenkunde (Numerology) und den Doktor der Philosophie im Fach „Menschliche Natur". Dr. Moncado erlangte diese Würden, als er „... im Alter von nur sechs Jahren von seinem Vater nach Indien geschickt wurde, um am berühmten College of Mystery and Phychics (sic!) zu studieren, das als Indian College of Mystery in Calcutta, India, bekannt ist. Er graduierte (sic!) höchst ehrenvoll im Alter von neun Jahren."

Nur etwa ein Dutzend Familien gehören dieser Gesellschaft an, deren Religion sich zu den drei Prinzipien Gleichheit, Brüderlichkeit und Freiheit bekennt. Angeblich hat sie jedoch allein auf den Philippinen über 15 000 Mitglieder. Auch in den USA soll es aktive Gruppen geben.

Nahe der Brücke, die vom Westende des Quezon Boulevards über den **Agus River** führt, liegt ein nichtssagender 40 m hoher Hügel. Als die Philippinen amerikanische Satrapie waren, wurden vom **Signal Hill** aus Signale zum Camp Vicars am Südende des Sees und zum Camp Overton in Iligan gesandt. Während des Zweiten Weltkrieges wurden auf diesem Hügel amerikanische Gefangene von den Japanern hingerichtet.

Ein paar hundert Meter weiter gabelt sich die Straße. Auf dem rechten Weg befindet sich nach 1000 m der Kilometerstein N. 00, von dem aus alle Entfernungen in Mindanao gemessen werden. Hier stand während der amerikanisch-philippinischen Kriege das Camp Keithley.

2 km weiter liegt die 1962 gegründete **Mindanao State University.** Neben ihrer universitären Funktion dient sie ebenfalls der sozialen und kulturellen Integration. Etwa die Hälfte ihrer Studenten sind Christen.

Auf dem Universitätsgelände steht das neue Gebäude der **King Faisal Mosque and Institute of Islamic and Arabic Studies.** Die Straße führt dann aufwärts durch das 1000 Hektar große Gelände des Campus, dem schönsten des Landes. Man kommt am Golfplatz

Handwerkliches Geschick ist den Maranaos, einer großen Gruppe von Moslems, die am Lanao-See leben, zu eigen. Ihre Messingwaren kann man in Marawis Läden kaufen.

und am **Marawi Resort Hotel** vorbei und gelangt zum Kamm des Hügels.

Das **Aga Khan Museum**, auf dem höchsten Punkt des Campus gelegen, besitzt viele schöne Maranao- und Morokunstwerke. Besonders bemerkenswert ist ein Vogelmotiv, *Sarimanok*. Wäre nicht sein Name (*Manok* bedeutet Hühnchen oder Hahn), so könnte man den symbolischen Vogel für einen Falken oder Eisvogel halten. Die Vogelfigur ist meistens in ein *Okir*-Muster integriert, das charakteristisch für den Maranaostil ist. Eine genaue Betrachtung *Okirs* macht das Typische der Maranaokunst deutlich: sie verwendet spezielle Muster, die genau benannt sind, in systematischer Anordnung. Die Motive werden zu immer komplizierteren Designs vereint und sind allgegenwärtig. Außer mehreren Beispielen dieser Technik können lokale Textilien, chinesische Keramik und eine naturwissenschaftliche Abteilung im Museum besichtigt werden.

Vom Campus aus kann man ihn sehen, über die Iligan Marawi-Road ist er zu erreichen: der 150 m hohe **Sacred Mountain** (heiliger Berg), dessen Gipfel ein Teich krönt. Gewöhnlich werden dem Besucher fiktive Horrorstories erzählt, um ihn davon abzuhalten, diesen Hügel zu erklimmen. Die Geschichten sind tatsächlich erfunden!

Der Reisende, der weiter um den See herumfährt, wird nach 22 km in **Tugaya** anlangen. Um die Stadt zu finden, bräuchte er eigentlich nur dem Lärm zu folgen. In Tugaya wird fast die gesamte Messingproduktion der Maranao angefertigt. Nahezu jede Familie besitzt einen Blasebalg. Auf dem freien Platz unter den Häusern wird das Metall geschmolzen und mit der *Cire-Perdue*-Methode (beim Guß wegschmelzende Wachsformen) zu Kanonen, Gongs, Betelnußbehältern und Reistöpfen verarbeitet.

Gegenwärtig benötigt man einen Erlaubnisschein, um Marawi und Iligan zu besuchen. Theoretisch wird er in Manila im Camp Aguinaldo ausgestellt — in der Praxis nicht. Es ist durchaus möglich, beide Orte ohne die Genehmigung aufzusuchen. Beinahe unmöglich ist es, nach Tugaya zu gelangen. Nur 100 km weiter werden riesige Reisfelder vom Flugzeug aus mit Unkrautvertilgungsmitteln besprüht, und gigantische Mähdrescher besorgen die Ernte.

Anreise nach Mindanao und Ausflüge

Von Manila aus starten viele Passagierschiffe. Für die Reise nach Cagayan de Oro, Cotabato, Devao oder Zamboanga auf Mindanao kann man in Cebu an Bord gehen. Auch von Iloilo nach Cagayan de Oro verkehren Fahrgastschiffe: alle sind sehr bequem und die Schlafgelegenheiten recht primitiv.

Air Mindanao unterhält zur Zeit vier Charterflüge pro Woche zwischen Zamboanga und Kota Kinabalu und anderen Orten von Sabah. Von Sabah aus kann man die Reise fortsetzen nach Kalimantan und Indonesien.

Zahlreiche PAL-Flüge gehen von Manila, Cebu und Iloilo nach Cagayan de Oro, Davao und Zamboanga. Man kann täglich von Manila nach Cotabato und Butuan City fliegen. Philippine Airtransport Inc. bietet wöchentlich drei Flüge von Cebu nach Cagayan de Oro an, mit Zwischenlandung auf Camiguin Island und Weiterflug von Cagayan de Oro nach Davao.

Auf dem Landwege verkehren kaum öffentliche Verkehrsmittel auf Mindanao. Von Stadt zu Stadt reist man per Boot oder Flugzeug. Deshalb verbinden PAL-Flüge jeden Tag Städte wie Cotabato, Cagayan de Oro, Davao, Zamboanga, Surallah, General Santos und Dipolog.

Von Cagayan de Oro, Davao und Zamboanga aus unterhält Philippine Airtransport Inc. zahlreiche Zubringerflüge zu diversen Bestimmungsorten. Swift Air fliegt von Zamboanga aus die Inseln in der Sulu-See an.

Außerdem existiert ein reger Fährverkehr zwischen Zamboanga und den Inseln in der Sulu-See. Fährverbindungen bestehen auch zwischen den verschiedenen Häfen Mindanaos: Zamboanga, Cotaboto, Iligan, Cagayan de Oro und Davao. Diese Boote sind äußerst unbequem und nicht gerade pünktlich. Eine gute Fähre verkehrt mehrmals am Tag zwischen Zamboanga und Basilan.

Swift Air bietet einen Flug pro Woche von Zamboanga nach Kalimantan auf Borneo an.

Widersprüche sind in diesem Lande keineswegs unvereinbar: Filipinos verrichten harte Lohnarbeit, verzichten jedoch nicht auf kühne Träume (umseitig).

Praktische Hinweise für den Reisenden

Formalitäten

Einreiseformalitäten. Man benötigt kein Visum. Gegen Vorlage eines gültigen Passes und des Rückflug- oder Weiterflugtickets wird ein Aufenthalt bis zu 21 Tagen gewährt. Dies gilt nicht für Touristen aus Ländern, mit denen die Philippinen keine diplomatischen Beziehungen unterhalten, für Staatenlose oder andere unerwünschte Personen.

Impfungen. Cholera- und Pockenimpfung sind Pflicht. Es muß eine internationale Bescheinigung vorgelegt werden. Eine Gelbfieberimpfung wird nur von Reisenden verlangt, die aus verseuchten Gebieten kommen. Kinder unter einem Jahr sind von dieser Regelung ausgenommen, können allerdings in eine Isolierstation verwiesen werden. Die Einnahme von Malariamitteln ist empfehlenswert, wenn man die Touristikzentren verläßt.

Zollbestimmungen. Zollfrei eingeführt werden dürfen pro Person: 200 Zigaretten *oder* 50 Zigarren *oder* 250 g Tabak sowie zwei normalgroße Flaschen Alkohol. Personenwagen und andere Verkehrsmittel können zollfrei nur mit besonderer Genehmigung der philippinischen Zollbehörden und des Verkehrsvereins eingeführt werden. Nach Ablauf eines Jahres müssen entweder Zollgebühren und Steuern entrichtet oder die Fahrzeuge exportiert werden.

Anreise

Auf dem Luftwege. Die meisten Touristen fliegen nach Manila. 147 internationale Flüge kommen pro Woche in Manilas International Airport an. Sowohl der Auslands- als auch der Inlandsflughafen sind zentral gelegen.

Einige südostasiatische Fluggesellschaften fliegen auch Zamboanga auf Mindanao an. Aber solange die noch in Planung befindlichen internationalen Flughäfen in Cebu City und Zamboanga noch nicht fertiggestellt sind, werden Auslandsflüge in Manila landen.

Auf dem Seewege. Obwohl es einen hervorragenden Hafen in der Bucht von Manila gibt, in dem viele Frachter und Passagierschiffe anlegen, bevorzugen die meisten Reisenden den Luftweg.

Es existiert eine Schiffsverbindung zwischen den philippinischen Südinseln und Ostmalaysia (Borneo). Diese Route ist jedoch zu gefährlich für Touristen, da Moro-Rebellen und Piraten häufig Überfälle auf die Boote verüben. Auch die philippinische Regierung rät dringend von dieser Reise ab.

Allgemeine Informationen

Klima. Auf den Philippinen herrscht von Passaten gemäßigtes Monsunklima. Von Juni bis November bringt der Südwestmonsun schwüles Regenwetter. Dezember bis Mai sind die besten Reisemonate, da die Temperaturen während des Nordostmonsuns um 27 Grad Celsius liegen. Mit 25,5 Grad ist der Januar kältester Monat des Jahres. Im Mai ist es am wärmsten. In diesem Monat liegt die Durchschnittstemperatur bei 28 Grad. Die Luftfeuchtigkeit ist immer hoch: 71 % im Mai und bis zu 85 % im September.

Jedes Jahr richten Taifune, tropische Wirbelstürme, schweren Schaden im Inselreich an. Ob man sie ,,Hurricans" nennt, wenn sie im Atlantik oder Südpazifik auftreten, ,,Cyclones" im Indischen Ozean und Bengalischen Golf und ,,Willy-Willies" im Norden und Westen Australiens — ihre Wirkung ist gleichermaßen verheerend.

Bekleidung. Strickjacken braucht man nur in den Bergen. Ansonsten ist leichte, lockersitzende Kleidung angebracht. Zu formellen Anlässen ziehen philippinische Männer das *Barong Tagalog* an, ein Oberhemd mit Seitenschlitzen, das über der Hose getragen wird. Da dieses Hemd aus weißer oder pastellfarbener Seide sehr durchsichtig ist, wird gewöhnlich ein T-Shirt darunter getragen. Meist sind seine Vorderseite, Manschetten und Ärmel reich bestickt. Im 19. Jahrhundert, als es nur den Spaniern gestattet war, Oberhemden in die Hose gesteckt zu tragen, galt es als Ausdruck patriotischer Gesinnung eines Filipinos, einen Barong zu tragen, um sich damit bewußt von den Spaniern abzusetzen.

Das Abendkleid der philippinischen Frau heißt *Terno*. Es hat Trompetenärmel, und Rock und Oberteil des Kleides sind mit feinster Stickerei verziert.

Shorts, Jeans und dekolletierte, ärmellose oder superkurze Kleider sind äußerst unpassend für Kirchen- und Moscheenbesuche.

Währung. Die Währungseinheit der Philippinen ist der *Peso* (P). Ein Peso entspricht 100 *Centavos*. Für P 7.50 bekommt man etwa US-$ 1.— und für P 1.— etwa US-$ 0.15. Der Wechselkurs unterliegt Schwankungen. Amerikanische, kanadische und australische Dollars lassen sich problemlos umtauschen, ebenso wie Schweizer Franken, deutsche Mark, französische Francs, italienische Lire, japanische Yen und das Pfund Sterling. Außerhalb Manilas kann man gewöhnlich auch mit amerikanischem Geld bezahlen.

Travellerschecks und internationale Kreditkarten werden akzeptiert.

Geschäftszeiten. Montags bis sonnabends sind die Geschäfte von 9.00 oder 10.00 Uhr morgens bis 19.00 Uhr geöffnet. In Manila halten viele Läden auch sonntags ihre Türen für Touristen offen. Auf dem Lande richtet sich niemand nach den Geschäftszeiten (*bahala na* — was soll's?).

Behörden arbeiten von 8.00 bis 17.00 Uhr, mit einer Pause von 12.00 bis 13.00 Uhr. Banken haben von 9.00 bis 16.00 Uhr Geschäftsstunden, durchgehend von Montag bis Freitag.

Hotels

Manila hat erstklassige Hotels zu bieten; allein 13 von ihnen fallen in die Fünf-Sterne-Kategorie. Außerdem findet man ausgezeichnete Unterkünfte für jeden Geldbeutel. Die gesamte Stadt ist auf Tourismus und Kongresse eingerichtet. In vielen Teilen der Welt bieten Zweigstellen des philippinischen Fremdenverkehrsbüros und Niederlassungen des Convention Bureaus ihre Dienste an. Manchmal nehmen sie auch Hotelreservierungen entgegen.

Manila

Fünf-Sterne-Kategorie

CENTURY PARK SHERATON
Vito Cruz, Manila
Tel. 50-60-44

MANILA GARDEN HOTEL
Makati Commercial Center
Metro Manila 1000
Tel. 85-79-11

HYATT REGENCY
2702 Roxas Blvd., Pasay City
Te.. 59-79-61

HOLIDAY INN
1700 Roxas Blvd., Pasay City
Tel. 59-79-61

MANILA HILTON
U. N. Avenue, Ermita, Manila
Tel. 40-60-11

HOTEL INTERCONTINENTAL
Makati Commercial Center
Makati, Metro Manila
Tel. 89-40-11

REGENT OF MANILA
2727 Roxas Blvd., Manila
Tel. 80-47-40

SILAHIS INTERNATIONAL
1990 Roxas Blvd., Ermita,
Manila
Tel. 50-04-80

THE MANILA MANDARIN
Paseo de Roxas Triangle
Makati, Metro Manila
Tel. 85-78-11/89-96-97

MANILA HOTEL
Intramuros Manila
Rizal Park, Metro Manila
Tel. 47-00-11

PHILIPPINE VILLAGE HOTEL
Nayong Pilipino
Manila International Airport
Pasay City
Tel. 80-70-11

MANILA PENINSULA
Ayala Avenue cor. Makati Avenue
Makati, Metro Manila
Tel. 88-12-35

THE PHILIPPINE PLAZA
Cultural Center Complex
Roxas Boulevard, Manila
Tel. 59-37-11

Vier-Sterne-Kategorie

AMBASSADOR HOTEL
2021 A. Mabini St.
Malate, Manila
Tel. 50-60-11

BAYVIEW PLAZA
Roxas Blvd., Ermita, Manila
Tel. 50-30-61

EL GRANDE
BF Homes Sukat Road
Parañaque, Metro Manila
Tel. 83-75-31

HOTEL ENRICO
1324 Leon Guinto St.
Malate, Manila
Tel. 50-80-31

HOTEL FILIPINAS
Roxas Blvd., Manila
Tel. 50-70-11

HOTEL MIRADOR
1000 San Marcelino, Manila
Tel. 40-70-61

MAKATI HOTEL
E. de los Santos Avenue
Makati, Metro Manila
Tel. 88-80-51/87-79-31

MANILA MIDTOWN RAMADA
Pedro Gil, Cor. M. Adriatico
Tel. 57-39-11

MANILA ROYAL HOTEL
Carlos Palanca St.
Sta. Cruz, Manila
Tel. 48-85-21

TRADEWINDS HOTEL MANILA
South Superhighway
Makati, Metro Manila
Tel. 85-70-11

Drei-Sterne-Kategorie

HOTEL AURELIO I
Roxas Boulevard, Manila
Tel. 50-90-61

HOTEL AURELIO II
Guerrero Street, Ermita,
Manila
Tel. 50-46-61

GRAND HOTEL
88 Carlos Palanca St.
Sta. Cruz, Manila
Tel. 47-19-21

LAS PALMAS HOTEL
1616 A. Mabini Street, Ermita,
Manila
Tel. 50-66-61

HOTEL MABUHAY
1430 A. Mabini Street, Ermita,
Manila
Tel. 59-20-71

SULO HOTEL
Matalino Road, Diliman,
Quezon City
Tel. 98-24-11

WONDERLAND PHILIPPINES HOTEL
1835 Harrison Street cor. Salud Street
Pasay City
Tel. 59-05-31

Zwei-Sterne-Kategorie

ALOHA HOTEL
2150 Roxas Boulevard, Manila
Tel. 59-90-61

EL DORADO HOTEL
100 Roxas Boulevard, Manila
Tel. 83-15-31

EMPIRE HOTEL
2120 A. Mabini St.
Malate, Manila
Tel. 50-26-61

FREDERICK HOTEL
2106 F. B. Harrison
Pasay City
Tel. 80-56-11

KAMALIG INN
2160 Taft Avenue, Ext., Pasay City
Tel. 80-56-61

KEYSER HOTEL
1625 Oroquieta St., Sta. Cruz,
Manila
Tel. 21-55-31

LYNNVILLE INN BY THE SEA
20 Villamar I Court
Parañaque, Metro Manila
Tel. 83-98-86

PLAZA HOTEL, MANILA
455 Jaboneros St.
San Nicolas, Manila
Tel. 47-98-21

HOTEL OTANI
Roxas Blvd., Cor. T. M. Kalaw
Ermita, Manila
Tel. 47-49-81

TOWER HOTEL
1313 A. Mabini St.,
Ermita, Manila
Tel. 50-39-11

TOURIST HOMETEL PHILIPPINES (HOTEL
DANARRA & RESORT)
121 Mother Ignacia Avenue,
Quezon City
Tel. 98-51-61/96-38-83

VILLA PAZ RESORT HOTEL
Antipolo, Metro Manila

Ein-Stern-Kategorie

HOTEL CARLSTON
Airport St. Roxas Blvd.
Parañaque, Metro Manila
Tel. 83-55-61

FORTUNE HOTEL
805 Benavides St., Binondo,
Manila

GREAT ASIA HOTEL
1243 Soler, Manila
Tel. 21-69-01

MANILA MONTE HOTEL
657 Rizal Avenue, Manila
Tel. 47-74-41

MERCHANTS HOTEL CORPORATION
711 San Bernardo Cor., Soler St.
Manila
Tel. 40-10-71

PREMIER HOTEL
Cor. Plaza Sta. Cruz & V. Mapa
Manila
Tel. 40-60-61

HOTEL TIMBERLAND
Ronquillo St., Sta. Cruz, Manila
Tel. 40-25-01

WALDORF HOTEL
1955 A. Mabini St., Ermita
Manila
Tel. 59-24-31

Andere

ANTIPOLO HOTEL
Antipolo, Metro Manila

ADMIRAL HOTEL
2138 Roxas Blvd., Manila
Tel. 58-10-61

LUNETA HOTEL
414 T. M. Kalaw, Ermita,
Manila
Tel. 47-34-81

TROPICAL PALACE RESORT HOTEL
Parañaque, Metro Manila

Luzon

BAGUIO CITY

CRISMAR MANSION
27 Lourdes
Subdivision Rd.
Tel. 2540

DIPLOMAT HOTEL
Dominican Hill
Tel. 2248

MILTON HOTEL
Kennon Rd.
Tel. 2020

PINES HOTEL
21 Luneta Hill
Tel. 2001

RUFF INN
1 Maryhills
Loakan Airport
Tel. 2218

TERRACES PLAZA
South Drive
Tel. 5670

BAGULO CITY

VILLA LA MAJA
15th St., Outlook Drive
Tel. 7239

MOUNTAIN LODGE
27 Leonard Wood Rd.
Tel. 4544

VENUS PARKVIEW
19-A Kisad Rd., Burnham Park
Tel. 5597

BANAUE

BANAUE HOTEL
Ifugao
Tel. 588191

BONTOC

CAWED HOTEL
Bontoc
Mt. Province

MOUNT DATA LODGE
Halsema Highway

PINES KICHTENETTE & INN
Bontoc
Mt. Province

BATANGAS

ALPA HOTEL
Kumintang Ibaba
Tel. 2213

BATULAO VILLAGE CLUB
Philippine Century Resorts
Manila Bank Bldg.
Ayala Ave
Makati
Manila
Tel. 862931

INTERLINK RESORTS
Valgosons Realty Bldg.
2151 Pasong Tamo
Makati
Manila
Tel. 873808

MAYA MAYA REEF CLUB
Philippine Village Resorts
Manila Bank Bldg.
Ayala Ave
Makati
Manila
Tel. 868451

PUNTA BALUARTE INTERCONTINENTAL
Calatagan
Batangas
Batangas City 4001

SIERRA GRANDE RESORT
Laurel
Tel. 587163

VILLA ADELAIDA
Kawilihan Resorts Management
4241A Shaw Blvd.
Mandaluyong
Tel. 781921

BAUANG LA UNION

CRESTA OLA
Bauang
La Union
Tel. 09-2983

LONG BEACH RESORT
Bauang
La Union
Tel. 2879

NALINAC BEACH RESORT
Paringao
Tel. 2402

SUN VALLEY BEACH HOTEL
Bauang
Tel. 505646

LEGAZPI CITY

AL-BAY
Peñaránda St.
Tel. 2218

HOLIDAY INN MAYON IMPERIAL
Sto. Nino Village
Subdivision
Tel. 4941

LA TRINIDAD
Rizal St.
Tel. 2951

LOS BANOS

LAKE VIEW
1 Lopez St.
Tel. 2529

PAGSANJAN

CRYSTAL SPRINGS
Tel. 892848
(Manila)

HIDDEN VALLEY RESORT
Alaminos
Laguna
Tel. 898205
(Manila)

LAGOS DE LA SIERRA
Pagsanjan
Tel. 879866

NAYONG KALIKASAN CALIRAYA
Pagsanjan
Tel. 892884
(Manila)

PAGSANJAN RAPIDS
Gen Taino St.
Pagsanjan
Laguna
Tel. 645-1258

PAGSANJAN TROPICAL
Bo Sampaloc
Pagsanjan
Laguna
Tel. 645-1267

Die Visayas

BACOLOD CITY

BASCON HOTEL
Gonzaga St.
Tel. 23141

SUGARLAND HOTEL
Singcang
Tel. 22462

CEBU CITY

AGRUDA FAMILY INN
Juan Luna
Corner P. Cullas St.
Tel. 79298

AVENUE
Jones Ave
Tel. 78356

CEBU CLUB PACIFIC
435-A Sampaguita St.
Lahug
Tel. 79147

CEBU PLAZA
Lahug
Tel. 580785
(Bayview Plaza Hotel)

MAGELLAN INTERNATIONAL
Gorordo Ave
Lahug
Tel. 74611

MONTEBELLO RESORT
Banilad
Tel. 77681
Cab. Montebello Cebu

RAJAH
Fuente Osmena
Tel. 96231

SANTA ROSA BY THE SEA
Olango Island
Tel. 76603

SKY VIEW
Cor. Plaridel & Juan Luna Sts.
Luym Bldg.
Tel. 76701

TAMBULI
Buyong
Lapu Lapu City
Tel. 76253

TRITON HOTEL
M. J. Cuenco Ave
Tel. 73751

ILOILO

ANHAWAN HOTEL BEACH RESORT
Oton
Tel. 74668

DEL RIO HOTEL
M. H. Del Pilar St.
Molo
Tel. 75585

MADIA-AS
Aldeguer St.
Tel. 72756

KALIBO

ATI-ATIHAN HOTEL
Old Busuang
Tel. 575

Mindanao

CAGAYAN DE ORO

ALTA TIERRA
Carmen Hill
Tel. 3661

AMBASSADOR
Don Apolinar
Velez St.
Tel. 3949

MINDANAO
Corner Ramon Charez & Corrales Extension
Tel. 3010

SAMPAGUITA
J. R. Borja
Tel. 2640

VIP
J. R. Borja
Corner Apolinar Velez St.
Tel. 3629

DAVAO CITY

APO VIEW
Camus St.
Tel. 74861

DAVAO INSULAR INTERCONTINENTAL
INN
Lanang
Tel. 76061

ZAMBOANGA

LANTAKA HOTEL BY THE SEA
Valderrosa St.
Tel. 3931

NEW HOTEL ZAMBOANGA
1 Magno Street
Tel. 2425

ZAMBAYAN HOTEL
Camins Ave
Tel. 3361

ZAMBOANGA EMBASSY
Dr. S. T. Varela St.
Tel. 2697

ZAMBOANGA PLAZA
Pasonanca Park
Tel. 2051

Manilas Museen

NATIONAL MUSEUM OF THE
PHILIPPINES
Legislative Building, P. Burgos St., Manila;
Öffnungszeiten: Montag bis Freitag, 9.00 bis 12.00
Uhr, 13.00 bis 17.00 Uhr. Sonnabend bis Sonntag,
14.00 bis 17.00 Uhr.
Sammlung frühgeschichtlicher Keramikfunde.

AYALA MUSEUM
Makati Avenue, Makati, Manila;
Öffnungszeiten: Dienstag bis Sonntag, 9.00 bis
18.00 Uhr,
Eintritt: P 3.00 für Erwachsene, P 0.50 für Schüler.
Etwa 60 beleuchtete Schaukästen mit Darstellungen aus der philippinischen Geschichte; ikonographische Ausstellungsstücke und alte Schiffsmodelle.

CULTURAL CENTER OF THE PHILIPPINES
MUSEUM
CCP Main Theater Building, CCP Complex Roxas Boulevard, Manila;
Öffnungszeiten: Täglich 9.00 bis 18.00 Uhr,
Eintritt: P 1.00.
Potenciano Badillo-Keramiken, die größte Zusammenstellung der Welt von Exportkeramik, chinesische, annamesische und siamesische Waren; alte
Perlen- und Goldschmuckfunde; Kunsthandwerk
der Maranao und Maguindanao.

LOPEZ MEMORIAL MUSEUM (hinter Hyatt);
Öffnungszeiten: Dienstag bis Sonnabend, 9.30 bis
12.00 Uhr; 13.00 bis 16.30 Uhr, Sonntag 9.00 bis
13.00 Uhr,
Eintritt: P 0.50 für Schüler und Studenten, P 2.00
für Erwachsene.
Gemäldesammlungen, bestehend aus Werken der
Klassiker des 19. Jahrhunderts, Felix Resurreccion
Hidalgo und Juan Luna; umfangreiche Sammlung
von Keramikfunden aus Calatagan und Batangas.

MUSEO NG BUHAY PILIPINO
(Museum of Philippine Life)
784 Quirino Avenue (House 38), Parañaque;
Öffnungszeiten: Dienstag bis Sonntag, 9.00 bis
18.00 Uhr,
Eintritt: P 2.00 für Erwachsene, P 1.00 für Kinder.
Das ganze Haus ist ein Museum: Es wird die Lebensweise der traditionellen christlichen Filipinos
des Unterlandes dargestellt; Mobiliar, Werkzeuge,
Kleidung und Umwelt.

MUSEUM OF TRADITIONAL
PHILIPPINE CULTURES
(PANAMIN MUSEUM)
Nayong Pilipino, Philippine Village Complex;
Öffnungszeiten: 9.00 bis 18.00 Uhr,

Eintritt: P 3.00 für Erwachsene (eingeschlossen ist die Gebühr für das Philippinendorf, Nayong Pilipino).
Umfassende Ausstellung folkloristischer Kunstwerke philippinischer Minoritäten.

FORT SANTIAGO MUSEUM
Intramuros, Manila;
Rizaliana-Sammlung, Bilder und Briefe des Nationalhelden.

MUSEUM OF PHILIPPINE COSTUMES
Mercury Building, T.M. Kalaw St., Ermita, Manila;
Öffnungszeiten: 9.00 bis 18.00 Uhr, Dienstag bis Sonntag.
Lebensgroße Puppen, bekleidet mit Trachten der verschiedenen philippinischen Volksgruppen.

Galerien

METROPOLITAN MUSEUM OF THE PHILIPPINES
Central Bank Complex, Roxas Boulevard, Manila;
Öffnungszeiten: Dienstag bis Sonnabend 9.00 bis 18.00 Uhr, Sonntag 9.00 bis 13.00 Uhr.
Wechselnde Ausstellungen klassischer und zeitgenössischer Gemälde und Drucke aus Nord- und Südamerika und Europa; Dia-Vorführungen und Filme fast täglich.

MUSEUM OF PHILIPPINE ART (MOPA)
Ehemaliges Elks Club Building, Roxas Boulevard, Ermita, Manila;
Öffnungszeiten: Dienstag bis Sonnabend 9.00 bis 18.00 Uhr, Sonntag 9.00 bis 13.00 Uhr.
Durch die Bank Retrospektiven auf das Schaffen etablierter philippinischer Künstler.

ATENEO ART GALLERY
Ateneo de Manila, University, Loyola Heights, Quezon City;
Öffnungszeiten: Montag bis Freitag 8.00 bis 12.00 Uhr, 13.00 bis 17.00 Uhr und nach Vereinbarung.
Ständige Ausstellung ausgewählter Werke philippinischer Künstler der Moderne.

LUZ GALLERY
Epifanio de los Santos Avenue, Guadalupe, Manila.
Zeitgenössische Kunstwerke von internationalem Rang.

HERITAGE GALLERY
San Juan, Manila.
Zeitgenössische Gemälde und sonntags Gedichtvorträge.

ABC GALLERY
Harrison Plaza, Vito Cruz, Manila.
Gegenwartskunst.

SINING KAMALIG GALLERY
Kamalig Complex, Buendia Avenue-Taft Avenue, Pasay City, Manila.
Bilder der Avantgarde und Keramiken des philippinischen Künstlernachwuchses.

CCP ART GALLERY
Cultural Center Main Theater, Roxas Boulevard.
Bilder der Avantgarde und andere Kunstwerke des philippinischen Künstlernachwuchses.

HIDALGO GALLERY
Showrooms Arcade, Makati Commercial Center, Makati, Manila.
Traditionelle und moderne Malerei.

PRINT COLLECTIONS GALLERY
Leon Guinto St., Ermita, Manila.
Graphische Kunst aus Manila.

GALERIE BLEUE
Rustan Department Store, Makati.
Commercial Center, Makati, Manila.
Moderne Malerei und Bildhauerkunst.

REAR ROOM GALLERY
A. Mabini Street, Ermita, Manila.
Zeitgenössische Gemälde, Illustrationen und Kurzvorträge.

AYALA MUSEUM GALLERY
Ayala Museum, Makati Avenue, Makati, Manila.
Foto-Ausstellungen.

Sitten und Bräuche

In Asien wurde Gastfreundschaft schon immer großgeschrieben. Sehr zu Recht sagt man den Filipinos nach, die besten Gastgeber der Welt zu sein. Auf dem Lande galt der Besucher von jeher als Ehrengast. Ihm gebührt der luftigste Raum, er schläft im bequemsten Bett und erhält die beste Fleischportion beim Essen. Tramper behaupten sogar, sie hätten nur auf eigenen Wunsch im Freien geschlafen.

Obwohl es in den Städten viele neue Hotels und Pensionen gibt, kann sich der Reisende glücklich schätzen, der eine philippinische Adresse besitzt. Er wird nicht nur kostenlos übernachten und an den Mahlzeiten der Familie teilnehmen können, sondern auch in den Genuß ortskundiger Fremdenführer kommen.

Der naive Besucher darf dieses offene Entgegenkommen auf keinen Fall ausnutzen. Im Gegenteil, ein Gast sollte immer versuchen, sich in das Alltagsleben einer Gemeinschaft zu fügen und die landesüblichen Formen zu wahren. Im Gegensatz zur westlichen Gesellschaft, in der nur das Individuum zählt, steht bei den Filipinos das Gemeinwohl an erster Stelle. Im folgenden werden wesentliche Züge des ausgeprägten philippinischen Gemeinsinns beschrieben. Wenn man diese Besonderheiten beachtet, gelingt es mühelos, kulturelle Klippen zu umschiffen.

Klanwesen. Der Klan ist das inoffizielle Zentrum der philippinischen Gesellschaft und eine Ursache ihrer Korrumpiertheit. Seine Rolle kann nicht hoch genug bewertet werden. Er protegiert, diszipliniert seine Mitglieder und stellt häufig deren Renten- und Sozialversicherung dar. Die Verwandtschaftshierarchie einer Sippe ist streng definiert; wer mit wem verwandt ist und in welchem Grade, ist in allen Lebensbereichen von großer Wichtigkeit. Der Klan pflegt das Erbe der Sippenhistorie und hat stets ein Wörtchen mitzureden, wenn zwei Mitglieder verschiedener Klans heiraten wollen.

Im Schoße eines Klans geborgen zu sein, kann gelegentlich erdrückend wirken, bietet aber auch viele Vorteile. Diverse Tanten, Onkel, Cousinen und Großeltern verwöhnen die Kinder, ältere Mitglieder werden respektiert und versorgt, und die obligaten Riten der Ahnenverehrung werden gewährleistet.

Der Ausländer, der mit dem Klanleben in Berührung kommt, sollte stets seine Achtung vor den Älteren bezeugen, indem er die Großmutter und Großtante einer Familie mit *Lola* anredet und Großvater und Großonkel mit *Lolo*. Will man eine freundschaftliche Beziehung etablieren, so legt man die rechte Hand eines Senioren auf die eigene Stirn, eine uralte respektvolle philippinische Grußform.

Von großer Bedeutung für einen Filipino ist die Antwort auf die Eingangsfrage: ,,Wo kommen Sie her?" Er möchte den Namen der Heimatstadt des Reisenden erfahren. Sicherlich hat er keine Ahnung, wo diese Stadt liegt, aber diese Geste ist auch eher symbolisch zu verstehen. Er möchte versichert sein, daß der Fremde, so unendlich fern der Heimat, auch eine Familie hat, genau wie er selbst.

Höflichkeit. Höflichkeit ist Trumpf auf den Philippinen. Die zwischenmenschlichen Beziehungen müssen um jeden Preis reibungslos funktionieren. Das bedeutet zum Beispiel, daß im persönlichen Gespräch keinerlei Aggressionen gezeigt werden. Auch wenn es sich um ein unerfreuliches Thema handelt, müssen die Gesprächsteilnehmer einen freundlichen Umgangston wahren.

Direkte Konfrontationen sind tabu. Wenn es darum geht, eine unangenehme Botschaft zu übermitteln, bedienen sich die Filipinos am liebsten eines unbeteiligten Überbringers. Oder sie drücken sich so vorsichtig und umständlich aus, daß es dem Feingefühl des Empfängers überlassen bleibt, den vollen Umfang der Mitteilung zu rekonstruieren.

Europäer und Amerikaner, an direkte, manchmal grobe Sprache gewöhnt, mögen die philippinische Form der Kommunikation als feige und heuchlerisch empfinden; gleichwohl erlaubt sie das Abschwächen negativer Äußerungen und den Gewinn persönlichen Spielraums.

Achtung vor dem sozialen Status einer Person kann ebenfalls mit sprachlichen Mitteln angezeigt werden. Es gibt eine besonders höfliche Form, Fremde, ältere Leute und Autoritäten anzureden. Man beendet einfach jeden Satz mit den Wörtern *po* oder *ho* und benutzt *hindo po* oder *hindi ho*, um ,,nein" zu sagen und *opo* oder *oho* für ,,ja". Bezieht man sich im Gespräch auf Würdenträger, alte Menschen oder neue Freunde, wählt man den Plural der dritten Person — *kayo, sila*. Auf diese Weise schafft man verbal einen Abstand, der verringert werden kann, wenn es die Umstände erlauben.

Die philippinische Großzügigkeit trägt gleichfalls dazu bei, Kontakte der Menschen miteinander zu erleichtern. Es ist durchaus üblich auf den Philippinen, sein Hab und Gut jedermann zur Verfügung zu stellen. Besucher, die zur Essenszeit eintreffen, nehmen selbstverständlich an der Mahlzeit teil. Deswegen achtet man darauf, nicht ungelegen zu kommen. Selbst Fremde, die sich auf einer Parkbank treffen, bieten einander freigebig Beilagen ihres Lunchpaketes an. Fast peinlich wirkt es, wenn sich Freunde und Bekannte darüber streiten, wer dem anderen das Busticket bezahlen darf.

Darüber hinaus existiert noch eine Anzahl ungeschriebener Gesetze, die das Zusammenleben der Filipinos erträglicher machen. Der Tourist sollte sie kennen.

Wichtig zu wissen ist es, daß sich Filipinos auch ohne Worte verständigen können. Die Grundidee dieser Kommunkation ist *hiya*, was soviel wie ,,Schamgefühl" bedeutet, aber besser als Empfindsamkeit für die Gefühle anderer beschrieben werden kann. Es zeugt von Respekt für den Mitmenschen, daß seine Reaktionen nicht als selbstverständlich hingenommen werden. Eng verwandt mit diesem Prinzip ist *pakiramdaman* oder ,,die Gedanken des anderen erahnen". Filipinos bemühen sich, intuitiv zu erfassen, was der Partner ausdrücken möchte.

Eine weitere Eigenart des organisch gewachsenen philippinischen Sozialgefüges bedarf der Erwähnung: *utang na loob* oder die Pflicht zur Dankbarkeit. Die gesamte Gesellschaft ist dem Grundsatz der Wiedergutmachung verschrieben. Jeder Freundschaftsdienst wird vergolten, und niemand vergißt eine einmal erwiesene Gefälligkeit. Die Schattenseiten dieses Systems sind offensichtlich; es ist verantwortlich für das Versagen der Bürokratie. Rationalität, moderne unpersönliche Managementmethoden setzen sich nur schwer gegen die Tradition des kollektiven *utang na loob* durch. Auch heute noch gilt jemand, der seine Schuld zu begleichen vergißt, als ungeschlacht.

Pakikisama kann nicht wörtlich übersetzt werden. ,,Miteinander auskommen" oder sich dem

Willen der Gruppe unterordnen entspricht in etwa dem Sinn. Die negativen Begleiterscheinungen dieser Maxime stellen sich ein, wenn Jugendliche in schlechte Gesellschaft geraten, Erwachsene dem Verhalten ihrer Freunde nacheifern, die ständig über ihre Verhältnisse leben, oder Regierungsbeamte sich in einen Wust von Konzessionen verstricken. Andererseits motiviert *pakikisama* den einzelnen Bürger außerordentlich stark, seine Kräfte für ein gemeinschaftliches Ziel einzusetzen.

Bahala Na. Die philippinische Mentalität auf einen Nenner gebracht: *Bahala na.* Ein Anthropologe hat die linguistische Verbindung zu *Bathala na,* „Überlaß es Gott", aufgespürt. Dies ist die typisch philippinische Reaktion angesichts unlösbarer Probleme, die Standardhaltung in Krisenzeiten. Entwicklungshelfer haben die Schicksalsergebenheit der Filipinos immer wieder kritisiert. Sie machen Passivität und Fatalismus verantwortlich für die mangelnde Reife des Volkes. Andere Kenner des philippinischen Nationalcharakters bewundern ebendiese Gelassenheit. Wie sonst hätten Filipinos das Los ihrer wechselhaften Geschichte tragen können als mit Hilfe philosophischer Weisheit, *Bahala na.*

Einkaufstips

Die Philippinen sind ein altes asiatisches Handelszentrum. Früher wurden in den Küstenstädten noch Perlen, Bienenwachs und Schildkrötenpanzer an arabische Handelsschiffe verkauft. Heute liegt der Schwerpunkt auf kunsthandwerklichen Erzeugnissen, Holzschnitzereien und Muschelwaren. In allen größeren Städten gibt es ausgezeichnete Einkaufsmöglichkeiten. Aber auch wer aus Zeitmangel nur Manila, Cebu, Baguio und Zamboanga besuchen kann, wird eine reiche Auswahl vorfinden.

Korbwaren. In vielen Weltstädten kann man heute schon philippinische Körbe finden. Lange Zeit waren sich die Filipinos der Schönheit ihrer Korbwaren nicht bewußt, bis man endlich dieses große Exportpotential erkannte. Philippinische Körbe sind praktisch und dekorativ. Eine Vielfalt regionaler Designs, traditioneller Muster und schlanker moderner Formen machen sie als Marktkorb oder Sammlerobjekt gleichermaßen attraktiv. Das Ausgangsmaterial, Bambusfasern, Rattanranken, Fibern der Nipapalme und verschiedener anderer Palmen, erlaubt die Herstellung von Körben jeder Größe, geeignet für jeden Zweck.

Sämtliche Touristenshops verkaufen sie, aber besonders hübsch dekoriert sind sie an den Marktständen unter der Quiapo-Brücke, im Herzen Metro Manilas. Es lohnt sich, den Markt in Baguio zu besuchen, weil dort Körbe mit antiken Mustern aus der Mountain-Provinz verkauft werden sowie Körbe aus allen Teilen der Philippinen.

Bestimmte Korbsorten sind zur Zeit sehr populär. Kenner philippinischer Kostbarkeiten hat die Sammelleidenschaft gepackt. Keine Heuschreckenfalle und keine geräucherte Reuse ist vor ihnen sicher. Sie kaufen geflochtene Lunchbehälter direkt von den Hütten im Norden Luzons, wo diese Stücke hoch geschätzt und von Generation zu Generation vererbt werden. Ihre Beliebtheit hat einen neuen Berufszweig ins Leben gerufen: neue Körbe, nach alten Vorlagen gearbeitet, werden so lange ausgekocht, bis sie den begehrten Antik-Look erhalten.

Geflochtene Matten. Geflochtene philippinische Matten sind nicht nur ein folkloristischer Farbtupfer und ein faszinierendes preiswertes Souvenir, sondern werden auch kommerziell genutzt. Die Wände mancher Hotelräume sind mit Bastmatten ausgeschlagen. Aus Basilan und Sulu auf Mindanao kommen Matten mit dramatisch-geometrischen Mustern, während die aus Leyte und Samar auf den Visayas verspielte Designs aufweisen. Das Flechtmaterial der meisten Matten aus Luzon stammt von der Pandanuspalme und wird naturfarben belassen. Mit Ausnahme des Marktes an der Quiapo-Brücke hat Manila nur eine begrenzte Auswahl an Matten zu bieten. Ein reichhaltiges Angebot findet man hingegen in Cebu, Davao und Zamboanga.

Kunsthandwerk. Hüte, Platzdecken und Untersetzer aus Manilahanf, Bambustabletts, Muschelmobiles, Keramikgefäße und anderer Krimskrams gibt es in allen Touristenshops der Flughafengegend, in Makati und Ermita, dem Touristenviertel. Mit Hemden, Blusen, Handtaschen, Kleidern und Wandbehängen hat dort auch der Macrameboom seine Spuren hinterlassen.

Schuhe und Handtaschen. Marikina in Rizal, das traditionelle Schuh- und Handtaschenzentrum des Landes, produziert große Mengen modegerechter Schuhe und passender Handtaschen. Nirgendwo kann man modisches Schuhwerk so preiswert einkaufen wie auf den Philippinen. Wenn man Zeit erübrigen kann, sollte man sich Schuhe nach Maß arbeiten lassen. So eine günstige Gelegenheit bietet sich so schnell nicht noch einmal.

Stickereien. Wer die Philippinen das erste Mal besucht, wird dem Zauber der feinen Stickarbeiten des Landes kaum widerstehen können. Das *Barong Tagalong* hat, in der Pierre-Cardin-Version für 1000 Peso, bereits international Furore gemacht. Touristen tragen die kurzärmeligen *Polo Barongs* sehr gern. Ob man Hemden aus *Jusi* oder weniger teurem *Ramie* wählt, ob man erstklassige handgearbeitete Stickerei vorzieht oder sich mit maschineller Stickerei zufrieden gibt, ist eine Geschmacksfrage. Häufig ist ein Unterschied kaum wahrnehmbar. Man sollte diese Dinge jedoch in etablierten Geschäften kaufen.

Eine breite Palette an bestickter Damenkleidung ist ebenfalls erhältlich: *Barong*-Kleider, geschnitten wie das *Barong Tagalong,* nur etwas länger, bestickte Kaftans und Jelabas, mit passenden Schals, Handtaschen und Taschentüchern.

Schmuck. Silberschmuck und Schmuckwaren aus Muscheln sind typisch für die Philippinen. Perlmuttwaren sind wohl am bekanntesten, aber Korallen und Schildpatt sind im Kommen. Den besten Silberschmuck gibt es in Baguio. Hier haben sich viele Künstler niedergelassen, die eine Ausbildung an der St.-Louis-Universität absolviert haben.

In den Fachgeschäften Ermitas und Makatis werden Holz- und Perlenschmuck angeboten. Sehr attraktiv ist auch der Schmuck, den T'boli-, Mangyan- und Igorot-Stämme herstellen, Ohrringe, Hals- und Haarschmuck im besonderen.

Muscheln. Angesichts philippinischer Muschelläden lacht das Herz eines jeden Sammlers. In Ermita kann man die Kauri-Muscheln kaufen, von denen es große Mengen auf dem südwärtigen Meeresgrund gibt.

Möbel. Philippinische Korb- und Rattanmöbel vereinen zeitgemäßes Design und handwerkliche Tradition. Außerdem wiegen sie nicht viel und schonen den Geldbeutel.

Antiquitäten. Manilas Geschäfte bergen eine Fülle antiken chinesischen Porzellans, da das Land auf der alten chinesischen Handelsstraße lag. Beim Einkauf ist Vorsicht geboten. Der Laie sollte sich ausgiebig informieren. Die Straßenstände in der Laguna-Provinz bieten außer Antiquitäten noch allerlei interessante Amulette an.

Die Antiquitätenläden in Ermita und Makati offerieren ansprechende *Santos.* Diese religiösen Figurinen sind auch in kleinen Läden in den älteren Städten des Landes wie zum Beispiel Vigan und Ilocus Sur, zu finden.

Messingwaren und andere Gegenstände. Auf Mindanao lebten einst die ersten Schmiede der Philippinen. Auch heute noch produziert man dort Gongs, Schmuckkästen, Betelnuß-Behälter, Messingbetten und Kanonenmodelle. Diese Art ,,Antiquitäten'' sollte man sich aber nicht aufschwatzen lassen, ohne vorher mit einem Führer Rücksprache gehalten zu haben. Besonders schön sind die bestickten und mit Metallplättchen verzierten Baldachine, die einst bei königlichen Hochzeiten und anderen Festlichkeiten von Moslems Verwendung fanden. Ein guter Kauf!

Holzschnitzereien. Riesige Holzfiguren des Irogot-Stammes waren die ersten Souvenirs, die die Amerikaner nach Hause schleppten. Was sie damals übersahen — faszinierende geschnitzte Darstellungen des Schutzgottes der Reisspeicher und die Tiertotems aus Palawan — gibt es heute im Touristenviertel in Ermita zu kaufen.

Feste und Veranstaltungen

Januar:	1.	Neujahrstag, ein offizieller Feiertag	Nationaler Feiertag
	6.	Drei-Königs-Fest	Santa Cruz und Gasan in Marinduque
	9.	Feast of the Black Nazarene (Prozession mit schwarzer Christusfigur)	Quiapo, Metro Manila
Drittes Wochenende		*Fiesta de Santo Niño* (Festival zu Ehren des Jesuskindes)	Cebu City und Tondo, Manila
Variabel		*Ati-Atihan* (Ankunft von 10 Stammesführern aus Borneo)	Kalibo, Aklan
Variabel		*Appey* (Erntefest)	Bontoc, Mt. Province
Variabel		*Binirayan* (Ankunft von 10 Stammesführern aus Borneo)	San Jose, Antique
Variabel		Manerway (Fest der Regentänze)	Bontoc, Mt. Province
	10.	Sto. Niño de Cebu (Einwöchiges Festival)	Cebu City
Februar:	1.—7.	*Armadahan*-Regatta	Laguna de Bay
	2.	Feast of Our Lady of Candelaria (Prozession zu Ehren der Mutter Gottes)	Jaro, Iloilo
	11.	Feast of Our Lady of Rosary (Katholische Prozession)	Kanlaon, Quezon City
Variabel		Hari Raya Hadj	Moslemische Bevölkerung
Variabel		Neujahrfest der Chinesen	Chinatown, Metro Manila
	24.—25.	Balc Zamboanga Festival (Kulturelle Veranstaltungen)	Zamboanga
März:	10.—16.	*Araw'ng Dabaw* (Sechstägiges Freudenfest zur Erinnerung an die Gründung Davaos)	Davao City
Variabel		Heilige Woche	landesweit
Festwoche		*Morionen*-Festival	Boac, Marinduque
Variabel		Baguio-Sommer-Festival	Baguio City
	25.	Sinulog Festival (Stammestänze)	Ilog, Negros Occidental
April:	9.	Bataan Day (Zur Erinnerung an den „Todesmarsch" und den Fall Bataans)	landesweit
Variabel		Feast of *Virgen de Turumba* (Eine Prozession, während der Gläubige Freudentänze und Luftsprünge vollführen)	Pakil, Laguna
Mai:	1.	Tag der Arbeit	landesweit
	6.	Einnahme Corregidors	Corregidor
	7.—8.	Internationale Meeresmesse (Sea Fair)	Balangit, Bataan
	14.—15.	Carabao Festival	Pulilan, Bulacan
	15.	Feast of San Isidro Labrador (*Pahiyas*)	Sariaya, Quezon, Lucban
	15.—17.	Obando Festival (Fruchtbarkeitsriten)	Obando, Bulacan
	1.—31.	*Santacruzan* (Prozession zu Ehren St. Helenas)	An verschiedenen Orten
	1.—31.	*Flores de Mayo* (Prozession mit Blumen)	An verschiedenen Orten
	1.—31.	Pilgrimage to the Shrine of Our Lady of Peace and Good Voyage (Wallfahrt zum Schrein der Schutzgöttin des Friedens und der Reisenden)	Antipolo, Rizal
Variabel		*Moro-moros* (Straßentheater, Schwänke)	San Dionisio, Parañaque, Metro Manila
Juni:	variabel	*Pista Ng Krus* (Prozession in Verbindung mit Ernte und Flußriten)	Obando, Bulacan
	12.	Unabhängigkeitstag der Philippinen	landesweit
	24.	Halaran Festival (Fröhliche Paraden)	Roxas City, Capiz

	24.	Feast of St. John (Feucht-fröhliches Wasserfest)	San Juan, Metro Manila
	27.	Our Lady of Perpetual Help (Madonna der Hilfsbedürftigen)	Baclaran, Metro Manila
	29.	Fest zu Ehren St. Peters (Fluß-Paraden)	Apalit, Pampanga
	Variabel	*Maolod En Naci* (Geburtstag Mohammeds)	Moslem. Bevölkerung
Letzter Freitag des Monats		Fest des Heiligen Herzens (*Gigantes*-Festival)	Lucban, Quezon

Juli:	1.-30.	Erntefest	Mountain-Provinzen
	4.	Philippinisch-Amerikanischer Freundschaftstag	landesweit
Erster Sonntag		*Pagoda sa Wawa* (Fluß-Prozession)	Bocaue, Bulacan
	29.	Flußfest zu Ehren St. Marthas	Pateros, Metro Manila

August:	19.	Lucban Town Fiesta (auch ein *Gigantes*-Festival)	Lucban, Quezon
	Variabel	*Lesles* Festival (Reisanbau-Zeremoniell)	Bontoc, Mt. Province
	Variabel	Fagfagto Festival (Reisanbau-Zeremoniell)	Bontoc, Mt. Province
	Variabel	*Sumbali* (Festival der Aeta)	Bayombong, Nueva, Vizcaya

September: variabel:		*Sunduan* (Prozession mit den heiratsfähigen Burschen und Mädchen der Stadt)	Parañaque, Metro Manila
Dritter Sonnabend		Peñafrancia Festival (Fluß-Prozession)	Nga City, Camarines Sur
	21.	Thanksgiving Day (Jahrestag der Neuen Gesellschaft der Philippinen)	landesweit

Oktober:	3.	Feast of Our Lady of Solitude (Madonna der Einsamen)	Porta Vaga, Cavite
Zweiter Sonntag des Monats		*La Naval de Manila* (Prozession zu Ehren der Schutzgöttin Manilas, Our Lady of the Rosary)	Quezon City
	19.	*Turumba* (Fruchtbarkeitsriten zu Ehren Marias)	Pakil, Laguna
Letzter Sonntag		Feast of Christ the King (Prozession)	Metro Manila

November:	1.	Allerheiligen (Katholisches Fest)	landesweit
	2.	Allerseelen	Nationalfeiertag
Variabel		Hari Raya Puasa	Moslem. Bevölkerung

Dezember:	16.	Anfang von *Misa de Gallo* (9 Morgenmessen in Vorbereitung auf das Weihnachtsfest)	Katholische Städte
	21.	Maytinis (Szenische Darstellungen von Maria und Josephs Suche nach einer Unterkunft)	Kawit, Cavite
	16.-25.	Simbang Gabi (Mitternachtsmesse)	landesweit
	16.-25.	Laternenfest	San Fernando Pampanga
Letzter Sonntag		*Bota de Flores* (Prozession zu Ehren der Schutzgöttin des Weges)	Ermita, Manila

Sprache

Alle Sprachen und Dialekte, die auf den Philippinen gesprochen werden, gehören zur malaiisch-polynesischen Sprachfamilie. Englisch ist die Unterrichtssprache an Schulen, aber Tagalog oder Pilipino ist Staatssprache. Ein Großteil des Pilipino ist der Sprache entlehnt, die man in Manila und den Provinzen der Umgebung spricht. Weitere wichtige Sprachen sind Ilocano und Pangasinan, die in Nord-Luzon gesprochen werden; Waray in Samar und Leyte, Cebuano in Cebu, Bohol, Negros Oriental und fast im ganzen christlichen Mindanao; Hiligaynon in Panay und Negros Occidental; und die moslemischen Sprachen, Maranao in der Lanao-Gegend, Maguindanao in Cotabato und Tausug in den Sulu- und Tawi-Tawi-Gruppen.

Spanisch wird nur noch von sehr wenigen gesprochen.

41. Einundvierzig	apatnaput isa
50. Fünfzig	limampu
100. Einhundert	isang daan
101. Einhundertundeins	isang daan at isa
400. Vierhundert	apat na raan
500. Fünfhundert	limang daan
600. Sechshundert	anim na raan
700. Siebenhundert	piton daan
800. Achthundert	walong daan
900. Neunhundert	siyam na raan
1 000. Eintausend	isang libo
10 000. Zehntausend	sampung libo

Hilfreiche Redewendungen in Pilipino (Tagalog)

Zahlen (Tagalog)

1. Eins	isa
2. Zwei	dalawa
3. Drei	tatlo
4. Vier	apat
5. Fünf	lima
6. Sechs	anim
7. Sieben	pito
8. Acht	walo
9. Neun	siyam
10. Zehn	sampu
11. Elf	labing-isa
12. Zwölf	labing-dalawa
13. Dreizehn	labing-tatlo
19. Neunzehn	labing-siyam
20. Zwanzig	dalawampu
21. Einundzwanzig	dalawamput isa
22. Zweiundzwanzig	dalawamput dalawa
29. Neunundzwanzig	dalawamput siyam
30. Dreißig	tatlumpu
31. Einunddreißig	tatlumput isa
40. Vierzig	apatnapu

Wochentage

Sonntag	Linggo
Montag	Lunes
Dienstag	Martes
Mittwoch	Miyerkoles
Donnerstag	Huwebes
Freitag	Biyernes
Samstag	Sabado

jeden Tag	araw araw
eines Tages	balang araw
jederzeit	maski kailan
heute	sa araw na ito
morgen	bukas
wann?	kailan
jetzt	ngayon

Grußformen und Höflichkeiten

Wie geht es Ihnen?	kumusta posila?
Guten Morgen	magandang umaga po
Guten Tag (nachmittags)	magandang hapon po
Guten Abend	magandang gabi po
Auf Wiedersehen	paalam na po
Bitte, kommen Sie herein	tuloy po kayo
Bitte, setzen Sie sich	maupo ho kayo

Danke, es geht mir gut	mabuti po naman
Danke	salamat
Bitte, sprechen Sie langsam	
Bitte, fahren Sie langsam	dahan-dahan po lang
Darf ich ein Photo machen?	maari po ba kayong kunan ng retrato?
Ich kann nicht Tagalog sprechen	hindi po ako nagsasalita ng Tagalo
Wie nennt man dies in Tagalog?	ano pong tawag dito sa Tagalog?
Wo wohnen Sie?	saan po kayo naka-tira
nein	hindi po
ja	opo

Richtung und Reise

wo?	saan
links	kaliwa
rechts	kanan
geradeaus	derecho
langsamer, bitte	dahan-dahan
Anhalten, bitte	dito lang
fahren	maneho
Seien Sie vorsichtig	konting ingat lang
schnell	bilis
Welche Straße ist dies?	Anong kalye ito?
Welche Stadt ist dies?	Anong bayan ito?
Wie viele km sind es bis ...?	Ilang kilometro hanggang ...?
Warten Sie ein paar Minuten	Hintay lang po sandali
Ich will nach ...	Gusto kong pumunta ... sa
Eingang	pasukan
Ausgang	labasan
Bushaltestelle	istasyon ng bus
Bahnhof	airport
Tankstelle	istasyon ng gas
Hotel	otel
Polizeiamt	istasyon ng pulis
Botschaft	embasi
Taxi	taksi
Rikscha mit Motor-antrieb	traysikel
Straße	kalye

Straßenecke	kanto
Dorf	barrio
Stadt	bayan
Großstadt, Innen-stadt	lungsod or syudad
Insel	isla
Strand	beach
Hügel	burol
Berg	bundok

Bestellen und Einkaufen

Haben Sie ...?	Meron ba kyong ...?
Ich möchte ...	Gusto ko ng ...
Ich möchte mehr von ...	gusto ko pa ng ...
Wieviel kostet dies?	Magkano ito?
Was kostet der Meter?	Magkanong metro?
Ich möchte vier Meter kaufen	Apat na metro nga po
Wieviel Discount?	Magkanong tawad?
Haben Sie etwas billigeres?	Meron bang mas mura?
Haben Sie auch klei-nere Größen?	Meron bang mas maliit?
O.K., packen Sie es ein	Pakibalot nga
Die Rechnung bitte	Ang bill nga

Weitere nützliche Vokabeln

genug	tama na
viel	marami
zu viel	masyadong marami
wer?	sino
was?	ano
wann?	kailan
wo?	saan
wie alt?	gano katanda?
ja, stimmt	oo, tama
nein, stimmt nicht	hindi, hindi tama
gut, wohl	mabuti
nicht gut, krank	may sakit
kaltes Wetter	malamig

Literatur

A Short History of the Philippines — von Teodoro Agoncillo. Obwohl teilweise sehr persönlich gefärbt, gibt dieses Taschenbuch eine gute Geschichte der Philippinen.

The Philippines — von Onofre D. Corpuz. Wissenschaftliche Analyse der politischen Kräfte, die die philippinische Geschichte geprägt haben.

Readings in Philippine History — von Horacio de la Costa, S.J. Weit und breit die beste Kurzinformation über philippinische Geschichte.

A Past Revisited — The Continuing Past — von Renato Constantino. Umfassender Kommentar zur philippinischen Vergangenheit von einem „nationalistischen" Standpunkt.

German Travellers on the Cordillera — Semper u.a. *Travel Accounts of the Islands* — Pires u.a. *Travel Accounts of the Island* — Goncharov u.a. — Diese drei Bücher erschienen in der Filipiniana Book Guild, die vergessene Manuskripte von Reisenden (meist Europäern) zugänglich macht, die die Inseln vor und während der spanischen Zeit besuchten.

Adventures of a Frenchman in the Philippines — von Paul P. de la Gironiere. Lokalkolorit, eingefangen von einem französischen Arzt, der im 19. Jahrhundert in verschiedenen Gegenden der Philippinen lebte.

History on the Cordillera, Discovery of the Igorot und *Hollow Ships on a Wine-Dark Sea* — von William Henry Scott. Beide Bücher sind von einem gelehrten Missionar verfaßt, der die Menschen der Nord-Philippinen mit Sympathie und Verständnis schildert.

The Philippes Chronicles of Fray San Antonio — noch ein priesterlicher Zeuge der philippinischen Vergangenheit.

Spain in the Philippines — von Nicholas Cushner, S.J. Leichtverständliche Beschreibung des „Spanischen Abenteuers" in den Philippinen.

Filipino Heritage Volumes I—X — 10-bändige Enzyklopädie über die Philippinen mit vielen farbigen Abbildungen und unterhaltenden Anekdoten aus Historie und Kultur.

Ermita: The First Nine — gebundene Ausgabe der ersten 9 von 10 Nummern der „Underground"-Zeitschrift, die in Ermita verlegt wurde. Hier befand sich Manilas Künstlerviertel 4 Jahre nach Verhängung des Kriegsrechts.

Tropical Gothic: Prose & Poems — von Nick Joaquin. Kurzgeschichten, Theaterstücke und Gedichte des berühmten zeitgenössischen Dichters.

Almanac for Manilenos — von Nick Joaquin. Tatsachen über Manila, die spanische Vergangenheit und das Wirken der Heiligen.

Noli Me Tangere und *El Filibusterismo* — von José Rizal. Diese beiden Romane nach viktorianischem Vorbild führten zur Hinrichtung des größten Volkshelden unter spanischer Herrschaft.

Adventures in Rizaliana — von Paz Policarpio Mendez. Ausgewähltes über Rizal.

A Question of Identity — von Carmen G. Nakpil. Fiktives Geschichtsbuch eines modernen Schriftstellers.

A Question of Heroes — von Nick Joaquin. Essays über berühmte Filipinos.

The Streets of Manila — von Luning B. Ira und Isagani R. Medina. Informationen über Straßen und „callejons" Manilas, ihre Geschichte und Namensgebung.

The Culinary Culture of the Philippines — von Gilda Cordero Fernando. Eßkultur in Wort und Bild.

Turn of the Century — hrsg. von Gilda Cordero Fernando. Reichbebilderte Darstellung der Philippinen um die Jahrhundertwende.

Ethnographic Art of the Philippines — von Eric S. Casiño. Volkskunst der Philippinen.

Traditional Handicraft of the Philippines — von Roberto S. de los Reyes. Traditionelles Handwerk.

Myths and Legends of the Early Filipinos — von F. Landa Jocano. Mythen und Legenden der Frühzeit.

For Every Tear A Victory — von Hartzell Spence. Beste Marcos-Biographie.

Today's Revolution: Democracy und *Tadhana* — historische und politische Betrachtungen von Präsident Marcos.

Fiesta — von Alfredo Roces, Bildband.

The Diver's Guide to the Philippines — von David Smith und Michael Westlake, mit Bildern von Porfirio Castañada.

The Dances of the Emerald Isles — von Leonor Crosa Coquinco.

Baing Filipino — herausgegeben von Gilda Cordero Fernando.

Jeepney — von Emmanuel Torres.

A Heritage of Saints — von Ruperman Bunag Gathonton.

The First Filipino — von Leon M. Guerrero.

The Muslims in the Philippines — von Cesar A. Majul.

Discovery of the Tasadays — von John Nanne.

Living in the Philippines — herausgegeben von der US-amerikanischen Handelskammer.

Reportage on the Marcozas — von Nick Joaquin.

Bildnachweis

Index

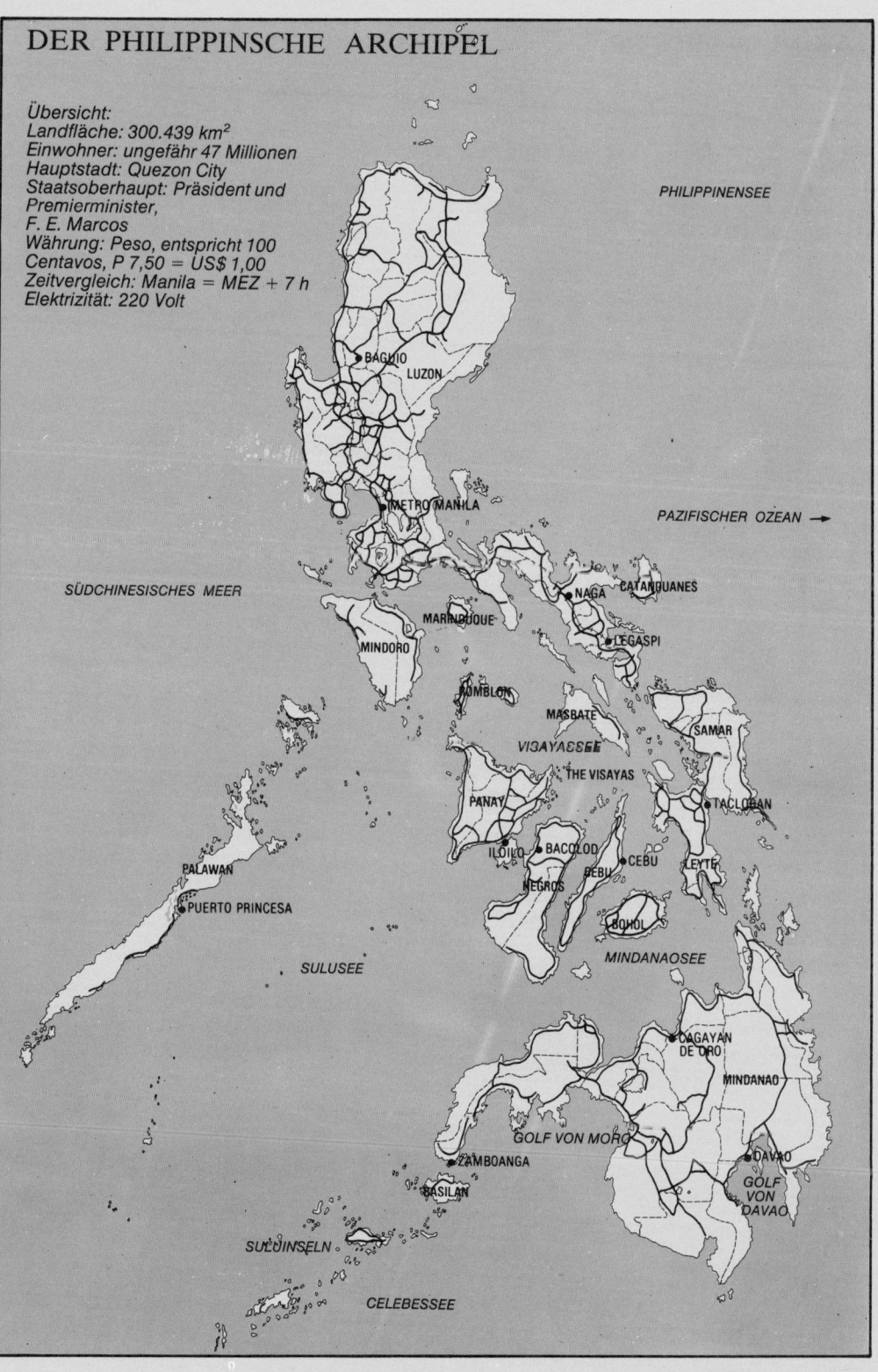

DER PHILIPPINSCHE ARCHIPEL

Übersicht:
Landfläche: 300.439 km²
Einwohner: ungefähr 47 Millionen
Hauptstadt: Quezon City
Staatsoberhaupt: Präsident und
Premierminister,
F. E. Marcos
Währung: Peso, entspricht 100
Centavos, P 7,50 = US$ 1,00
Zeitvergleich: Manila = MEZ + 7 h
Elektrizität: 220 Volt

PHILIPPINENSEE

BAGUIO
LUZON

METRO MANILA

PAZIFISCHER OZEAN →

SÜDCHINESISCHES MEER

NAGA
CATANDUANES

MARINDUQUE
LEGASPI

MINDORO

ROMBLON

MASBATE

VISAYASEE
SAMAR

THE VISAYAS

PANAY
TACLOBAN

PALAWAN
ILOILO
BACOLOD
CEBU
LEYTE
CEBU
NEGROS

PUERTO PRINCESA
BOHOL

MINDANAOSEE

SULUSEE

CAGAYAN
DE ORO

MINDANAO

GOLF VON MORO

ZAMBOANGA
DAVAO

BASILAN
GOLF
VON
DAVAO

SULUINSELN

CELEBESSEE

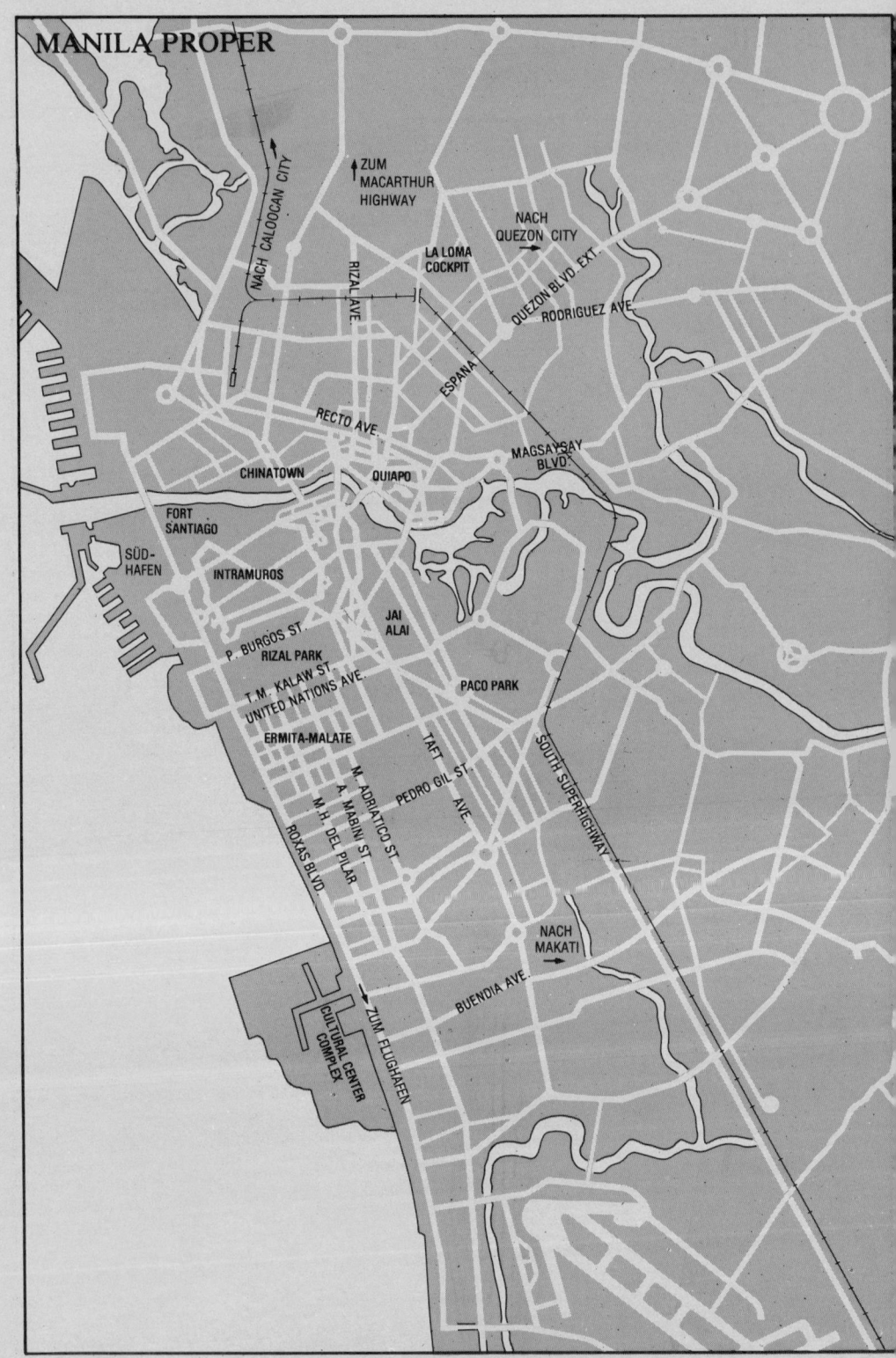

MANILA PROPER

NACH CALOOCAN CITY

ZUM MACARTHUR HIGHWAY

NACH QUEZON CITY

LA LOMA COCKPIT

RIZAL AVE.

QUEZON BLVD. EXT.

RODRIGUEZ AVE.

ESPAÑA

RECTO AVE.

MAGSAYSAY BLVD.

CHINATOWN

QUIAPO

FORT SANTIAGO

SÜD-HAFEN

INTRAMUROS

JAI ALAI

P. BURGOS ST.

RIZAL PARK

T. M. KALAW ST.

UNITED NATIONS AVE.

PACO PARK

ERMITA-MALATE

TAFT AVE.

PEDRO GIL ST.

M. ADRIATICO ST.

A. MABINI ST.

M. H. DEL PILAR

ROXAS BLVD.

SOUTH SUPERHIGHWAY

NACH MAKATI

BUENDIA AVE.

ZUM FLUGHAFEN

CULTURAL CENTER COMPLEX

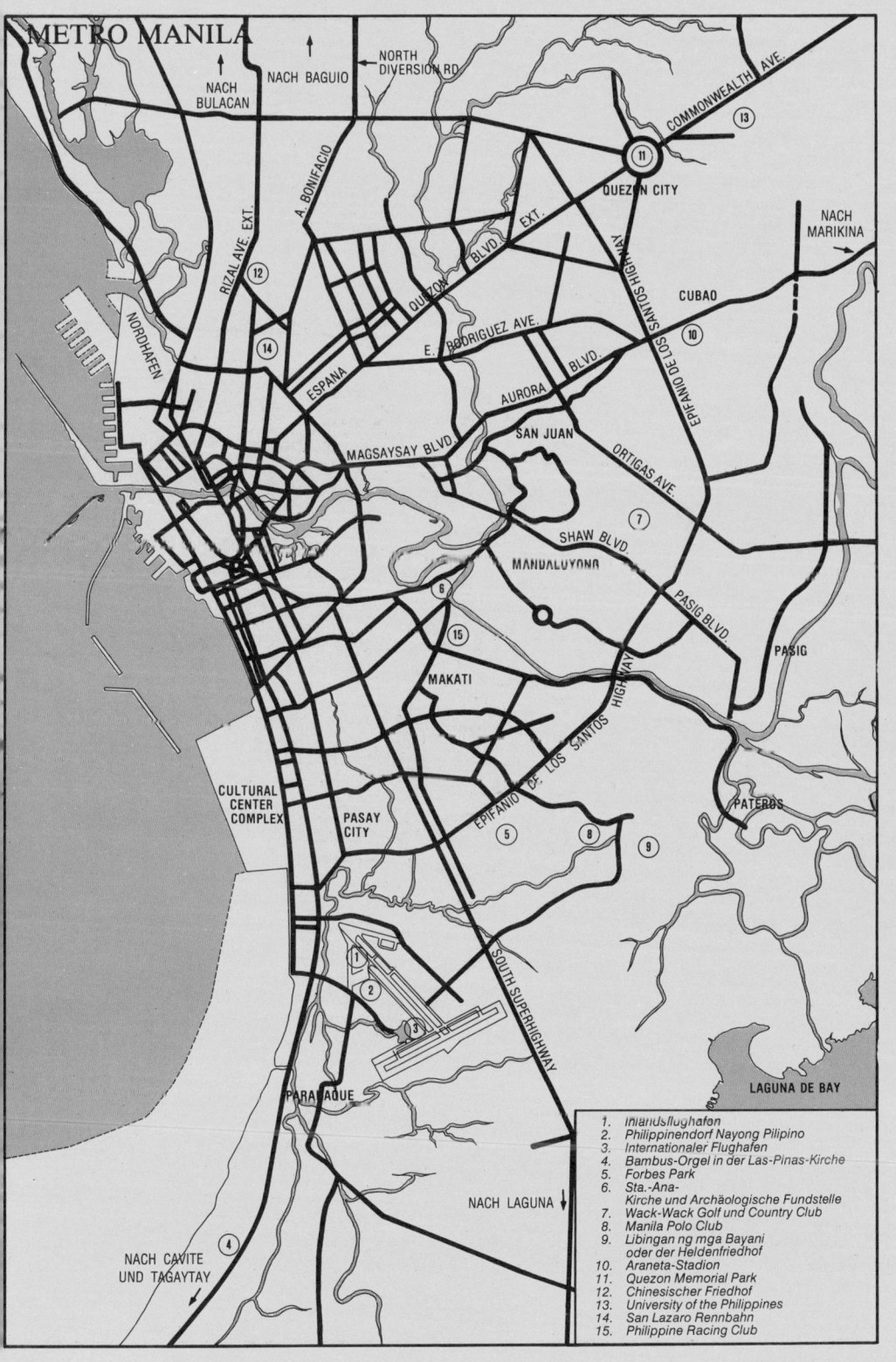

METRO MANILA

NORTH
DIVERSION RD.

NACH BAGUIO

NACH
BULACAN

A. BONIFACIO

RIZAL AVE. EXT.

QUEZON BLVD. EXT.

COMMONWEALTH AVE.

13

11
QUEZON CITY

NACH
MARIKINA

NORDHAFEN

12

14

ESPANA

E. RODRIGUEZ AVE.

AURORA BLVD.

BLVD.

EPIFANIO DE LOS SANTOS HIGHWAY

CUBAO

10

MAGSAYSAY BLVD.

SAN JUAN

ORTIGAS AVE.

SHAW BLVD.

7

MANDALUYONG

PASIG BLVD.

PASIG

6

15

PATEROS

MAKATI

EPIFANIO DE LOS SANTOS HIGHWAY

CULTURAL
CENTER
COMPLEX

PASAY
CITY

5

8

9

1

2

3

SOUTH SUPERHIGHWAY

LAGUNA DE BAY

PARANAQUE

NACH LAGUNA

NACH CAVITE
UND TAGAYTAY

4

1. Inlandsflughafen
2. Philippinendorf Nayong Pilipino
3. Internationaler Flughafen
4. Bambus-Orgel in der Las-Pinas-Kirche
5. Forbes Park
6. Sta.-Ana-
   Kirche und Archäologische Fundstelle
7. Wack-Wack Golf und Country Club
8. Manila Polo Club
9. Libingan ng mga Bayani
   oder der Heldenfriedhof
10. Araneta-Stadion
11. Quezon Memorial Park
12. Chinesischer Friedhof
13. University of the Philippines
14. San Lazaro Rennbahn
15. Philippine Racing Club

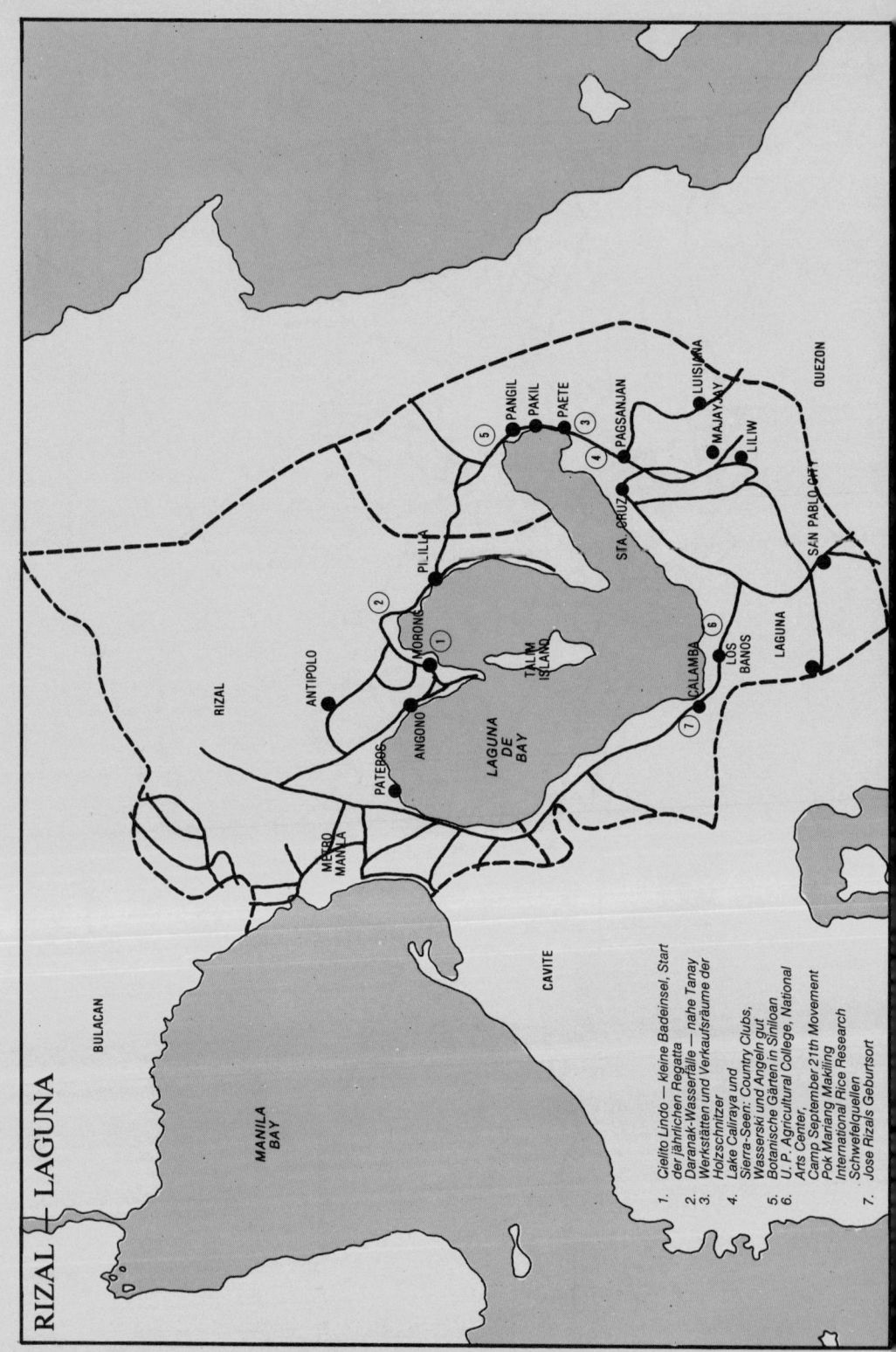

RIZAL — LAGUNA

1. Cielito Lindo — Kleine Badeinsel, Start der jährlichen Regatta
2. Daranak-Wasserfälle — nahe Tanay
3. Werkstätten und Verkaufsräume der Holzschnitzer
4. Lake Caliraya und Sierra-Seen: Country Clubs, Wasserski und Angeln gut
5. Botanische Gärten in Siniloan
6. U. P. Agricultural College, National Arts Center,
   Camp September 21th Movement
   Pok Mariang Makiling
   International Rice Research
   Schwefelquellen
7. Jose Rizals Geburtsort

MANILA BAY

MANILA BAY

METRO MANILA

CAVITE

BULACAN

RIZAL

ANTIPOLO

PATEROS

ANGONO

MORONG

PILILLA

LAGUNA DE BAY

TALIM ISLAND

STA. CRUZ

PANGIL
PAKIL
PAETE

PAGSANJAN

LUISIANA
MAJAYJAY
LILIW

SAN PABLO CITY

CALAMBA

LOS BANOS

LAGUNA

QUEZON

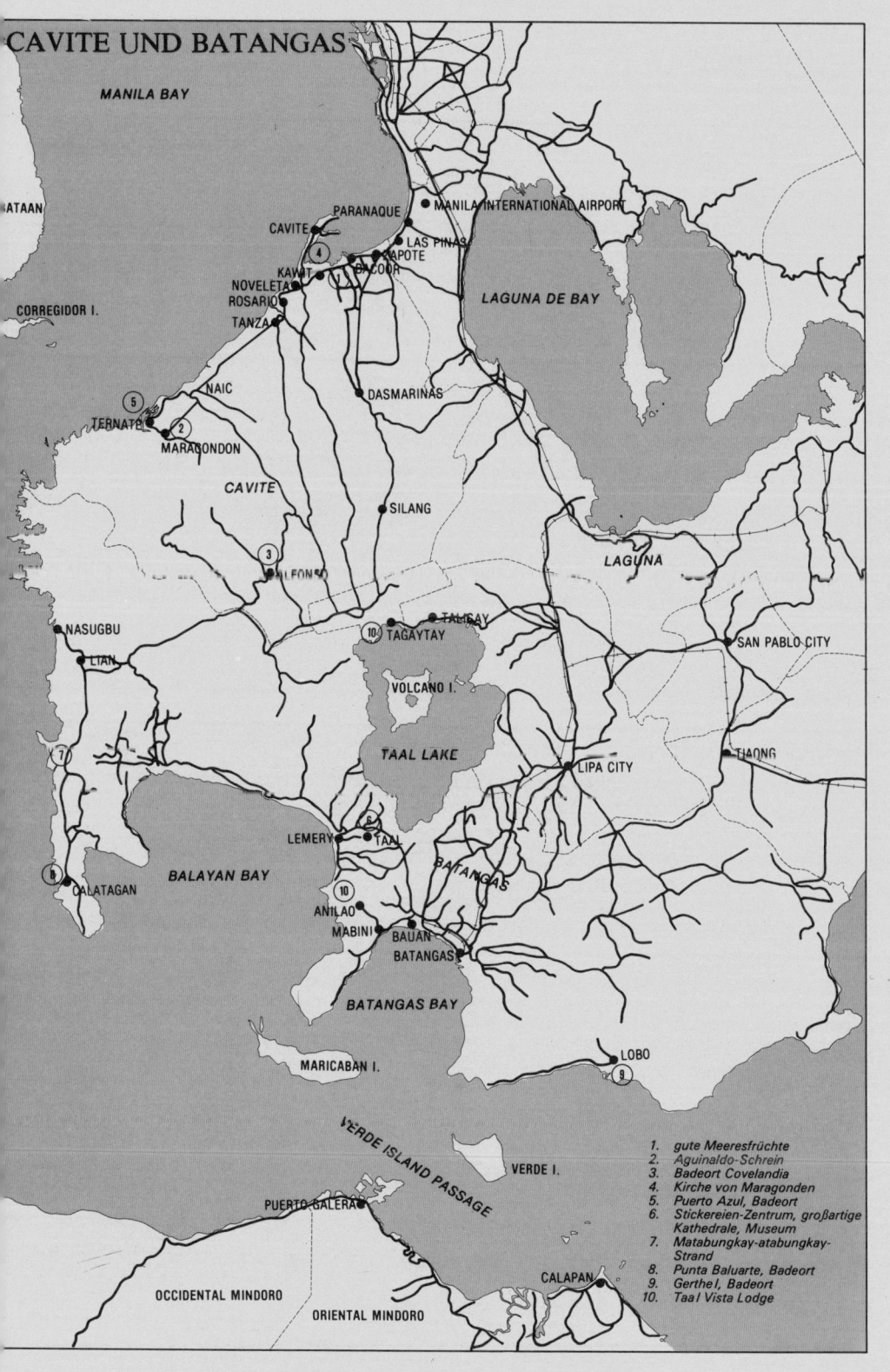

CAVITE UND BATANGAS

MANILA BAY

ATAAN

CORREGIDOR I.

PARANAQUE
MANILA INTERNATIONAL AIRPORT
CAVITE
LAS PINAS
ZAPOTE
KAWIT
BACOOR
NOVELETA
ROSARIO
TANZA

LAGUNA DE BAY

④

DASMARINAS

⑤
TERNATE
② MARAGONDON
NAIC

CAVITE

SILANG

③
ILFONSO

LAGUNA

NASUGBU
LIAN

⑩ TAGAYTAY
TALISAY

SAN PABLO CITY

⑦

VOLCANO I.

TAAL LAKE

TIAONG

LIPA CITY

CALATAGAN
⑥

BALAYAN BAY

LEMERY
⑥
TAAL

BATANGAS

⑩
ANILAO
MABINI
BAUAN
BATANGAS

BATANGAS BAY

MARICABAN I.

LOBO
⑨

VERDE ISLAND PASSAGE

VERDE I.

PUERTO GALERA

CALAPAN

OCCIDENTAL MINDORO

ORIENTAL MINDORO

1. gute Meeresfrüchte
2. Aguinaldo-Schrein
3. Badeort Covelandia
4. Kirche von Maragonden
5. Puerto Azul, Badeort
6. Stickereien-Zentrum, großartige
    Kathedrale, Museum
7. Matabungkay-atabungkay-
    Strand
8. Punta Baluarte, Badeort
9. Gerthe I, Badeort
10. Taal Vista Lodge

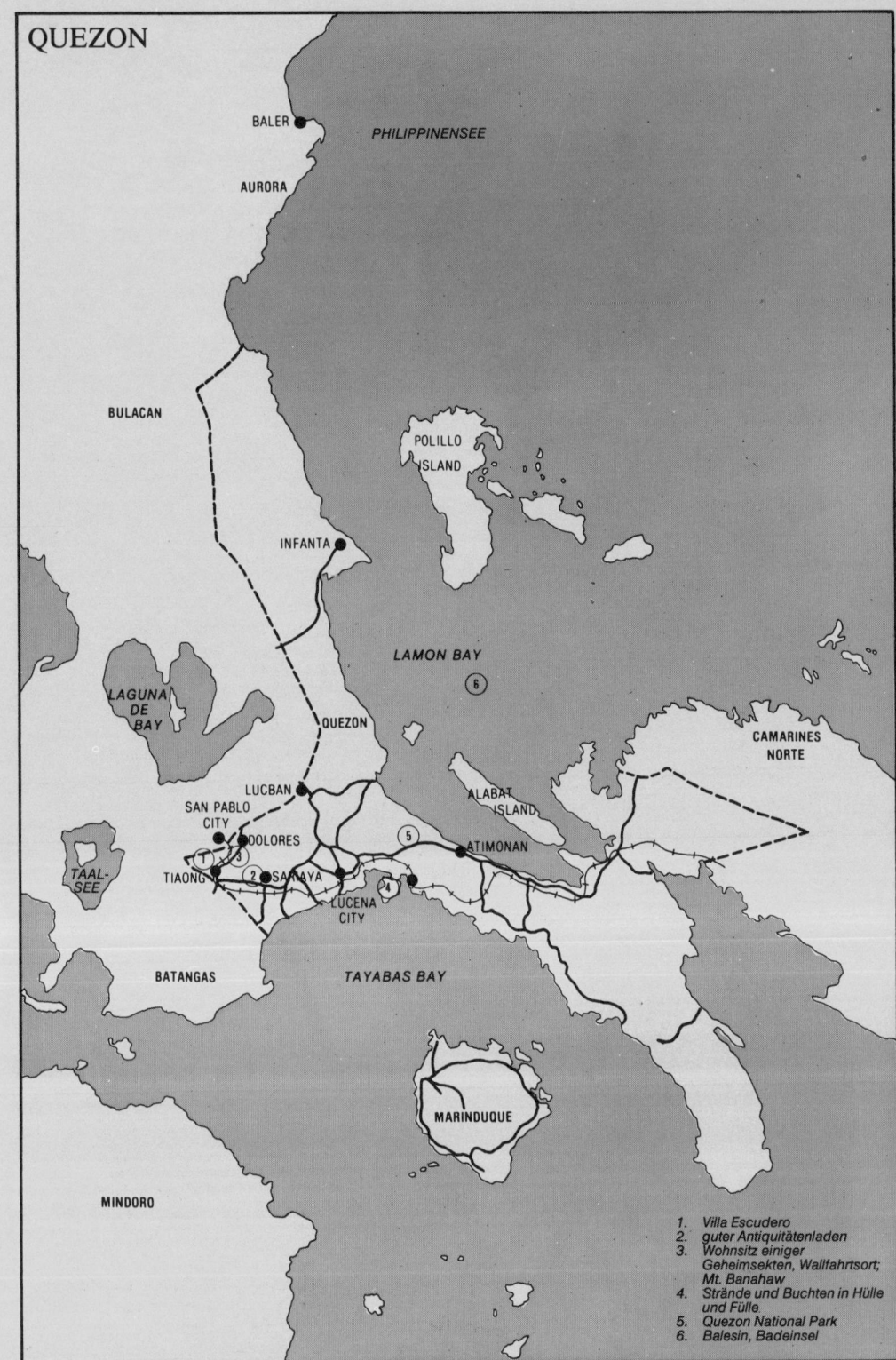

QUEZON

BALER

PHILIPPINENSEE

AURORA

BULACAN

POLILLO
ISLAND

INFANTA

LAMON BAY

⑥

LAGUNA
DE
BAY

QUEZON

CAMARINES
NORTE

LUCBAN

SAN PABLO
CITY

DOLORES

ALABAT
ISLAND

TAAL-
SEE

①

③

⑤

ATIMONAN

TIAONG

②

SARIAYA

④

LUCENA
CITY

BATANGAS

TAYABAS BAY

MARINDUQUE

MINDORO

1. *Villa Escudero*
2. *guter Antiquitätenladen*
3. *Wohnsitz einiger*
   Geheimsekten, Wallfahrtsort;
   Mt. Banahaw
4. *Strände und Buchten in Hülle*
   und Fülle
5. *Quezon National Park*
6. *Balesin, Badeinsel*

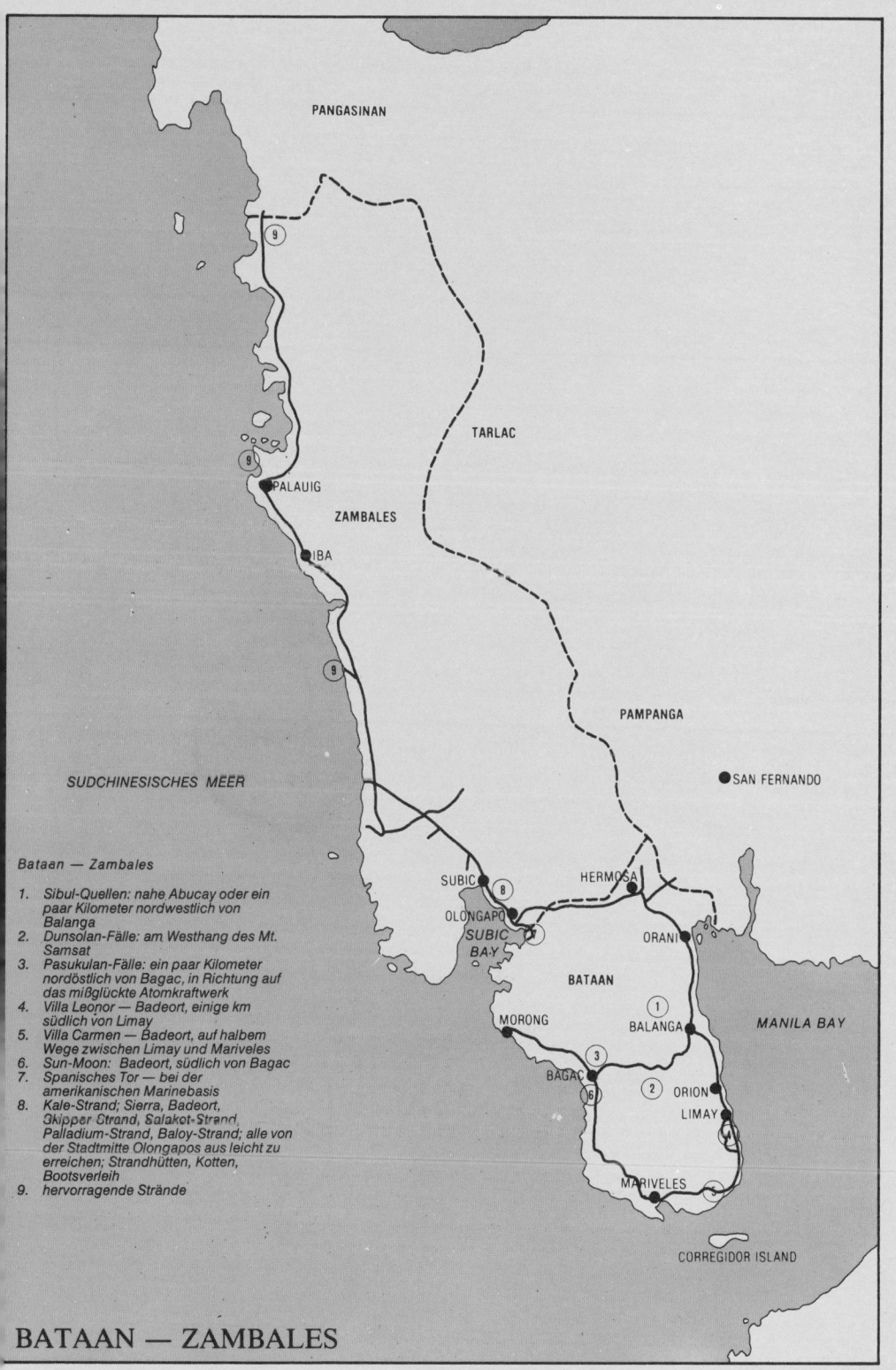

PANGASINAN

TARLAC

ZAMBALES

PAMPANGA

○ SAN FERNANDO

SUDCHINESISCHES MEER

● PALAUIG

● IBA

SUBIC

⑧

HERMOSA

OLONGAPO

SUBIC
BAY

ORANI

BATAAN

MORONG

① BALANGA

MANILA BAY

③

BAGAC

⑥

② ORION

LIMAY

MARIVELES

CORREGIDOR ISLAND

Bataan — Zambales

1. Sibul-Quellen: nahe Abucay oder ein
    paar Kilometer nordwestlich von
    Balanga
2. Dunsolan-Fälle: am Westhang des Mt.
    Samsat
3. Pasukulan-Fälle: ein paar Kilometer
    nordöstlich von Bagac, in Richtung auf
    das mißglückte Atomkraftwerk
4. Villa Leonor — Badeort, einige km
    südlich von Limay
5. Villa Carmen — Badeort, auf halbem
    Wege zwischen Limay und Mariveles
6. Sun-Moon: Badeort, südlich von Bagac
7. Spanisches Tor — bei der
    amerikanischen Marinebasis
8. Kale-Strand; Sierra, Badeort,
    Skipper-Strand, Salakot-Strand,
    Palladium-Strand, Baloy-Strand; alle von
    der Stadtmitte Olongapos aus leicht zu
    erreichen; Strandhütten, Kotten,
    Bootsverleih
9. hervorragende Strände

BATAAN — ZAMBALES

CENTRAL PLAINS

Central Plains
1. Provinz-Hauptstadt: Hiyas Museum; Barasoain Kirche (hier tagte der Revolutions-Kongreß)
2. Sibul-Quellen
3. Biak-na-bato-Höhlen
4. Maalangaan-Höhlen und Quellen
5. Clark Air Base
6. Mt. Arayat National Park
7. Hacienda Luisita
8. Kamikaze-Mal
9. Todesmarsch-Denkmal
10. Minalungao Park
11. Pantabangan-Damm

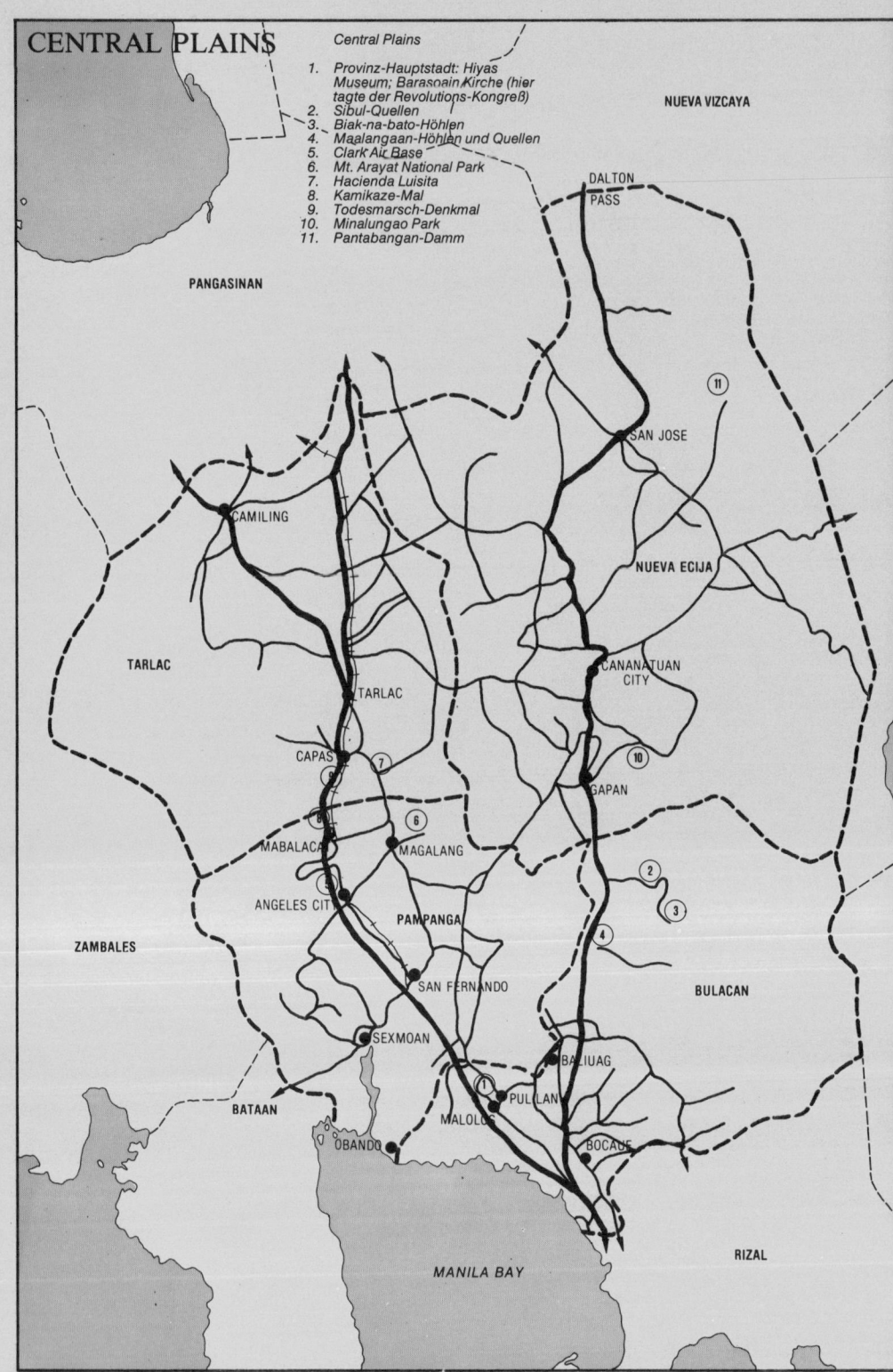

NUEVA VIZCAYA

PANGASINAN

DALTON PASS

SAN JOSE

CAMILING

NUEVA ECIJA

TARLAC

TARLAC

CANANATUAN CITY

CAPAS

GAPAN

MABALACA

MAGALANG

ANGELES CITY

PAMPANGA

ZAMBALES

SAN FERNANDO

BULACAN

SEXMOAN

BALIUAG

BATAAN

PULILAN

MALOLO

OBANDO

BOCAUE

RIZAL

MANILA BAY

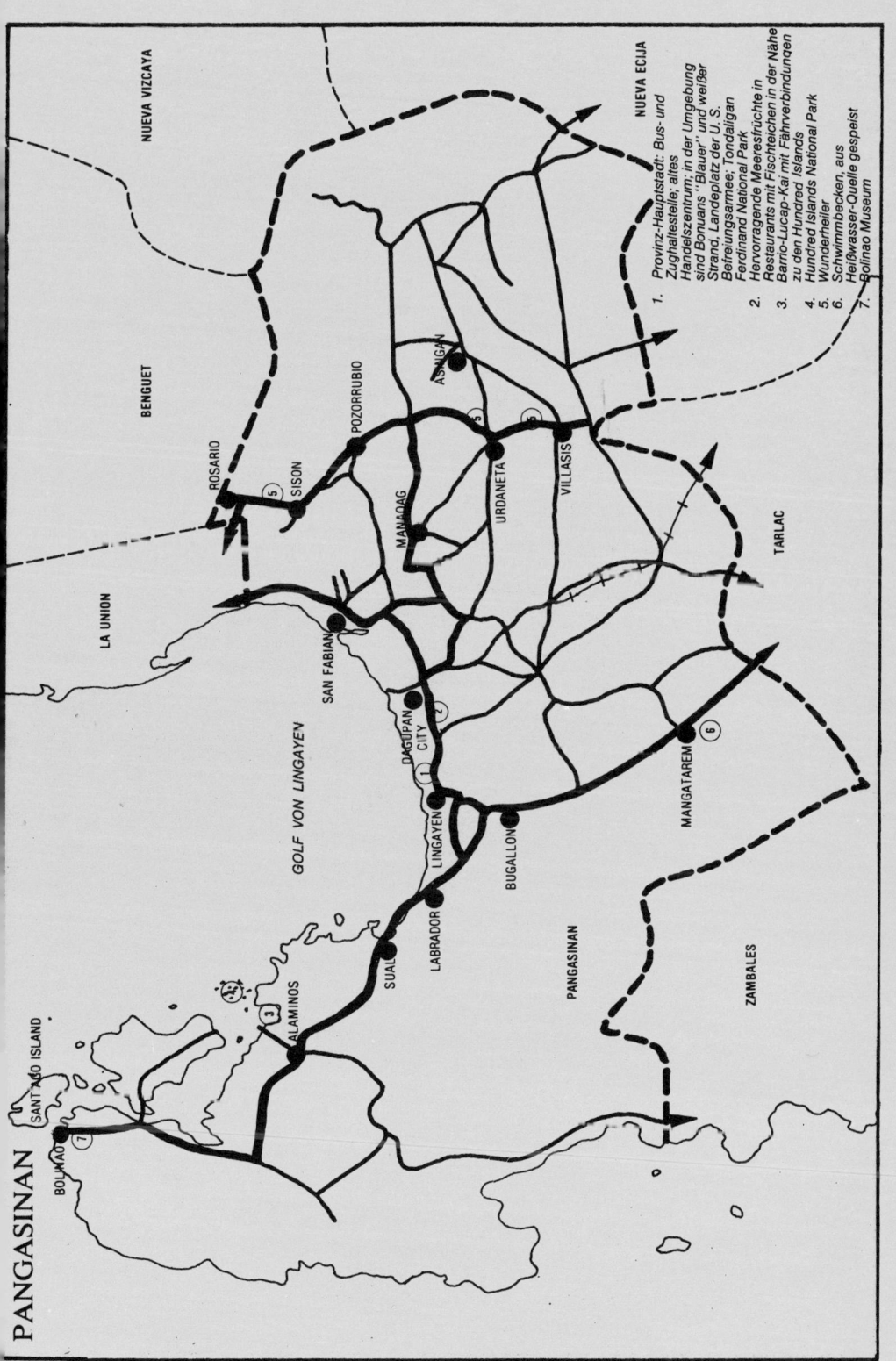

PANGASINAN

SANTIAGO ISLAND

BOLINAO ⑦

GOLF VON LINGAYEN

ALAMINOS ③

SUAL

LABRADOR

LINGAYEN

BUGALLON

MANGATAREM ⑥

DAGUPAN CITY ① ②

SAN FABIAN

LA UNION

NUEVA VIZCAYA

BENGUET

ROSARIO

SISON ⑤

POZORRUBIO

ASINGAN

MANAOAG

URDANETA ④

VILLASIS ⑤

PANGASINAN

ZAMBALES

TARLAC

NUEVA ECIJA

1. Provinz-Hauptstadt: Bus- und
    Zughaltestelle; altes
    Handelszentrum; in der Umgebung
    sind Bonuans "Blauer" und weißer
    Strand, Landeplatz der U. S.
    Befreiungsarmee; Tondaligan
    Ferdinand National Park
2. Hervorragende Meeresfrüchte in
    Restaurants mit Fischteichen in der Nähe
3. Barrio-Lucap-Kai mit Fährverbindungen
    zu den Hundred Islands
4. Hundred Islands National Park
5. Wunderheiler
6. Schwimmbecken, aus
    Heißwasser-Quelle gespeist
7. Bolinao Museum

323

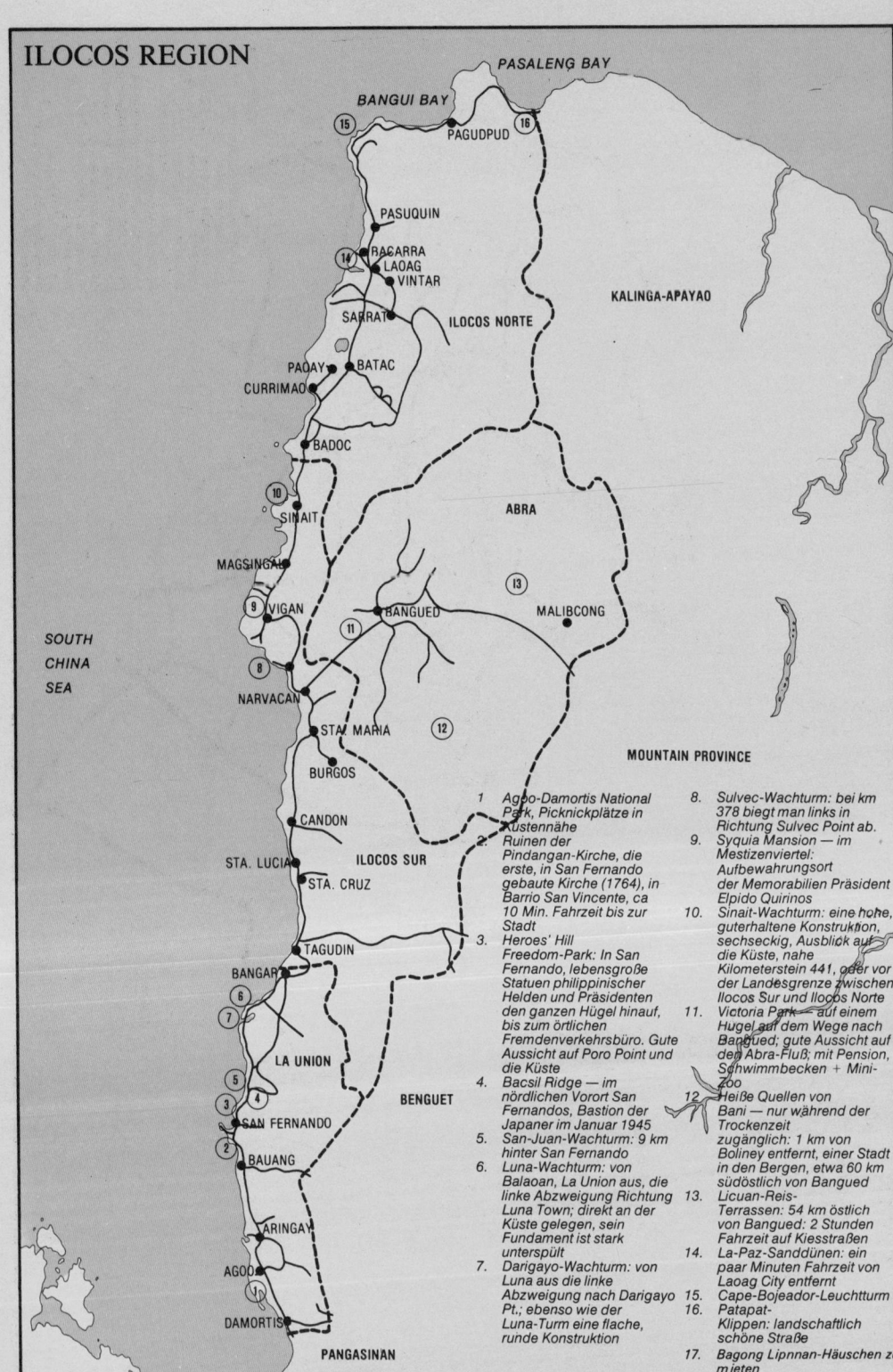

ILOCOS REGION

1. Agoo-Damortis National Park, Picknickplätze in Küstennähe
2. Ruinen der Pindangan-Kirche, die erste, in San Fernando gebaute Kirche (1764), in Barrio San Vincente, ca 10 Min. Fahrzeit bis zur Stadt
3. Heroes' Hill Freedom-Park: In San Fernando, lebensgroße Statuen philippinischer Helden und Präsidenten den ganzen Hügel hinauf, bis zum örtlichen Fremdenverkehrsbüro. Gute Aussicht auf Poro Point und die Küste
4. Bacsil Ridge — im nördlichen Vorort San Fernandos, Bastion der Japaner im Januar 1945
5. San-Juan-Wachturm: 9 km hinter San Fernando
6. Luna-Wachturm: von Balaoan, La Union aus, die linke Abzweigung Richtung Luna Town; direkt an der Küste gelegen, sein Fundament ist stark unterspült
7. Darigayo-Wachturm: von Luna aus die linke Abzweigung nach Darigayo Pt.; ebenso wie der Luna-Turm eine flache, runde Konstruktion
8. Sulvec-Wachturm: bei km 378 biegt man links in Richtung Sulvec Point ab.
9. Syquia Mansion — im Mestizenviertel: Aufbewahrungsort der Memorabilien Präsident Elpido Quirinos
10. Sinait-Wachturm: eine hohe, guterhaltene Konstruktion, sechseckig, Ausblick auf die Küste, nahe Kilometerstein 441, oder vor der Landesgrenze zwischen Ilocos Sur und Ilocos Norte
11. Victoria Park — auf einem Hügel auf dem Wege nach Bangued; gute Aussicht auf den Abra-Fluß; mit Pension, Schwimmbecken + Mini-Zoo
12. Heiße Quellen von Bani — nur während der Trockenzeit zugänglich: 1 km von Boliney entfernt, einer Stadt in den Bergen, etwa 60 km südöstlich von Bangued
13. Licuan-Reis-Terrassen: 54 km östlich von Bangued: 2 Stunden Fahrzeit auf Kiesstraßen
14. La-Paz-Sanddünen: ein paar Minuten Fahrzeit von Laoag City entfernt
15. Cape-Bojeador-Leuchtturm
16. Patapat-Klippen: landschaftlich schöne Straße
17. Bagong Lipnnan-Häuschen zu mieten

324

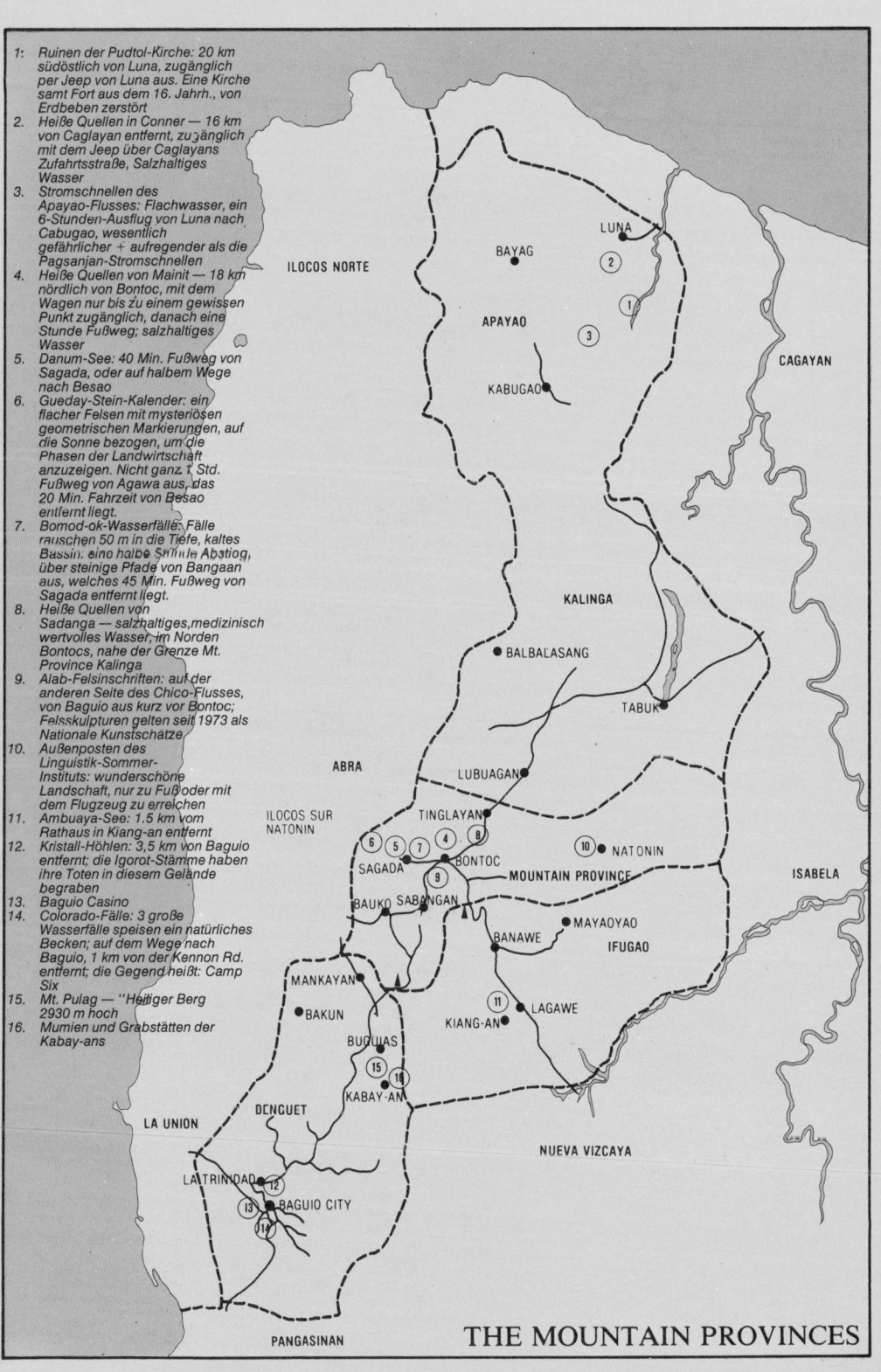

1: Ruinen der Pudtol-Kirche: 20 km
    südöstlich von Luna, zugänglich
    per Jeep von Luna aus. Eine Kirche
    samt Fort aus dem 16. Jahrh., von
    Erdbeben zerstört
2. Heiße Quellen in Conner — 16 km
    von Caglayan entfernt, zugänglich
    mit dem Jeep über Caglayans
    Zufahrtsstraße, Salzhaltiges
    Wasser
3. Stromschnellen des
    Apayao-Flusses: Flachwasser, ein
    6-Stunden-Ausflug von Luna nach
    Cabugao, wesentlich
    gefährlicher + aufregender als die
    Pagsanjan-Stromschnellen
4. Heiße Quellen von Mainit — 18 km
    nördlich von Bontoc, mit dem
    Wagen nur bis zu einem gewissen
    Punkt zugänglich, danach eine
    Stunde Fußweg; salzhaltiges
    Wasser
5. Danum-See: 40 Min. Fußweg von
    Sagada, oder auf halbem Wege
    nach Besao
6. Gueday-Stein-Kalender: ein
    flacher Felsen mit mysteriösen
    geometrischen Markierungen, auf
    die Sonne bezogen, um die
    Phasen der Landwirtschaft
    anzuzeigen. Nicht ganz 1 Std.
    Fußweg von Agawa aus, das
    20 Min. Fahrzeit von Besao
    entfernt liegt.
7. Bomod-ok-Wasserfälle. Fälle
    rauschen 50 m in die Tiefe, kaltes
    Bassin; eine halbe Stunde Abstieg,
    über steinige Pfade von Bangaan
    aus, welches 45 Min. Fußweg von
    Sagada entfernt liegt.
8. Heiße Quellen von
    Sadanga — salzhaltiges,medizinisch
    wertvolles Wasser, im Norden
    Bontocs, nahe der Grenze Mt.
    Province Kalinga
9. Alab-Felsinschriften: auf der
    anderen Seite des Chico-Flusses,
    von Baguio aus kurz vor Bontoc;
    Felsskulpturen gelten seit 1973 als
    Nationale Kunstschätze
10. Außenposten des
    Linguistik-Sommer-
    Instituts: wunderschöne
    Landschaft, nur zu Fuß oder mit
    dem Flugzeug zu erreichen
11. Ambuaya-See: 1.5 km vom
    Rathaus in Kiang-an entfernt
12. Kristall-Höhlen: 3,5 km von Baguio
    entfernt; die Igorot-Stämme haben
    ihre Toten in diesem Gelände
    begraben
13. Baguio Casino
14. Colorado-Fälle: 3 große
    Wasserfälle speisen ein natürliches
    Becken; auf dem Wege nach
    Baguio, 1 km von der Kennon Rd.
    entfernt; die Gegend heißt: Camp
    Six
15. Mt. Pulag — ''Heiliger Berg
    2930 m hoch
16. Mumien und Grabstätten der
    Kabay-ans

THE MOUNTAIN PROVINCES

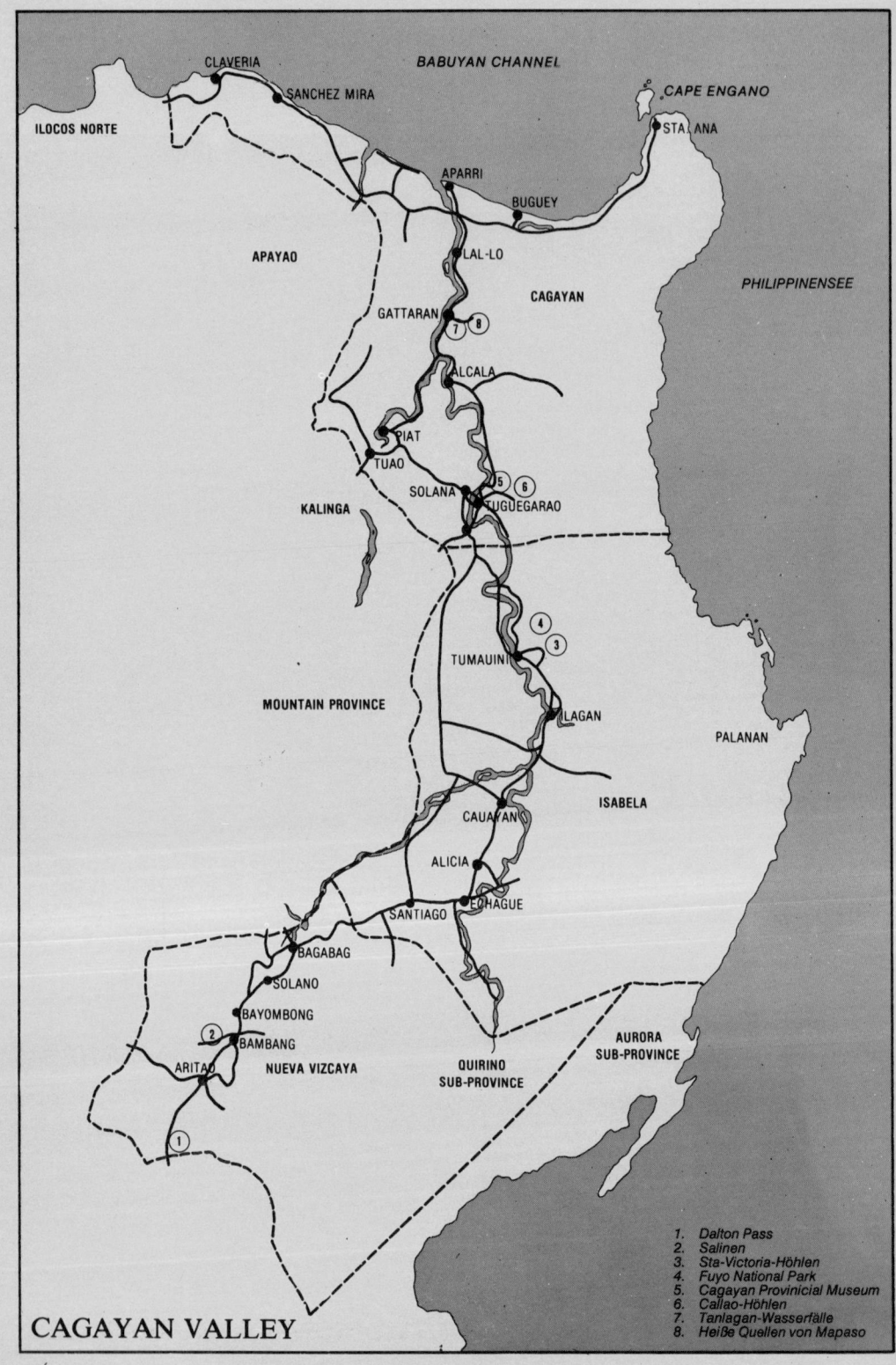

CAGAYAN VALLEY

BABUYAN CHANNEL

CLAVERIA
SANCHEZ MIRA
CAPE ENGANO
STA. ANA
ILOCOS NORTE
APARRI
BUGUEY
APAYAO
LAL-LO
CAGAYAN
PHILIPPINENSEE
GATTARAN ⑦ ⑧
ALCALA
PIAT
TUAO
SOLANA ⑤ ⑥
TUGUEGARAO
KALINGA
④ ③
TUMAUINI
MOUNTAIN PROVINCE
ILAGAN
PALANAN
CAUAYAN
ISABELA
ALICIA
SANTIAGO ECHAGUE
BAGABAG
SOLANO
BAYOMBONG
② BAMBANG
AURORA
SUB-PROVINCE
ARITAO
NUEVA VIZCAYA
QUIRINO
SUB-PROVINCE
①

1. Dalton Pass
2. Salinen
3. Sta-Victoria-Höhlen
4. Fuyo National Park
5. Cagayan Provinicial Museum
6. Callao-Höhlen
7. Tanlagan-Wasserfälle
8. Heiße Quellen von Mapaso

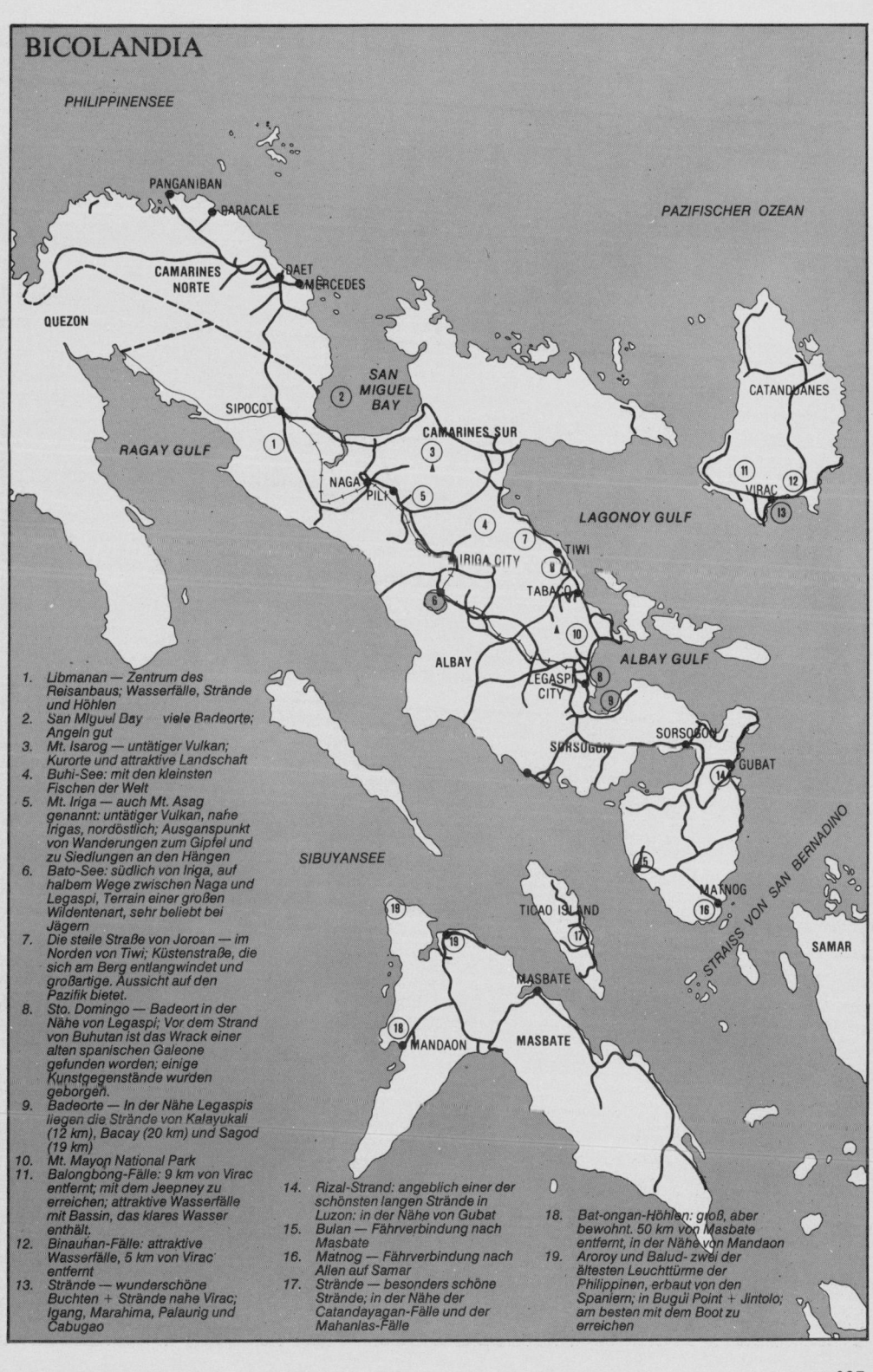

BICOLANDIA

PHILIPPINENSEE

PAZIFISCHER OZEAN

PANGANIBAN
BARACALE
DAET
MERCEDES
CAMARINES NORTE
QUEZON

CATANDUANES

SAN MIGUEL BAY

SIPOCOT

RAGAY GULF

CAMARINES SUR

NAGA
PILI

VIRAC

LAGONOY GULF

IRIGA CITY
TIWI
TABACO

ALBAY

LEGASPI CITY

ALBAY GULF

SORSOGON

SORSOGON

GUBAT

SIBUYANSEE

MASBATE

TICAO ISLAND

STRASSE VON SAN BERNADINO

MATNOG

SAMAR

MANDAON

MASBATE

1. Libmanan — Zentrum des Reisanbaus; Wasserfälle, Strände und Höhlen
2. San Miguel Bay viele Badeorte; Angeln gut
3. Mt. Isarog — untätiger Vulkan; Kurorte und attraktive Landschaft
4. Buhi-See: mit den kleinsten Fischen der Welt
5. Mt. Iriga — auch Mt. Asag genannt: untätiger Vulkan, nahe Irigas, nordöstlich; Ausganspunkt von Wanderungen zum Gipfel und zu Siedlungen an den Hängen
6. Bato-See: südlich von Iriga, auf halbem Wege zwischen Naga und Legaspi, Terrain einer großen Wildentenart, sehr beliebt bei Jägern
7. Die steile Straße von Joroan — im Norden von Tiwi; Küstenstraße, die sich am Berg entlangwindet und großartige Aussicht auf den Pazifik bietet.
8. Sto. Domingo — Badeort in der Nähe von Legaspi; Vor dem Strand von Buhutan ist das Wrack einer alten spanischen Galeone gefunden worden; einige Kunstgegenstände wurden geborgen.
9. Badeorte — In der Nähe Legaspis liegen die Strände von Kalayukali (12 km), Bacay (20 km) und Sagod (19 km)
10. Mt. Mayon National Park
11. Balongbong-Fälle: 9 km von Virac entfernt; mit dem Jeepney zu erreichen; attraktive Wasserfälle mit Bassin, das klares Wasser enthält.
12. Binauhan-Fälle: attraktive Wasserfälle, 5 km von Virac entfernt
13. Strände — wunderschöne Buchten + Strände nahe Virac; Igang, Marahima, Palaurig und Cabugao
14. Rizal-Strand: angeblich einer der schönsten langen Strände in Luzon; in der Nähe von Gubat
15. Bulan — Fährverbindung nach Masbate
16. Matnog — Fährverbindung nach Allen auf Samar
17. Strände — besonders schöne Strände; in der Nähe der Catandayagan-Fälle und der Mahanlas-Fälle
18. Bat-ongan-Höhlen: groß, aber bewohnt. 50 km von Masbate entfernt, in der Nähe von Mandaon
19. Aroroy und Balud- zwei der ältesten Leuchttürme der Philippinen, erbaut von den Spaniern; in Bugui Point + Jintolo; am besten mit dem Boot zu erreichen

327

THE VISAYAS

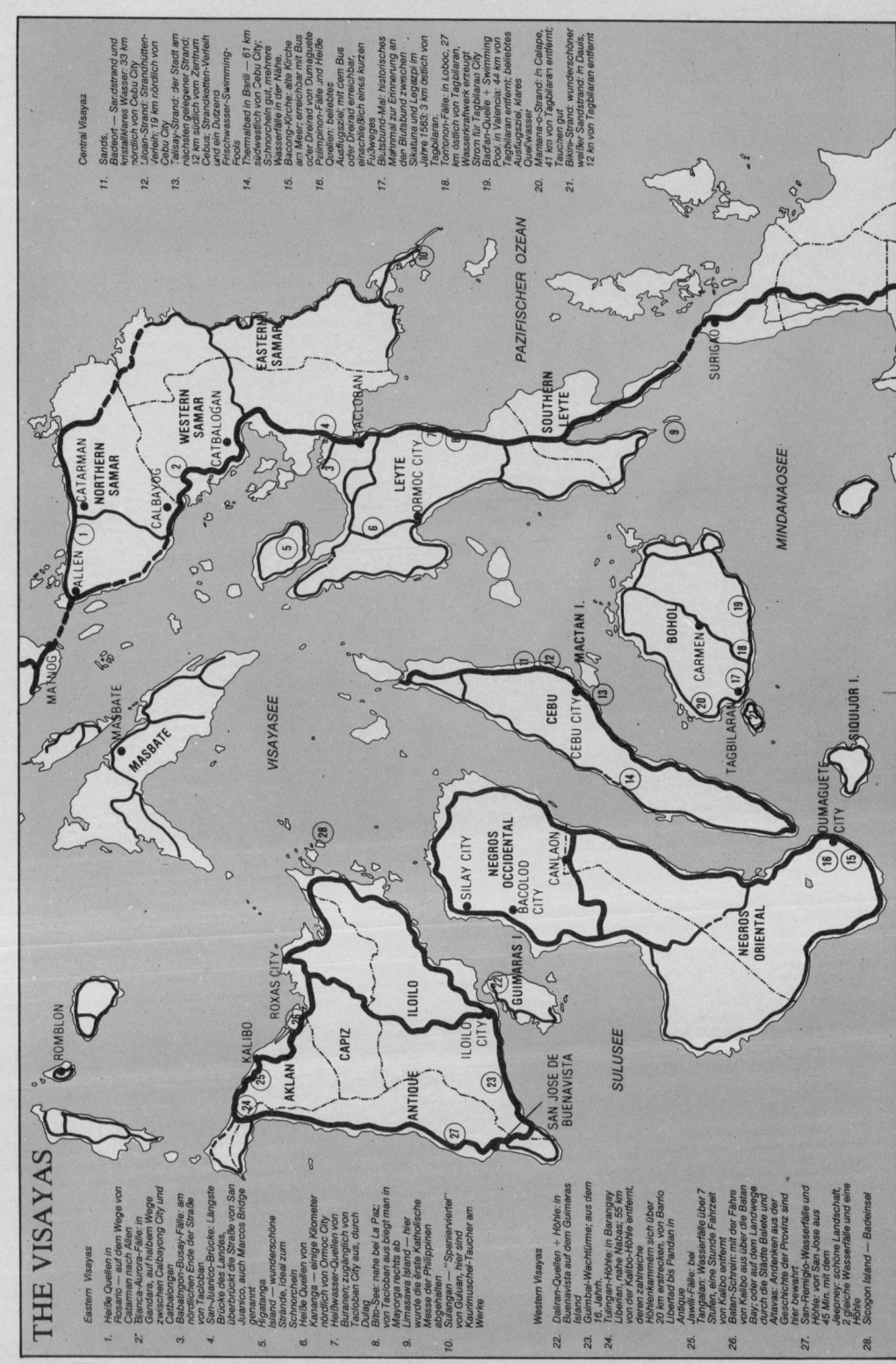

Eastern Visayas

1. Heiße Quellen in Pasador auf dem Wege von Catarman nach Allen
2. Bianca-Aurora-Fälle: in Gandara, auf halbem Wege zwischen Calbayong City und Catbalongan
3. Bahong-bong-Busay-Fälle am nördlichen Ende der Straße von Tacloban
4. San-Juanico-Brücke: längste Brücke des Landes, überbrückt die Straße von San Juanico, auch Marcos Bridge genannt
5. Higatanga Island — wunderschöne Strände, ideal zum Schnorcheln
6. Viele Quellen von Kananga, einige Kilometer nördlich von Ormoc City
7. Heilßwasser-Quellen von Buranen; zugänglich von Tacloban City aus, durch Dulag
8. Babee nahe bei La Paz; von Tacloban aus biegt man in Majorga rechts ab
9. Limasawa Island — hier wurde die erste katholische Messe der Philippinen abgehalten
10. Sulongan "Spaniervierte" Kaurimuschel-Taucher am Werke

Western Visayas

22. Dalran-Quellen + Höhle: in Buenavista auf dem Guimaras Island
23. Guimbal-Wachttürme: aus dem 18. Jahr.
24. Tulingan-Höhle: in Barangay Libehan, nahe Nabas; 55 km von der Kalibo-Höhle entfernt, deren zahlreiche Höhlenkammern sich über 20 km erstrecken, von Barrio Lilokhaid bis Pandan in Antique
25. Jawili-Fälle: bei Tanglalan; Wasserfälle über 7 Stufen; eine Stunde Fahrzeit von Kalibo entfernt
26. Tangalan-Höhle mit der Fähre von Kalibo aus über die Batan Bay; oder aus dem Landwege durch die Städte Baiete und Altavas; Andenken aus der Geschichte der Provinz sind hier bewahrt
27. San-Remigio-Wasserfälle und Höhle: von San-Jose aus 45 Min. mit dem Jeepney; schöne Landschaft, 2 gleiche Wasserfälle und eine Höhle
28. Sicogon Island — Badeinsel

Central Visayas

11. Sands, Badeort — Sandstrand und kristallklares Wasser: 33 km nördlich von Cebu City
12. Iloan-Strand: Strandhütten zu vermieten, 19 km nördlich von Cebu City
13. Talisay-Strand: der Stadt am nächsten gelegener Strand; 12 km südlich vom Zentrum Cebus; Strandketten-Verleih und ein Dutzend Frischwasser-Swimming-Pools
14. Thermalbad in Banti — 61 km südwestlich von Cebu City; Schnorcheln gut, mehrere Wasserfälle und Klarwasser
15. Bacong-Kirche: alte Kirche an Meer; erreichbar mit Bus oder Dreirad von Dumaguete
16. Pelimpinon-Fälle und Heiße Quellen: beliebtes Ausflugsziel, erreichbar per Bus oder Dreirad von Dumaguete, einschließlich eines kurzen Fußweges
17. Blutsbund-Mal: historisches Menmal zur Erinnerung an die Blutsbund zwischen Sikatuna und Legaspi im Jahre 1563; 3 km östlich von Tagbilaran.
18. Tortonon-Fälle: in Loboc, 27 km östlich von Tagbilaran; Wasserkraftwerk erzeugt Strom für Tagbilaran City
19. Badiang-Quellen: Swimming Pool in Valencia; 44 km von Tagbilaran entfernt; beliebtes Ausflugsziel, klares Quellwasser
20. Mamasa-o-Strand: in Calape, 41 km von Tagbilaran entfernt; Tauchen
21. Bikini-Strand: wunderschöner weißer Sandstrand: in Daus, 12 km von Tagbilaran entfernt

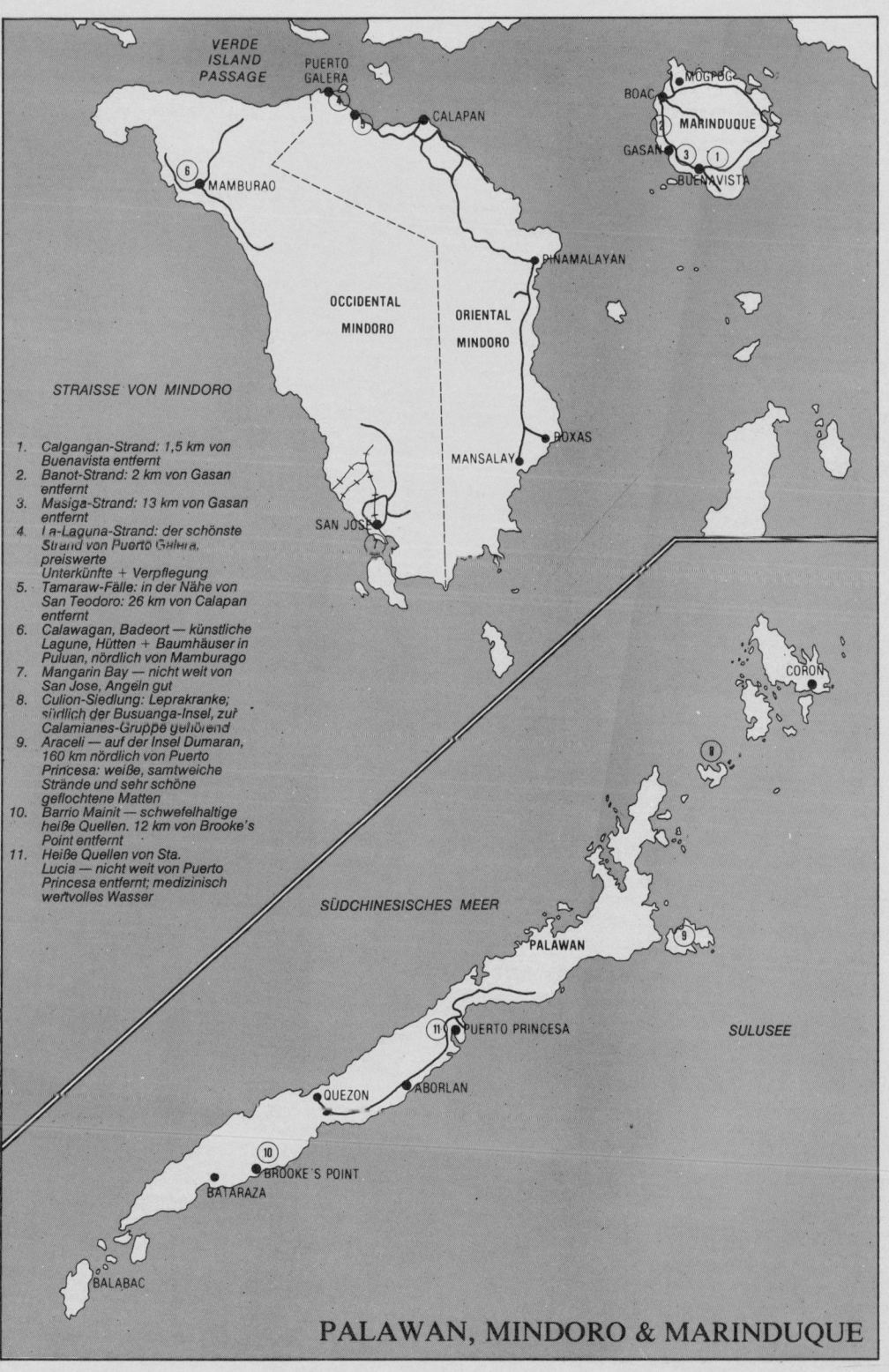

VERDE
ISLAND
PASSAGE

PUERTO
GALERA

CALAPAN

MOGPOG

BOAC

MARINDUQUE

GASAN

BUENAVISTA

MAMBURAO

OCCIDENTAL
MINDORO

ORIENTAL
MINDORO

PINAMALAYAN

STRAISSE VON MINDORO

ROXAS

MANSALAY

SAN JOSE

1. Calgangan-Strand: 1,5 km von
   Buenavista entfernt
2. Banot-Strand: 2 km von Gasan
   entfernt
3. Masiga-Strand: 13 km von Gasan
   entfernt
4. La-Laguna-Strand: der schönste
   Strand von Puerto Galera,
   preiswerte
   Unterkünfte + Verpflegung
5. Tamaraw-Fälle: in der Nähe von
   San Teodoro: 26 km von Calapan
   entfernt
6. Calawagan, Badeort — künstliche
   Lagune, Hütten + Baumhäuser in
   Puluan, nördlich von Mamburago
7. Mangarin Bay — nicht weit von
   San Jose, Angeln gut
8. Culion-Siedlung: Leprakranke;
   südlich der Busuanga-Insel, zur
   Calamianes-Gruppe gehörend
9. Araceli — auf der Insel Dumaran,
   160 km nördlich von Puerto
   Princesa: weiße, samtweiche
   Strände und sehr schöne
   geflochtene Matten
10. Barrio Mainit — schwefelhaltige
    heiße Quellen. 12 km von Brooke's
    Point entfernt
11. Heiße Quellen von Sta.
    Lucia — nicht weit von Puerto
    Princesa entfernt; medizinisch
    wertvolles Wasser

CORON

SÜDCHINESISCHES MEER

PALAWAN

PUERTO PRINCESA

SULUSEE

QUEZON

ABORLAN

BROOKE'S POINT

BATARAZA

BALABAC

PALAWAN, MINDORO & MARINDUQUE

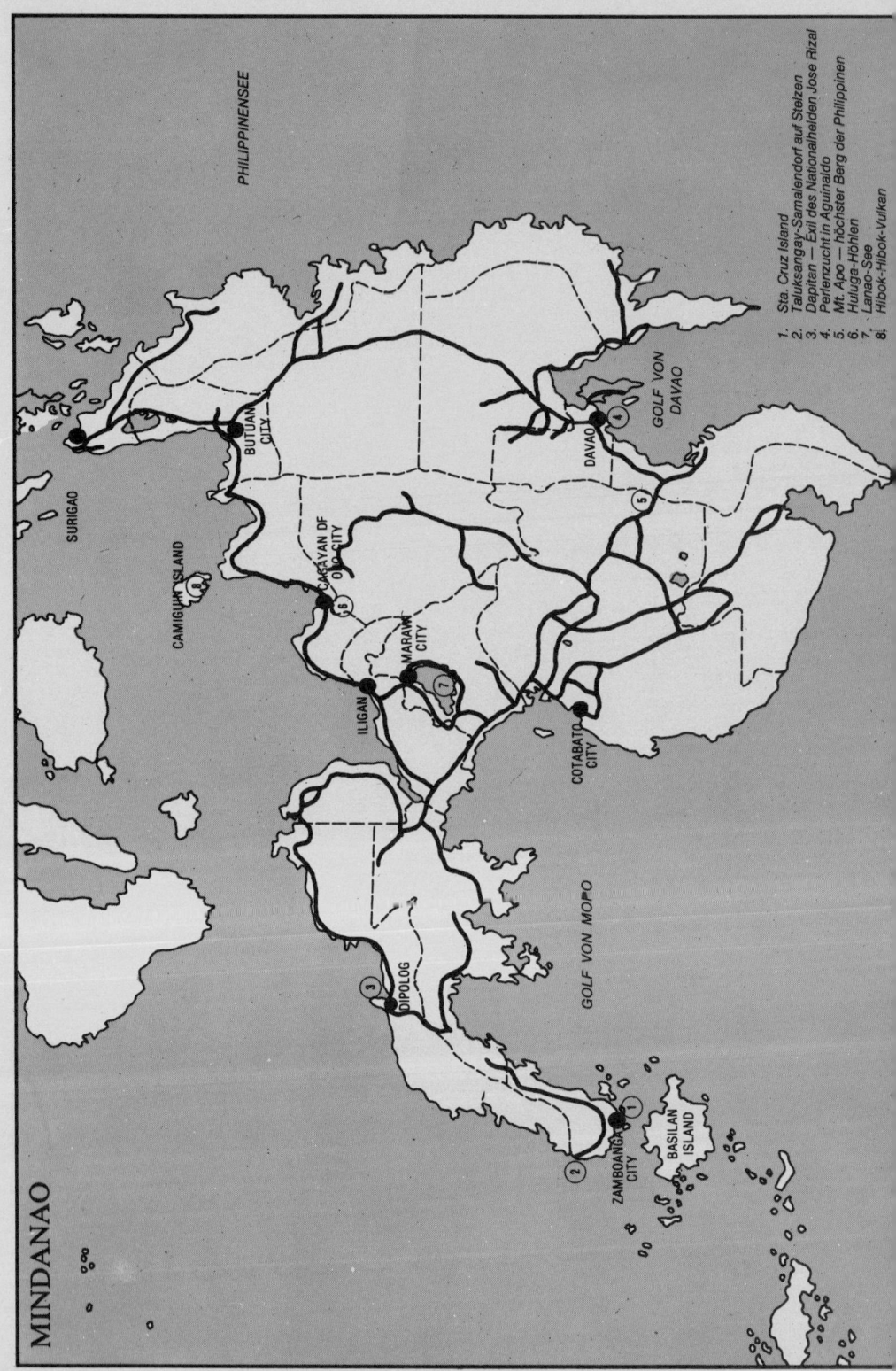

MINDANAO

PHILIPPINENSEE

SURIGAO

CAMIGUIN ISLAND

BUTUAN CITY

CAGAYAN DE ORO CITY

DAVAO

GOLF VON DAVAO

MARAWI CITY

ILIGAN

COTABATO CITY

GOLF VON MORO

DIPOLOG

ZAMBOANGA CITY

BASILAN ISLAND

1. Sta. Cruz Island
2. Taluksangay-Samalendorf auf Stelzen
3. Dapitan — Exil des Nationalhelden Jose Rizal
4. Perlenzucht in Aguinaldo
5. Mt. Apo — höchster Berg der Philippinen
6. Huluga-Höhlen
7. Lanao-See
8. Hibok-Hibok-Vulkan

Für Ihre Notizen

Für Ihre Notizen

Für Ihre Notizen

Für Ihre Notizen